CHEERS

与最聪明的人共同进化

HERE COMES EVERYBODY

智能的结构

[美] 霍华德·加德纳 著
Howard Gardner

沈致隆 译

加德纳多元智能系列
主编 沈致隆

Frames of Mind

40周年
纪念版

中国纺织出版社有限公司

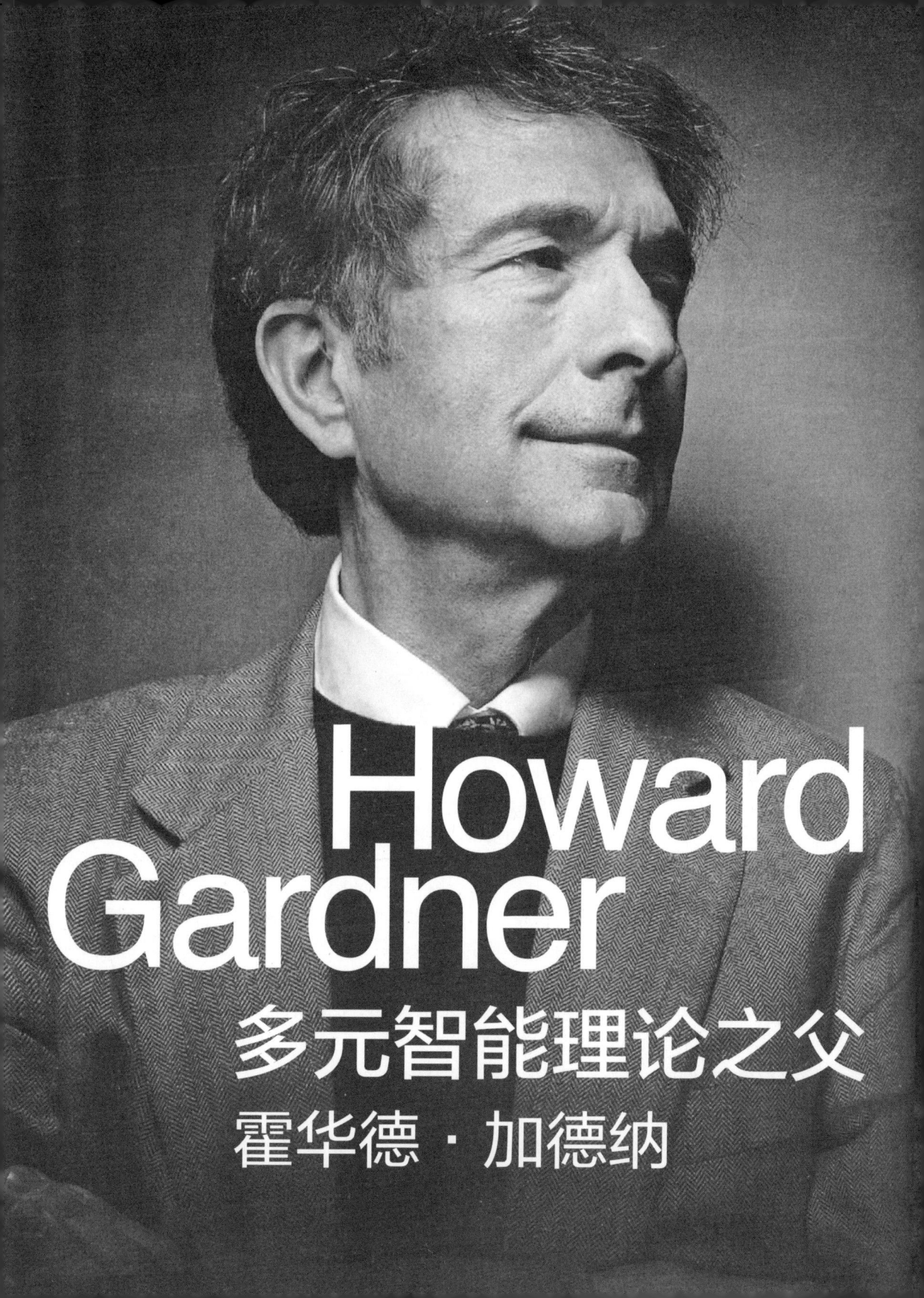

Howard Gardner

多元智能理论之父

霍华德·加德纳

重新定义"智能"的心理学家

1983 年之前，几乎所有人都相信一个人的聪明程度和他未来所能取得的成就取决于一个商数——智商（IQ），就像 16 世纪的人们坚信"日心说"那样。

来自哈佛大学的著名心理学、教育学教授霍华德·加德纳却相信："人的认知能力绝对不是'一块铁板'。"1983 年，加德纳教授在他的学术著作《智能的结构》（*Frames of Mind*）一书中提出了"多元智能"的全新理念，打破了传统智力理论的基本假设，重新定义了"人类智能"，引起了世界的广泛关注。

多元智能理论的提出，堪称"心理学界哥白尼式的革命"。1995 年，丹尼尔·戈尔曼（Daniel Goleman）在《情商》（*Emotional Intelligence*）一书中大量引用了加德纳对多元智能理论的阐述，更使这一理论在世界上产生了不可估量的影响力。

加德纳因其卓越的研究成果获得了众多荣誉，主要有：1981 年获得麦克阿瑟天才奖，1990 年成为首位赢得路易斯维尔大学格劳迈耶教育奖的美国人，2000 年获得约翰·西蒙·古根海姆基金会奖，2011 年获得阿斯图里亚斯王子社会科学奖，2015 年获得布罗克国际教育奖，2020 年获得美国教育研究协会（AERA）颁发的教育研究杰出贡献奖。

加德纳还被全球 31 所大学和学院授予荣誉学位。他在发展心理学、神经心理学、教育学、美学和社会学等多个领域出版过 30 本著作，发表过几百篇文章，他的著作被翻译成 32 种语言，在世界各地出版发行。

> 霍华德·加德纳是美国当今极具影响力的发展心理学家和教育学家。
>
> 《纽约时报》

Howard
Gardner

推动美国教育改革的
首席科学家

如今，多元智能理论不仅在心理学界产生了显著而持久的影响，还改变了课堂教育的结构，我们在全世界都能看到这一理论的新应用。不过，加德纳在回顾自己提出这个理论的初衷时坦言："刚刚引入多元智能概念时，我本期望心理学家们来阅读、了解和批评。没想到，最早对多元智能理论感兴趣的群体主要是教育者。"

1983 年，一份关于美国教育失败局面的报告《危机中的国家》（*A Nation at Risk*）出版。美国政府希望通过"新的基本原则"提高美国教育质量，并创造学习型社会。8 名印第安纳波利斯公立学校的教师在阅读了《智能的结构》一书后，找到了答案。

在历史悠久且极具声望的教育研究机构——哈佛大学的"零点项目"的支持下，1987 年，一所城市公立学校永久地改变了美国教育的面貌。加德纳身为多元智能理论的提出者、"零点项目"的负责人，被认为是美国教育改革过程中当之无愧的首席科学家。

全球极具影响力的思想家

对多元智能理论的应用已经成为全球性的文化教育现象。如今，它的影响力覆盖了全球 4 个大洲、20 多个国家和地区，成千上万的教育工作者在不同文化背景下，以不同的方式进行着多元智能教育的实践。

多元智能理论是加德纳最为著名的研究成就，作为哈佛大学的心理学教授，他关注人类智能的根本原因在于他对人本身的关注。经过 40 余年的研究，加德纳在 2022 年出版的新作《从多元智能到综合思维》（*A Synthesizing Mind*）中全面回顾了自己的研究脉络，对多元智能概念进行了延伸，提出了一个全新概念——综合思维，在人类智能领域做出了新的卓越贡献。在《华尔街日报》2008 年推出的"全球最具影响力的思想家"排行榜上，加德纳排在第 5 位。

作者演讲洽谈，请联系
BD@cheerspublishing.com

更多相关资讯，请关注

湛庐文化微信订阅号

湛庐 CHEERS 特别制作

加德纳多元智能系列

CHEERS
智能的结构
[美] 霍华德·加德纳
心理学大师
The Theory of Multiple Intelligences
Frames of Mind
《智能的结构》

CHEERS
多元智能新视野
[美] 霍华德·加德纳
New Horizons
Multiple Intelligences
《多元智能新视野》

CHEERS
从多元智能到综合思维
A Synthesizing Mind
《从多元智能到综合思维》

1980 年，我第一次来中国访问，从那时算起，时间已经过去了 40 余年。那时的中国刚刚经历了一段艰难的岁月，百废待兴。在那之后不久，我开始与中国从事音乐和视觉艺术教育的同行广泛地开展起学术交流活动。往返中美的多次旅行对我的家人和与我一同参与交流的同事来说，都是十分美好的回忆。

在 1989 年出版的《打开视野：中国对美国教育困境的启示》（*To Open Minds: Chinese Clues to the Dilemma of American Education*）一书中，我记录了在中国访问期间的所见所闻和由此增长的见识。直到今天，有个难题仍然困扰着我和中国的众多教育家同行，那就是，作为教育工作者，我们如何才能让学生在获得他们一生所需的必要技能的同时，培养出创造力以及提出问题、解决问题的能力，从而帮助他们为自己所处时代的文化和知识发展做出实质性的贡献。

当然，在我写作这篇序言的时候，中国已经发生了很大变化，中国的进步和发展速度几乎超过了当代所有的国家，也许这在人类历史上也是绝无仅有的。目前，中国在许多科学技术领域都处于世界领先地位。中国的美术、音乐、文学和电影更是在世界范围内广为人知并深获赞誉。

我接受过发展心理学和神经心理学的学术训练，基于前者，我研究儿童的心理如何发展，尤其是他们如何学习；基于后者，我研究人类的思维和大脑如何随时间的推移而发生变化，以及当大脑受到损伤时会发生什么。正如我在自己的回忆录《从多元智能到综合思维》一书中对自己的人生和学术道路进行梳理和回顾时所说，我倾毕生之力提出并持续不断深耕于其中的最广为人知的学术成就，就是多元智能理论。

简单地说，多元智能理论是对"人的智能是单一的"这种观念的批判。如果传统的智力理论是正确的，那你要么在每件事上都很聪明，做什么事情都很能干，要么就很愚蠢，什么都做不好。也就是说，只需要花费一个小时的时间进行一场智力测验，你就能向全世界展示你的智力水平。

然而每一位教师、家长以及每一位视野开阔、善于思考的公民都知道，这一结论不可能正确。在 1983 年出版的《智能的结构》一书中，我凭借多种学科的论据证明：每个人都拥有多种各自独立的智能；智力测验所能测量的，主要是语言智能和逻辑－数学智能，有些测验也能测量空间智能。但是我认为至少还有另外 4 种智能，即音乐智能、身体－动觉智能、人际智能和自我认知智能。后来我又提出了第 8 种智能即博物学家智能，并对其他可能成立的智能，包括存在智能、教育学智能等进行了推测。

我的这些观点在心理学界存在争议，主要是因为所有这些智能都不能在一个小时或更短的时间内测量出来。不过，多元智能理论的主要思想已经为世界上大多数国家的大多数人所接受。如今，当我们说一个孩子"聪明"的时候，实际想说的是这个孩子"在学校里能够取得成功"，然而大家都知道，当这个孩子离开学校，成年后走上工作岗位时，作为公民和家庭中的一员，所有种类的智能对他来说都会变得非常重要。

多元智能理论目前主要应用于教育和培训领域，无论是在学校还是在工作场所，情况都是如此。在《智能的结构》一书出版后的几年里，世界各地的教育工作者都开始将"多元智能"的理念引入他们的课程、评估手段和教育目标，这让我感到非常惊讶和高兴，甚至在 2009 年专门编撰了一本论文集《多元智能在全球》（*Multiple Intelligences Around the World*），其中收录了几位中国教育工作者的文章。

起初，我并未就多元智能理论对教育的意义提出什么观点，毕竟我主要是一名心理学科研工作者，而不是一名一线教师。那时我的选择是让多元智能理论在教育的广阔领域里"百花齐放"。

　　多元智能理论应用在教育上的大多数实例都很有意思，其中有一些特别有价值且极富想象力，但也有一些让我十分反感。对于后一种情况，我会直言不讳地表示反对。例如有人试图通过检查一个人的指纹（即应用所谓的皮纹学）来确定他的智能状况，这一做法绝对没有任何根据。此外，在澳大利亚还有一个教育项目将学生按照种族分类，认为不同种族的人智能强弱也不同。同样，没有任何证据可以支持这一说法，我对此给予了强烈的批评。

　　同时出现的还有一些对多元智能理论的有趣解释，或者说是误解。2004 年，我在中国旅行时，人们对多元智能理论的浓厚兴趣给我留下了深刻印象。有一天在上海，一位记者向我解释了中国人对此理论感兴趣的原因。她说："这是因为我们现在知道了，应该让我们的孩子在这 8 种智能上都表现优异！"

　　10 多年后，我决定就多元智能理论在教育领域的应用提出自己的观点。首先，我发现了更多关于多元智能的错误认识，对此我在 2006 年出版的《多元智能新视野》一书中给予了澄清，随后提出了多元智能理论对教育领域的两方面启示。

　　第一，教育应该更加个性化。

　　我们应该尽可能多地了解每个人的智能状况。只要有可能，我们应该以充分利用学生各自智能强项的方式来教育他们。

　　当然，这在科技发达的时代相对容易实现，因为在当今的科技时代，人们更有条件为每个学生提供更适合其个性的学习材料。

第二，教育应该更加多元化。

无论何时，当教师教授一个概念或某种操作过程的时候，都应该以多种不同的方式表述，以便激活学生的不止一种智能。这种教学方式可以同时适用于更多的学生，因为学生们的学习方法也各不相同。此外，多种方式的教学可以提高学生的理解力，因为当用多种方式思考同一个问题时，我们能够更全面地理解它。同样，在科技发达的时代，以各种不同的媒介和不同的方式安排授课内容，要相对容易。

虽然我为大众所熟知的最主要原因是我在多元智能理论上所做的工作，但我也探索了人类思维的许多其他领域。我在《大师的创造力》（Creating Minds）中探讨了"大C"创造力①的根源；在《领导智慧》（Leading Minds）中研究了领导者运用语言智能和人的认知智能的方式；在《决胜未来的5种能力》（Five Minds for the Future）中，我提出，21世纪最重要的5种思维方式分别是"受过学科训练的""善于综合的""具有创造性的""谨慎谦卑的""符合伦理道德的"。

在写作《从多元智能到综合思维》这本有关我自己智能状况的回忆录时，我逐渐领悟到，对我自己所拥有的这种思维方式来说，最恰切的描述方式大概是"综合的思维方式"，这本书的书名因此而来。我目前所做的大部分工作都是为了理解"综合思维"，这是最初由19世纪的思想家弗里德里希·黑格尔和卡尔·马克思所提出并描述的能力。我相信，中国读者对这种综合思维能力的养成也会非常感兴趣。

就我个人来讲，最重要的工作是对"优善工作"和"优善公民"的持续25年的研究。这里的"优善"包含以下三个含义：第一，个人能力优秀；

---

① "大C"创造力（"big-C"creativity）：作者用该词表示达·芬奇、爱因斯坦等人身上所展现的惊人创造力。他认为自己和夫人埃伦·温纳（Ellen Winner）所拥有的是中等程度的创造力（"middle-C"creativity）。——译者注

第二，工作富有意义，个人积极参与；第三，工作性质和个人行为均符合伦理道德。

　　当人们告诉我他们喜欢多元智能理论时，我通常会微笑着对他们表示感谢，随后我会补充说：仅仅开发智能是不够的，我们需要以正确的、符合伦理道德的方式运用智能，并思考我们对他人应尽的责任和义务。我最大的希望是，我这些书的读者们在开发出自己的智能强项以后，能够以对我们这个小星球上所有居民都有所助益的方式运用它们。

霍华德·加德纳

Howard Gardner

就像附录 3《"人类潜能项目"的说明》所讲的那样,《智能的结构》有一个不寻常的起源。这本书之所以能够完成,在于一家基金会的远见和恩惠。这家基金会寻求澄清"人类潜能"的概念及其特征。它的执行理事威廉·韦林(Willem Welling)和理事会主席奥斯卡·范·利尔(Oscar van Leer)创建了一个研究人类潜能的项目,邀请在哈佛大学教育研究生院工作的我们几个人,迎接他们提出的令人畏惧的挑战。这个项目聚集了来自不同专业背景的同事,我们利用这个机会,在过去的 4 年里开展了充分的合作。我们一起合作的故事将留给其他著作讲述,但是有必要现在指出的是:这种合作使我能够就各个方面的问题进行更广泛的探讨和更深入的反思;相形之下,如果没有伯纳德·范·利尔基金会(Bernard van Leer Foundation)提供的灵活支持,我一人是不可能达到这样的广度和深度的。我首先要向威廉·韦林、奥斯卡·范·利尔和他们在伯纳德·范·利尔基金会的合伙人致以最大谢意。

我希望在此向"人类潜能项目"中的资深同事杰拉尔德·莱塞(Gerald Lesser)、罗伯特·莱文(Robert LeVine)、伊斯雷尔·舍夫勒(Israel Scheffler)、梅里·怀特(Merry White)表示感谢,是他们给了我持续不断的启发、建设性的批评和支持。我们之间的交流协作的确改变了我对于很多问题的思考方式，为我写作和修改这本书提供了实质性帮助。工作一开始，我就有幸得到了若干研究助手的协助。他们不但拥有惊人的天赋、深刻的洞察力，而且工作十分勤奋。我愿逐一向他们表示感谢，介绍他们在各自专业领域对这项研究的贡献：丽莎·布鲁克（Lisa Brook，遗传学），琳达·莱文（Linda Levine，心理学），苏珊·麦康奈尔（Susan McConnell，神经生物学），苏珊·波拉克（Susan Pollak，历史学和哲学），威廉·斯克雷兹尼亚兹（William Skryzniarz，国际发展）以及克劳迪娅·斯特劳斯（Claudia Strauss，人类学）。在奖学金数量很少的那些岁月里，这些天才的年轻人表现出堪称典范的独立性和奉献精神。我为他们全都在学术界追求理想而感到高兴。通过不同方式帮助过我的项目成员还有利奥妮·戈登（Leonle Gordon）、玛格丽特·赫齐格（Margaret Herzig）、弗朗西斯·凯佩尔（Fracis Keppel）、哈里·拉斯克（Harry Lasker）和洛伊丝·谷内（Lois Taniuchi）。另外，对于哈佛大学教育研究生院前任院长保罗·伊尔维萨克（Paul Ylvisaker）、布伦达·威尔逊（Blenda Wilson）以及现任院长帕特里夏·格雷厄姆（Patricia Graham）、杰尔姆·墨菲（Jerome Murphy）等人在管理方面的大力支持，我也表示感谢。

首先要说明的是，这本书是一份以心理学视角研究人类潜能的报告，也代表了整合我过去十多年间两个方向研究成果的努力。这两个方向的研究，一个是关于正常儿童和超常儿童符号使用能力发展，特别是在艺术领域符号使用能力发展的研究，这是我依托哈佛大学"零点项目"（Project Zero）完成的；另一个是关于脑损伤患者认知能力障碍的研究，这是我在波士顿退伍军人管理局医疗中心和波士顿大学医学院进行的。在我以"智能的结构"为名的本书中出现的"智能"概念，代表了我经过对人类认知能力发展和障碍的研究，为将这种能力进行最恰当、最全面概念化所做的工作。我很高兴有这样一个机会，在这本书中提出一个由多年努力合成的理论框架，并尝试提出这个理论框架对于教育的意义。我愿借此机会，感谢在过去10年里真诚地支持我研究工作的各家机构：退伍军人管理局[①]，是它提供学术假期使我能够完成合成理论框架的工作；波士顿大学医学院神经病学系，退伍军人管理局医学研究分部，美国国家神经系统疾病、交流障碍和中风研究所[②]（National Institute of Neurological Diseases, Communication Disorders, and Stroke），所有这些机构，支持了我在神经心理学方面的研究工作；斯宾塞基金会（Spencer Foundation）、卡内基基金会（Carnegie Foundation）、马克尔基金会（Markle Foundation）、美国国家科学基金会（National Science Foundation）和美国国家教育研究所（National Institute of Education），它们都支持了我和我的同事依托哈佛大学"零点项目"开展的对于正常儿童和超常儿童的研究。我还要极大地感谢麦克阿瑟基金会（MacArthur Foundation）这家创新性机构，在从事社会科学研究的一个极具风险的阶段，它为我提供了我非常需要的安全保障。

最后，我想向那些为这本书做出特殊贡献的个人表示感谢。我的许多同事阅读了全部手稿或者其中大部分，提出了很有帮助的意见。我要感谢汤姆·卡罗瑟斯（Tom Carothers）、迈克尔·科尔（Michael Cole）、亚丁·杜达伊（Yadin Dudai）、戴维·费尔德曼（David Feldman）、诺曼·格施温德（Norman Geschwind）、琳达·莱文、戴维·奥尔森（David Olson）、苏珊·麦康奈尔、悉尼·斯特劳斯（Sidney Strauss）、威廉·沃尔（William Wall）和埃伦·温纳（Ellen Winner）。多利·阿佩尔（Dolly Appel）负责本书文字处理和手稿管理，其工作非常熟练、很有裨益，令人感到愉快，我对此极为赞赏。贾丝明·霍尔（Jasmine Hall）慷慨大方地为我制作了索引。琳达·莱文还在手稿的方方面面帮助过我，并以其聪明才智和充沛精力承担了文献注释的准备工作。没有她的智慧，我真不知道自己该怎么做！与新近出版的两本书一样，我在美国出版社的合作伙伴们也给予了持续不断的支持：特别感谢本书英文版的编辑简·伊赛（Jane Isay）和

---

① 1989年，美国退伍军人管理局改称"退伍军人事务部"，并升格为联邦行政机构中的内阁级部门。——编者注

② 1988年，该研究所研究交流障碍的部门被调整至其他机构，研究所由此更名为"国家神经系统疾病和中风研究所"。——编者注

她的助手玛丽·肯尼迪（Mary Kennedy），以及朱迪丝·格里斯曼（Judith Griessman）、珍妮特·霍尔沃森（Janet Halverson）、菲比·霍斯（Phoebe Hoss）、洛伊丝·夏皮罗（Lois Shapiro）、文森特·托尔（Vincent Torre），还有校对帕梅拉·戴利（Pamela Dailey）。

我还要感谢许多作者和出版社允许我使用他们的版权材料。

1983 年 7 月于马萨诸塞州坎布里奇市

第 一 部 分　**背景**

第 1 章　**多元智能的理念**　　　　　　　　　003

第 2 章　**早期的智能观**　　　　　　　　　　014
　　　　　传统心理学的观点　　　　　　　　017
　　　　　让·皮亚杰　　　　　　　　　　　020
　　　　　信息处理的方法　　　　　　　　　026
　　　　　"符号系统"的方法　　　　　　　028

第 3 章　**智能的生物学基础**　　　　　　　　035
　　　　　现象的解释　　　　　　　　　　　035
　　　　　遗传学基础　　　　　　　　　　　037
　　　　　神经生物学的视角　　　　　　　　042
　　　　　从大脑组织出发的观点　　　　　　060
　　　　　神经系统表现出来的普遍法则　　　065

第 4 章	什么是智能	067
	智能入选的先决条件	069
	智能的判据	071
	智能概念的界定	075
	智能存在的方式	077

第 二 部 分　**多元智能理论**

第 5 章	语言智能	083
	诗：语言智能的范例	083
	语言的核心操作	088
	语言技能的发展	091
	作家的成长	094
	大脑和语言	097
	跨文化的语言变异	106
	作为工具的语言	112
	语言的独立性	114
第 6 章	音乐智能	116
	作曲	118
	音乐智能的组成	123
	音乐智能的发展	128
	音乐智能的进化和神经系统	136
	超常的音乐天才	142
	音乐智能与其他智能的关系	144

第 7 章	逻辑－数学智能	150
	皮亚杰对逻辑－数学思维的描述	150
	数学家的工作	159
	科学实践	170
	孤独的数学天才	182
	跨文化背景下的逻辑和数学活动	187
	数学、科学与时代痕迹	193
	数学智能与其他智能的关系	196
第 8 章	空间智能	199
	空间智能的维度	199
	空间智能的发展	208
	神经心理学的思考	210
	空间能力及其缺失的特殊形式	215
	空间智能的应用	220
	视觉－空间艺术	227
	文化视角	234
第 9 章	身体－动觉智能	240
	什么是身体－动觉智能	241
	大脑对身体运动的作用	246
	身体技能的进化	251
	人的身体智能的发展	257
	身体表达的成熟形式	260
	其他表演的角色	264
	非西方文化中的身体智能	273
	作为主体与客体的身体	275

第 10 章	**自我认知智能**	277
	自我感	277
	人的认知智能的发展	284
	人性的生物学基础	296
	非西方文化中的人	309
	文化在认知智能中的作用	315

第 11 章	**对多元智能理论的评论**	319
	名为"智能"的认知形式	319
	相关的理论	322
	尚待研究的心理学结构	328
	"更高层次"的认知操作	329
	多元智能理论的不确定性	339
	智能的实际意义	340

第 12 章	**人类智能通过符号社会化**	342
	符号的重要作用	342
	符号能力的出现	346
	符号发展的问题	357
	智能之间的相互作用	360
	人类智能的其他研究途径	364
	人类学视角下的多元智能	369

第三部分　意义与应用

第 13 章　智能的培育　373

引言　373

分析教育过程的框架　376

学校教育的种类　387

现代教育的三个特征　398

再谈三名少年　405

第 14 章　智能的应用　408

尚未确定的智能　408

用多元智能理论说明教育实例　413

其他教育实验　423

告教育政策制定者　425

教育与政策方面的推论　434

附录 1　20 周年纪念版导言　436

附录 2　10 周年纪念版导言　447

附录 3　"人类潜能项目"的说明　465

译者后记　467

参考文献　474

关于多元智能理论，你了解多少？

- 很多人在求学阶段被要求做"智力测验"，你知道智力测验绝对无法测量下列哪种"智能"么？

  A. 语言智能

  B. 音乐智能

  C. 逻辑 - 数学智能

  D. 空间智能

- 多元智能理论对教育领域的启示是：

  A. 教育应该更加个性化与多元化

  B. 孩子智能发展优异的主要表现是"在学校取得好成绩"

  C. 教育应该重点培养孩子的语言智能和逻辑 - 数学智能

  D. 教育应该以"让每一个孩子的 8 种智能都表现优异"为核心教学目标

- 加德纳认为，21 世纪最重要的思维方式有 5 种，下列哪一项不属于？

  A. 具有创造性的思维方式

  B. 综合的思维方式

  C. 符合伦理道德的思维方式

  D. 追逐个性的思维方式

扫描左侧二维码查看本书更多测试题

Frames of Mind

The Theory of
Multiple Intelligences

第1章

多元智能的理念

使人的全部能力实现智慧化，人类责无旁贷。

——但丁（Dante Alighieri）

意大利文艺复兴运动先驱，伟大诗人

　　一个小姑娘花了一个小时的时间，回答测验者问到的许多问题。提出这些问题的目的，是为了考察她掌握的信息量（如谁发现了美洲？胃的功能是什么？）、词汇量（如"胡言乱语"的意思是什么？"钟楼"的意思是什么？）、算术技能（买一块糖8分钱，买三块糖要多少钱？）、记忆一系列数字的能力（5，1，7，4，2，3，8），以及找出两种因素（如肘与膝盖、山峰与湖泊）之间相似性的能力。另外可能还要她完成一些其他任务，比如解决走出一个迷宫的问题，或者将一组画排列顺序，让它们表达一个完整的故事。过些时候，测验者便宣布测验的结果：他得出了一个简单的数字，也就是这个小姑娘的智商。这个智商分数（小姑娘被告知的仅此而已）可能会对她的未来产生完全想象不到的影响。她的智商将影响到老师对她的看法，也将决定她是否有资格享受教育的某种特权等。要说这种测验所得到的数据重要，也并非完全不恰当。无论如何，这类智力测验的结果，虽然并不能预示接受测验者今后生活能否成功，但它的确表明了一个人掌握学校课程的能力。

上述情节每天都在全世界无数次地上演。人们都把简单的一个智商分数看得十分重要。当然，对于不同年龄段和不同文化背景的人，使用的考卷并不相同。有些时候，这种测验不以面试的方式，而是以纸笔答卷的方式进行。但是测验的大致流程，也就是通过一小时左右的问答得出一个智商的正整数，在全世界的智力测验中都是一样的。

许多研究者对这种状况并不满意。他们的观点是：虽然测验者认为，这种简短的回答预示了一个人的学业成就，但对于判断一个人的智能来说，必定还有比这种对简短问题的简短答案更多的东西。然而，在没有对智能的概念做出更全面的思考，在没有发明更好地评估人的能力的方法之前，这种测验的方式在可以预见的将来，仍然会在全世界被持续地使用下去。

但如果我们让自己的想象任意驰骋，思考一下范围更广的、实际上全世界都珍视的行为，我们会得出怎样的结论呢？打个比方，想一想加罗林群岛①12岁的普卢瓦特部落男孩，他被那里的长者们挑选出来，学习怎样成为一名船长。他在领航员的指导下，必须学会关于行船、星象和地理方面的知识，以便在几百个岛屿之中找到自己的航向。想一想某个15岁的伊朗年轻人，他精通阿拉伯语，人们正要把他送到圣城去和一名宗教学术头衔很高的人一起工作数年，以便将他培养成一名教师和宗教领袖。或者再想一想法国巴黎一名14岁少女的情况吧，她已经学会了怎样编制计算机程序，而且正开始借助电子合成器作曲。

只要对以上事实进行简单的思考就能明白，这些儿童或少年在极具挑战性领域中的能力，都已经达到了很高的水平。而且无论如何下定义，他们的行为都应当被认为表现出了很高的智能。然而同样很明显的是，我们当前评估智能的方法对于借助星象知识航海、学习外语时运用口语、在计算机上作曲来说，却无法充分地评估人的潜能或成绩。问题的要害与其说在于测试的

---

① 加罗林群岛（Caroline Islands）：西太平洋的岛群，由960多个岛礁组成，后文提到的普卢瓦特（Pu luwat）系其环礁之一。居民主要为密克罗尼西亚人。——译者注

技术手段，还不如说在于我们所习惯的认识智能的方法，在于我们对智能根深蒂固的观点。只有扩展并重新形成对人类智能的认识，我们才能设计出更恰当的评估智能的方法，也才能提出更有效的方法去培育它。

全世界许多从事教育工作的人，都对此得出了相同的结论。因此人们开始寻求新的方法（有些很出色）去发展人在各种文化背景中的智能，用诸如"预见型学习"（anticipatory learning）等普遍适用的方法来训练人，以帮助他们发掘自己的潜能。人们进行了许多有趣的实验，从小提琴的铃木教学法 ①（详见本书第 14 章），到介绍计算机编程基础的 LOGO 法，都试图在儿童身上挖掘出多才多艺的表现。有些实验是成功的，而有些实验却还在探索阶段。这些实验不论结果是成功还是失败，在对智能这个问题的认识上，都缺少一种恰当的框架。当然，并不存在一种智能的观念，能使以上我所列举的能力都一一具体化。但对这些能力加以系统的归纳，的确是本书的目的。

在下面的几章里，我将概述一种关于人类智能的新理论。这个理论对过去智能的传统观念发起了挑战。我所说的传统观念，就是我们大多数人从心理学或教育学教材中，口服心服地接受了的或者是不由自主地就接受了的观念（我们都生活在一种根深蒂固的文化背景之中，智能的观念可能受到这个文化背景的制约）。所以说这一新理论的特征，能够很容易地被辨别出来。我在如下几页的简述中，将首先考虑传统观念的几个方面：这种传统观念是从哪里来的？为什么它能如此牢固地存在于人们的头脑之中？在这种观念之中，哪些是有待解决的明显的问题？讨论完这些问题之后，我再开始介绍本书所提出的这一修正理论的特征。

---

① 　由日本音乐教育家铃木镇一创建。铃木镇一（1898—1998）：日本音乐教育家，曾在德国学习小提琴，后创建铃木小提琴教学法，专门从事幼儿的小提琴教学，获得很大成功，曾培养出西崎崇子等世界级小提琴家。他的主要教学主张包括：提倡集体教学，要求家长陪同上课和练琴，规定家长每天为孩子播放指定乐曲录音，鼓励孩子当众表演；要求孩子反复模仿，不断完善；教材简单易学，适时增加难度。——译者注

两千多年以来，至少自古希腊城邦出现开始，在我们的文明之中，关于人的各种能力的讨论，有某种固定的观念一直占据统治地位。这种固定的观念强调了心智能力（mental power）的存在与重要性——这种能力有各种各样不同的称呼：理性、智能或者心理的运用。对于人性本质问题的无休止探索，似乎不可避免地使得人类聚焦在对知识的追求上。所以那些被称为知识的东西，就受到了格外的重视。无论是柏拉图口中的哲学王、希伯来先知、中世纪修道院学识渊博的文牍，还是实验室里的科学家，只要是善于运用其心智能力的人，都被当成是出类拔萃的人。苏格拉底的"认识自我"、亚里士多德的"人类天性渴望求知"，以及笛卡儿的"我思故我在"，这些都是构成全部西方文明的经典格言。

即使在古典主义与文艺复兴时期之间黑暗的一千年时间里，智能因素的优势地位都没有受到过任何挑战。在中世纪的早期，基督教领袖奥古斯丁[①]就说过：

> 宇宙最初的创造者与推动者是智慧，因此，宇宙的最终起因就一定是智慧的善（good），那也就是真（truth）。在所有人类的追求之中，对于智慧的追求，是最完美、最崇高、最有用，也是最令人愉快的追求。说它最完美，因为对于一个人来说，尽最大努力追求的目标就是智慧。从这一意义上说，他享受到了某种真正的快乐。

在中世纪的鼎盛时期，但丁提出了他的观点：

> 总地说来，使人的全部能力实现智慧化，人类责无旁贷。这个过程开始于思索，继而为了达到思想延伸的目的，进入实际行动之中。

---

① 奥古斯丁（St. Augustine，354—430）：基督教早期神学家，著有《忏悔录》和《上帝之城》。——译者注

此后，在文艺复兴开始的时候，也就是进入笛卡儿时代的 100 年前，弗朗西斯·培根①讲述了一艘在新亚特兰蒂斯②的英国船的故事。该船来到一座乌托邦岛，岛上的首脑机构是一个从事科学研究的庞然大物。该机构的领导人向来访的旅行者们说：

> 我将给你们我拥有的最贵重的财宝。出于对上帝和人类的热爱，我将把所罗门院③的真实状况告诉你们……我们这个机构的最终目标，是探索与事物的根源及其神秘变化有关的知识，是开拓人类认识王国的领域，从而实现一切可能之事。

当然，对知识和那些拥有知识者的尊重，并不是我们所谓"西方世界"的唯一主题。情感、信仰与勇气的美德也是几百年来反复出现的主旋律。实际上，它们有时（如果说并非总是那么合理的话）与人们对知识的追求形成对比。有启发性的是，即使当信仰或爱被颂扬得高于其他一切时，它们通常都站在理性力量的对立面。同样，当某种带有极权主义倾向的领导者们试图按新的观念改造我们的社会时，一般都需要"处理掉"那些不能与之合作的理性主义者或知识分子。这一事实再次将某种反常的赞美给予理性的力量。

理性、智能、逻辑和知识并不是同义词。本书在"心理的"这一醒目标题之下，用了很大的篇幅和力度，构建了组合在一起的各种技巧和能力。但是，我必须首先介绍一个重要的差异，即关于智能的两种态度的对比。几百年来，这两种不同的态度一直相互竞争、交替出现。如果谁接受古希腊诗人

---

① 弗朗西斯·培根（Francis Bacon, 1561—1626）：英国哲学家、政治家，主要以哲学、文学著作和提倡新的科学方法著称于世，在《论科学的价值和发展》《新工具》等著作中，针对亚里士多德的演绎法，提出了归纳法。文学作品有《新大西岛》等。——译者注
② 新亚特兰蒂斯（New Atlantis）：弗朗西斯·培根的幻想游记《新大西岛》中的城市。——译者注
③ 所罗门院（Solomon's house）：该机构的名称。

阿尔基洛科斯^①吸引人的分类，那么他就能对两种人加以对比。一类人将所有的智能都看成是一个整体，我们把这类人称为"刺猬派"；另一类人认为智能是可以分成若干组分，我们将这类人称为"狐狸派"。属于刺猬派的这类人，不但相信人有单一的、神圣不可侵犯的能力，而且相信这是人类的特别的属性。由此可以推断出，他们常常特别强调的是，每个人与生俱来都拥有一定数量的智能。我们每个人都可以按照智力或者智商来进行排序，而智力的高下、智商的高低是上帝赐予的。这样思考问题和谈论问题的方式如此根深蒂固，以至于我们大多数人很容易迷失在对个人的排名之中，多多少少是"精明的""伶俐的""聪明的"，还是"有才智的"。

西方的另一个传统，是推崇大脑的许多不同功能或部分。在古代，理性、意志与情感是有区别的。中世纪思想家们有自己的三艺（语法、逻辑与修辞）和四科（数学、几何、天文与音乐）之分。随着心理学科学的出现，人类具有更多心智能力的假设被提了出来。我在下面将要正式介绍的弗朗茨·约瑟夫·加尔^②提出，人类拥有 37 种能力或者力量；当代人物吉尔福德^③认为，智能有 120 种向量。有些属于狐狸这一派的人还倾向于认为，人是天生的并且有等级的。但可以发现，这些人当中的很多都相信环境与培训具有改变或改进的作用。

刺猬派与狐狸派的争论，从几个世纪以前一直延续到现在。在大脑研究领域出现了"定位论者"（localizer），他们相信，神经系统的不同部分是传递不同智能的媒介。这些定位论者一致反对"整体论者"（holist），后者认

---

① 阿尔基洛科斯（Archilochus）：古希腊诗人，约生活在公元前 7 世纪，写下过诗句"狐狸千伎百俩而有尽，刺猬一技之长而无穷"，意思是：狐狸生性狡猾，想出无数伎俩来克敌制胜，但永远是一种弱势动物；刺猬看似无所作为，但凭独有的防御能力，任何动物都奈何不了它。——译者注

② 弗朗茨·约瑟夫·加尔（Franz Joseph Gall，1758—1828）：德国医师解剖学家，颅相学的创始人。颅相学是一种通过分析人的颅骨外形来测定人的气质、智力、才能、性格特征、宗教信仰甚至犯罪倾向的学说。——译者注

③ 吉尔福德（J. P. Guilford，1897—1987），美国心理学家，主要从事心理测量方法、人格和智能等方面的研究。——译者注

为，智能的主要功能是大脑作为总体的属性。在智能测试的领域，又出现了长期激烈的两派争论。一派以查尔斯·斯皮尔曼[①]为首，相信一般智能[②]的存在；另一派以瑟斯通[③]为首，假设了一组基本心智能力，其中各种能力强弱相同，没有哪一种能力得天独厚。在研究儿童发展的领域里，也有两派的激烈争论。一派认为心理有其普遍的结构，如让·皮亚杰[④]的观点，另一派相信有数量较大的、相对独立的一组心智能力存在，如环境学习学派（environmental-leaning school）。同时我们还可以听到一些来自其他学科的反应。

　　因此，几个世纪以来，人们在智能这个重要的议题上，一直无法达成共识。对于智能是否能够分割，一直进行着无休止的争论。与此同时，我们文化传统中某些长期存在着的争端似乎也得不到解决。我怀疑，自由意志这一类议题，或者信仰与理性之间的冲突，同样得不到让每个人都满意的解决办法。但对于其他问题，也许会有取得进展的希望。有的时候，当逻辑推理澄清了或者暴露了某种谬误时，对于有些问题的讨论是有可能取得进展的。一旦解释清楚散光不会导致画中人物面孔被拉长，就不会有人再继续坚持错误的看法，认为西班牙画家埃尔·格列柯（El Greco）的画中那变了形的人物面孔，是因为视觉的散光所引起的。视力散光的画家会觉得自己画布上的面

[①] 查尔斯·斯皮尔曼（Charles Spearman,1863—1945），英国心理学家。1904 年提出智能二因素理论，认为人的智能主要由两个因素构成：一是一般因素（gereral factor），渗入到所有的智能活动中，每个人都具备，但水平有差异；二是特殊因素（special factor），其种类很多，与特定的任务工作相关。——译者注

[②] 一般智能（general intelligence）：也译为"通用智能"，指能够解决任何领域问题、普遍适用的智能。——译者注

[③] 瑟斯通（L.L.Thurstone, 1887—1955）：美国心理学家。美国心理测量学会的创立者，在测量理论、社会评价和人格等理论的应用方面均做出了巨大的贡献。主张人类的能力是多元的，认为人类具有数字运算、语文理解、空间关系、语文流畅、推理、知觉速度、联想记忆等七种能力。他把斯皮尔曼的一般因素分解成一组各自独立的基本心理因素，并发现这些基本因素之间存在着内部相关，即其间仍然存在着一般因素。——译者注

[④] 让·皮亚杰（Jean Piaget, 1896—1980）：瑞士心理学家，20 世纪全世界最著名的儿童心理学家，发生认识论的创始人。——译者注

孔是拉长了的（在日常生活中看到的也是如此）。实际上，这些面孔在非散光的眼睛看来，是完全正常的。有时，戏剧性的科学发现也能促成人们认识的进展，如哥白尼和开普勒划时代的发现极大地改变了我们关于宇宙结构的观念。有时，当大量的信息交织在一起，对有关争论形成一种令人信服的论点时（像查尔斯·达尔文那样，在介绍其进化论的过程中，分析了大量关于物种发展与分类的证据），认识的深入也就随之出现了。

详细阐明人类智能结构的时机，也许已经到来。虽然到目前为止，对此既没有产生任何科学理论上的突破，也没有出现任何逻辑上惊人的谬误，但是我们已经从各种不同的渠道，得到了大量有用的信息。它们是在过去几十年中，人们花费了巨大努力搜集到的。这些信息汇集在一起，已经得到了关注人类认知的那些人的承认（至少从外围的视野看起来如此）。然而系统整理这类信息的人（如果有的话）却很少，也很少有人将它们集中起来加以检验和论证。当然，大众也没能分享到这些有益的信息。对于这些信息加以认真比较与整理，是本书的双重目的。

在本书后面的内容中，我将提出极具说服力的证据，说明存在若干种相对独立的人类智能，以下简称为"人的智能"，这就是为什么我为这本书起名为《智能的结构》的原因。迄今为止，虽然每一种智能结构的确切属性和范围还没有令人信服地确定下来，智能的准确数量也不固定，但我认为，至少某些智能是存在着的。这些智能彼此相对独立，可采用多种多样的方式，整合并适应不同人和不同文化的需要。对我来说，这种观点似乎越来越难以批驳了。

过去人们为证明智能的独立性所做的尝试（至今仍然有许多人这样做），并不能使人信服。究其主要原因，是他们只依赖一个或者至多是两个方面的线索。他们在证明存在着不同的"智能"或"才能"时，要么仅仅依靠逻辑分析，要么仅仅依靠学科教育的历史，要么仅仅依靠智力测验的结果，或者仅仅依靠从对大脑的研究中获得的信息。这些各自从单一视角出发所做出的多种努力，没能获得关乎智能种类的一致清单，因此就使得关于多元智能的主张似乎很难站得住脚。

我论证的过程是完全不同的。我在阐明关于多元智能的主要论点时，反复考察了大量来自不同渠道的、到目前为止似乎互不相关的资料。这些资料的研究对象包括：超常儿童、显现出特别天赋的人、脑损伤患者、学者症候群、正常儿童、正常成年人、从事不同领域工作的专家，以及处于多种不同文化环境中的人。我们将这些来自不同渠道的证据加以汇总，便得到了（我认为也部分地证实了）候选智能的初步清单。由于某种智能可能在相对独立生活的特定人群身上发现（或者在其他正常人群单独生活时不能发现），还由于在一定程度上，某种智能在特定人身上或在特定文化环境中，可能得到高度的发展。又由于心理测量学家、心理实验专家以及（或者）特定学科的专家们，可以明确地指出准确定义一种智能的核心能力。因此我在一定程度上开始相信，的确存在着某些种类的智能。当然，如果哪一种候选智能全部或者部分不符合以上这些线索和证据，就应该将那种智能从候选者的名单中剔除。在日常生活中，就像我即将证明的那样，这些智能通常都和谐地运作着，所以它们的独立性可能表现得并不明显。但是当通过装配恰当的棱镜观察之后，每一种智能的特殊本质便清晰地、常常也是令人吃惊地显现出来。

所以，本书的主要任务是论证多元智能的存在。我对每一种特定智能所做的论述，无论是否具有很强的说服力，起码要覆盖好几个学科的知识。迄今为止，这些学科的知识一直处于相对分离的状态。此外，本书还有一些其他的、并非补充性质的目的。其中一些主要是科学的目的，而另一些则显然是实践的目的。

首先，我想扩展一下认知心理学和发展心理学的视野（作为这两个领域的科研人员，我对它们比较熟悉）。我所主张的这种视野的扩展，一方面指向认知心理生物学的和进化论的根本，另一方面则朝向认知能力体现的文化多样性。在我心目中，访问脑科学家的"实验室"，巡视外来文化的"领地"，对于有兴趣研究认知心理学和发展心理学的人来说，都应当成为基本功训练的一部分。

其次，我希望在书中能讨论一下多元智能理论对教育学的意义。按照我的观点，在一个人的幼年时期，其智能轮廓（profile of intelligence）或倾向应该是能够辨认出来的。这样做的结果是，我们可以利用有关的知识，增强教育的针对性，拓宽可供个人选择的教育机会。就像对于具有非典型智能轮廓的人或者智能倾向紊乱的人，我们可以设计弥补措施，设立拥有丰富材料的教育项目一样，我们也可以为具有特殊才能的人，开设特别的教育项目。

再次，我希望这方面的研究将能够激励那些致力于教育研究的人类学家，去开发在不同文化背景下都能培育的智能的模式。只有通过这样的努力，我们才有可能确定教与学的理论是能够轻易地穿越国界而处处适用，还是必须按照每一种文化的特殊性，不断地加以改造。

最后，最重要的同时也是最困难的就是，我希望在此清晰明白地表达的观点，对负责"其他人发展"的政策制定者和实践者提供真正有益的启示。目前对于智能的训练与开发，的确正处于"世界性的讨论之中"：如世界银行关于人的发展的报告、罗马俱乐部关于超前学习的论文以及委内瑞拉关于人类智能的研究项目，而这些只不过是最近非常明显的三个例子。常见的情况是，从事这一工作的实践者们所凭借的有关智能或者认知的理论，有着明显的缺陷。所以他们在工作的过程中支持的那些方案，往往收益甚少，甚至起了相反的作用。为了帮助这些人，我提出一种建立在多元智能理论基础上的智能结构，这种结构可运用到任何教育情境中去。倘若我这里所表述的智能结构被人们所接受，那么至少可以减少那些似乎注定会失败的教育干预措施，而鼓励具有成功希望前景的教育措施。

我把目前的这项工作看作是对建立认知科学所做出的贡献。从很大程度上说，我是在总结其他学者的研究工作；但从某种程度上说（我打算指明在什么地方），我又提出了一个新的研究方向。对于其中的某些主张，存在着争议，我希望精通认知科学的专家们最后也发表他们自己的意见。第二部分是本书的"心脏"，描述了好几种我感到的确有理由肯定其存在的智能。但为了对科学做出潜在的贡献，我首先要在第2章里回顾一下其他人为描述智能的状况所做的工作，然后提出支持我自己理论的证据。此后，我将列出（第11章）对这一理论的批评线索。作为扩展研究认知的使命的一部分，我在本书第二部分的全部章节中，都采用了生物学的和跨越不同文化的视角，并且各用了单独的一章，来讨论认知的生物学基础（第3章）和教育的文化差异性（第13章）。最后，在简单地介绍了此理论的应用之后，我在本书的结尾一章中，更加直接地讨论了教育与政策方面的问题。

最后还有一点要说明的是这一章的标题。就像我已经说过的，多元智能是一种早已存在的理念，我没有资格因为试图使它重新受到人们的关注，而声称自己是这个伟大理念的原创者。即便如此，我还是想通过"理念"一词的运用，强调多元智能的概念目前还不是已经得到证实的科学事实，至多只不过是最近才引起人们认真讨论的一种理念。虽然我表达了对本书的奢望，但这一理念不可避免地存在许多缺陷。我希望自己能够促成的，是多元智能理念时代的来临。

第 2 章

早期的智能观

> 人的心智能力取决于大脑。
>
> ——柏拉图（Platon）
> 古希腊哲学家

在 18 世纪后期的学校里，当时还是一名男孩的弗朗茨·约瑟夫·加尔，曾经观察了他的同学们的某些心理特征与头颅形状之间的关系。比如，他注意到那些眼睛突出的男孩，一般都有良好的记忆力。多年以后，他成为一名内科医生和科学家，仍然坚持这个看法，并将把这个观点融入"颅相学"的核心内容中去。加尔极希望颅相学能成为一门科学。

颅相学的核心观点很简单：人的颅骨互不相同，其差异表现在大脑的形状和大小的不同。大脑的不同区域，又促进着神经的不同功能。因此专家通过认真检查人的颅骨外形，就能够确定其智能强项或弱项，确定其心理轮廓的特质。

加尔曾列出了一个人的心智能力与"器官"之间联系的一览表，经他的同事约翰·施普尔茨海姆① 进行修改之后，像个大杂烩。这个一览表列出了

---

① 约翰·施普尔茨海姆（Johann Spurzheim，1776—1832）：加尔的亲子，与加尔共同提出颅相学。——译者注

大约 37 种不同的能力，其中包括了表达感情的能力，如恋人、爱子女的情感表达能力以及隐藏自己感情的能力；把握情绪的能力，如对希望、尊敬和自重等情绪的控制；思考的能力和知觉的能力，如对语言、音调以及形状与色彩等视觉感受的知觉能力。

毫不奇怪（至少那些经典畅销书的读者们并不感到奇怪），加尔和施普尔茨海姆创建的颅相学，在 19 世纪早期的欧洲和美国获得了极大的声誉。这一简单的学说拥有较强的内在吸引力，每一个人都可以"参与这种游戏"。由于当时的许多科学家都认可这一有前途的学科，所以颅相学赢得了广泛的声誉。

当然，聪明的人事后都能看得出颅相学的问题。例如，我们知道，人脑的绝对大小与一个人的智能并无明显的相关性。实际上，像沃尔特·惠特曼 [1] 和阿纳托尔·法朗士 [2] 这样大脑容积很小的人，也取得了极大的成就。而那些大脑容积很大的人，少数可能是白痴，多数通常都是普通人。另外，头骨本身的大小与形状实际上并不是衡量重要的人类大脑皮层构造的精确依据。

虽然如此，正如我们不应当无视加尔理论的缺陷一样，我们也不应该全盘否定他的主张，因为那也同样是一个错误。无论怎么说，在强调大脑不同部位与不同功能之间联系的科学家中，加尔毕竟是第一人。虽然我们承认，人脑的大小、形状与功能之间的特定关系目前尚不能确定，但这并不意味着我们永远也无法确定这类关系。而且，加尔还提出了其他有创见的想法，其中就有这样很有趣的主张：人身上并不存在一种像知觉、记忆与注意力这样普遍的心智能力，却存在着几种不同形式的知觉或记忆的智能，如语言、音

---

[1]　沃尔特·惠特曼（Walt Whitman, 1819—1892）：美国历史上最伟大的诗人之一，他的《草叶集》代表着美国浪漫主义文学的高峰，是世界文学宝库中的精品。——译者注

[2]　阿纳托尔·法朗士（Anatole France, 1844—1924）：法国小说家，代表作品有《企鹅岛》《诸神渴了》，诺贝尔文学奖获得者。——译者注

乐或视觉的智能。虽然在心理学历史上很少有人认真地研究过这一想法，但它确实很有启发性，而且很可能是正确的。

在加尔的学说发表之后的一个世纪里，人们的认识在以下两种观点之间摇摆不定。一种观点认为，人类大脑的功能是定位的；另一种观点对于大脑部位与人类行为的完全相关性，则表示怀疑。实际上，直到今天，这种摇摆不定的局面还在继续折磨着我们。历史上第一个对加尔表示怀疑的声音，出现在 19 世纪的早期，也就是加尔的理论发表之后的那几十年中。就像皮埃尔·弗卢朗①的实验所证明的那样，如果摘除了动物大脑的不同部分之后，再观察其新的行为，就会发现加尔的某些主张是站不住脚的。但在 19 世纪 60 年代，又出现了众多激烈的支持加尔理论的声音。法国的外科医生、人类学家皮埃尔－保罗·布罗卡②首次雄辩地证明了特定的大脑损伤与特定的认知障碍之间的关系。布罗卡的特别贡献还在于收集到了证据，表明大脑皮层左前部某个特定区域若受到损伤，将会导致失语症和语言功能障碍。在布罗卡戏剧性发现之后的若干年里，又有大量的论文发表，说明大脑左半球的各种损伤将导致多种可列举的特定语言功能障碍。如某个部位的损伤必然导致阅读障碍，而另一个部位的损伤则会使命名或背诵的功能受损。所以说大脑功能的定位学说（如果不是颅相学）又重新在学术界占据了主导地位。

人们试图把大脑与心智功能联系起来的努力，或者说揭示心智功能在生理上的本质的尝试，在 19 世纪以前就开始了。埃及人曾认为思想是由心脏产生的，判断力是由大脑或肾脏操纵的。毕达哥拉斯和柏拉图认为，人的心智能力取决于大脑。与此类似，亚里士多德认为生命的位置在心脏，而笛卡儿则认为灵魂存在于脑部的松果体内。所以说，19 世纪的科学家们并不

---

① 皮埃尔·弗卢朗（Pierre Flourens，1794—1867），法国神经生理学家、解剖学家。首次说明了脊椎动物大脑主要部分的一般功能。——译者注

② 皮埃尔－保罗·布罗卡（Pierre Paul Broca，1824—1880）：法国外科医生、神经病理学家、人类学家，也是最早发现大脑左半球语言中枢的生理学家。人类的运动性言语中枢即以他的名字命名，称"布罗卡区"（Broca's area），位于优势半球大脑皮质额下回后部靠近岛盖处。——译者注

是最早把人类智能的范畴加以分类的人（虽然 37 种智能属于较多的一种分类）。对于各种不同的理性思维和知识形式，柏拉图和亚里士多德当然是很感兴趣的。在中世纪，学者们认真研究了三艺和四科，也就是当时每一个受过教育的人都掌握的那些知识领域。印度的《奥义书》[①]实际上描述了知识的 7 种形式。到了 19 世纪，出现了关于人类心智能力轮廓方面极为特别的主张。最后，又出现了以经验主义为基础的医学临床与实验室研究，进一步将大脑的特定区域与特定的认知功能联系了起来。

传统心理学的观点

确立心理学科学地位的努力开始于 19 世纪后半叶。德国的威廉·冯特[②]和美国的威廉·詹姆斯[③]为此提供了基本原理，并且成为这一工作的带头人。因此，心理学创建之前的学科历史，与其说与医学相关联，还不如说是与哲学混杂在一起的。由于迫切希望将自己研究的学科与生理学和神经学区别开来，所以第一批心理学家与那些从事人类大脑实验研究的科学家之间的接触，同他们的开拓者前辈相比就很少了。也许这种现象产生的结果是，心理学家们感兴趣的心理状态的分类，与那些大脑研究者们所关注的东西相去甚远。心理学家并不按照特定的心智内容（像语言、音乐或视觉认知等各种形式）去思考（像加尔那样），他们寻找（而且不断寻找）广义的、处于同一水平的心智能力，如记忆、知觉、注意力、联想及学习等能力的规律，认为这些能力在处理不同问题时所起的作用是相同的（实际上是盲目地认为），它们并不依赖特别的感觉形态或该领域中思想内容的形式。实际上，心理学家们的这类工作一直延续到今天，基本上没有参考和借鉴脑科学的发现和研究成果。

---

① 《奥义书》：原文来自梵文"Upanishad"，为印度教古代吠陀教义的思辨著作，为后世各派印度哲学所依据。——译者注

② 威廉·冯特（Wilhelm Wundt，1832—1920）：德国心理学家，实验心理学之父，奠定了构造心理学派的基础，也是使心理学脱离哲学范畴成为一门独立学科的开拓者。——译者注

③ 威廉·詹姆斯（William James，1842—1910）：美国心理学家，机能心理学创始人之一。——译者注

因此，科学心理学有一个分支，探索的就是人类认知最普遍的规律，也就是现在所说的人类信息处理法则。还有一个同样十分活跃的研究领域是探索人类个体之间的差异，即人的能力（以及能力缺陷）的不同轮廓。一个世纪以前，英国学识渊博的弗朗西斯·高尔顿①爵士在发起对这一领域的研究方面起了作用。由于高尔顿对天才、卓越以及其他杰出成就的形式有兴趣，他提出了若干统计学的方法，将人按照体力与智力进行排序，并将其与别的测量方法所得结果联系起来。通过这样的研究方法，他能够对颇受怀疑的家族血统与职业成就之间的关系，加以检验。

事实上，如果要对人的心智能力进行测试，就需要通过大量测试手段和待完成任务进行衡量和对比。心理学家设计出各种测试法，通过比较人们在接受测试时的行为和表现，把人分成三六九等，不过是个时间的问题而已。首先，流行的看法认为，可以通过各种感官识别能力的检验，恰当地评估人的智能。比如，可以通过对光强、重量或音调之间差异的反应评估智能。事实上，高尔顿认为，那些举止优雅、学识渊博的人的特征，就是具有特别敏锐的感官能力。但是科学界渐渐地（由于多种原因）得出了结论：如果希望对人类的智能进行更为精确的评估，主要还得观察那些更加复杂或更加"经得起推敲"的能力，如那些包含着语言运用和归纳推理的能力。从事这一方向研究的主要科学家是一位法国人，名叫阿尔弗雷德·比内②。在 20 世纪初期，比内与自己的同事泰奥多尔·西蒙③一起设计了第一批智力测验，目的是为了选出智力迟钝的儿童，并把其他儿童安排到合适的年级中去。

那时在科学家群体和更广泛的社会阶层中，人们由于智力测验产生的激动心情，至少和将近一个世纪以前颅相学所激起的热情相当，而且这次延续

① 弗朗西斯·高尔顿（Francis Galton，1822—1911）：英国遗传学家、统计学家。生物统计学、人类遗传学及优生学创立者。——译者注

② 阿尔弗雷德·比内（Alfred Binet，1857—1911）：法国心理学家。智力测验的创始人。——译者注

③ 泰奥多尔·西蒙（Théodore Simon，1873—1961）：法国精神病学医师、心理学家。——译者注

的时间更长。智力测验很快就在更广的范围内得到了应用：在学校、军队以及工业企业中安排人员的过程中，在社会交友的机构里，出于不同目的评估智能的狂热推波助澜，极大地激发了人们对于智力测验的热情。我们至少可以这么说，直到最近几年，大多数心理学家依然承认智力测验是心理学最伟大的成就，都赞同它产生的社会效益和这项科学发现的公正性。他们甚至可能对英国心理学家艾森克 ① 的结论表示欢迎。艾森克认为，智能的概念"从库恩 ② 的意义上说，是一个真正的科学范例"。

关于智力测验的出现和围绕它的各种激烈辩论，人们都已经反复多次地介绍过了，因而我在此没有任何必要加以复述。现在，心理学界的大多数学者和其他领域几乎所有的学者，都已经相信人们对智力测验的热情有些过头了。这种手段本身以及这些手段能够（或应该）投入的用途，都存在着许多缺陷和局限性。另外，这种智力测验肯定只有利于接受过社会正规教育的人，特别有利于那些习惯于纸笔考试的人。而以上纸笔考试明显地以描述性的回答为特征。正像我注意到的那样，这种考试有预见学生在学校中学习成绩的功能，但在学校以外的环境中，尤其是在必须考虑社会与经济背景等潜在因素的时候，这种考试对于人的成功与否的预见性就大打折扣了。过去这几十年里，人们在智商是否有遗传性这个问题上，一直争论不休。目前尚无哪位心理学权威敢于下结论说，智商与遗传毫不相关。但那种极端的观点，即认为智商在种族之内以及跨种族之间具有遗传可能的主张，现在已经受到广泛质疑。

不过，在智力测验领域，还有一个长期争论的问题需要简略地回顾一下。争论的一方是那些受了英国教育心理学家查尔斯·斯皮尔曼（用我的说法是"刺猬派"的人物）影响的人。他们相信存在着主宰一切的一般智能

① 汉斯·艾森克（Hans J. Eysenck, 1916—1997）：英国心理学家。他主张从自然科学的角度看待心理学。——译者注

② 艾森克在这里所指的托马斯·库恩（Thomas Kuhn, 1922—1996），他是一位当代哲学家，主张以科学的主要假设与程序的方式或以其"范式"的方式而为科学定义。——作者注

"g"，这是智力测验中每一道题所要测量的因素。争论的另一方面是美国心理测量学家、我称之为"狐狸派"人物的瑟斯通及其支持者。他们认为有一组原始心智能力存在，且这些心智能力之间相对独立，对它们需要采用不同的方法分别加以测试。事实上，瑟斯通已经提出了 7 种这类能力：文字理解能力、语言雄辩能力、流畅操作数字的能力、空间视觉想象能力、联想记忆能力、快速知觉能力和推理能力。其他一些不那么出名的学者还提出了比这个数目大得多的相互独立的能力。

此处必须重点强调的一点就是，这两派意见谁都没能占到上风。究其原因，对智力测验成绩的解释本质上是一个数学性问题，而不易做出经验性解析。所以，在得到同样一组数据之后，如果应用某一组因素分析的程序，可能得到证明一般智能"g"存在的结果；而使用了另外一组同样可行的统计学分析方法，则就有可能得到心智能力组分之间相对独立的看法。正像斯蒂芬·杰伊·古尔德[①] 最近在一本叫作《人类的误测》(*The Mismeasure of Man*) 的书中所说的那样，这两种数学衡量法中的任何一方，本质都不比对方高明。一旦谈到解释智力测验成绩的问题时，我们所遇到的便是趣味或爱好的争论，而不是那种可能得出科学结论的争论。

让·皮亚杰

我们从一位最初接受过智商传统训练的人那里获得了一种智能的新观念。这种观念在许多方面已经取代了时髦的智力测验。这个人就是瑞士心理学家让·皮亚杰。大约在 20 世纪 20 年代，皮亚杰就在西蒙的实验室里开始了自己的研究生涯。很快，他就对儿童在智力测验中出现的错误产生了特别的兴趣。皮亚杰渐渐相信，重要的并不是儿童在应答时的准确性，而是他们所遵循的推理路线。我们只要关注导致他们产生错误结论的假设与推理方式，就可以清楚看出以上情况。下面是这种情况的一个例子：如果 4 岁儿童

---

① 斯蒂芬·杰伊·古尔德 (Stephen Jay Gould, 1941—2002)：美国古生物学家。生物进化学说"断续平衡假说"提出者之一。——译者注

把锤子看得更像钉子而不像螺丝刀，这个发现本身并不说明什么问题；重要的是儿童之所以得出这一结论，是因为他们感到两种物体具有相似性，是物体的共生性（锤子与钉子常常一起出现），而并不依据分类目录中同一类工具的本质。

皮亚杰自己从未批判过智力测验活动，但纵观他的科学活动，我们就能感觉到比内－西蒙智力测验量法中的一些不恰当之处。首先，智力测验属于盲目经验主义的范畴，仅仅是一种解释心理如何运作的理论，依靠的是仅仅能够预言在学校里的学习成功与否的考试。它没有关于心理过程的解释，也没有说明人是如何解决问题的。它所知道的，仅仅是人是否给出了正确答案。另一方面，智力测验中的题目显然是微观的，它们相互之间常常并无联系，对于人类智力的评估来说，似乎代表了一种"用霰弹猎枪打猎"的方法。它的大多数考查内容，与人们的日常生活相距甚远。智力测验的成绩完全取决于语言，取决于一个人在定义词汇时、在了解外界知识时，以及从文字的概念中寻找联系（与差别）时的技巧。

智力测验所探寻的许多信息反映的都是生活在特定社会环境与教育环境中所获取的知识。例如，什么行为是民事侵权行为？《伊利亚特》①的作者是谁？回答这种问题的能力，明显地反映了一个人所在学校的类别或其生活家庭的趣味。与此相反，智力测验评估不出来的是一个人吸收新信息的能力或解决新问题的能力。这种"明确的"而非"无定形的"知识倾向造成的后果是惊人的。一个人可能完全地失去了大脑额叶，正在变成一个截然不同的人；他可能完全表现不出任何进取心，或不能解决新的问题，然而他却有可能继续展示出接近天才水平的智商。除此之外，智力测验并不能指出人进一步发展的潜力。两个人也许得到了相同的智商分数，但其中一位可能在学术方面取得了喷涌而出的巨大成就，而另一位只不过展示自己较高的智能水平

---

① 《伊利亚特》(*Iliad*)：公元前 8 世纪晚期的希腊史诗，描述了特洛伊战争最后一年的故事。相传作者为当时的行吟歌手、盲人荷马。——译者注

而已。用苏联心理学家列夫·维果茨基①的话说，智力测验体现不出人"潜在（或邻近）的发展领域"。

皮亚杰至少在心中隐含着批判智力测验的思考，他在几十年的时间里，提出一种本质上与之不同且极具说服力的关于人类认知的观点。按照皮亚杰的看法，所有关于人类思想的研究的起点，都必须假定一个试图弄清外界意义的人。这个人不断地提出假设，并且试图由此获得知识：他努力判断世界上众多实物的本质及其相互作用的方式，了解世界上人的特征及其动机和行为。最终，他一定会将积累的上述知识集中起来，形成一种合理的描述，即自己对于物质世界与社会本质的观念。

最开始，幼儿主要是通过自己本能的反应、感觉性知觉以及与外界相关的身体活动，来了解自身以外的世界。一岁或两岁以后，对于存在于时间与空间之中的客观世界，他就进入了"实践的"或者"感觉运动的"认知阶段。具备了上一段落提到的知识，他就能在自己周围的环境中令人满意地活动，并能理解，即使在自己看不见的时候，外界的物体也依然继续存在于时间与空间之中。到了学步期，他就会继续发展自己的内在行为能力或大脑运算能力。虽然这些行为能力能够在客观世界中隐隐约约地表现出来，但是由于有了新出现的能力，这些行为活动便仅仅在大脑内部，或许仅仅在想象中发生。比如说，一个儿童到达自己的目的地后，要想回到熟悉的出发点，他不必尝试通过各种不同的途径。他只要简单地考虑一下，将每一步都逆转，反方向倒退到原先的出发点就行了。在此期间，儿童开始具有使用符号的能力，他能用各种形象化的比喻或心理要素，如词汇、手势或图画，来代表外界"真实生活"中的物体。他也能够在使用各种符号系统，如语言或绘画方面变得熟练起来。

这种发展着的内化与符号化的能力，到儿童七八岁有了具体运算能力的

---

① 列夫·维果茨基（Lev Vygotsky, 1896—1934）：苏联心理学家。苏联心理学中文化历史发展论创始人之一。——译者注

时候，便达到了新的高度。他有了这些新的能力之后，对于客观世界、数字、时间、空间、因果关系等，就能进行系统的推理了。儿童此时不再仅仅局限于身体与外界发生接触的行为，他现在通过与外界物体一系列相互作用的活动，能够欣赏自己与它们之间的关系了。因此，他这时能理解：物体可以重新排列而仍然保持原来的数量；一种物质可改变其形状，而不会因此产生数量的变化；一种景象可从不同的角度进行观察，而仍然保留着它原来的要素。

按照皮亚杰的看法，到了青少年的早期，儿童发展的最后一个阶段便出现了。此时，少年具备了形式运算的能力。他不仅通过行为或者单独的符号，更确切地说是通过从一组相关议题中得到的含义，做出自己对于客观世界的推断。进入青春期后，他们就能够运用完全的逻辑方式进行思考了。他们此时已像科学家一样，能够提出命题的假设，并且检验这些假设，按照试验的结果修正自己的命题。手中或脑中掌握了这些能力之后，该少年就达到了成年人认知的最终状态（end-state）。他现在已经能够进行逻辑－推理形式的思维了。这种思维方式是西方世界特别推崇的，也是在数学家与科学家身上集中体现出来的。当然，今后他可能继续做出新的发现，但他的思维不会发生进一步的质的变化。

我们在对皮亚杰的主要知觉对象所做出的简单回顾时，需要着重说明的是，他的描述方法具有高明之处，也存在不足。从积极的方面看，皮亚杰严肃认真地研究了儿童，对儿童的发展提出了重要的问题，尤其是那些出自科学领域的问题，并得出证据说明了在儿童的各个发展阶段中，通过他们不同的心理运算方式，我们能够认识到本质上相同的有序的基本心理运算。例如，按照皮亚杰的观点，有"具体运算能力的"儿童能够处理全部涉及数字储存、因果关系、数量、容积等诸如此类的问题，因为处理这些问题需要的核心心理结构是相同的。具有形式运算能力的青少年也表现出一种结构上的整体运算能力，能够对任何向他提出的命题进行逻辑推理。皮亚杰和那些智力测验的设计者不同，他还认真地考虑了那些哲学家提出的一系列问题，尤其是伊曼纽尔·康德 [1] 视为人类智能关键的问题。这其中包括关于时间、空间、数字和因果关系等基本范畴内的问题。同时，皮亚杰避开了简单的仅仅依靠记忆（像单词的定义）获取的知识，或者局限在特定文化群体（如那些喜爱"高雅"艺术的群体）中的知识。无论皮亚杰是有意还是无意这样做，他已经为人类智能生成与发育的形式，勾勒了一幅绝妙的图画，受到西方科学与哲学传统的特别推崇。

以上的这些无可辩驳的高明之处虽然使皮亚杰成了认知发展心理学的理论家，但同时也存在着某些缺陷。这些缺陷在过去的 20 多年中，变得越来越明显了。首先，尽管皮亚杰描绘出一幅人类心理发展的毋庸置疑的画面，但它仅仅代表了一种类型的心理发展。皮亚杰的发展模式和范例所集中说明的，即他所强调的智能出现的顺序，在非西方文化背景与前文化背景中，相对就显得不那么重要了。实际上，即便是在西方世界，它适用的也仅仅是少数群体。产生其他形式能力的步骤，如产生艺术家、律师、运动员或政治领袖的能力的步骤，在皮亚杰对思维形式的整体强调中被彻底忽视了。

当然，皮亚杰的视野可能受到了限制，但在有限的特定领域内，他的研究结果却是很精确的。那些密切关注皮亚杰观点的一代经验主义研究者们却发现了完全不同的情况。尽管皮亚杰所勾勒的发展轮廓仍然使他们感兴趣，但他们认为许多特定的细节是错误的。个别发展阶段的完成采用的方式，远比皮亚杰表述的方式更加连续，更具有渐进性。实际上，人们很难发现他所主张的那种不连续性（这曾使他的理论主张特别具有吸引力）。因为一旦对实验范式进行不同形式的调整，大部分据说在具体运算阶段才能解决的问题，儿童在前运算阶段就能解决了。例如，现已有证据证明，儿童在 3 岁的时候便能记忆数字，拥有持续分类能力并避免以自我为中心。这是皮亚杰的理论所未能预料的甚至没有考虑到的情况。

---

[1] 伊曼纽尔·康德（Immanuel Kant, 1724—1804）：德国哲学家、思想家、美学家，认为感性、知性、理性是认识论的核心内容，认为人的意志受必然和自然所制约。其思想对 18 世纪西方哲学产生深刻影响，重要的著作有《纯粹理性批判》《实践理性批判》《判断力批判》等。——译者注

皮亚杰理论的另一个中心议题也遭遇了困境。他论证说，自己所揭示的各种运算能力，可以应用于任何形式的内容。在这方面，他与那些"横向能力"的支持者类似，相信如知觉或记忆这类在任何过程中都发挥作用的能力。然而实际上，皮亚杰所说的各种运算能力，都是以极为分散的形式出现的。这些能力只对某些素材或内容有效，而在碰到其他素材时便无法应用或不能恰当地应用了。举例来说，一个遇到某种素材便表现出守恒运算能力的儿童，在遇到另一些素材时就没有了这种能力。皮亚杰知道运算能力不会瞬间形成，他甚至还提出了一个"附加因素"，称为"滞差"①。这个因素使相同的潜在运算能力，在不同时间面对不同素材时出现。然而所发生的情况却是，这个附加因素实际上成为研究认知发展的规则了。与其说是一系列能力在大约相同的时刻融合起来（像皮亚杰所希望的那样），不如说是那些理论上相互联系的能力，最后在不同的时间点上出现。

　　我们还面临着这个理论其他方面的局限性。尽管皮亚杰怀疑那些仅靠语言表达的智力测验题目，但他自己的研究工作本身通常也是通过语言来进行的。如果用非语言的方式进行传达，那么其结果往往就与在日内瓦实验室里得出的结果不一样了。尽管与那些喜欢智力测验的人相比，皮亚杰所进行的研究更全面、更复杂，但与大多数人在日常生活中所进行的思考相比，仍然有较大的差距。皮亚杰的研究工作仍然继续在实验室里科学家的板凳上和黑板上进行。最后有点儿让人吃惊的是，尽管皮亚杰关于积极探索儿童的描述获得了很大反响，但他依然没有向我们说明多少有关科学前沿的创造性问题，更没有解释那些在艺术或其他人类创造领域中最让人推崇的独创性。皮亚杰的理论对认知发展终端的研究，仅仅局限于高中理科课堂上的练习，除了没有能表述所有正常儿童都要经历的认知成长的普遍模式以外，对于解释许多新出现的现象或新发现的问题，往往表现得难以胜任。而这些新发现的问题，被许多人认为在心理生命中是十分重要的。皮亚杰的理论可能是现有发展心理学理论中最好的理论，然而它的不足之处也正在变得越来越明显。

---

① 滞差（décalage）：法语词。根据作者加德纳来信的解释，它指不同的能力出现于儿童心理发展不同年龄阶段的现象。——译者注

信息处理的方法

如果说智力测验在 40 年前十分流行，那么到了 20 年以前，风行一时的就是皮亚杰的理论了。后来一种新的研究形式，常被称为"信息处理心理学"或"认知科学"，在从事心理学研究的学者们当中，独占鳌头。为了研究皮亚杰和其他认知心理学理论家所做的更全面的工作，信息处理心理学家使用了实验心理学家在 20 世纪所设计的方法。例如，一位从事信息处理工作的研究者针对儿童在解决或未能成功解决一个守恒问题过程中的心理步骤，力图给出一个一秒接一秒甚至一毫秒接一毫秒的"微观发生图像"。该过程从信息传到眼睛或耳朵开始，直到口或手给出应答为止。从事信息处理工作的心理学家并不像皮亚杰那样，只是简单地描述在儿童不同发展时期中的两三个基本阶段，以及每个阶段所采取的策略。他们对于指定的儿童，总是试图尽最大努力细致描述其发展的所有步骤。实际上，信息处理心理学所要达到的一个最终目标，就是想方设法细致入微地描述这些步骤，以便在计算机上模拟一个人的行为。这样一种描述的"艰难之旅"[①]，既包含了对儿童完成任务本身的详尽分析，同时也包含了对儿童主体的思想与行为所做出的细致分析。

在关注处理细节以及阐释某一种活动的微结构方面，信息处理的智能理论比早先的研究前进了一步。我们现在有了一种更为动态的视角，来了解在解决问题过程中会发生什么。这些过程包括：对于信息的"接纳"或访问机制的描述，信息在进入记忆之前如何实现即时和短暂的保留，对新信息进行的各种记录和转化操作。另外，其中还提出有执行功能、"元组分"或其他较高级别控制机理的概念。这一概念的主要任务是确定，应该解决哪些问题、寻求哪些目标、应用哪些运算，以及遵循何种顺序。在整个过程中，人们看到的是有益的、美国式的对技术细节的强调（虽然有益与否略显未经验证）：为了产生某种特定效果或结果，主体做了什么，是按什么顺序做的，

---

① 《艰难之旅》（*tour de force*）是安徒生的第一部作品，出版于 1829 年。描写 1828—1829 年，作者从霍尔门运河到阿迈厄岛最东部的徒步旅行。——译者注

又是通过何种机理做的。

这样，信息处理心理学就代表了某些方向上的进展，虽然在我看来并非全部方向上的进展。例如，与皮亚杰的范例相反，信息处理心理学的理论不能令人信服地清楚表明，不同的认知形式是怎样相互关联或区别的。通常情况下，检索文献可以得知，信息处理专家数以千计，他们在进行一种或另一种运算时，并不与其他运算产生任何特定联系。然而，信息处理心理学和皮亚杰一样，有时也犯一种相反的错误，即人们会产生一种轻率的看法，认为存在一种单一的、普遍适用的解决问题的机理，可以应用于人类遇到的所有范围内的问题。尽管从理论上说，单一的、"横向的"解决问题的方案是很吸引人的，然而那些据说是仔细挑选出来的问题，实际上应用时却彼此相似。这一点令人沮丧。所以说，那种认为对于一切问题，我们都可以运用相同解决办法的主张，是不切实际的。事实上，信息处理心理学家们所考察的几乎所有问题，都和皮亚杰心理学研究的问题一样，是属于逻辑–数学范畴内的问题。这些最典型的问题，如解答问题时遵循的逻辑法则、进行几何证明的过程，可能完全是直接从皮亚杰的主要智力测验题目档案里借用过来的。

由于信息处理心理学仍然处在萌芽阶段，所以若批判它，说它不能解决智能领域中的突出问题，似乎有失公允。而且近年来人们对"智力测验"行业的挑战，为这一已经在某种程度上被人怀疑的领域注入了新的生命。像罗伯特·斯滕伯格（Robert Sternberg）这样的研究者们，已经试图鉴别在标准智力测验题目中所涉及的不同运算能力。但我认为，过分机械化的、计算机驱动的思维模式，以及对科学类测验题目的偏爱，预示着这种方法会产生某些长期性问题。首先，信息处理的方法就像许多以前的智能研究方法一样，是非生物学的（如果不是反生物学的话），它有意避免和我们关于神经系统的运作知识相挂钩。其次，这种方法对于人类智能取得成就的至关重要的最高层次，也就是对开放性的答案所表现出来的创造能力，相较而言缺少兴趣。它所提出的问题一般都只有一个答案或几个答案，而对那种带有不确定答案的问题，它却很少关注，更谈不上关注那些新出现的问题了。

最后，还有一种更重要的反对意见。我们现在似乎还没有一种途径或方法，能够用来判定信息处理心理学领域所争论问题的是非。这些问题如下：是否存在一个中央执行系统？是存在通用的解决问题的技巧还是只存在针对特定领域问题的特别技巧？什么样的因素（计算机储存内容的数量与大小、可使用的策略种类、进行运算的效率）随发展而变化？信息处理心理学家也许会反驳说："这种批判在现在看来是对的，但随着我们积累资料的增加，就会变得不那么正确了。当我们成功地编写出足够多的计算机模拟程序时，我们就能确定哪种模拟最接近人类的思维和行为模式。"

但是，在我看来，要想编写出支持对立观点的模拟程序，或者想仅仅通过微调测验项目来驳倒对一种模式的明确批评，未免太过容易。假如一位心理学家说，短期记忆所存留的内容，比人们所说的七巧板上的"神奇的数目"还要多，那么传统观点的捍卫者们只需简单数一下这些七巧板，或只要声称原先的四块经过"重新组合"成为两块，就成功了。推而广之，除非一个人能在一种信息处理方法和另一种处理方法之间，预先设想出一种决定性的测试方法，否则他就会面临着这样一种可能性：有多少富有创造性的研究者，就会有多少令人信服的信息流框图。

"符号系统"的方法

着重强调单一人类智能观点的研究，很自然地会招致反对意见。正如我们所了解的，智商的测试方法、皮亚杰的方法以及信息处理的方法，都专注于解决特定种类的逻辑或语言问题，都忽略了从生物学的视角出发，都未能抓住高层次的创造性问题，对人类社会高度重视的角色都不敏感。因此，这些事实催生出另外一种观点，恰恰聚焦于这些被忽略的领域。

我不可能用与己无关的态度来描述这种处于萌芽状态的研究动向，因为它同我自己的研究工作和信念极其相近。或许最好别把这一小节的内容仅仅当成本章内容的一个结论部分，而应将它当成本书以下各章节所要深化的论点的一个引子。为了证明此言不虚，我在描述"符号系统"方法的主要特征时，将采用合作性的"我们"一词。

哲学家们在 20 世纪的很长时间里，都表现出了对人类符号能力的特殊兴趣。按照恩斯特·卡西勒 ①、苏珊·朗格 ② 和阿尔弗雷德·诺思·怀特海 ③ 这些有影响的思想家的看法，人类在表达与交流时使用各种符号工具的能力将他们与其他生物体鲜明地区别开来。符号的使用曾经是人类本质进化的关键步骤，它使神话、语言以及艺术与科学的活动得以产生，也是人类最高的创造性成就中的关键因素。所有这些活动同时也发展了人类的符号能力。

我们在哲学上可以提到两种"范式"的转移。起初在古典时期，人们对物质世界客体的哲学兴趣，后来全部转移到心灵及其客体。我们把这种兴趣的转移与休谟 ④、康德和其他启蒙运动的思想家联系起来。到了 20 世纪，人们兴趣点又转移了，这一次转向了与思维有关的符号手段。所以，当代许多哲学著作都研究对语言、数学、视觉艺术、手势动作及其他人类符号的理解。

在心理学的研究工作中，我们可观察到同样的倾向。我们也目睹了从外在的行为向人类心理活动和心理产物的转移，特别是向人类个体得以交流的各种符号手段的转移。有许多研究者，其中包括戴维·费尔德曼 ⑤、戴维·奥

---

① 恩斯特·卡西勒（Ernst Cassirer，1874—1945）：德国哲学家。倡导"符号形式哲学"。在美学上，是当代西方符号论流派的创始人与主要代表。——译者注

② 苏珊·朗格（Susanne K. Langer，1895—1985）：美国美学家。与卡西勒同为符号论美学代表人物之一，在美国哥伦比亚大学、纽约大学任教，主要著作有《哲学新解》《情感与形式》等。其艺术哲学使符号论美学在 20 世纪四五十年代达到鼎盛，产生了巨大影响。——译者注

③ 阿尔弗雷德·诺思·怀特海（Alfred North Whitehead，1861—1947）：英国哲学家、数学家、教育家。提出了"过程哲学"。——译者注

④ 大卫·休谟（David Hume，1711—1776）：英国哲学家、历史学家。主要作品有《人性论》《人类理解力研究》等。——译者注

⑤ 戴维·费尔德曼（David Feldman）：美国塔夫茨大学（Tufts University）教授，20 世纪 80 年代曾与本书作者及哈佛"零点项目"合作。——译者注

尔森（David Olson）、加夫列尔·萨洛蒙[①]和我自己，并不把符号手段或者传递符号的媒介仅仅看成是表现相同内容的明晰方法，而把人类符号系统当作研究工作关注的主要焦点。在我们看来，人类认知和信息处理的许多特别之处，都包含着对以上各种类型符号系统的使用。某一种符号系统（比如语言）的运作，是否包含着与其他同类系统（如音乐、手势、数学或绘画）相同的能力与过程，至少是一个开放性的问题和经验主义的问题。获自某一种媒介（比如电影）的信息在通过另一媒介（比如书籍）传播时，它是否还是"相同"的信息，这同样是个开放性的问题。

我和我的同事们从符号视角出发的时候，并没有在倒洗澡水时连同"皮亚杰的婴儿"一起倒掉。相反，我们力图使用皮亚杰所设想的手法和全套方案。但是我们并没有将它们仅仅集中使用于传统皮亚杰理论的语言、逻辑与数字符号，而是将这些手法和方案应用于包括音乐、身体、空间甚至个人符号体系的所有符号系统之中。我们所面临的挑战就在于如何描绘每一种符号能力发展的前景，从经验上确定这些符号能力之间存在哪些联系或区别。

费尔德曼曾经详细讨论过的问题是多元的认知方法如何与皮亚杰的非线性发展图式相互协调的问题。按照这位专门研究教育的发展心理学家的观点，认知的成就可能出现在多个领域中。某些领域，比如像皮亚杰所研究的逻辑－数学领域，是普遍性的，全世界的人都必须面对并且掌握这个领域的认知。这是由人在灵长类生物种群中的地位以及人类自身需要面对的物质世界与社会环境所决定的。而其他的一些领域则局限于特定文化之中。例如，阅读能力在许多文化中是重要的，而在另一些文化中却是不需要或极不受重视的。除非一个人生活在以某个领域为主导的文化之中，否则他在这个领域中的能力发展就会受阻，或者干脆得不到发展。另外还有些领域则局限在某一特定文化的小范围里，例如，绘制地图的能力，在某些有文化素养的亚文化群体里是重要的，而在其他群体当中就不那么重要。人们还有可能遇到一

---

① 加夫列尔·萨洛蒙（Gavriel Salomon, 1938—2016）：当代以色列教育心理学家。——译者注

些极具特色的领域及其能力，如下象棋的高超棋艺、下围棋的技艺、解答填字游戏的专长。这些在社会的任何一部分都不算是至关重要的能力，然而在特定的文化背景下，某些人却可能在这些领域中获得巨大的成就。

最后，与逻辑－数学这类普遍性领域相对的另一个极端就是独特领域，是那些最初只有一个人或极少数人获得成就的技能领域。人们也许会想到正在从事某个独特领域工作的、具有创造性的科学家或艺术家，他或许是目前在这个领域中工作的唯一一人。特别使人着迷的是，最终某个人或少数人对一个独特领域做出了十分完美的探索和清晰的论述，从而使其他人也都进入到这个领域中去。许多科学或艺术的突破，如微积分或进化论，最初都是独特领域，而现在，掌握文化的大量群体都能够掌握它们了。也许在遥远的过去，在绘制地图或阅读文字这类领域中也曾发生过类似的情况。

在集中考虑了对领域的掌握之后，就产生了一些假设。有一种看法认为，在各个领域中都存在着一系列的步骤或阶段，即从初学者的水平，通过学徒或雇用期，再达到专家或大师的水平。不论何种领域，都必定会有一种任何人都须（照恰当的皮亚杰的方式）经过的时期或阶段的序列。然而在经过这些领域各个阶段的速度方面，人与人之间则有着极大的差异。而且，与皮亚杰的看法正好相反，在某一个领域的成功与在其他领域发展或成功的速度并没有必然的联系。从这一意义上说，领域与领域之间可能是相互封闭的。另外，某一领域取得的进步并不完全依赖于一个人单独在自己世界中的行为。更确切地说，关于该领域的许多信息最好被认为是包含在自身文化之中的。因为定义人的发展阶段以及成就局限性的，是该领域所属的文化。我们在构想发展阶段的顺序时，应该把人与其所在的文化结合在一起。因为发展中许多重要的基本信息都存在于文化之中，而不是简单地存在于人的头脑之中。

这种对人在某个领域里的进展做出的集中研究激发了费尔德曼对超常儿童发展中的超常者的研究。超常儿童或许可以被认为是一个能以极快的速度通过一个或多个领域发展阶段的人，其所展现出的速度似乎使其与其他儿童具有本质的不同。在费尔德曼看来，超常儿童存在的本身就体现了多种因素成功的"巧合"。这些因素之中，有最初的也许是与生俱来的天分，有来自父母与家庭的压力，有优秀的教师，也有强大的动力。另外，也许最重要的一点是，存在他的天分能够在其中获得开花结果机会的文化。人们在监测超常儿童的发展时，能够发现一种包含在所有教育过程中的"快进"画面。超常儿童不像皮亚杰所描述的那种孩子，主要沿着全世界的人都可遵循的道路独自向前发展。他拥有来自所属社会提供的种种激励机制，是含有令人羡慕的多种天分的迷人的"合金"。

对超常儿童进行的研究能够很好地说明这一通向智能发展新途径的某些主要特征。首先，超常儿童的存在提出了皮亚杰理论未能解决的问题：一个人是如何能够仅仅在一个领域的发展中早熟的（我附带说明一下，我们上面回顾的那些研究方法，对于超常儿童的行为，也都不能给出合理的解释）。其次，对超常儿童的调查为特殊符号领域的观念提供了支持，因为超常儿童的行为尽管在其他领域（文学技巧）中也会偶然出现，但一般都典型地出现在某些特定的领域（如数学、下棋）。超常儿童成就的研究还为皮亚杰有关发展特定阶段的顺序提供了证据。因为我们完全可以把超常儿童的进步描述为经过一组步骤或阶段的过程。而且因为没有广泛的环境因素的支持，便不会有超常儿童的成就，所以集中研究超常儿童问题，便能凸显社会的作用。最后，各种智能形式的研究者通过对超常儿童这种非凡人群的关注，有机会探索某些处于早期状态的智能特征与行为方式。

毫不奇怪，上面提到的在传统符号系统中从事研究的人们，都有各自不同的重点。例如，在以色列工作的教育心理学家加夫列尔·萨洛蒙就特别注重传播媒介的研究。他研究了电视、书籍与电影的传播手段，以及这些媒介是如何接受并传播文化中的不同符号系统的。另外，他还解决了这样的问题：哪些弥补措施能使人更易于从各种不同媒介中获取信息。安大略教育研究所的认知发展心理学家戴维·奥尔森在该领域中做出了开拓性的工作。他的研究表明，即使在画对角线这样简单的活动中，用于展示的媒介对儿童的行为都有着极大影响。最近，奥尔森更集中研究了文字符号系统的作用。他收集的证据表明，与在非学校教育环境里接受其他符号系统的人相比，在重视文化背景的社会里培养出来的人，其学习（与推理）的方式是不一样的。

我和我的同事们在哈佛"零点项目"的工作中，试图揭示每个特殊符号系统内部的细微发展结构。我们力图确定，某些共同的发展过程是否会跨越不同的符号系统，或者每个符号系统是否可以被认为各有其自身的发展路线。后来，我和我的同事们在波士顿退伍军人管理局医疗中心的一项补充研究中，又提出了相反的问题。在大脑损伤的特定情况下，各种不同的人类符号能力是以何种方式受到破坏的呢？我们利用了发展心理学的观点和神经心理学的观点，力图在人类符号功能的结构与组织方面，获得更加令人满意的看法。我们的目的是揭示符号系统的"自然种类"：连在一起或相互分开的符号系统组分及其在人类神经系统中的表现方式。

在我心目中（在此，我并不认为自己代表从事符号系统研究的任何其他人发言），关键的问题是对特殊符号领域的定义与描述。人们如果照逻辑思维的方式进行思考，就能对若干特定的符号系统做出区分。这就是纳尔逊·古德曼[①]和其他一些哲学家研究的方向。人们还可以从历史的或文化的观念出发，将这些观念简单地当作一系列特殊的符号系统或领域，而这些领域被用于教育或文化交流的目的。按照这种思路，人们把绘制地图、下棋、历史或地理都当成是领域来看待，是因为这些已经被整个文化如此决定了。人们还可以采用智力测验者的经验性排序方法，这样的话，只需确定哪些符号的题目在统计学上相互关联，并假设这些符号都反映了相同的潜在能力，就可以了。循此路径，人们就受到所使用测试题目性质的限定。因此，如果人们碰巧使用了一组独特的测验题目，很有可能提出一种带有误导性的相关性。

[①]　纳尔逊·古德曼（Nelson Goodman，1906—1998），美国哲学家、艺术收藏家和艺术教育家，1967 年在哈佛大学教育研究生院创建著名的"零点项目"研究机构，研究教育和艺术，1968 年任哈佛大学教授。——译者注

最后，人们还可采用神经心理学家的方法，看看在大脑受损的情况下，哪些运用符号的能力会受到影响，并假定这些现象反映的是相同的自然种类。然而，即使运用这种方法，虽然是我个人喜欢应用的，也有其潜在的弊端。首先，神经系统之中的物理相邻性也许并不能反映相似的神经机理。脑皮层相邻的区域也许会执行完全不同的功能。其次，文化"形成"或"开发"若干原始运算能力的方式也许会对有机体的能力产生影响。可能存在下列情况，即同一个脑损伤患者使用符号的能力，在不同的文化背景中受损的类型不相同，正像经常发生的那样。比如，作为文化发展的基本标志，阅读在一种文化中的依据可能是象形文字，在另一种文化中的依据可能就是符号与语音的对应。在意大利文化中引起阅读障碍的脑损伤，到了阅读由不同机制所控制的日本文化中，就不会造成阅读障碍。

神经心理学的研究方法还会遇到其他方面的困难。虽然某些能力受损的研究为能力的整体状况提供了宝贵的看法，但人们不可能轻率地认为，某一种能力的损伤直接地揭示了能力的整体状况。一部收音机损坏的情况，比如插头坏了不一定能告诉你如何才能更好地描述这部收音机的工作情形。无论如何，尽管你把插头拔掉后，收音机就停止工作了，但这个因果关系对我们理解该设备真实的机械与电气功能并没有什么作用。

由于符号功能的各个研究"窗口"都存在这样或那样的缺陷，所以在以下的讨论中，我决然地采取一种范围更加广阔和自由的研究方法和路径。我研究了广泛收集到的信息，其中包括发展心理学的资料、心理测量学的发现、以及对于学者症候群或超常儿童这类特殊群体的描述。所有这些资料的收集和研究，目的都是找到最佳方法，以描述每一个领域中认知和符号化的规律。然而，每一位研究者都有其侧重的研究对象。在我自己的研究中，我相信最珍贵的，即最不易将人引入歧途的信息，很可能来自对神经系统的深刻认识：这个系统是怎样运作的？它是如何发展的，又是如何受损的？在我看来，对人类大脑的研究发现，在众多认知理论纷争的过程中担任着终审法院法官的角色。所以，我在着手进行不同智能的研究之前，将首先搜索一下近年来生物科学研究中的某些重要工作和成果。

第 3 章

智能的生物学基础

对于大脑操作的主要机理，我们是不可能得出一个统一答案的。

——戴维·休伯尔（David Hubel）

美国哈佛大学神经生物学教授

现象的解释

一门全面研究生命的科学，必须能对人类智能的特征及其种类做出解释。由于近几十年来，人们在生物化学、遗传学和神经心理学研究方面取得了特别进展，我们有许多理由相信，生物科学最后必定能为我们提供关于人类智能现象令人信服的描述。确实，对于我们来说，利用人类自加尔时代开始收集到的生物学资料去理解人类智能，现在正当其时。然而，由于心理学家与生物学家处在不同的环境之中，所以运用生物学解释人类智能的这一工作还只是刚刚开始。

根据我阅读得到的资料，大脑与生物科学的研究成果对我们此处所关心的两个问题产生了特别的影响。第一个问题是人类发展的灵活性。这里的主要矛盾集中在这样一个问题上：一个个体或一个群体的智力潜能或智能可以被各种干预改变到何种程度。从某种观点来看，智能的发展可被看成是相对封闭的，预先确定的，只能在细节上有所改变。而从另一种对立的观点来看，发展又有着极大的适应性或可塑性。如果在关键时候给予适当的干预，便会产生具有完全不同范畴与强度的能力以及局限性。另外，最有效的干预是什么，应选择什么样的时机进行干预，能够引起关键性变化的那些主要阶段的作用如何，都是与可塑性有关的问题。只有当我们解决了这些问题之后才有可能确定，在促使人充分发展自己的潜能方面，哪些教育干预的效果最好。

第二个问题是人类发展起来的智能的本质或同一性是什么。从一种观点来看，也就是我在前面已把他们与刺猬联系起来的一类人，他们拥有非常普遍的能力，拥有通用的信息处理机制，能够运用到大量的甚至可能是难以估计数量的用途中。从对立的观点来看，我们则联想起类似狐狸一样的人物。他们也像其他物种一样所具有的倾向是，能够实施某种特定智能的操作，而对其他智能的操作无能为力。随之而来的问题是，人在应用特定智能的时候，或者无法同时应用多种智能的时候，神经系统的不同部分起的作用是什么？这些作用达到什么程度？事实证明，要在不同层面上从一个极端（特定细胞的功能）到另一个极端（大脑两半球各自的功能）对智能的同一性进行分析，是能够做到的。最后，作为与智能同一性问题相联系的一个部分，对于语言等这些似乎在任何正常人身上都得到了高度发展的能力，与音乐等其他在人类个体身上极为普遍地存在着明显差异的能力，生物学家需要给予解释。

综上所述，这几组问题共同构成了对控制人类智能本质与发展的法则的探索，而这些法则决定，在人一生的时间里，智能是如何形成、显现并转变的。当代生物科学中的许多研究给我的一般印象是，它们虽然并没有沿着以上思路进行，但都与这些问题有关。下面我想挖掘一下对研究人类智能的学者来说似乎十分重要的"矿脉"。

我认为，目前主要的证据都有利于以下这些结论。首先，在人的成长过程中，尤其是在出生后的头几个月里，智能存在很大的可塑性与灵活性。其次，尽管如此，这种可塑性仍然受到强烈的遗传制约。最后，这种遗传的制约，从生命一开始就起作用了，并且将沿着某些途径而不是另一些途径发展。谈到智能的同一性问题，已经有越来越多的证据表明，人类有一种执行某些特定智能运作的预先倾向。这些智能运作的本质，可通过认真地观察与实验推断出来。教育方面的努力应该建立在这些智能倾向及其最大限度可塑性与适应性的知识基础之上。

所以，这就是通过衡量相关的生物学证据之后所能得出的结论。对生物科学的研究成果已很熟悉的人，以及那些对"较硬的科学"[①]报告不感兴趣的人，可以直接从这里跳到第 4 章去，我在第 4 章里介绍了确定智能的判据。而对证实前面那些结论的细节感兴趣的读者，我们则邀请他们进入以下遗传学的领域中来。

遗传学基础

如果我们选择从生物学家的视角去研究智能的问题，一开始便不可避免的，当然也是正确地要考虑遗传的因素。然而，自从大约 30 年前詹姆斯·沃森和弗朗西斯·克里克[②]"揭开了谜底"，遗传学方面开始了令人难以置信的飞速发展之后，心理学家从脱氧核糖核酸（DNA）[③]与核糖核酸（RNA）[④]的

---

① 较硬的科学（"harder" sciences）：根据作者来信解释，是相对于心理学和政治学来讲更难反驳的学科，如物理学和化学。——译者注

② 詹姆斯·沃森（James Watson, 1928—），美国遗传学家；弗朗西斯·克里克（Francis Crick, 1916—2004），英国物理学家。两人 1953 年在剑桥大学卡文迪许实验室工作时，因为发现人类遗传基因脱氧核糖核酸的双螺旋结构，同获 1962 年诺贝尔医学／生理学奖。——译者注

③ DNA：脱氧核糖核酸，双螺旋结构高分子有机化合物，生物体内两大核酸之一，分子量巨大（百万以上），全称"Deoxyribonucleic Acid"，可以看作细胞的遗传密码。每一个细胞的细胞核中有 23 对染色体，每一条染色体大约有两万个遗传基因，而每一个遗传基因又由许多组 DNA 构成。——译者注

④ RNA：核糖核酸，生物体内两大核酸之一，全称"Ribonucleic Acid"，与 DNA 的差别之一在于所含戊糖不同，DAN 含脱氧核糖，RNA 含核糖；差别之二在于两者所含的四种碱基（苷酸）中有一种不同，RNA 含的碱基是尿嘧啶（尿苷酸），而 DNA 的碱基是胸腺嘧啶（胸苷酸）。——译者注

结构及其迷人的相互作用之中，探寻关于智能之谜的答案，就不那么令人吃惊了。然而很遗憾，从这一研究路线获得的认识还是相当间接的。

诚然，对于任何生物学的研究来说，遗传学家的发现都应该是一个起点。毕竟我们都是有生命的有机体，而且在一定意义上，我们所能够成就的一切，都保留在我们的遗传物质中。而且，基因型^①与表现型^②两者之间的差别^③，是我们对任何人类个体的行为及其智能轮廓进行研究的基础。另外，对于变异的观点同样也是公认的：由于双亲中的每一位都贡献了难以计数的大量基因，由于这些基因有着无数的组合方式，所以我们不必担心除了同卵双胞胎之外的任何两个人会过分地相像，也不必担心任何两个人会表现出完全相同的智能轮廓。

遗传学在解释简单生物体的简单性状方面，取得了极大的进步。我们在果蝇行为与结构的遗传学基础上已经积累了大量的知识。通过遗传模式的研究，我们对镰刀形细胞贫血症、血友病^④与色盲这些特定人类疾病的病理学机理，也已经基本掌握。但是对于更复杂的人类能力，例如解方程的能力、欣赏或创作音乐作品的能力以及掌握语言的能力，我们关于遗传所起的作用以及在遗传的显性表现方面的知识，却依然少得可怜。首先，我们不可能在

_____

① 基因型（genotype）：又称遗传型，反映生物体的遗传构成，即从双亲获得的全部基因的总和，用基因组或互补染色体的碱基序列来定义的生物遗传特征和遗传表现。——译者注

② 表现型（phenotype）：指生物体所有性状的总和，是生物体把遗传下来的某一性状发育的可能变成现实的表现。——译者注

③ 这个差别可以理解为：生物体在整个发育过程中各种性状的表现，不仅受到内在基因型的控制，还要受到环境条件的影响。在不同条件下，同种基因型的个体可以有不同的表现型。因此，表现型是基因型与环境条件相互作用的结果。表现型相同，基因型不一定相同。基因型相同，环境相同，表现型相同；而环境不同，表现型不一定相同。——译者注

④ 血友病（hemophilia）：遗传性血凝病中的一种，由于凝血因子的功能丧失或紊乱而造成血液不能正常地凝结成块。作为与 X 染色体相关联的隐性性状，血友病几乎全都出现在男性患者身上。——译者注

实验室里对这些能力进行实验性研究。其次，任何复杂能力的性状并非只与一种基因或一组基因相联系，它反映了许多个基因的性状，而且其中大量的基因是多形的——能使许多不同能力在一系列坏境里得以表现。确实，一旦思及像人类智能这样宽泛且含糊的能力问题时，我们应不应当使用"性状"这个词，还的确是存疑的。

那些惯于从遗传学方面考虑问题的学者们当然都思索过什么是天才的问题。按照其中一种说法，天才可能产生于相互关联的基因的某种结合，这些相互关联的基因结合转而又可能导致酶①的产生，从而影响大脑某个区域的特定组织。由于酶的作用，这部分组织可能进一步扩展，使大脑内部形成更多的联结或增加更多的抑制。这些可能性当中的任何一种都有可能使促成人类取得成就所需的巨大潜能达到它的顶点。然而这条思考路线中有那么多假设的步骤，就表明了这样思考的结果同事实仍然相去甚远。我们甚至还不知道，那些具有天才或因为是天才而具有突出缺陷的人是否反映了一种与某种神经系统相关联（这种关联又可从与之有密切亲缘关系的他人身上找到）的遗传倾向。我们也不知道，这些神经系统的关联是否只是体现了偶然产生并分布的限定继承现象（在这种情况下，它们照样也会在任何两位互无亲缘关系的人身上发生）。

关于人类天才的遗传问题，最可靠的线索也许来对双胞胎的研究。我们通过对同卵双胞胎与异卵双胞胎的比较，或通过对被一起养育长大或分开养育长大的同卵双胞胎的比较，就能了解到哪些性状是最受遗传影响的。不过，那些使用了相同资料（甚至使用了毫无争议的资料）的科学家们，在遗传性方面会得出大相径庭的结论。有些科学家在数学与科学假设的基础上认为，通过智力测验测试出的智能，80% 由遗传决定。换言之，这些权威们主张，在接受测验的人群之中，智力测验分数差异性的 80% 应归于那些人

---

① 酶（enzyme）：生物体内产生的具有催化能力的蛋白质。生物体内的一切化学反应，几乎都在酶的催化作用下进行。酶学（enzymology）是生物化学的重要分支。酶的研究对于生命现象本质的了解、疾病的诊断和治疗以及工农业生产，都有重大意义。——译者注

的遗传背景。其他一些科学家们综合同样的资料，却做出了不同的假设。他们认为，遗传性因素对人的智能所起作用的比例小于20%，甚至是零。当然，大多数人的估计都在以上两个极端之间，认为遗传因素对智能的影响从30%到50%。绝大多数人的身体特征和性情主要来自遗传，人们对于这一看法已经取得了广泛一致的意见。但是当考虑到人的认知风格或人的性格这类问题的时候，遗传决定论就很难使人信服了。

对那些研究智能的学者们所关注的问题，遗传学的文献并没有给出明确的答案。但是，有许多观念却能为我们的研究提供信息。让我们首先从一个得到充分证明的事实开始：某些人由于遗传的原因，存在并发血友病等疾病或严重智力迟钝等神经系统疾病的"危险"。但这一事实本身，并不能说明他们肯定会得那种病，可能性因素以及环境的偶然性因素或特殊的遭遇，也都可能起作用。这一事实只不过向我们表明，在其他条件相同的情况下，这些人比那些没有这种遗传倾向的人更容易得这些疾病。

通过类推法，也许会认为一些人有望成为某种天才人物，这对于我们的研究是有利的。但同样，这样的判断并不能确保他们一定会成为天才。一个人在没有棋盘的情况下，是不会成为一位棋艺大师的，甚至连个业余棋手都做不了。但给了下棋的环境与某些刺激之后，有成功希望的人就有了掌握这类技能，并迅速达到高水平的特别倾向。具备天赋，当然是成为超常儿童的必要条件。不过，如果能够得益于某种"温室式"训练方法，如铃木小提琴天才教育方案，即使是那些明显缺乏遗传天赋的儿童，也照样能在短时间内取得长足的进步。

另外一种极具启发意义的思路，就是对人类性状和行为变异的思考。在美国这样数量巨大、种族众多、通婚情况复杂的人群中，我们能见到多种多样的人的特征。但随着时间的推移，极端的特征倾向逐渐很难见到，甚至完全消逝。相反，某些人群，如独自生活在南太平洋岛屿上的居民，作为孤立的种族已经生活了几千年，因为他们避免了与其他族群混合的可能性，所以表现出遗传漂变①：他们通过自然选择过程，具备了一种也许与其他族群完全不同的基因库。

　　要想把纯粹的遗传因素从那些反映不寻常自然环境或异国文化系统的影响因素中区别出来，并不是总能成功。按照曾研究过许多原始部落的病毒学家卡尔顿·盖杜谢克②的说法，发生遗传漂变的族群常常表现出一系列明显的特征，包括罕见的疾病、免疫力、身体特征、行为模式以及习惯。使这些遗传因素消失的原因可能有该族群的消亡、其孤立状态的结束，或者这些遗传因子逐渐演变得难以观察。所以，在这些遗传因素消失之前将它们记录下来，就是十分重要的。我们只有通过对这些族群进行认真的考察记录，才有可能确定人类能力的全部范畴。确实，一旦这样的族群消失了，那么对于他们实际从事过的活动、表现出的技能或特征，我们就无法进行推测。然而，一旦我们确定了某些族群（实际上对任何人类成员都是如此）表现出的某种能力之后，我们就可以到其他的物种成员（我们这个物种）中去寻找并试图培养这种能力了。即使遇到不好的特征或能力，也可照样寻找并加以抑制。当然，我们不可能明确地指出一种给定的性状一定具有某种遗传因素，但这种确定与我们眼下所关心的问题，即对人类性状的种类做考察记录，并无关系。

　　让我们再用另一种方法考虑上述观点。由于我们的基因遗传是如此多种多样，因此人们可以假定存在着我们目前还不知道的各种能力和技巧、疾病和缺陷，而无论这些能力和技巧、疾病和缺陷是否已经出现。有了遗传工程之后，无数的可能性因此就产生了。富有想象力的聪明人完全能够预见到这类可能性。然而，更为谨慎的研究战略是在不同血统的人群中做广泛的抽样

---

① 遗传漂变（genetic drift）：某一等位基因频率的群体（尤其是小群体）中出现世代传递的基因频率波动现象，也称随机（random）遗传漂变。这种波动导致某些等位基因的消失，另一些等位基因的固定，从而改变群体的遗传结构。——译者注

② 卡尔顿·盖杜谢克（Carleton Gajdusek，1923—2008）：美国国家卫生研究所病毒与神经研究室主任，1974年当选为美国国家科学院院士，因发现神经性传染性疾病（KURU）的起源和传播机制，获得1976年诺贝尔医学/生理学奖。——译者注

调查，从而确定他们实际上已经具备了哪些能力。像研究偏远或孤立人类族群这种遗传学家争相投入的课题，实际上对心理学家来说也是极有价值的。对人类进行抽样调查的范围越广，列出人类智能种类的清单越有可能是全面而准确的。

神经生物学的视角

尽管对于研究智能的学者们来说，遗传学所能提供的帮助十分有限，但回顾一下包括神经解剖学、神经生理学、神经心理学在内的神经生物学的研究成果，会带给我们不小的收获。人们关于神经系统的知识也和遗传学的知识一样，积累得十分迅速，而且这方面的研究发现同认知及心理现象的关系，可以说是要相近得多。

限渠道化与可塑性

对神经生物学进行的研究，与我们本章所要讨论的两个主要问题有明显而密切的联系。我们能够同时找出的普遍规则和细微差异，与人类发展的灵活性以及人类能力的同一性有关。我在对此的概述中，首先思考灵活性的问题，尤其是思考那些在儿童早期发展的阶段中，有关神经系统的相对可塑性的研究成果。在回顾了有关灵活性的发现之后，我再讨论那些能帮助我们了解人类能力及其应用的研究途径。虽然我在本书全书中所要讨论的问题，主要是人类的能力，以及通过恰当的干预之后，我们能将这些能力开发或教育到何种程度；但我所考察的大多数研究成果，实际上来自对各种动物，包括无脊椎动物和脊椎动物的研究。我在这一方面尤其受到两种研究思路的启发，它们加深了我们对人类发展原理的理解：一个是戴维·休伯尔[①]、托尔斯

---

① 戴维·休伯尔（David Hubel，1926—2013），美国哈佛大学医学院神经生物学教授，由于对脑部视觉系统的信息处理研究的重大贡献，1981 年与罗杰·斯佩里（Roger Sperry）、托尔斯滕·威塞尔同获诺贝尔医学 / 生理学奖。——译者注

滕·威塞尔[①]及其同事对哺乳动物视觉系统的研究，另一个是费尔南多·诺特博姆[②]、彼得·马勒（Peter Marler）、小西正一（Masakazu Konishi）及其同事对鸟类歌唱能力发展的研究。尽管从动物到人的迁移必须谨慎行事，尤其在智能领域中，但以动物为对象的研究成果太具有启发性了，我们绝对不应忽视它们。

理解神经的发育和发展的一个关键术语，是"限渠道化"。这个术语是爱丁堡大学的遗传学家沃丁顿[③]最先使用的。限渠道化指的是神经系统等任何一种生物体的系统沿着某一路线，而不沿其他路线发展的倾向。确实，神经系统的发育，在时间和程序上有着严格而合理的顺序。神经管[④]里产生的细胞原生质，以及它们向最终形成大脑与脊髓那一区域迁移的过程，都可以在物种内，某种程度上甚至可以在各物种之间按照可以预料到的规律性进行观察。那些实际上有效的神经之间的联系并非仅仅代表一种随意的或偶然的集合，而是反映了最高程度的生物化学控制。我们看到的令人惊奇的表观遗传（epigenetic）序列中的每一个步骤，都为下一步打下基础，推动了下一步过程的显现。

当然，任何生物体系统的发展同时也反映了环境的影响：如果使用实验干预的方法改变了化学平衡，人们就能够影响特定的细胞迁移，甚至会让某个细胞去执行通常由另一个细胞执行的功能。然而，按照沃丁顿的看法，要想把这种模式与那种预期的发展目标（在本例中，就是产生功能正常的神经

---

① 托尔斯滕·威塞尔（Torsten Wiesel，1924—）：出生于瑞典的美国神经科学家，美国科学院院士、曾任美国神经科学学会主席、洛克菲勒大学校长，1998年至今任国际脑研究组织（IBRO）主席，1981年与戴维·休伯尔同获诺贝尔医学／生理学奖，2004年当选为中国科学院外籍院士。——译者注

② 费尔南多·诺特博姆（Fernando Nottebohm，1940—）：纽约曼哈顿洛克菲勒大学（Rockefeller University）教授，该校动物行为实验室主任。——译者注

③ 康拉德·沃丁顿（Conrad H. Waddington，1905—1975）：英国理论生物学家、胚胎学家。——译者注

④ 神经管（neural tube）：脊椎动物胚胎中由神经板形成的组织管，由此发育成脑和脊髓。——译者注

系统）区别开来，真是难上加难的事情。正像沃丁顿所说的："我们很难使发展着的系统不朝其预定的，从而产生正常的结果的方向发展。"即使人们希望阻止或改变预期的模式，该生物体也倾向于找到一个以"正常"状态结束的方法。在受到阻挠的情况下，虽然它并不会回到起点，但是会在后续的路线上，与发展的进程实现同步。

到目前为止，我对神经系统的发展做出的描述，偏重那种严格的、从遗传学上说是程序化的机制。这种做法是恰当的。然而，生物的发展还有一个同样令人吃惊的方面，那就是它的灵活性，或者用比较专业的说法，是它的可塑性。生物体通过许多种方式来表现其可塑性。首先，在生物发展的某些阶段，各种各样的环境都能产生特有的效应。例如，即使一个婴儿在出生以后到一周岁之前的大部分时间里都在襁褓中度过，但到了两岁的时候，他照样能够正常地行走。另外，年幼的生命体在受到严重伤害或遇到障碍的情况下，常常能表现出惊人的复原能力。确实，总的来说，在发展的最早期阶段，生物体有较大的可塑性。例如，即使一个幼儿丧失了大脑两半球的显性遗传，他也仍然能够学会说话。然而可塑性存在一个分界线，跨越了这个发展阶段，可塑性就会衰退。那些失去了一个脑半球功能的青少年或成人，就会成为严重的残疾人。

然而，即使是上面对于可塑性的概括，也应当加以限定。首先，早期遭到的伤害或者功能受损可能产生严重的后果。如果在生命的第一个月内，一只眼睛的功能受损，就存在将来双目视力都减弱的可能性。其次，对于某些成年人来说，其能力或技巧已经被证明，即使在大脑受损的情况下，仍能够保存下来。这就暗示着，在人一生中的大部分时间里，可塑性都能持续发生作用。有些成年人，即使大脑左半部受到严重伤害，治愈后仍能恢复说话的能力。有许多人的瘫痪肢体还能够恢复原有的功能。总之，我们说到可塑性的概念，不能脱离特定的处理或干预的期限，不能脱离包含在其中的行为能力的种类。

可塑性还在其他方面受到限制。有些心理学家传承了行为主义者的观点，认为大多数生物体在受到一定训练的情况下，都能学会做任何事。对

"横向学习规律"①的研究常常能反映这一事实。另外还有许多类似的关于人的说法，比如，认为一个人在任何年龄段都能学会干任何事情。然而，最新的研究结果与这种对智能的乐观的看法形成了尖锐的对立。大多数人坚信，每个生物物种，包括我们人类在内，都存在"准备"好获取某种特定信息的本能。正如事实已经证明了的，那个生物物种若要掌握除此种类而外的信息，要么完全不可能，要么极为困难。

下面举几个"有准备状态"和"无准备状态"的例子，可能会有助于读者的理解。我们都知道，许多鸟儿都有学会"歌唱"的能力，有些鸟儿最后还能唱出各种各样的"歌曲"。然而，雌性麻雀对准音调（pretuned）的辨认非常谨慎，以至于只对自己活动区域内雄性麻雀独特的"歌声"表现出敏感性。老鼠能很快学会跑或跳，以逃避人为的电击，但它们却极难学会通过使用操作杆的方式达到同样的目的。另外，即使是蹦跳的逃避机制，也存在一定的限制。尽管蹦跳以逃避电击似乎是"自然的"或"有准备的"反应，但如果让老鼠在一个盖上盖子的箱子里学习蹦跳，那这个学习过程就非常缓慢了。所有正常的和许多低能的人都能很容易地掌握复杂的自然语言，这说明人类作为一个生物物种的整体，对于掌握这种能力都是"有准备的"。同样，大多数人学习逻辑推理都面临困难，尤其是当命题以抽象的形式呈现时。这表明在这一领域中并不存在特别准备好的能力，甚至还表明，人类倾向于关注一种情境的具体细节，而非其纯粹的逻辑含义。现在尚没有人能理解有选择的准备状态存在的原因，但我认为，也许是因为某些神经中心易于受到刺激，易于被激发、预设和（或）抑制，而另一些神经中心则远比它们要难以被激发或抑制。

根据这些关于行为可塑性的一般性评论，我们便可更仔细地考察一下生物体在发展的过程中，身上所固有的确定性或灵活性的证据。我们将特别考

---

① 横向学习规律（Horizontal laws of learning）：根据加德纳来信的解释，指无论学习什么内容都相同的学习规律，如记忆、注意力等。而纵向学习律则指随着内容的不同，如记忆空间布局、乐句或情感，而不相同的学习规律。——译者注

虑生物体出生那段时期可塑性的详细情况，思考各种早期经验对后来发展的影响，思考在神经学或生物化学的层次上理解多种多样的学习过程的可能性。

生命早期的可塑性法则。尽管各个生物物种的具体情况有异，但人们根据对生命早期可塑性问题所做研究总结出的若干法则，似乎是站得住脚的。第一个法则说明的是幼儿时期灵活性最大限度的问题。让我们思考下面这样一个具有代表性的例子。索尔克研究所[①]的神经生物学家马克斯韦尔·考恩（W. Maxwell Cowan）解释说，人的前脑和眼睛的神经部分都是从神经板的顶端发展起来的。如果在一个人发育的早期取掉一小片外胚层组织，邻近的细胞就会增殖，脑和眼仍然会正常地发展。但同样的手术如果施行得稍微晚一些，则会造成前脑和眼睛出现永久性的缺陷。实际造成伤害的情况如何，由取出的那片特殊组织而定。像这样渐进的"阻断式"实验使我们能够越来越准确地确定大脑不同区域的功能。还有像帕特里夏·戈德曼（Patricia Goldman）等神经生物学家的研究表明，神经系统在生命的最早期能够灵活地适应严重损伤或实验性变化。在这种损伤或变化之后的一段时间里，作为替代，神经系统可以设计出一种恰当的联结方式。然而，假如这种损伤或变化在发育过程中发生较晚，那么相关细胞的联结要么会产生混乱，要么就完全萎缩。

第二个法则强调了发展过程中所谓"关键期"的重要性。例如，对于猫来说，视觉发展的关键期是出生后第三到第五个星期之间。倘若在这一时期里有一只眼睛失去了光感，那么这只眼睛的主要神经联结就会产生变化，这只存在视觉障碍的眼睛的功能就会受到抑制。这种干扰似乎是持久性的。总的来说，生物体最脆弱的时刻似乎就在这些敏感期。发生在这一关键期的任何轻微限制，似乎都极有可能给中枢神经系统带来不可逆的损伤。反之，如

---

① 索尔克研究所（Salk Institute）：全名"索尔克生物研究所"（Salk Institute of Biology Studies），创建于 1960 年，地点在美国加州圣地亚哥，规模宏大，拥有 24 个研究室及 850 名研究人员。先后有 5 名科学家获得过诺贝尔医学 / 生理学奖，其中包括发现脱氧核糖核酸双螺旋结构的克里克。——译者注

果在这一关键期具备恰当的条件，神经系统就会得到快速发展。

　　第三个法则强调灵活性的程度因神经系统区域的不同而各不相同。同生命最初几天或几个星期发育起来的初级感觉皮层这样的区域比起来，在儿童期发育较晚的额叶①或胼胝体②这样的区域要更具有适应性。那些以独立为特征的区域，如胼胝体，其独立程度似乎既反映了对特定大脑皮层联结可变性的高度需要，也反映了在确定最终形成的联结类型时，出生后特殊经验的重要性。的确，即便涉及人类最复杂的语言等能力，诸如在生命的最初几年中经受了巨大损伤，包括整个大脑半球被切除，人仍然能够获得正常的说话能力。这个发现表明，在儿童早期，大脑皮层的大部分都是独立的，因此发育后可以用于不同的用途。

　　第四个法则涉及发展的介导或调节因素。一个生物体如果不经历某些特定过程，就不能正常地发育。所以，猫如果在出生后不暴露在的一定形式的光线之下，它的视觉系统就不能正常地发育，其中的一部分甚至还会萎缩。另外，这只猫必须接触各种各样的环境，让两只眼睛都得到充分使用的机会，而且它还必须在所处的环境中四处活动。如果仅仅习惯沿水平方向传播的光线，那么眼部预定执行纵向功能的细胞要么就萎缩，要么就会改为执行其他功能。如果只允许这只猫使用一只眼睛，那么用于双目视物的细胞就会退化。而如果这只猫不能在所处的环境中积极自由运动，而是身不由己地、被动地移动，那它也不能正常地发展自己的视觉系统。在敏感期，介导视觉的神经系统为了得到发育，似乎表现出一种预定性，神经系统的发育"期待"着某种视觉输入。如果缺少恰当的刺激，或者接受了不恰当的刺激，动物就难以实现预期的发育目标，将无法在自己所处的环境中正常活动。

---

① 　额叶（frontal lobes）：大脑每一半球分为四个叶（lobe），在中央沟之前与侧裂之上的部位，就是额叶，为四个脑叶中之最大者，约占大脑半球的1/3。大脑半球的中央处，有一由上走向前下方的脑沟，称为中央沟（central fissure）。——译者注
② 　胼胝体（corpus callosum）：连接左右脑半球之间最大的联结纤维，为胎盘哺乳类动物所特有，在大脑的两半球之间起着神经信息的整合作用，对大脑皮层的机能发育、学习与记忆起重要的作用，是人能够有效认知的功能基础。——译者注

最后一个法则是探讨神经系统的损伤将会产生的长期性后果。有些损伤会立即产生明显的后果，而另一些损伤则可能在开始时看不出来。比如，假设大脑中一个预定在稍晚发展阶段执行重要功能的区域，偶然间在生命的初期受到了损伤，其后果完全可能在一段时间内观察不出来。所以如果灵长类动物的额叶受到了损伤，在其生命的第一年可能发觉不了。但是当这个动物后来须执行那些通常由额叶所介导的复杂和有组织的行为时，这种损伤的后果就会十分明显。早期大脑的损伤还可能激发解剖学上的结构重组，这种重组最终证明是达不到预期目标的。例如，让动物现在完成某种至关重要的任务，可能会形成神经的某种联结，但这种联结对于后来所需技能的出现并没有什么作用。在这种情况下，神经系统的限渠道化倾向可能产生适应不良的长期后果。

对以上五个法则的讨论证实，在决定性与灵活性的关系上，要给出一个简单的判断是不可能的。由于每个因素都很强，所以这两种因素对年幼生物体的发育都施加了极大的影响力。决定性或限渠道化有助于确保大多数生物体都能正常地实现该物种的功能，灵活性或可塑性则兼顾了对条件改变（包括异常环境或早期损伤）的适应性。显然，倘若一个人必须承受损伤的话，那最好发生得早一些。然而，也许正常发展道路上的每一种偏离，将来都是要付出代价的。

早期经验。到目前为止，我所考虑的主要是特定种类的经验（比如看到某种条纹图案）和对大脑的相对限定区域（主要是视觉系统）的影响。然而心理学家和神经病学家也研究了刺激或剥夺对生物体所有功能产生的更普遍影响的问题。

加利福尼亚大学伯克利分校的马克·罗森茨威格（Mark Rosenzweig）与他的同事们对此做了开拓性研究。罗森茨威格小组从 20 世纪 60 年代的早期就开始在内容丰富的环境中饲养老鼠等动物。在这种内容丰富的环境里，有许多其他老鼠，还有各种各样的玩具，如梯子和轮子。有一组用以比较的老鼠则饲养在单调的环境里，只有足够的食物，而没有其他任何特别之处。结果，在内容丰富的环境里饲养的老鼠同那些虽然吃得好但笨拙一些的老鼠相比，不但各种行为活动表现得更灵活，而且体型发育更匀称。让两类老鼠在这种对比的环境里生活 80 天之后，将它们全部杀掉，再分析其大脑，主要的发现是：在丰富环境里长大的老鼠，其大脑皮层比在单调环境里长大的甚至看起来更胖些的老鼠重 4%。关键的一点是，大脑重量增加最多的部分，是它们的视知觉部分，也许就是在丰富的环境中受到特别刺激的部分。

人们对老鼠和其他物种所做出的许多研究都使人确信，内容丰富的环境能产生较复杂的行为，又能使大脑的容积产生明显变化。这一效应有可能具体得令人吃惊。罗森茨威格小组证明，如果你仅为大脑的一半部分提供较丰富的环境，那么就只有那一半的大脑才会表现出细胞结构上的变化。威廉·格里诺[①]证明，在那些于复杂环境里饲养的动物的某些大脑区域里，发现了较大的神经细胞以及较多的突触[②]、突触联系和其他树突连接。他概括说："大脑区域大小总体上的变化，因经验的不同而存在差异。这个变化在神经元水平上与突触联系的数量、式样及质量是相关联的。"

还有人认定了其他复杂而非常具体的大脑变化。费尔南多·诺特博姆把雄金丝雀大脑里两个细胞核的大小，与它们的鸣啭相联系，这是他对这种鸟的鸣声进行研究的一部分内容。他发现，在发出声音能力最强的阶段，这两个细胞核的大小是金丝雀在夏季脱毛时发出声音能力最弱阶段的两倍。然后到秋季，当大脑的尺寸增大，新的神经纤维生成和新的突触形成时，相对较响的鸣啭便又重新出现。显然，鸟身上的这种原始活动的学习或再学习直接转化为细胞核的大小、神经元[③]的数量以及它们之间的联结程度。

---

① 威廉·格里诺（William Greenough，1944—2013）：美国伊利诺伊大学厄巴纳 – 尚佩恩分校（University of Illinois at Urbana-Champaign）细胞生物学家。——译者注

② 突触（synapse）：一个神经元的轴突接触并影响另一个神经元的树突或胞体的部位。——译者注

③ 神经元（neurons）：即神经细胞，是神经系统的结构和功能单位，具有感受刺激与传导兴奋的功能。——译者注

关于脑容量与人类不同能力表现的关系，科学家们不大愿意公开发表推测。在无恰当实验手段的情况下，持这种慎重的态度似乎是理所应当的。然而，我们还是有必要引用一下伏格特夫妇（O. and A. Vogt）这对天才神经解剖学家的观察结果。伏格特夫妇对许多人，包括天才艺术家的大脑做了多年神经解剖学研究。他们观察发现，一位画家大脑的视觉皮层第 4 层非常厚（神经细胞多），而一位从小就拥有完美音高的音乐家，其听觉皮层第 4 层也同样厚。[①] 随着人们比以往更加尊重脑容量与人类不同能力表现有关的假设，随着人们在研究大脑的容量、形状和信息处理途径时，更普遍地运用非损害性研究方法，如果说当代有人赞同这些古老的颅相学课题，我是不会感到吃惊的。

然而脑容量大并不总是好的，神经细胞或神经纤维数量众多本身也并不总是优点。事实上，神经生物学近年来最引人注目的发现之一支持了以上提示。神经系统最初产生了过量的神经纤维，而在大脑发育过程中一个很重要的部分，就是那些似乎不必要的，但实际上还可能对正常功能有害的过量联结的减少或者萎缩。沿着这条思路，让-皮埃尔·尚热[②] 和安托万·当尚（Antoine Danchin）两位法国科学家给出了非常关键的解释。他们注意到，最初在大脑不同区域里成活的神经元，在数量上比最终存活下去的要多得多。一般来说，大约在神经元沿着设定的目标形成突触联系的那个时期，有一个"细胞选择性凋亡"的阶段。在这个阶段里，最初的神经元总数量的15% ～ 85% 会自动凋亡。

为什么会有过量的初始联结出现呢？为什么某些联结能存在下去，而其他联结后来就萎缩了呢？人们推测，早期联结的过量"萌发"，反映了或者确切地说构成了成长发育阶段的灵活性。发育的这种常态特征具有适应性强的优点。如果在细胞过量联结出现的这个时期，生物体发生了某种损伤，那

---

① 神经生物学研究表明，视觉、听觉、体感这些感觉皮层为 6 层结构，其中接受感觉输入的第 4 层相对厚，这是感觉皮层的共同特征。

② 让-皮埃尔·尚热（Jean-Pierre Changeux, 1932—2007）：法国神经生物学家，曾长期担任巴黎巴斯德（Pasteur）研究所分子神经学实验室主任。——译者注

么它恢复的机会就大一些。可以支持以上观点的是，细胞联结在损伤发生之后，会立即爆发式增长，有时 72 小时的增长数量可达正常增长 6 个星期的数量。同样，如果在刚出生时便失去一只眼睛，那么视网膜神经节①细胞的凋亡一般在出生后两星期内发生凋亡数量便会大大减少。

发生这种细胞突起与细胞突触的增殖现象，可能还有其他原因。在增殖高峰期，细胞之间似乎存在着剧烈的竞争。在形成适当强度与特异性的联结方面最有效的细胞，最容易存活下来。也许按照历史悠久的达尔文的说法，这种增殖带来了某种竞争，竞争让生物体神经纤维中最健康或最合适的占据了优势。

在早期发育中，神经纤维的过量可能会造成与过量联结有关的功能属性和行为属性的暂时出现。在此，会遇到 U 形现象，即未完全发育生物体的行为（U 形的左侧）与一般在成年生物体身上所见到的行为（U 形的右侧）极其相似。人的某些早期生理反射，如游泳或走路，很可能就反映了联结的一种增殖现象，而这些联结引发了某种早熟行为。另外，年幼的生物体能以极快的速度（尤其是处在某种关键期时）学会一样东西，也可能与过量的联结有关，有些这样的联结很快便会减少或消亡。例如，对于人来说，突触的密度在出生后头几个月增长得很快，一两岁时便达到顶点，一般是成人平均密度的 50%。在 2 ～ 16 岁衰减下去，然后保持相对稳定，直至 72 岁。不止一位科学家曾经推测过，幼儿迅速学会的语言等能力可能正说明，他运用了那一时期大量出现的突触。

联结减少之后的情形又是怎样的呢？我们在此也许可以从功能是否实现的角度对成熟期下一个定义：成熟期即过量细胞已消亡，最初的定向联结已形成并实现功能的时候。这时，生命体幼年时的灵活性似乎终结了，但最健康的神经元得以保留。此时，它们的数量恰好匹配设定的对该领域进行神经

---

① 神经节：一组形成神经中心的神经细胞，尤其指位于大脑或脊髓外侧的神经细胞。——译者注

支配的需要。如果出现了一个新的对象，比如通过外科手术安装了假肢，那么神经元的数量就不会陡然减少，此时便有了形成突触的额外空间。当突触消亡的过程进展到这一步，即只有极少的（如果有的话）突触仍然能够在竞争中相互作用时，关键期似乎就结束了。大多数科学家感到，在生命后来的阶段中，神经仍会发生进一步的变化。但随着年龄的变化，突触的密度是否逐渐降低，树突的长度及分支数是否逐渐下降，更多的选择性（仅限于皮层的某些区域）是否不再有，科学家们对此目前尚未取得一致的意见。

学习的生物学基础。多数关于人类神经生物学研究的结论都来自灵长类动物的实验，这是可以理解的；而且人们都着重研究主要的感觉系统，这些系统在整个生物界中的运作情况大致相似。但近来，人们已设法利用与人类差别较大的物种作为研究与学习的基础。由于这些研究结果很有启发性，所以在此我引用两个例子。

按照我的观点，刺激研究认知的学者们进行思考的珍贵信息，来自那些研究鸟类鸣声的学者。[1]虽然鸟类的鸣声来自动物的不同有序性，但它包含着高度复杂的活动，恰巧由鸟类大脑的左半部分掌控。鸟类在幼年时期，是通过同类之间传递的方式，掌握这种活动的。

面对鸟类之间的许多差异，似乎有必要做一些概括。雄鸟在生命的第一年先开始发出亚鸣啭[2]，相当于人类婴儿发出的咿呀学语声，这是一种延续好几个星期的学习过程。接着便是塑性鸣啭[3]的阶段，这是一个较长的阶

---

[1] 鸟鸣的研究为深入了解人脑在学习记忆中的作用机制，提供了有价值的资料，因此近年来成为国际神经科学领域的热点。鸟鸣学习过程与人类语言学习有相似之处，如控制发声的脑区都具有左侧优势现象，和幼儿一样学习发音都在关键期内进行。——译者注

[2] 亚鸣啭（subsong）：又称"幼鸣""亚音"，大约在幼鸟孵出后 20 天开始出现，持续 60 天左右。——译者注

[3] 塑性鸣啭（plastic song）：这时幼鸟已基本形成成年鸟类所具有的鸣啭模式后，偶尔还会发出的一些不稳定的变异声音。经历塑性鸣啭阶段以后，鸟儿将进入稳定鸣声（stable song）阶段，时间是出生后一年左右。——译者注

段。在这一段时间里，鸟儿反复练习鸣啭的细节，从而最终学会那些有用的鸣啭方式，以便将来与其他鸟儿交流领土信息或寻求配偶。这种"游戏式"的鸣啭练习，很像灵长类动物在许多活动领域中表现出来的探索行为。

鸟类之间的差别表现在学习鸣啭的灵活性与条件方面。有些鸟儿，如斑鸠，即便在没有得到正常鸣啭示范的情况下，最终也能掌握其物种的鸣啭类型。有些鸟儿，如金丝雀，需要的是对自己鸣啭声音的反馈，而不是得到示范（如果这类鸟儿耳聋了，它们就不能掌握其物种的鸣啭类型）。还有些鸟儿，如苍头燕雀，要学会恰当的鸣啭类型，就得接触其同种群的鸟儿，为自己示范。有些鸟儿一年中的鸣啭方式是一样的，而另一些鸟儿则在一年中变换其鸣啭类型，这对于理解这些"文化"差异的生物学基础，显然是至关重要的。但引人注目的是，幼鸟在学习阶段发出的鸣啭声与鸣啭的细节，比壮年时期要多得多。另外，鸟类都偏重其物种所注定要学会的来自生存环境中的鸣啭，而一般来说，它们不关心那些来自其他物种的鸣叫声，甚至也不关心生活于其他区域的相同鸟类的鸣啭类型。

我已经说过，鸣啭的产生主要依赖鸟类神经系统的左半部分。因此，大脑左半部分的损伤远比对大脑右半部分的损伤更具破坏性。实际上，人们可以在鸟身上制造出失语症或失歌症来。然而，患上失语症的金丝雀又能恢复它之前的鸣啭能力，是因为其大脑右半部分也有同样的潜力。在这种"功能恢复"方面，鸟类比人类的成年人要幸运。

鸟类学习鸣啭的过程，为人们提供了十分有趣的例子，说明生物体是如何通过环境刺激的相互作用、探索性实践以及发展神经系统某些结构的倾向，掌握特殊技能的。我认为，将来总有一天，人们能把鸟类学习鸣啭的原理，运用到人类等高级生物对其文化环境的认识过程与符号系统的掌握过程中去。另外还有一组完全不同的研究方法，即利用一种简单的名为加利福尼亚海蜗牛（Aplysia Californica）的软体动物进行实验，这一方法可望为学习行为的生物学基础带来更多启示。

哥伦比亚大学的埃里克·坎德尔（Eric Kandel）和他的同事们一直在研究海蜗牛最简单的学习形式。他一直在考察：这种有较少神经元的动物如何变得习惯于一种刺激，以至于短期内不再对该刺激有任何反应；如何变得对一种刺激敏感，以至于后来在刺激减弱的情况下也能做出反应，如何形成经典条件反射，以至于既能对习得性刺激或称条件刺激做出反应，又能对非条件刺激或称反射性刺激做出反应。他得出了四条主要规律。

第一，学习的基本因素并非分散在大脑的各个部分，而是存在于特定神经细胞的活动之中。有些习得的行为可能只涉及 50 个神经元。第二，学习是细胞之间的突触联系转换的结果。学习与记忆并不一定会形成新的突触联系，它们通常都源于已经存在的联结之间强度的转换。第三，突触强度的持续而巨大的变化，可以通过神经元末梢（细胞间传递信息的地方）释放出的递质数量的改变来实现。例如，在习惯化的过程中，每次动作电位产生的钙流入逐渐减少，因此与前一次动作电位比较起来，释放出来的递质更少。第四，可以用这些突触强度的简单变换过程，来解释逐渐复杂的心理过程是如何发生的，又是如何产生各种学习形式的基础，即坎德尔所称"细胞语法"（cellular grammar）的。换言之，这种相同的过程，即解释习惯化的最简单形式的过程，相当于一种基本原理，人们可以从中构建更复杂的学习形式，如经典条件反射。正如坎德尔对自己的研究结果所做出的概括：

> 学习的基本形式、习惯化、敏感化与经典条件反射在原先存在大量联结的储库中进行选择，并改变这个储库的一个子集合的强度……这种观点包含这样一个含义，即生物体所能做出的许多行为，其潜力就存在于大脑的基本构架之中，因而从这一意义上可以说是受遗传与发育控制的……通过改变原有路径的有效性，环境因素和学习行为促使这些潜力得以产生，从而引发新的行为模式。

感谢坎德尔和低等软体动物，心理学家所研究的一些主要的学习形式才能够根据发生在细胞水平上的事件，甚至包括某些候选的化学过程，来进行描述。行为与生物学之间曾经难以跨越的鸿沟似乎被连接起来了。坎德尔和他的助手们还为特殊能力的可列举性提供了有趣的启发，我们在下文中将要讨论这个问题。无论生物物种或学习形式如何，相同的法则似乎构成了所有神经细胞的特征，这显然为"横向"学习观提供了证据。然而，正像坎德尔所表明的那样，生物体本身似乎只能具有某些行为模式，而不可能具有另外一些行为模式。无论使用何种生物学的认知方式，这种现象都必须加以解释。

在遗传学中，科学主流和人类认知问题之间的联系很少，而且是纯粹推测性的。与之形成对照的是，神经生物学的观点给予我们研究工作的启示更深刻。它明确地揭示了关于可塑性与灵活性、决定性与限渠道化的法则。这使我们完全有理由相信，经过恰当的修正之后，这些法则都可用到研究人类发展某种认知系统的方法中去，运用到研究人类通过特定的途径学会某些技能的方法中去。此外，丰富的或贫乏的早期经验，对生物体一般功能产生的明显影响，已得到了令人信服的证明。通过研究人类营养失调的后果，我们已经知道，与此类似的对情感和认知功能有害的后果，也会在人类身上发生。最后，通过对鸣禽和软体动物这一类群体的研究，我们对于学习形式在神经系统、细胞及生物化学层次上的表现方式，已经获得了很有希望的研究成果。尽管在这些简单的行为模式、人类学习的多样化、人类最重要的发展之间，仍存在着极大的距离，但至少通过这些途径所获得的某些发现，最终能够运用于对人类学习及技能掌握的研究中去。

神经系统因素的确认

到目前为止，在进行某些论述的时候，我已经默认了一种为方便起见做出的假设，即神经系统是相对未分化的，我们似乎可以在忽略那些偶然发现的差别的前提下，讨论神经系统的大小、密度和联结性的变化。然而在实际上，人们对神经系统的研究揭示出，它具有令人吃惊的高度组织化的结构，这种结构在表现上和组织上有着令人难以置信的特异性。另外，神经系统组织上的差异与被大脑不同部位控制的功能之间的差异，存在着密切联系。例如，很明显，大脑皮层较早成熟的区域，与基本感觉功能即对不连续物象和声音的知觉有关；而较晚成熟的大脑联想感觉皮层（association sensory cortexes），则能够传递刺激物的含义，并实现感觉形式之间的联结（比如将所见到的物体与所听到的名称联系起来）。

为了达到我们的目的，可从两个不同的层次上来思考神经系统的组织结构，一个是纤细的微粒或分子的结构，一个是粗略的或整体的结构。虽然这个假设的出发点，是为了使研究工作方便，但在理论上并非是毫无意义的。实际上，当罗杰·斯佩里①这位近年来从整体层次上研究大脑的学者与休伯尔、威塞尔等研究分子结构的学者 1981 年共同获得诺贝尔奖时，这种假设已经得到承认，而且它与我们确认人类智力功能的研究有关。

分子层次：按照约翰·霍普金斯大学的生理学家弗农·芒卡斯尔（Vernon Mountcastle）的说法，可把人类大脑皮层看成是由柱状组织或模块构成的。这些柱状组织与大脑皮层的表面垂直，大约有 3 毫米长，0.5～1 毫米宽。人们越来越倾向于认为，就是这些柱状组织，形成了独立的解剖学实体，而这些实体，产生了不同的、相对独立的功能。实际上，感觉与记忆可能就分布在人的神经系统之上，而"人"就是那些特殊的"认知精灵"。

这些柱状组织首先在视觉皮层中得到确认。诚如休伯尔与威塞尔所描述的那样：

> 对基本视觉皮层有了现有的了解之后，我们清楚了，人们可把基本皮层部分看成是一个大约 1 平方毫米大小、2 毫米厚的块状物。弄清这种块状纤维组织，便清楚了所有的视觉皮层组织。整体的皮层组织必定主要是这些基本单元的组合物。

---

① 罗杰·斯佩里（Roger Sperry, 1913—1994）：美国神经心理学家，用测验的方法研究了裂脑患者的心理特征，证明大脑两半球的功能具有显著差异，1981 年与戴维·休伯尔（David Hubel）、托尔斯滕·威塞尔（Torsten Wiesel）同获诺贝尔医学 / 生理学奖。——译者注

按照最新发现，其他的感觉区域似乎也是由这种柱状组织构成的。人们甚至还提出，额叶这一主导较抽象的、不易具体描绘的知识的区域，也有这种柱状组织的存在。

那么这种柱状组织或者形成它们的细胞，会对哪些事物做出反应或应答呢？在视觉系统里，它们对于方向（水平的、垂直的、倾斜的）和眼优势（眼球偏好的不同程度）做出反应。视觉系统里我们不完全了解的皮层细胞，也可能对颜色、物体运动的方向和深度做出反应。在人的躯体感觉系统中，这些柱状组织对被激发起来的区域一侧和皮肤表层受体的部位做出反应。在额叶里，柱状组织针对出现在生物体范围内对象的空间和时间的信息做出的反应。总的来说，感觉区域和运动区域都表现出包含着它们所代表的世界的二维图谱。由于视觉或触觉或听觉的信息传播是从一个皮层区域到另一个皮层区域的，所以这幅图谱便会逐渐变得模糊，所携带的信息也会逐渐变得抽象。

柱状组织可能会成为全部进化过程的基本组织单位。它们的形状与大小不仅在同一物种内是相同的，而且在不同物种之中也是相同的。所以，不同物种的猴子也许有不同大小的皮层和不同数量的柱状组织，但它们柱状组织的实际体积大小相同。帕特里夏·戈德曼和玛莎·康斯坦丁－佩顿（Martha Constantine–Paton）推测说，当某种指向的轴突的数量超过了一定临界值的时候，柱状组织便会作为经受得起时间检验的、有效的填充方式，在空间里形成。倘若人们在青蛙妊娠期给它植入一只多余的眼睛，一个柱状组织的确就会迅速地生成。

然而，难道柱状组织或基本模块就是神经系统研究的唯一途径吗？发现神经系统柱状组织的弗农·芒卡斯尔本人就区分了微柱状组织和巨柱状组织。微柱状组织也许仅有 100 个细胞，组成了一种不可能再小的大脑新皮层的处理单元；而每个巨柱状组织内部，都包含几百个微柱状组织。弗朗西斯·克里克在对大脑组织进行整体研究时，提出存在着更大的不同区域。例如，夜猴至少有 8 个主要视觉皮层区域，它们在知觉上截然不同，有很明确的界限。按照他的看法，人类大脑皮层中也许有 50 ～ 100 个分离的区域。他充满渴望地说："如果在各个区域都能明显地标记上尸检时能够辨认的记号，我们就能准确地看出大脑皮层这些区域的数目的多少、体积的大小，也就能准确地了解它是怎样与其他区域联系的。这样，我们就能大大地前进一步。"谈到这里，似乎已经很清楚了，我们可以把神经系统划分为体积大小相同的单元。对于我们的探索来说很重要的问题，就是通过不同神经单元的面貌和部位，自然界为其珍贵的过程与功能的特征提供了重要的线索。

整体层次。在考虑较大范围大脑的皮层区域时，我们已经转移到大脑分析的整体层次上来了，这是能够通过肉眼进行观察的皮层区域。分子层次的研究主要依靠对单个细胞的观察和记录，需要使用强大的高倍显微镜。而关于智能的重要信息，则来自对脑损伤患者的临床治疗。

由于患中风、脑外伤等疾病，或者因其他事件的原因，人的大脑可能会受到很大但仍局限在局部区域的损伤。大脑额叶也许完全或部分（单侧）受到破坏，也许颞叶或颞顶连接处受到损伤。这些损伤的结果可用放射法（大脑 CAT 扫描（CAT scans）观察得到，当然，还可以在人死后做极精细的尸检。这正是科学奇迹出现的地方：我们似乎可以把大脑组织所失去的相当大小的一部分有时是具有明显分界面的部分，有时是分散在大脑各个区域之间的部分，与特定的行为和认知障碍联系起来。

下面这个发现引发了人们极大的兴奋：大脑的两个半球所具有的功能是不同的。大脑的每个半球控制着身体另外一半的运动和感觉能力。大脑的一侧显然起着主导作用，这种作用确定了人是习惯于用右手（左脑起主导作用），还是习惯于用左手（右脑起主导作用）。对我们来说，比大脑两半球在控制身体机械运动时有分工更具说服力的是，目前已毫无疑问地证明，对于大多数习惯于使用右手的正常人来说，大脑的左半球主导语言功能，而大脑的右半球则主导（虽然程度并不相同）视觉－空间功能。

以上这些是所有追踪生物科学发展的人都了解的知识。但认知功能的特异性与人类大脑皮层更精细区域之间的更精准联系，还未引起人们普遍的重视。这种情况在语言功能上已经得到了最好的证明。我们发现，额叶的损伤，特别是被称作布罗卡区域的损伤，会导致在输出符合语法的言语方面出现选择性困难，而理解能力则相对保持不变。相反，颞叶的韦尼克（Wernicke）区域受损之后，人虽然在语言理解方面存在明显的困难，但仍然能够运用一定的语法变化，进行相对流利的谈话。其他更具体的语言障碍最终都与大脑的特定区域相关，包括在复述、命名、阅读与写作方面的选择性困难。

现在已经很清楚了，在正常的成年人身上，不同的认知和智力功能与大脑的特定区域相关。在许多情况下，大脑的这些区域从形态学上看是截然不同的。戴维·休伯尔倾向于这一观点，并提供了有力的证据：

> 我们被导向这样的期待：中枢神经系统的各个区域，都有自己特殊的、需要不同答案的问题。在视觉方面，我们关注的是轮廓、方向和深度；而另一方面，对于听觉系统来说，我们则可以预料到将会面对一系列问题，涉及不同频率的声音的短暂相互作用。因此，很难想象，相同的神经系统要处理所有这些现象……对于大脑操作的主要机理，我们是不可能得出一个统一答案的。

在探索人类认知的背景下，许多原来提出过的争论现在又重新出现了。比如说，大脑左半球已经被"委任"为支配语言的器官，然而，即使大脑的左半球在生命的早期不得不切除，许多人也照样拥有相对正常的语言功能。当然，去掉大脑左半球的患者，在语言表达方面会受到一定影响，但这种影响要用很微妙的测试方法才能观察得到。换言之，在语言功能的获得方面，可塑性是很明显的。不过这种灵活性到青春期以后，就逐渐减退了。一名40岁以上男人的大脑左半球即使受到点状的损伤，都有可能长期患上严重的失语症。

大脑中的语言区域，也许是经过了较长时间以后，才形成同时服务于语言听和说的区域。因此如果一个人的耳朵聋了，这些区域也不会废弃不用。确实，一般原来操控语言的那些区域，在耳聋之后还能以不同的有用方式调动起来，以获取手语能力或其他代用沟通系统的能力。例如，从未生活在"手语"环境家庭里的丧失听力的儿童，能够完全依靠自己的力量或与其他聋儿合作发明出自己的手语来。语言学家经过仔细分析之后发现，这种自发设计出来的手语和听力正常儿童的自然语言有着明显的相似性，比如在使用由两个单词构成的语言表达方式上就是如此。所以说，似乎限渠道化不仅仅存在于某些大脑区域的使用方面，也存在于交流系统所发展出来的功能路线中。最终，如果一个人在青春期之前，由于受到过严重伤害而丧失语言能力，那么只要有了学习语言的机会，他在语言的某些方面还是会取得进展。然而，在科学家仔细研究过的一个病例中，这种语言上的进步显然是通过开发右脑区域而得到的。相当可能的是，因为调动大脑左半球结构的关键期已过，所以这个人语言上表现出的最大缺陷在于由左脑操控的语法等方面。

从大脑组织出发的观点

我们在其他较为高级的认知功能方面，并没有像在语言方面了解得那么多，也没有那么清楚；但对于其他较为高级的心理功能来说，具有决定性作用的皮层组织是存在的。这些心理功能也可能按照可以预期的路线出现障碍。本书后面章节的主要任务，就是为其他的人类智能找出证据。在这方面，我们有必要首先回顾一下关于智能和大脑组织之间联系的一些相互矛盾的观点，回顾将人类的认知过程和特定信息处理能力（这些过程和能力是由神经的柱状组织或神经的不同区域所代表的）联系起来所做过的某些工作。

对于智能与大脑之间的关系所进行的讨论，反映了对于大脑一般性组织的主流科学观点。当功能定位论者（localizationist）观点占据统治地位的时候，人们相信，大脑的不同部位支配着不同的认知功能。有时讨论集中在"横向"能力上，认为知觉处在一个区域，记忆在另一个区域。然而在更多的时候，讨论集中在特定的"纵向"内容上，认为视觉信息处理在枕叶进行，语言信息处理在左侧的颞叶和额叶区域进行。在科学发展的另一些时代，大脑一直被认为是一个通用的信息加工装置，是一种"潜力等势"①的器官；在大脑内部，神经系统的任何部位都能够执行功能和展现技能。在这些时代，人们倾向于把智能看成是一种刺猬式的单一能力，是一种与可用大脑组织的总质量相联系的能力。

50年前，似乎整体论者或"潜力等势"论者占据上风。神经心理学家卡尔·拉什利②在一部有影响的著作中提出，决定一个生物体（如老鼠）能否从事一项活动的，是完好大脑组织的总量，而不是它的特定部位。拉什利证明，我们几乎可以从老鼠大脑中的任何区域切除一部分，而这个老鼠仍然能够走出迷宫。虽然这一发现似乎敲响了功能定位派观点的丧钟，但后来人们审查了这一研究之后，发现它有一个根本的缺陷。因为老鼠在走出迷宫时，依靠了来自几个感觉区域大量多余的提示。所以究竟是大脑的哪些部分被切除，实际上并没有什么区别，只要某些部分留下来就行。一旦研究者开始考虑使用特定的提示，并去掉多余的提示时，那么连局域性的损伤都会造成对行为的影响。

在对人类认知过程的研究中，也能观察到同样的倾向。半个世纪以前，是整体论者或通用论者的鼎盛时期，代表人物有亨利·黑德（Henry Head）和库尔特·戈尔德施泰因（Kurt Goldstein）。那时候，智能被认为与完好大脑组织的总量相联系，而与大脑组织的特定部位没有关系。的确，即使在大脑严重受损之后，人类的很多智力活动仍能完成。但同样，一旦更仔细地审查一下这些活动，就能看出它对某个关键大脑区域的依赖。最近有些研究表明，脑部后顶叶区域，尤其是左半球的后顶叶区域，在解决那种被认为是测量"原始"智能的测验，如瑞文标准推理测验中的问题时，特别重要。即便

---

① 潜力等势（equipotential）：意指在学习时大脑皮质的各点位同等重要，对个体学习发生同样作用。——译者注

② 卡尔·拉什利（Karl Spencer Lashley 1890—1958）：美国生理心理学家，因最早尝试从大脑区域化的观点探究学习的神经生理基础，被誉为神经心理学之父，曾任美国芝加哥大学教授、哈佛大学教授，1929年当选为美国心理学会主席，1930年当选为美国国家科学院院士。——译者注

在智力测验的有害氛围中，神经系统似乎也不是潜力等势的。

因此，我们发现在大脑定位的问题上，人们基本上取得了新的共识。大脑可以分为特定的区域，某个区域对完成某些任务来说相对重要一些，而对完成其他任务来说则相对不那么重要。无论如何，并非全都重要，也并非全不重要，但确定无疑的是存在重要性的梯度。同样，也没有什么任务的完成是完全依赖于大脑某个区域的。相反，如果研究一些相当复杂的任务的完成过程，将会发现多个大脑的区域介入其中，而且每个区域都有自己独特的作用。例如，在徒手绘画的时候，大脑特定的左半球结构在描绘画面的细节方面，被证明是至关重要的；而大脑右半球结构在掌握所描绘物体的整体轮廓方面，则有着同等的必要性。大脑任何一个半球受到损伤都会产生一些影响，但我们只有了解大脑受损的部位，才能估计到产生影响的种类。

尽管大多数神经心理学的研究人员都会认为，以上对大脑组织的描述是有道理的，但还需要扩大这一观点在美国认知心理学界的影响。欧洲的认知科学家较为广泛地接受了神经心理学，也许这是因为那里有较多接受过医学训练的科研人员参与到认知心理学的研究之中。的确，正如我们以前所了解的，大多数认知领域的研究人员还没有将大脑组织方面的证据与他们所关注的问题联系起来，或者说，还没有认识到，神经过程应与认知描述相一致，而不是认知描述应与神经过程一致。用行话来说，"硬件"被认为与"软件"无关，"湿"准备（"wet" preparation）被认为与"干"行为（"dry" behavior）无关。在美国认知心理学界，我们所面对的是一种长期坚信不疑的观点，即相信有一种极为通用的解决问题的能力存在，这种能力跨越任何内容形式，并且很可能能够被神经系统的任何部位所促动。即便定位论被证明是对神经系统最精确的描述，仍然有人认为可能会存在相当通用的问题解决机制，与知觉、记忆、学习同在的重要"横向"结构以及类似的跨越不同内容的东西。因此，心理学家们似乎早该认真考虑一下以下的可能性：上述对神经系统所做出的整体层面以及分子层面的分析，对于认知过程来说，可能具有明确的意义。

哲学家杰里·福多尔、生理心理学家保罗·罗金（Paul Rozin）、神经心理学家迈克尔·加扎尼加（Michael Gazzaniga）以及认知心理学家艾伦·奥尔波特（Alan Allport）都从各自不同的专业视角，介入了认知理论的研究。他们都认为，人的认知过程包含着多个"专用"的"认知装置"（cognitive device），并推测这些装置依赖于神经的"硬连线"（hard wiring）。我将在本书的第 11 章里介绍他们报告中各自不同的侧重点。但现在为了本章的需要，我将他们的共同观点表述如下：

在进化的过程中，人类逐渐拥有了一系列专用的信息处理装置，常被称作"运算机制"（computational mecha-nism）。这些机制中有些是我们与动物所共有的，如面部识别，而其他的则是人类所特有的，如句法分析。有些机制完全是分子层次的，如线路监测，而其他的又是更为整体层次的，如对随意行为的控制。

这些机制从两种意义上可以被认为是自主的。第一，各机制都按其自身法则行事，不"受制"于任何其他模块；第二，信息处理装置无须任何指导便可工作，只要它们面对需要进行分析的某种信息形式。事实上，它们的运作并不受有意识运用支配，所以就难以乃至不可能对其进行阻挠。这些装置可能仅仅简单地受到环境中的某种事件或信息的影响，就能被"激发"进入工作状态。用行话来说，它们是"认知上难以渗透的"（cognitively impenetrate）或"被封装的"（encapsulated）。同样可能的是，有些装置也许会易于被有意识运用或自愿利用。实际上，意识到自己信息处理系统运作的潜能，也许是人类独特的和难得的特征。然而，通向"认知无意识"（cognitive unconscious）并非总是可能的，即使对这种运作有所察觉，也不足以影响系统的设定。（思考一下当人明明知道自己在看或在听某种幻象，而又仍不能真实地感知到该刺激的情形。）

虽然在持所谓模块化观点的大多数代表人物中间，同样也存在着不同的看法；但对于是否存在一个决定调用何种运作方式去解决问题的中心信息处理机制，他们一致表示怀疑。小矮人的说法（Homunculi①）并不是普遍为人所接受的。对存在通用工作记忆（general working memory）的观点，人们并没有给予太多支持；对存在可被不同专用运算机制同等使用（或借用）的储存空间的观点，人们也没有表示出多少赞同。相反，生物学的大脑功能定位论，却为人们所相信。这种观点认为，每个智能的机制依靠自己的力量，通过自己的特殊知觉能力和记忆能力，就可以将任务完成得很好，没有什么理由（或没有什么必要）从另一个模块去借用空间。在整个进化过程中，系统之间或者系统组合之间完全可能存在着借用的现象。许多（如果不是大多数的话）智能的机制在完成复杂的任务时，也都习惯于联合运作。但在任何历史的瞬间，人们都能详述每个运算机制过程的所有细节。或者，如果你愿意的话，还能详细指出智能的每种形式。

读者读完上述几页之后，发现我对关于智能的"模块化"立场持赞成态度，就不会感到惊讶了。依我看来，心理学家发现不同符号系统的威力，神经科学家发现人类神经系统的组织，这些都证明一个相同的关于人类心理活动的图景，即智能是由许多相当独特又相当独立的信息处理机制构成的。共同的特质与共同的区域是完全可能存在的，但它们肯定不是心理的全部内容，甚至不是最重要的（也不是与教育有关的）部分。

如何将以上模块化分析法运用到我们介绍过的可塑性与早期经验的普遍原则中去，还是尚待完成的任务。无论讨论哪一种信息处理机制，可塑性的法则都很可能适用于神经系统，并能受到诱发。这样一种结果本身并不会为此处提出的观点造成困难。每一种智能有自己的可塑性形式，有自己的关键期，这两种情况的可能性似乎要大得多。这些都不一定发生在同一时刻，不一定发生在相同的时间间隔之内，也不一定付出同样的代价，带来同样利

---

① Homunculi：拉丁语 homunculus 的复数形式，原意为"侏儒、小矮人"。根据加德纳应邀来信的解释，"小矮人的说法"是有些人认为人的一切行为都受大脑中一个极小的矮人指挥。但这样一来，人们当然就会问：谁来指挥这个小矮人？（some people think that humans are guided by a tiny homunculus in our head—but then, of course, one has to ask, who guides the homunculus?）——译者注

益。当然，如果我们采信"发育差时"（heterochrony）的理论，不同的神经系统就可能是以不同的速度，通过不同的途径发展的。至于速度的快慢和具体的途径，则取决于灵长类动物的进化阶段。在这个阶段内，神经系统开始发挥功能并按照它们所服务的目的进化。

神经系统表现出来的普遍法则

在对神经生物学进行了以上艰难而匆匆地涉猎之后，关于人类神经系统的问题，我们又得出了什么结论呢？最终成长的计划当然存在于基因组之中。即使提供相当自由的空间或者压力巨大的环境，发展也仍然可能沿着事先限定好的路线进行。如果人类没有拥有一种安全可能性，不能以相对类似的方式说话、感知及记住若干信息的形式，我们就不可能作为一个物种生存了数千年。当然，在神经系统中也存在着明显的可塑性，早期的生长阶段更是如此。随着可塑性的萌发和减少，神经系统完全可能存在着极大的恢复能力和适应能力，这同样也有助于我们这个物种的生存。然而，即使在可塑性允许的范围内，神经系统改变路线进行发展，并不一定总是好事。新设计出来的联结可能会恰当地去执行某种过程，但执行其他的过程就会感到困难，甚至还会产生有害的长期后果。经过我们的分析可以知道，神经系统表现出来的普遍法则，就是程序性、特异性以及由于损伤形成的相当大的早期灵活性。当我们思考人类面对的各种各样智力上的挑战和完全不同的符号系统的进步是多么正常的事情时，我们就有理由期待这些相同法则的运用。

我们从近来神经病学的研究中发现越来越多的证据，可以说明神经系统中功能单元的存在。在感觉区域或者额叶区域的单个柱状组织里，存在着能够支配微观能力的单元。另外，那里还有大得多的能够观察到的脑组织，它们服务于更复杂、更整体性的功能，如语言的或空间处理的功能。这些证据表明，专门智能是有生物学基础的。然而同时我们也看出，即使是那些研究神经系统最深入的学者们，关于那些模块对各种科学或实践目的的有用程度，也持有不同看法。显然，大自然在"同一性"或"认知种类"的问题上，不可能给我们一个完整的答案，以奖赏我们在神经这个独特系统内所做出的不带偏见的研究工作。

然而，基于神经生物学的发现，再从整体角度与分子角度进行研究之后，我们在人类智能可能存在的"自然种类"方面获得了令人鼓舞的启示。我们不可能（虽然我们希望）将文化的因素与智能彻底分离，因为文化影响着每一个人除非出现反常现象，因此必然会从一开始就影响人类智力潜能的进化。文化的普遍介入同时为我们的分析创造了有利的条件。文化使我们得以从各种不同的视角出发，研究智能的发展与实现问题，如社会所重视的角色，人对掌握某种专门技能的追求，发现个体表现出杰出天赋、学习延迟或学习障碍的特定领域，以及这种我们在教学环境中期待的技能转换。

所以，本书的任务就是，通过精心挑选出来的认知的、文化的和生物学的不同窗口，给读者以启示；把智能的家族放到一起来审视，看看哪些家族最有意义。而其余的工作就是，更明确地阐明在以上跨学科研究中运用的智能判据。

第 4 章

什么是智能

爱因斯坦获得智能的方式，与常人"通过耳朵听"学弹钢琴的方式是一样的。

——路易斯·阿尔贝托·马查多（Luis Alberto Machado）

委内瑞拉政治家

现在，我已经为介绍智能的概念创造了条件。前面对智能与认知问题早期研究所做出的工作说明，存在着不同的智能强项或能力，这些强项和能力都有各自的发展历史。对于近期神经生物学研究的回顾同样也说明，与认知的某些形式相对应的（至少是大致相对应的）大脑部位是存在的。类似的研究表明，大脑中存在着某种神经组织，这证明了存在着不同的信息处理模式。至少在心理学和神经生物学的领域中，这种时代思潮开启了对数种人类智能的确认进程。

然而科学绝不能完全依靠归纳。我们可能进行了每一种可行的心理学测验和实验，或找出了我们所希望得到的神经解剖学的线索，但仍然不能确认我们想要哪些人类智能。我们在这里面临的问题并不是知识的确定性的问题，而是知识如何获得的问题。我们有必要先提出一个假设或理论，然后再去检验它。只有这个理论的威力和局限性明朗之后，原先假设的合理性才能得到证明。

科学也不可能得出一个完全正确的和最终的答案。科学研究可能进步，也可能倒退，可能令人信服，也可能令人怀疑；但绝不可能发现一块罗塞塔石碑①，可以用作解决一系列错综复杂、相互缠绕的问题的钥匙。这种说法在大多数复杂的物理、化学问题上已经得到证实，在社会科学与行为科学中就更准确，甚至可以说是太过准确。

因此我们有必要一劳永逸地说：根本不存在，而且也绝不会存在任何被人普遍认可的、毫无争议的人类智能清单。绝不会出现一个能为所有研究者都赞同的 3 种智能、7 种智能或 300 种智能的总清单。如果我们仅仅坚持进行一种层次上的分析（比如神经生理学层次），或仅仅坚持一种目的（比如预期在工科大学里取得成功），那么我们就会比较接近于这一目标。然而倘若我们力求获得关于人类智能范畴的权威性理论，那就永远不能期待完成我们的研究工作。

那么，我们为什么又要沿着这条不可靠的路径前进呢？因为在近来的科学研究、跨文化考察和教育研究中，出现了许多需要回顾和整理的证据，促使我们有必要对人类的智能提出比现行分类法更好的分类。而首要的原因，也许是因为我们似乎有把握提出一份智能的清单，这份清单对更大范围内的研究者与实践者将是很有用的。而且它也将使智能的研究者和实践者（包括我们），在所谓智能这个富有诱惑力的实际问题上，有效地进行交流。换句话说，我们所寻找的这个综合性的产物，虽然不可能满足所有人的愿望，但它肯定会给许多对此感兴趣的人提供一些参考。

我们在下一步讨论智能本身之前，必须先思考以下两个问题。第一，智能入选的先决条件是什么？也就是说，在将一组智力技能列入主要智能的名单之前，它必须符合的普遍要求是什么？第二，我们用以判断某个通过了"首轮筛选"的候选智能，能否最后纳入我们提出的令人神往的智能范畴的

---

① 罗塞塔石碑（Rosetta Stone）：1799 年在埃及罗塞塔镇发现的石碑，上面的文字对理解古埃及的象形文字具有重要的价值。——译者注

判据是什么？另外，把那些使我们误入歧途的因素指出来，也是很重要的。我们的一部分判据或者全部判据的重要性在于，指明那些看起来像是智能，而实际上又够不上智能资格的技能，或确定那些似乎十分重要，却被我们的研究忽略了的技能。

智能入选的先决条件

我认为，一种人类智能必定伴随着一组解决问题的能力，使人能够解决自己所遇到的实际问题或困难；如果需要的话，还使人能创造出有效的产品，并必定能调动人的潜能以发现或提出问题，从而为掌握新的知识打下基础。这些先决条件代表了我的如下努力，即集中研究那些在某一文化背景中显示出重要性的智能强项。同时我也认识到，在不同的人类文化之中，什么追求才是有价值的，答案明显不同，有时候甚至是截然不同；在某些情况下，创造新产品或提出新问题相对而言并不重要。

智能入选的以上先决条件确保了选出的人类智能必须是真正有用的、重要的，至少在某些文化背景下如此。单是这一判据就可能使某些能力丧失入选智能的资格，而这些能力在其他方面符合我将要提出的判据。例如，识别面孔的能力似乎是一种相对独立的能力，而且由人类神经系统中的特定区域所决定。此外，这种能力还展现出自己的发展史。然而就我所知，尽管存在识别面孔的严重障碍会置某些人于十分尴尬的境地，但这种能力在众多的文化环境中，并没有受到格外珍视。在面孔识别领域，眼下也没有机会找到需要解决的问题。敏锐运用感觉系统也是另一个明显的候选人类智能。但像敏锐的味觉或嗅觉这类能力，在不同的文化环境里，却都没什么特别的价值。我承认，厨房工作做得比我多的人也许并不同意这一评价！

另外还有一些在人类交往中很重要的能力也不够资格。例如，科学家或政治家的能力是十分重要的，然而，由于这些文化角色可以（假设）细分为特殊智能，所以这些智能组合本身就不能再算作是智能了。从分析的另一个方面来看，心理学家们长年检测的许多技能，从那种毫无意义地对音节的回忆能力到异常联想的创造能力，都不能算是智能，因为这些都是实验科学家的发明，而不是任何一种文化所重视的技能。

当然，过去曾有人做过许多列举并详述基本智能的工作，从中世纪的三艺和四科到心理学家拉里·格罗斯（Larry Gross）的 5 种交流模式（词汇的、社交手势的、影像的、逻辑数学的、音乐的）清单，再到哲学家保罗·赫斯特[①]关于 7 种知识形式（数学、物理科学、人际理解、宗教、文学与绘画、道德、哲学）的清单。在演绎的[②]基础上，这些智能分类并没有什么错，而且，它们对于某种目的来说，确实可能是必要的。然而这些智能清单之所以有问题，是因为它们是演绎出来的，而演绎不过是善于思考的个人或文化为了区别不同类型的知识所做的努力。而我在此呼吁的，是能够满足生物学与心理学规范的智能组合。最终，寻找一组基于经验的能力，也许会失败，因此我们可能会像赫斯特那样，重新依赖演绎的方法。但是，对于我们最珍视的能力，我们应该努力为它们寻找更加可靠的依据。

我并不坚持认为这里列出的智能清单是全面的。如果它是全面的，我反而会感到吃惊。同时，如果一个智能的清单有突出而明显的遗漏，或者该清单上的智能不能产生人类文化所重视的那些角色和技能，那么这个清单就是不成功的。所以总的来说，多元智能理论成立的先决条件是，它包含了人类文化所重视的所有种类的智能。我们既应当说明巫师和精神分析学家的技能，也应当说明瑜伽修行者和圣徒的技能。

---

① 保罗·赫斯特（Paul Hirst，1927—2020）：教育哲学家，伦敦大学教育学院客座教授、剑桥大学终身教授，英国教育哲学学会荣誉副主席，主要研究领域为教育理论与实践的关系，课程目的、内容和组织，德育，宗教教育等。——译者注

② 演绎的（a priori）：源于拉丁文，哲学上表述为"先验的"。此处意指上述智能分类均是由因及果论证得出的，而未经经验验证。后文提到"寻找一组基于经验的能力"，正是与此相呼应。——译者注

智能的判据

入选智能的先决条件已经讨论完了，下面谈一谈智能的判据或"迹象"。在此，我简略概括一下目前研究中最重要的考虑，并说明在提出一组似乎是普遍的、真正有用的智能时，我所依赖的那些必要依据。我用"迹象"这个词，就意味着我们的约定必定是暂时性的：我并不会因为某种能力表现出一到两个这样的"迹象"，就把它确定下来，也不会因为它不符合个别的甚至所有的"迹象"，而把它排除在候选智能之外。确切地说，这项工作要尽可能在各种判据之中广泛抽样，从候选智能中挑选出最合适者。依照计算机专家奥利弗·塞尔弗里奇（Oliver Selfridge）所提出的带有启发性的模式，我们可以将这些"迹象"看成是一群精灵。当某一种候选智能与某个精灵"要求的特征"发生共鸣时，那个精灵就会大声喊叫。如有足够的精灵发出呼喊，该候选智能就被纳入进来。如果有足够的精灵拒绝承认它，那么该候选智能就很遗憾地被排除在外。

最后，对于智能的选择，我们当然希望有一个规则系统①。这样，任何一位受过训练的研究人员，就都能确定某个候选智能是否符合智能的判据。但现在，我们必须承认，对于候选智能的选择或否决，不像一个科学评估的过程，而更像一个艺术判断的过程。若从统计学中借用一个概念，可以把这个过程看成是一种"主观"的因素分析。说我的分析过程是真正的科学，就在于把判断的依据公之于众，因此其他研究者也能考察这些证据，并得出自己的结论。

那么，下面就是一种智能的 8 种"迹象"，顺序是任意排列的：

大脑损伤后表现出的潜能的独立性

大脑损伤可使一种特定能力遭到破坏或被单独保留下来。从这个意义上

---

① 规则系统（algorithm）：一种循序渐进解决问题的过程，尤指一种为在有限步骤内解决问题而建立的可重复应用的计算过程。——译者注

说，似乎可以相信，这种能力相对独立于其他的人类能力。下面我将在很大程度上依靠神经心理学的证据，特别依靠很能说明问题本质的实验（对大脑特定区域损伤情况的观察），来进行阐述。大脑损伤的后果，对于人类智能核心中那些颇具特色的能力或信息处理方法，完全有可能形成最具指导意义的证据链。

学者症候群、超常儿童及其他异常个体的存在

除去大脑损伤以外，第二个具有说服力的实验现象，就是人表现出来的高度不平衡的才能和缺陷。我们面对的超常儿童，是在某项人类才能的领域中（有时甚至不止一项）表现出极端早慧的个体。至于学者症候群、其他智力迟钝群体或孤独症患儿等异常群体，我们所面对的，是在其他领域中能力平庸或极为迟钝，却拥有某一种人类独特能力的人。以上这些群体的存在，使我们得以观察到相对独立（甚至特别独立）存在的人类智能。如果将超常儿童或学者症候群的状况与遗传因素联系起来，或者通过各种非损害的研究方法与神经系统的特定区域联系起来，那么在一定程度上，我们提出的一种特定智能的概念就得到了验证。同时，如果某一种挑选出的智能缺乏这种联系（可能是孤独症患儿或存在学习障碍青少年的特征），就进一步确认了对这种智能的否定。

可加以识别的核心操作或一组操作

我关于智能问题的观点中最核心的部分就是，认为存在一种或多种基本信息处理的操作和机制，它们能处理特定的信息输入。人们甚至可以将人类的智能定义为一种神经机制或信息处理系统，这种机制或系统的程序由遗传所编制，由于某种内在或外在提供的信息，被"激活"或"触发"。例如，音乐智能的核心能力是对音高的敏感性，身体智能的核心是对他人运动的模仿能力。这些都是智能与神经机制有关的例子。

给出这样一个定义之后，关键的问题就是能够识别这些核心操作，确定

它们所在的神经基质，证明这些核心操作确实是独立的。在计算机上进行模拟，是证实某种核心操作存在且实际上能够产生各种智能表现的很有希望的办法。在此，对核心操作的识别基本上仍然主要依靠猜测，但并不能因此就降低它的重要性。相关的情况是，如果对某种核心操作的探测遇到了阻力，那也是一个线索，说明肯定存在问题，人们遇到的也许是智能的集合体，需要对集合体进行分解。

独特的发展史和可定义的一组高水平的"最终状态"

一种智能应当有一部可以辨认的发展史。正常人和天才都在成长过程中经历过这种心理发展史。当然，这种智能不会独立地发展，除非它出现在一个非正常人身上。所以我们必须集中精力，去关注这一智能占据中心地位的角色或环境。此外，应证明，归属于一种智能发展的专门技能，其不同水平是有可能分辨得出的，无论它是每个新手都会经历的大众入门水平，还是在非凡天才和（或）经过特训之人身上也许才可得见的极高水平。在心理发展的历史中，完全可能存在独特的关键期和可以分辨的里程碑，它们要么与训练有关，要么与生物体的成熟度有关。对于教育实践者来说，搞清楚智能的发展历史，以及分析智能的发展历史对改变与训练的敏感性，是很重要的。

进化史和进化的可塑性

所有物种都有表现出自己智能或愚昧的领域，人类也不例外。我们现有智能的根源，要追溯到人类这个物种几百万年前的历史中去。如果人们能够发现一种具体智能的进化前身，它就会变得更具可塑性，包括那些与其他生物体所共有的能力，如鸟类的鸣啭或灵长类动物的社会组织能力。人们还必须注意那些在其他物种中似乎独立发生作用，而在人类中却相互结合在一起的特定的信息处理能力。例如，音乐智能几种相互独立的表现形式，可能分别出现在几个不同物种的身上，但它们在人类身上却结合了起来。人类史前的快速增长时期、可能给某一特定群体带来特殊优势的突变以及并未繁盛种群的进化路径，对一名多元智能研究者来说都是有价值的。但必须强调的是，这一方面的研究特别容易形成单纯依靠苦思冥想的局面，事实的真面貌往往难以捉摸。

来自实验心理学研究的证据

实验心理学偏好的许多范式都能说明候选智能的运作情况。例如，运用认知心理学的方法，人们能够研究语言的或空间的信息处理过程的细节（这些处理过程都带有典型的特异性），还能研究某一种智能的相对独立性。尤其具有启发意义的，是那些对相互干扰或不能相互干扰的活动所进行的研究，是那些对在不同背景之间进行转换或不能进行转换的活动所进行的研究，也是那些对某种输入可能特有的记忆、注意或知觉形式进行的辨认。这样的实验心理学测验可以提供有力的证据，证明特殊的能力是或不是相同智能的体现。在各种特定信息处理机制或程序系统能够顺利协作的情况下，实验心理学也能够帮助证实，模块化能力或特定领域能力在执行复杂任务时可能开展互动的方式。

来自心理测量学的证据

心理学实验的结果提供了一个与智能有关的信息来源，标准化的考试（如智力测验）的成绩又提供了另外一条智能的线索。尽管智力测验的传统并不是我早期讨论的主要内容，但它在这里显然与我的研究有关。如果为评估某种智能而进行的测验，其结果之间密切相关，而与评估其他智能的那些测验结果不那么相关，那么在一定程度上，我的表述的可靠性就提高了。如果心理测量的结果，与我所提出的智能组合不相符合，我们有理由因此给予关注。然而必须注意，智力测验并不一定总是能够测出它声明要测的东西。在解决问题的过程中实际应用的能力，比起这些测验所要测试的能力要多得多。而且许多其他的问题，则可以用各种不同方式解决。比如某些类推或矩阵的问题，可通过使用语言的、逻辑的或者空间的能力来解决。除此而外，心理测量学对纸笔考试方法的过分重视，通常妨碍了对某些能力的恰当评估。尤其对于那些与活跃的环境因素有关的能力的评估，或对于包含着与其他人相互作用的能力的评估，它常常是无能为力的。所以说解释心理测量的结果，并不总是一件简单的事。

对符号系统编码的敏感性

许多人类知识的表现和交流都是通过符号来进行的。从文化上说，符号就是人类发明的获取重要信息的一种形式。语言、图像和数学，就是在全世界范围内服务于人类生存和生产十分重要的三种符号系统。我认为，原始信息处理能力之所以对人有用，或可以开发利用，其特点之一就是对文化符号系统的编码具有敏感性。反过来看，也许正是因为存在着受文化环境支配而充分发展起来的能力，人类的符号系统才能发展起来。尽管可能某一种智能在产生的时候，还没有自己独特的符号系统，也没有其他文化所提供的舞台，但人类智能的一个基本特征，可能就是对符号系统的"自然的"吸引力。

以上这些就是我用以审查候选智能的判据。后文，我将反复运用它们。这里有必要说明的某些必要的考虑，可能会使人舍弃似是而非的候选智能。

智能概念的界定

在一组候选智能中，包含着那些被常见说法规定的能力。比如，那些处理听觉序列（auditory sequences）的能力，似乎是智能的有竞争力的候选者。确实，许多实验科学家和心理测量学家，都已经命名了这种能力。然而，人们对大脑损伤的后果所做的研究不断证实了，音乐能力和语言能力是以不同方式处理信息的，也会因为不同的损伤而减弱。所以，尽管从表面上看这是一种技能，但最好不要把它看作一种单独的智能。另外还有些常为人们所评论的、在特定人身上的能力，例如非凡的判断力或直觉，似乎表现了"超常"的迹象。然而对于这种情况，智能的分类似乎尚未经过认真的检验。进一步的认真分析表明，在各种不同的智能领域里，存在着各自独立的直觉、判断力或精明的表现形式。人对社会事务的直觉并不能预示其在机械或音乐领域里的直觉。所以说，这些"超常"的迹象表面上看起来像是智能，而实际上却不够资格。

当然，我们所提出的关于智能的名单，作为核心智能的基准线是适当的。但某些更通用的能力可能超越或调节这些核心智能。被人们经常提到的候选智能，有来自一个人的特殊智能混合而成的"自我感"（sense of self），有为特定目的而运用特定智能而成的"执行能力"（executive capacity），还有一种将存在于几个特定领域里的智能集中到一起的综合能力。毫无疑问，这些现象都是重要的，即使不给予解释，也是需要加以考虑的。但是，这样的讨论最好留到以后，等我依次介绍完所有的智能，在第 11 章里我开始自己的批评时再进行。而关于特定智能何以才能相互关联、相互补充或相互平衡，以执行更复杂的、与文化相关的任务，则是个极其重要的问题，我将在本书好几个地方集中讨论。

一旦提出对于识别智能极其关键的判据或迹象之后，一件十分重要的事就是同时说明什么不是智能。首先，智能与感觉系统既不对应也不相当，一种智能绝不会完全依赖于单一的感觉系统，任何感觉系统也不会像智能那样长久地延续。其次，就其本质而言，智能能够通过一种以上的感觉系统得以体现（至少是部分得以体现）。

在通用性的某种层面上，智能应当被视为实体（entities），它们的含义比线路监测等高度专门的信息处理机制宽，却比分析、综合或自我感等大多数通用能力窄，如果能证明以上能力中的任何一种可以离开特定的智能组合单独存在的话。然而，每一种智能都按照自己的方式运作，都有自己的生物学基础，这是由智能的本质所决定的。所以，若试图在所有的细节上对不同的智能进行比较，就错了，因为每个智能都有自己的系统和规则。在这个问题上，做一个生物学的类推是有意义的。虽然眼睛、心脏和肾脏都是身体的器官，但若在所有细节方面将它们进行比较，就是错误的。我们在智能问题上应当遵从同样的限制。

不要认为智能是与价值观念有关的术语。尽管"智能"这个词的内涵在文化中是正面的，我们也没有理由认为智能肯定会用于好的目的。实际上，人可能会把逻辑－数学智能、语言智能或人的认知智能用于邪恶的目的。

我们最好是将特定的行动计划与智能分开。的确，当智能被利用来完成某项行动计划时，才最有利于我们的观察。对于拥有一种智能最准确的看法是，认为它们是一种潜在的能力，也就是说，对于拥有某一种智能的人来说，不存在阻碍其运用这一智能的环境。至于其是否愿意去使用这一智能，以及其使用这种智能去实现什么目的，就超越了本书所要讨论的范围。

在对于技能和能力的研究中，人们习惯上看重的，是 know-how（如何做某事的隐性知识）和 know-that（关于实际做事程序的命题知识）两者之间的区别①。因此，我们有许多人都会骑自行车，但对那一行为是如何完成的，也就是对"命题知识"却缺乏了解。而另一方面，许多人都知道蛋奶酥是怎样做的，但却不一定能真正成功地将蛋奶酥做出来。虽然对强调这一粗糙而明显的差异有些犹豫，但我还是认为如果把智能主要看成是一组 know-how 的知识，即如何做事，那就会对我们有所帮助。实际上，对智能的命题知识的关心，似乎是某些文化所遵循的一种特别的选择。而在其他许多文化中，可能并不引起人们多大兴趣，甚至人们根本不感兴趣。

智能存在的方式

以上这些论述和提醒应该有助于读者恰当地阅读本书后续各种关于特定智能的描述。当然，在一本探索全部智能光谱（spectrum of intelligence）

---

① know-how 所谓的"隐性知识"（tacit knowledge），是指经长期积累得来的经验性专有诀窍，通常不易用言语表达或传播，可借助中文表达"知其所以然"加以理解。know-that 所谓的"命题知识"（propositional knowledge），则是有关"世界是什么"的知识，能够直接陈述出来，可借助中文表达"知其然"加以理解。——译者注

的著作里，不可能有足够的篇幅单独讨论任何一种特定的智能。实际上，如果认真地单独讨论某一种能力（比如语言智能），至少需要写一本专著。我在本书中所希望达到的目的就是，对于每种特定的智能，给读者提供一定的印象，介绍与这种智能有关的核心操作，说明这种智能是如何在最高水平上展现并发挥作用的。我还要简介智能发展的轨迹，并间接表明这些智能的神经组织的特点。在每个领域中，我依靠的都是几个重要的例证和有见地的"引导"，我希望并切实所做的，只能是给出我的印象，目的是使大多数个人的观点，也能同样通过其他例证或"引导"表达出来。与此相同，我将依靠几个关键的文化"角色"。这些角色中的每一个，都运用过好几种智能。但在他们各自的研究工作中，又可以说都突出地运用了某种特定的智能。如果要了解我所使用的这些范围较广的资料的基础，要了解那种与较充分的对个别智能的探索有关的资料来源，只需分析一下各章后面的参考书目就行了。但很遗憾，我深知，书中每个候选智能令人信服的案例恐怕是以后其他专著将要讨论的内容。

最后，在我开始讨论各种智能本身之前，还有一个关键的问题。人们通常都很难抵挡自己经常接触的词汇的诱惑，也许是因为它们能帮助我们更好地理解有关情境的缘故。而智能正如在本书开头时所说的，恰好就是这样的词。我们常常使用这个词，到后来，就使我们相信它以一个真正可接触的、可衡量的实体存在，而不是一种对可能存在但也很可能不存在的现象进行称呼的一种方式了。

这种把抽象概念具体化的危险，在阐释性的研究中是十分严重的。尤其在试图引入新颖科学概念的研究之中，这个危险就更严重了。我个人和热情的读者们很可能会认为，或者习惯这样说，我们所看到起作用的不过是语言智能、人际智能，或空间智能，如此而已。但实际情况却并非如此。在讨论生命的过程和相互之间连续的能力（像生命的整体一样）时，这些智能都是假设，最多是有用的假设。人们为了阐明科学的原理，处理实践中迫切需要解决问题，将多种智能分别定义，并严格地加以描述。只要我们保持清醒的认识，把抽象概念具体化的错误是可以允许的。因此，当我们将注意力转向特定的智能时，我必须重复说一句，以上这些智能并非以可以证明的物质上的实体存在，而是作为潜在的、有用的科学构想而存在。然而，由于智能是用语言加以描述的，所以将我们导向了而且将继续使我们陷入这个泥潭之中。在开始讨论特定的智能时，先思考一下这个词独一无二的力量，可能是合适的。

Frames of Mind

The Theory of
Multiple Intelligences

第二部分

多元智能理论

第 5 章

语言智能

……写作……时，
所有天然的本能都在起作用，
就像有些人不用上课就会演奏乐器，
还有些人，即便他们还是孩子，却搞得懂发动机。

——丽莲·海尔曼，《一个不成熟的女人》①

诗：语言智能的范例

20 世纪 40 年代初，年轻的英国诗人基思·道格拉斯（Keith Douglas）主动给已然是英国诗界老前辈的 T.S. 艾略特②写了一封信。艾略特的复信照例是很有教益的。他在信中对于一行诗在下笔时和随后修改时文字层面的问题，提出了自己的思考。艾略特告诫道格拉斯不要使用"无效形容词"（ineffective adjectives），批评了他使用的短语"无常建筑"（im-permanent building）："像'无常'这种形容，在诗的前面部分就应该明确下来。"当年

---

① 丽莲·海尔曼（Lillian Hellman，1905—1984）：美国剧作家。《一个不成熟的女人》（*An Unfinished Woman*，1969）是她的回忆录。——译者注

② T. S. 艾略特（Thomas Stearns Eliot，1888—1965）：诗人、文学评论家、剧作家。祖籍英国，生于美国，后定居英国。他在诗歌创作上强调运用日常口语的节奏，追求语词的独特含义和新奇比喻。——译者注

轻的诗人将自己比作玻璃房间里的一根立柱时，艾略特问他："你是不是说你也是玻璃做的呢？"道格拉斯后来将自己比作一只老鼠，艾略特又发现了其中明显的前后矛盾之处："我认为你不应当在同一个诗节里，说自己既是立柱又是老鼠。"对于整首诗，艾略特提出了更总体性的批评：

> 我不能肯定这首诗的虚构之处从整体上看是一致的。比如在诗篇临近尾声的时候，你说到了，驱除楼上房间里那个死去的女子。人们确实说到过从实体的房子里驱除鬼魂，但在这首诗中，被驱除的女子与你置她于其中的房间相比，似乎更具实体性。这就是我所说的诗中相互矛盾之处。

艾略特在提出这些建议时，只不过公开阐述了一位诗人在写作时经历的某些过程。我们可以从艾略特的笔记中了解到他所关注的事情，以及他在选词方面常常承受的苦恼。例如，在《四个四重奏》一诗中，他先后用过"破晓时""初现的曙光""路灯熄灭之后""路灯熄灭""路灯渐暗""路灯亮着的时候""黎明前的昏暗""黎明前时分""黎明前的黑暗"等短语，最后还是采纳了一个朋友的建议，用了"逝去的昏暗"。在那个人们习惯于深刻自省的世纪里，许多艾略特的同时代人都谈到写作中类似的推敲过程。例如，罗伯特·格雷夫斯 [①] 就曾回忆过，他在写短句"把我的心思固定在缜密的怀疑的格局之中"（and fix my mind in a close pattern of doubt）时，是如何挑选恰当的词来替换 pattern（格局）的。他考虑过 frame（框架）一词，但觉得太正式了，又考虑过 net（网络）一词，但又觉得其内涵太消极。落笔之前，在一次海边旅行之后，他偶然想起了这么一个短句，"把我的心思固定在缜密的怀疑的胎膜之中"（and fix my mind in a close caul of doubt）。查过《牛津英语词典》之后，他发现 caul（胎膜）这个词拥有他所需要的所有含义：彰显一位女士荣耀的新帽子；蜘蛛结成的薄网；幸运婴儿诞于其中的、光滑的帽状薄膜。caul 与 close（缜密）结合起来之后，形成了令人满意的头韵。

---

① 罗伯特·格雷夫斯（Robert Graves，1895—1985）：英国诗人、历史小说家、批评家、古典学家。——译者注

同样，斯蒂芬·斯彭德[1]也曾描述过他自己是如何以下面这段简短的笔记为基础，最后写成一首诗的：

有些时候，海洋就像一把竖琴一样平坦地在悬崖下伸展开去。
在古铜色的阳光照射下，波浪就好似燃烧着的火的线条。

斯彭德为了表现这一景色，为了传达这个景色给人的音乐感，为了体现他对大地之短暂生命与海洋之死亡的"内在意象"（inner image），曾试用过至少20种表达方式。其中一些是这样的：

波浪就是火的线条，
它燃烧着，唱着神秘的火焰的歌曲。

白日在颤抖着的火线里燃烧，
人们的眼里闪烁着金色的乐章。

白日在颤抖着的火线上烧红了，
在人们的眼皮底下唱着金色的乐章。

白日在燃烧着的火线上烧红了，
金黄色，在眼中，像音乐的波浪。

黄昏在火的线条上燃烧起来，
一行行乐句，在眼中闪耀着。

黄昏把它颤抖着的火线染成金色，
形成了眼里视觉中的无声乐章。

---

[1] 斯蒂芬·斯彭德（Stephen Spender, 1909—1995），英国诗人，艾略特任出版社社长期间给他出过书，故两人曾多次书信往来。——译者注

以上各种写法都有问题。比如，第一种尝试直陈了"波浪就是火的线条"，结果形成一种不太恰当的意象，因为它说得太过。按照斯彭德的看法，诗人必须避免过实地陈述自己所见之物。在第六种尝试里，"形成了眼里视觉中的无声乐章"这句诗混合了过多的修辞，使它本身显得很别扭。斯彭德最后选用的表现手法，把意象置于一种适当伸延了的背景之中：

> 愉快的海，
> 有时像无人弹奏的竖琴，
> 平静地躺在大地之下。
>
> 黄昏把所有无声的火线镀上黄金，
> 在人们的眼中化作燃烧的乐章。

因为诗的整体效果与荷马和布莱克^①的作品相近，所以也许看起来不像前面几种尝试具有那么明显的独创性，但这最后定稿的诗作，的确忠实、清晰地把握了斯彭德内心的冲动，把握住了他最初的视觉感受。

我们从诗人写作一行诗或一节诗时，在遣词造句问题上的艰苦斟酌，就能看出语言智能在某些重要方面的作用。诗人对每个词在含义上的细微差别，必须极为敏感才行。确实，诗人不应丢掉诗中的内涵，而是必须尽可能地保留自己苦苦寻觅的意境。正因为如此，格雷夫斯才认为 caul 是自己的最佳选择。另外，诗人也不能孤立地思考每个词的含义。由于每个词都有自己含义以外的意思，所以诗人必须避免某一行诗中某一个词给人的感觉，与另一行诗中的另一个词产生的感觉发生矛盾。正因如此，艾略特才告诫道格拉斯，不要让"立柱"与"老鼠"在同一个诗节中出现，并批评他驱除死去女子而不驱除房中鬼魂的描写。最后一点，诗人所选择的词必须尽量忠实地把握最初激发诗情的情绪或意向。斯彭德上述那些初稿中的诗句可能很打动人，或者使人愉快，但是如果不能传达他最初的视觉感受，也不能算是一首

---

① 威廉·布莱克（William Blake，1757—1827）：英国诗人，版画家。——译者注

成功的诗。或换句话说，它们仅仅可能成为一首新诗的基础，成为一首诗人起初并没有打算写的诗。

在讨论到词语的意思或内涵时，我们发现自己进入了语义学领域，而对词语含义的详查，普遍认为是掌握语言的关键。艾略特曾经评论说："诗人的逻辑与科学家的逻辑虽然在组织方式上有所不同，但它与科学家的逻辑同样严密"。他还说，"设置意象需要耗费'和设置论点同样多的基本脑力劳动'。"科学家的逻辑，需要对某个命题或定律与另一个命题或定律含义之间的联系十分敏感。而诗人的逻辑，则主要表现为对词语含义之间细微差别的敏感性，表现为某个词语对于含义相近的词语来说，暗示或排除的意思是什么。一个人如果不掌握逻辑推理的规律，他就不可能成为一名科学家；同样，一个人若对语言内涵之间的相互作用缺乏敏感性，也不能成为一名诗人。

但对于一个想成为诗人的人来说，正如语言学家所指出的，语言的其他方面，也是非常重要的。诗人必须对音韵，即词语的声音及其相互之间的音乐作用，有敏锐的感受力。诗歌的主要韵律节拍，显然依赖于听觉的敏感度，而且诗人们也常常谈到自己对听觉能力的依赖。W.H. 奥登 [①] 说："我喜欢沉浸在词语之中，倾听它们在说些什么。"另外一位与艾略特同时代的诗人赫伯特·里德 [②] 说："词语从其诗的本质上说，具有听觉特征而非视觉特征，它能使人自动产生联想。"格雷夫斯的 close caul（缜密的胎膜）的声音效果，与其语义效果是同等重要的。

掌握句法，即控制词序及其形态变化的规则，这是写诗的另一个"必要条件"。诗人必须从直觉上理解构成词组的规则，从直觉上知道什么情况下夸张的句法是允许的，知道按一般的语法规则不应该并置的词语，在什么场

---

①   W. H. 奥登（Wystan Hugh Auden, 1907—1973）：英国诗人，后入美国籍，深受艾略特影响。——译者注

②   赫伯特·里德（Herbert Read, 1893—1968）：英国诗人，艺术批评家，美学家，艾略特的好友。——译者注

合可以放在一起。最后，诗人还必须理解语言的语用功能，理解语言可能的用途：从情诗到史诗，从命令的直接性到请求的微妙性，诗人必须懂得在完全不同的体裁中，诗歌语言有着怎样不同的运用方式。

由于语言的掌握非常重要，由于语言是诗人头衔的说明，所以年轻诗人最明显的特征就是热爱语言，并急切地渴望勘探语言的每一条矿脉。未来诗人的标志，并不是表达思想的强烈愿望，而是迷恋语言本身，具有词汇表达的技巧。虽然这也许并不能算一个严格的必要条件，但深刻记忆并且能够随心所欲地信手拈来各种短语，尤其是其他诗人所喜爱的短语的能力，真的是诗人身上的无价之宝。美国文学评论家海伦·文德勒[①]回忆自己在诗歌写作班的课堂上，听罗伯特·洛威尔[②]讲写作时，后者这位美国诗坛的带头人毫不费力地背诵出了过去伟大诗人的诗句，偶或（总是故意地）在他认为不恰当的地方做一点修改。文德勒看到了这种语言能力，评论说："使人感到自己仿佛像个生命进化过程中落后的形体，站在自己从未见过的比自己高级的物种面前。"这个高级的物种，也就是诗人，与词汇之间的关系，超越了我们普通人的能力，脑中贮存着过去的诗歌中使用过的特殊词汇及其用途。这种有关语言使用历史的知识，使诗人在写作新诗的时候，能构成自己的独特词汇组合。诺思罗普·弗赖伊[③]坚持认为，正是通过这种新鲜的词汇组合，我们才产生出自己创造新世界的独特方式。

语言的核心操作

所以说，在诗人身上，我们极清晰地看到了语言的核心操作所起的作用。正是凭着对词语意义的敏感性，诗人才能分辨出形容"打翻墨水"时，"有意识地"（intentoomally）、"故意地"（deliberately），还是"有目的地"（on

---

① 海伦·文德勒（Helen Vendler, 1933—）：美国文学评论家，哈佛大学英语系教授，主要研究领域是诗歌。——译者注

② 罗伯特·洛威尔（Robert Lowell, 1917—1977）：美国诗人。——译者注

③ 诺思罗普·弗赖伊（Northrop Frye, 1912—1991）：加拿大文学评论家和思想家。——译者注

purpose）这三种表达之间的细微差异。诗人对文字的排列具备高度的敏感性——既有遵循语法规则的能力，又有在精心挑选的场合打破语法规则的能力。从某种较高的感觉层次——对声音、节奏、词形变化以及韵律的敏感性来说，诗人还具有能使诗歌即使在翻译成外文之后，朗诵起来仍然优美动听的能力。他还有对辨别语言不同功能（朗诵的、说教的、激发的、传达信息的或使人愉快的潜力）的敏感性。

我们多数人并不是诗人，甚至连业余诗人都不是，然而我们却拥有很高程度的这类敏感性。的确，如果一个人没有一点起码的语言能力，他就不可能欣赏诗歌。另外，如果一个人对音韵、句法、语义学、语用学这四个语言学分支没有相当程度的掌握，那么他就很难在世界上获得成功。事实上，语言能力就是一种智能，即一种智力能力，它似乎是最广泛、最公平地分布在人类各个种族之中的一种智能。对普通人来说，音乐家和视觉艺术家表现出的能力是难以企及甚至是颇为神秘的，更别说数学家或体操运动员了。而诗人，则似乎把正常人所掌握的能力，甚至也许还包括智力稍差的人所掌握的能力，发展到了登峰造极的程度。因此，在语言智能的研究方面，诗人就是一个可靠的向导。或者说，对诗人的研究，是研究语言智能最恰当的前期课题。

然而对于我们不写诗的人来说，语言所能起到的其他作用又是什么呢？语言知识在人类社会中的多种用途当中，我想挑选出四种用途并证明它们的重要性。

第一种用途是语言的说服功能，这是使用语言去说服其他人，使之乐意沿着一定的路线从事某种行为的能力。虽然这是政治领导人和法律专家已经发展到极致的能力，但那些渴望再吃一块蛋糕的三岁儿童，也已经开始在培养自己的这种能力。

第二种用途是语言的记忆潜能，即以语言作为工具，帮助人记住信息的能力——从记住财产清单到记住游戏规则，从记住出行的方向到记住操控新机器的方法。

第三种用途是语言的解释作用。世界上许多教和学的过程，都是通过语言来进行的。历史上曾有主要依靠口头教学，即通过朗读诗篇、采集谚语和格言或给出简单的口头解释来进行的教学活动。而现在，则越来越习惯使用书面语言来进行这种活动了。从科学的领域中，我们也能找到这方面的有力证明。尽管逻辑－数学的推理及其符号系统有着明显的重要性，但语言仍然是科学教科书中传授基本概念最理想的方式。此外，语言在促进科学的新发展以及解释这种发展时，也提供了十分关键的表达方式。

第四种用途是语言有解释其自身行为的潜能，即运用语言去反思（reflect upon）语言的能力，也就是进行元语言[①]分析的能力。当幼童问"你指的是 X 还是 Y 呢？"时，对其说话的人会被引导去思考先前的语言运用。从这名幼童身上，我们可以发现语言的这种能力的表现。在 20 世纪，实际上就在过去这 30 年[②]中，还出现了远比这更惊人的体现元语言复杂性的例证。感谢语言学家诺姆·乔姆斯基[③]，他发起的语言研究上的革命，使我们不但更准确地知道了什么是语言，以及语言是如何起作用的，而且对于有关语言在人类活动中地位的问题，也提出了一些大胆的假设。尽管我们的文化对语言方面这种命题知识（know-that）的关心，要超过许多其他的文化，但对作为系统的语言的兴趣，则绝非仅仅限于西方文化所具有，也不仅仅限于其他重视科学的文化所具有。

---

① 元语言（metalanguage）：与对象语言（作为描写、分析的对象的语言）相对，指用以分析、描写对象语言的语言。如在词典中，词目是对象语言，其释文则是元语言；在翻译中，原文是对象语言，其译文则是元语言。——译者注
② 本书最早出版于 1983 年，"过去这 30 年"指 20 世纪 50 年代初至 80 年代初。
③ 诺姆·乔姆斯基（Noam Chomsky, 1928—）：美国语言学家和语言哲学家。他以对现代逻辑学和数学的兴趣，用类似数学公式的式子，创立了转换生成语法的理论，并以此来描写自然语言。这一理论不仅获得语言学界很高的评价，而且在心理学、哲学、逻辑学界引起人们普遍的重视。——译者注

本章的主要任务是传达语言智能不同方面的信息。在研究智能的时候，我们首先将注意力指向语言智能，是因为语言智能是人类智能中一个极为典型的例子。它还是人们已经透彻地研究过的一种智能。因此，无论是再次审视语言智能的发展，还是讨论因为大脑受伤导致语言能力受损的情况，我们都会感到自己比较有把握。此外，有关的信息，如语言的文化交叉现象以及语言智能与其他智能之间的关系等，都在人类语言的进化过程中被安全地保存了下来。因此，在回顾当前语言智能方面的基础知识时，我所寻求的不仅仅是概括这一特殊人类智能领域的学科状况，还想提供几种分析方法，希望将来会对其他智能的研究有所帮助。

语言技能的发展

我们从婴儿出生后最初几个月牙牙学语的过程中，可以看到口头语言的发源。即使是耳聋的婴儿，在生命初期都会开始咿呀学语。而所有的婴儿在最初的几个月中，都会发出其母语中不常听到的声音。但到了出生后的第二年，语言活动的内容就不同了，在英语国家里，婴儿开始发出个别单词的声音："Mommy"（妈妈），"doggy"（小狗），"cookie"（饼干）。不久以后，孩子便能将成对的单词连成串，构成富有意义的短语："eat cookie"（吃饼干），"bye-bye Mommy"（妈妈再见），"baby cry"（宝宝哭）。再过一年，三岁的幼儿就能说出相当复杂的成串的句子，其中包括这样的问题："When I get up？"（我什么时起床？），还有否定句"I no want to go to sleep"（我想不睡觉），还能说出复合的句子"Have milk before lunch, please？"（喝牛奶午饭前，行吗？）。到四五岁的时候，儿童能便纠正以上句子中的不恰当之处，并能流利地使用和成人相近的句法进行交流了。

除了这些以外，这个年龄的幼儿还能够超越世俗的表达方式，使自己的语言更有吸引力。一般四岁的儿童，就能想出吸引人的修辞手段（如将脚麻了比作姜汁汽水冒泡）；讲自己的冒险故事，或讲自己杜撰出来的人物的冒险故事；或者根据谈话者年龄的不同，如成人、同龄人或比自己小的孩子，改变自己说话的口气；他们甚至还会玩简单的元语言游戏："X 是什么意思？""我应当说 X 呢？还是应当说 Y？""你提到了 Y，但为什么不说 X？"总之，四五岁的儿童的语言技能，超过了任何计算机语言程序。世界上最出色的语言学家，至今都没能发现儿童语言的表达方式和意义的规则。

关于语言发展方面的以上状况，就我所知，事实上还未曾引起过学者们的争论。有一种主张似乎比较容易引起争论，但它又为人们所广泛接受。这个主张就是，语言的掌握包含着独特的获取过程，也就是与获得其他智能不同的过程。乔姆斯基是这一主张最有力、最令人信服的代言人。他的观点是：儿童一生下来，就必定拥有相当可观的关于语言规则及其形式的"固有知识"，在如何破译和说出他们自己的语言以及任何"自然语言"方面，他们所具有的特殊臆测能力是与生俱来的。乔姆斯基的主张来源于以下事实：人们很难解释，尽管幼儿所听到的并当作范例的谈话本身并不一定规范，尽管儿童解决其他问题的能力还在发展之中，但他们为何能够如此迅速而准确地掌握了语言呢？其他一些学者，如肯尼思·韦克斯勒（Kenneth Wexler）和彼得·库利科弗（Peter Culicover），则进一步主张说，如果儿童一开始无法针对语言代码应当或不应当如何运作的问题做出确定的假设，他们就不可能学会语言。而根据推测，这种假设也许是神经系统所固有的。

所有的正常儿童，还有大量的精神发育迟滞患儿，通常都在几年的时间之内，按照固定的方案学习语言。对于那些主张语言是一种特殊的过程，是按照自身规则运作的学者来说，这一事实给予了他们有力的支持。与此同时，对那些主张语言能力的获取只是激发了一般心理过程的学者们（如皮亚杰），它也造成了困难。这两派的意见可能都有道理。句法和音韵的发展过程似乎是个特殊的过程，也许是人类所特有的。相对于其他能力来说，语言能力几乎不需要环境因素的支持就能展现。然而语言能力的其他方面，如语义学和语用学的领域，很可能开发了更普遍的人类信息处理机制，而并不那么严格地或特别地与某个"语言器官"相关联。按照我提出的智能判据，我们可以说，句法、音韵与语言智能的核心是密切相连的，而语义学和语用学则包含着逻辑－数学智能和自我认知智能等其他智能的因素。

　　尽管这里描述的过程适合所有的儿童，但个体之间存在着明显的巨大差异。我们从很多方面都能看到这种差异。例如，儿童最初说话时所用单词种类会不同，有的儿童首先说出物体的名称，有的儿童则避免用名词而喜欢用感叹词；儿童盲目模仿年长者发出信号的程度也不同，有的儿童模仿，而有的则几乎根本不模仿。而同样重要的是，我们从儿童掌握语言主要方面的速度与技巧上，也能够看出这种差异。

　　幼年的让－保罗·萨特①在这方面就特别早熟。这位未来的作家在模仿成人及其风格与谈话口吻时，非常熟练。他在 5 岁的时候，就能以语言的流畅而使听众着迷。从那以后不久，他就开始写作，很快写成了整整一本书。他完全不考虑自己所写的东西是否会被人阅读，而是从写作中，从用笔的自我表达中，发现了自己的价值。

　　　　我通过写作而存在……我的笔在纸上飞速疾驰，常常使我的手腕都疼痛起来。我把写满文字的笔记本丢到地板上，最后将这些写成的东西忘却，它们在记忆中消逝……我为写作而写作，至今都没有后悔过。如果有人读我写的东西，那我会努力使他们快乐（如同他此前的口头表演一样）②，我因此而成为一个奇迹。由于以上都是我的秘密，所以我说的是真心话。（9 岁时）③

---

① 　让－保罗·萨特（Jean-Paul Sartre, 1905—1980）：法国作家、哲学家和文艺批评家，存在主义哲学的创始人，曾任欧洲作家联盟主席，1943 年发表的《存在与虚无》是存在主义哲学的奠基之作。他一生著述甚丰，包括长篇小说、剧本和文学评论。1964 年获诺贝尔文学奖，但拒绝接受。——译者注
② 　括号内"如同他此前的口头表演一样"一句，为本书作者在萨特的文中所加。——译者注
③ 　括号内"9 岁时"的说明，为本书作者在萨特的文中所加。——译者注

一个孩子，通过不断运用自身语言智能，发现了自己具备的相当突出的能力。

作家的成长

萨特通过大量的写作，通过最充分地实现了自己成为一名少年作家的理想，与其他诗人、散文家、小说家一样，在成为作家的共同道路上锻炼成长。在这一方面，正像在每一个领域中一样，实践是最终取得成功的必要条件。作家把写作技巧看成每天需要锻炼的肌肉。每日必写，是他们的口头禅。萨特就是这样做的。

许多作家在回忆自己的成长过程时，都阐明过正面因素的重要性和有抱负的年轻作家容易犯的错误。奥登论述道，一位年轻的作家，他的前途不取决于其观念的独创性，也不取决于其情感的力量，而取决于其语言技巧。奥登举了一个男孩求爱的例子，做了颇有教益的比喻。

诗人在自身发展的最初阶段，在形成自己与众不同的风格之前，可以说是和语言结了缘。他就像任何一个正在求爱的小伙子一样，最正确和最应该做的事，就是扮演一个有骑士风度的仆人，充当拎包人的角色，并且在接受考验时不惜承受羞辱，如站在街角恭候几个小时，顺从所爱之人最不可思议的怪念头。然而一旦他证明了自己的爱，并被对方接受之后，情况就不同了。结婚以后，他必然会成为自己家庭的主人，并对双方之间的关系负责了。

按照斯彭德的看法，早期语言的掌握还有一个关键的因素，那就是对经验的纯粹记忆。

以特殊方式训练出来的记忆，是天才诗人的自然天赋。诗人，首先是个绝对不会忘记他所体验过的某些感觉印象的人，而且能够一遍又一遍地使这些感觉印象重现，仿佛带着对它们的全部原始新鲜感……所以说毫不奇怪，虽然我记不住电话号码、地址和人的面孔，记不住今天早晨的信件放到哪儿去了，但我对某些体验的感觉，却保留着完好的记忆。因为这些记忆通过某些联想，在我心中具体化了。通过自己的生活经历，我可以用威力巨大的联想的特征来说明这一点。联想突然被激发起来的时刻，我就被完完全全地带回了过去。特别当我被带回童年时，我就完全失去了现在的时间与地点的感觉。

年轻的诗人一般都通过阅读其他诗人的作品，进而努力模仿这些诗人而开始自我教育过程。只要最终不会导致抑制了自己风格的发展，对伟大诗人的风格及形式进行模仿并没有错，或许还是必要的。但在这个阶段，他们的诗歌存在着种种不成熟的迹象，其中包括：过度模仿范例，过多或过轻率表达某人的情绪、焦虑或理念，局限于既定的格律，处理音义时矫揉造作等。即使目的是尽量使诗句优美，尽量使之从美学的角度看是"恰当的"，这种做法也值得怀疑。美和形式的这些属性不应该直白地呈现在读者面前，而应该使读者在读完整部作品之后，自己从中体验出来。

按照奥登的说法，至少从三个方面，可以看出一个诗人是否"不成熟"：他或许最后对诗歌创作感到厌倦；他或许写得过于匆忙，因而创作的技巧显得很草率，或者表达得很粗糙（基思·道格拉斯的青春诗作就是如此）；他或许在写作时故意胡编乱造，或者追求华而不实。奥登认为，当一个人仅仅通过个人的活动、学习或者祈祷，就想成为诗人，取得梦想中的成就时，他就会写出这种"垃圾"诗来。在青春期少年身上，尤其容易出现这种弊病。倘若他们有才能，并发现诗歌的确能表达自己某些思想，那么他们就容易得出错误的推断，以为任何思想都可以通过诗这种媒介表达出来。

年轻诗人在通往成熟诗人的道路上，常为自己安排大量的创作任务，如为某一个事件写诗等。初出茅庐的人在写作任务面前，所遇到的困难是完全不同的。例如，有些写作练习的目的，只是为了掌握诗的某种形式。奥登曾经阐述过这种练习的关键点和局限性："要用英语写出六行音节递增诗体^①的六音步诗，……必须付出十分巨大的努力才行，而最终写出的东西，则肯定是没有价值的。"在经过了这样困难的练习之后，一般人都想写些比较简单的东西。这时候，就会自然而然地运用先前掌握的技巧，文字也就能顺利地流淌而出了。桑顿·怀尔德^②评论说："我相信，写作的实践，就是把所有示意性的操作，都归类到下意识中去。"沃尔特·杰克逊·贝特^③记录了当济慈的雄心暂时减退时的情况："如果他暂时以另外一种形式，去写期望值不高的诗歌，那时创作的大门就会迅速向他打开。他不仅下笔千言，行文出奇流畅，而且能快速地、毫不费力地把成语的特点和诗歌的特点结合起来。而这是先前要求更高的作品所需要的。"实际上，诗人通过实践之后，最终实现了写作时语句的流畅，也许就像奥登或"着魔诗人"苏珊·莱尼尔^④一样，有可能按照要求，如其他演说家讲话般流利地写出自己的诗篇。这个时候，过量的、轻而易举创作出来的作品，反而成了一种危险，可能使作品堕入肤浅的、油腔滑调的境地，而不是思想深度逐渐得到拓展。

当然，到了最后，将成为大诗人的写作者必定会找到传达自己语言和思想的框架。诚如诗人卡尔·夏皮罗^⑤曾经说过的那样：

---

① 音节递增诗体（rhopalic）：又译"楔形诗"，常见于英语诗歌。形式上，同一诗行内每一词都比前一词多一音节，同一诗节内每一行又比前一行多一音步，同一首诗内每个诗节也做相应扩充，整首诗由此形成上窄下宽的楔形，由此得名。六音步诗（hexameter）则是六个音步组成一个诗行的诗体，系古希腊和拉丁语文学中史诗的标准格律。两种诗体很难结合，奥登故有此说。——译者注

② 桑顿·怀尔德（Thornton Wilder，1897—1975）：美国小说家、剧作家。——译者注

③ 沃尔特·杰克逊·贝特（Walter Jackson Bate，1918—1999）：美国文学评论家、传记作家，对英国诗人济慈（John Keats，1795—1821）研究颇深，并曾为其立传。——译者注

④ 苏珊·莱尼尔（Susan Lenier，1957—）：英国诗人，休（Sue）是她的昵称。她在诗歌创作上追求即兴、快速，讲究一气呵成，不加修改，由此被人戏称为"着魔诗人"（possessed poet）。——译者注

⑤ 卡尔·夏皮罗（Karl Shapiro，1913—2000）：美国犹太裔诗人，1946—1947年任国会图书馆诗歌顾问，即后来的桂冠诗人。——译者注

诗歌创作的天赋可能只是某种形式的直觉和感悟。字典里包含所有的词语，诗歌教科书讲授所有的格律，但除了诗人自己对这种形式的直觉之外，字典和教科书都不可能告诉诗人应该选用什么词语，不能告诉诗人应该让这些词语组成什么样的节奏。

大脑和语言

将要成为作家的人，是这样一个群体——由于写作，可能同时还幸运地由于遗传的原因，语言智能突出地发展起来的人。遗憾的是，其他人可能就不那么幸运了，他们或许在语言方面表现出特殊的困难。有时，这个缺陷并不会造成严重的后果，据说爱因斯坦小时候就很晚才会说话。但如果说有什么影响的话，那就是他最初的缄默，也许就使他得以用不那么传统的方法去观察和认识客观世界。许多在其他方面表现正常或接近正常的儿童，都在语言学习方面表现出选择性的困难。这种困难有时似乎主要存在于听觉辨别能力之中，因为这些儿童在听到一连串快速的音素①时，便遇到了解码的困难。他们不仅感到难以理解，而且不能恰当地把它们联结起来。迅速处理语言信息的能力是理解正常谈话的前提，这项能力似乎依赖于完好的左颞叶。因此，如果这一神经区域受到任何伤害，或者这一神经区域存在任何不正常的发展，通常都足以让儿童产生语言方面的障碍。

正如许多儿童是在语言的语音方面表现出选择性的困难一样，人们还会遇到在其他语言成分方面出现障碍的儿童。有些儿童对句法要素缺乏敏感性，如果让他们模仿一些句子，他们不得不做出如下的简化才能说得出来②：

需要模仿的句子	出现障碍的模仿
They won't play with me.	They no/not play with me.

---

① 音素（phoneme）：语音的最小单位，分元音、辅音两大类。
② 下面这四句话的意思分别是：他们不愿和我玩；我不会唱歌；他没有钱；她不太老。在"出现障碍的模仿"中，助动词分别被丢掉或简化。——译者注

I can't sing.	I no can sing.
He doesn't have money.	He no have money.
She isn't very old.	She not very old.

令人惊讶的是，对这类儿童来说，只要避开听说，他们在解决向他们提出的各种问题时，表现就会相当正常。

与那些其他方面相对正常、仅仅在语言问题上遇到特定困难的儿童形成对照的是，很多在其他方面受到困扰的儿童，在语言运用上却有着带选择性的突出表现。我已经注意到，许多精神发育迟滞患儿在掌握语言方面都表现出惊人的能力，在掌握语言的核心语音及句法方面，尤其突出（虽然这些对发声和说话来说也许并无多大意义）。更令人吃惊的是，有少数儿童，尽管患有精神发育迟滞或孤独症，但他们开始阅读的年龄却早得令人难以置信。正常的阅读时间开始于五六岁，而这些高读症<u>①</u>患儿则在两三岁时就能阅读课本了。实际上，这些儿童的语言并没有多少意义，他们常常仅限于重复别人说过的话。当他们走进一个房间以后，会抓起任何可阅读的材料，开始大声地、有模有样地朗读起来。朗读强大的诱惑力，使他难以停下来。他在朗读的过程中，也完全不考虑语义的信息。无论这些阅读材料来自识字课本还是技术刊物，甚至来自一篇语义混乱的文章，他都不介意，会将朗读继续下去。有时候，这种高读症发生在学者症候群或孤独症患儿身上。例如，弗里茨·德赖富斯（Fritz Dreifuss）和查尔斯·梅海根（Charles Mehegan）研究的一名高读症患儿，能立即说出历史中不引人注目的日子是星期几，而另一名患儿则在数字方面表现出惊人的记忆力。

我已经注意到，对于正常的惯于使用右手的人，语言能力与他的大脑左

---

① 高读症（hyperlexia）：儿童在单词认读方面表现出超强能力，但在言语理解方面有明显困难的一种学习障碍。

半球某个区域的运作，是密切相关的。因此，下面的问题就产生了：对于那些为了治疗目的而不得不切除大脑左半球主要区域的儿童，其语言的发展会如何呢？一般来说，如果儿童在一岁时不得不切除大脑左半球的全部，他以后仍然能够正常地说话。显然，在生命的早期，大脑具有足够的可塑性，或者说左右脑具有同等的潜力。因为语言能力非常重要，即使可能影响到或危及大脑右半球所主管的视觉与空间功能，语言能力也会转移到右半球来发展。

然而应当指出的是，这种大脑右半球承担语言功能的现象，并不是毫无代价的。仔细观察一下这类儿童，我们就能发现，他们与那些受大脑左半球正常语言区域支配的儿童（不论是正常的还是低于正常的儿童）相比，所使用的语言策略是不同的。突出的表现是，那些依赖大脑右半球语言分析机制的儿童，几乎完全是从语义信息入手的。他们按照主要词条的含义来释读句子，却不能使用句法的线索对句子进行分析。只有那些语言利用了大脑左半球结构的儿童，才能注意到像词序这样的句法线索。所以说，语言分别受大脑左、右半球支配的儿童都能理解的句子，是那种仅仅通过自己拥有的有关实物含义的知识就能推测出来的句子：

The cat was struck by the truck.（猫被卡车撞了。）

The cheese was eaten by the mouse.（奶酪被老鼠吃了。）

但只有大脑左半球完好的儿童，才能解读那些含义的差别完全存在于句法线索中的句子：

The truck was hit by the bus.（卡车被公交车撞了。）

The bus was hit by the truck.（公交车被卡车撞了。）

缺少大脑左半球的儿童，在口语表达和词汇理解方面的能力，似乎也不如缺少大脑右半球的儿童。从总体上说，前者在学习语言的时候，也许比后者要来得慢一些。

我已在第 3 章做过论述，我们可通过审查其他异常儿童的情况，进一步确定控制获得语言能力过程的渠道。听力健全的父母所生的耳聋子女，会自行发展出一套简单的手语，这种手语能够表现出对自然语言来说最为关键的特征。人们从这些自发的手语中，可以发现在最初学说话的时候，听力健全婴儿表现出来的基本句法与语义特征。下面是有据可查的一个不太愉快的案例：一个叫吉尼的孩子，因为从小受到虐待，以致她在 10 岁以前从没有机会学说话。最后，在她摆脱残酷的禁闭并获得自由以后，她才从生命的第二个 10 年起开始学说话。但是她很轻松地就掌握了词汇，并且能恰当地对词语所表达的实物进行分类。然而她在使用句法方面，遇到了明显而持续的困难，因而不得不主要依靠单个词语进行交流。最能说明问题的是，她的语言信息处理功能似乎由大脑的右半球承担。我们如果只是研究单独的一个案例，可能还不能确定上述特殊的大脑单侧化^①局面产生的原因。然而，以下推测也许不无道理，那就是语言在大脑左半球单侧化的倾向，也许会随年龄的增长而减弱。其中的原因可能是到了这个年龄段，已经过了获得语言能力的关键阶段。因此产生的后果就是，那些不得不到青春期才能学习语言的人，也许会受到限制，他们只能使用由大脑右半球承担语言媒介的机制了。

在幼儿身上，我们看到了人体上的一种仍在发展进程中的系统。作为这种发展的后果，这个系统在神经定位和认知模式的联系上，表现出虽非绝对但属高度灵活的系统性。然而随着年龄的增长，语言功能在神经系统中的定位越来越固定成为法则。这一倾向首先意味着正常的惯于使用右手的人，如果大脑左半球的关键区域受到伤害，会导致特殊形式的功能性残疾；其次还意味着这些缺损的功能由大脑其他区域加以完全恢复的可能性比较小。

---

① 单侧化（lateralization）：人的大脑两半球，在进行言语及其有关的高级心理活动时表现出偏于一侧的现象。

人们对大脑单侧损伤导致语言功能改变的后果，进行了上百年的研究。这些研究为我上述关于语言功能的分析，提供了非常有力的证据。特别是我们已经能够详细地说明，什么样的大脑损伤将会导致人在语音辨别与生成、言语的实际使用，以及最关键的语义和句法方面，出现特殊的困难。此外，语言功能的这些不同侧面，又会在相对孤立的情况下受到破坏。因此我们会遇到这样一些人，他们在句法方面遇到障碍，但语用系统及语义系统的功能则相对保留着。我们甚至还会遇到一些人，他们的句法能力有选择地被保留下来，但普通的语言交流能力却已基本消失。

为什么会存在这种惊人的特异性和定位性现象呢？部分答案无疑存在于语言能力进化史上秘不可知的谜底之中。虽然在许多个世纪里，学者们对这个谜底产生了极大的兴趣，但得到全部答案的希望将十分渺茫。答案如果不在巴别塔①内，就埋藏在化石里或史前的历史之中。有些语言机制是人类与其他生物所共有的，例如对音素之间界限的洞察，其他哺乳动物如毛丝鼠，也有类似的情况。而另外一些过程，如句法的形成过程，则显然是人类所独有的。有的语言机制处于大脑的点状区域中，例如，句法过程是由所谓布罗卡区支配的。有的语言机制在大脑左半球中广泛分布着，比如语义系统就是这样。还有的机制似乎基本上依赖于大脑右半球的结构，比如语言的语用功能。然而，似乎很明确的一点是，对于惯于使用右手的人来说，随着年龄的增长，从在大脑中的位置看，这些功能都越来越集中了。②我们在日常语言交往中特有的、复杂的相互作用，就依赖于在这些关键语言区域之间不断流动的信息。

最能说明这种语言交往中相互作用的，莫过于对书面语言的解读。已有

① 巴别塔（Tower of Babel）：根据《圣经·创世记》记载，挪亚的子孙想建一座"通天塔"，传扬名声。上帝唯恐他们日后无事不成，就打乱他们原来共同的语言，使之互不相通，结果塔未建成而人类却因此分散到世界各地。这段记载在西方常用以说明人类语言纷杂的原因。——译者注

② 由于我们现在还不能理解的原因，男人的语言功能与女人的语言功能相比，似乎更牢固地定位于大脑的左半球。

令人信服的证据表明，书面语言是"骑在"口头语言"肩膀"上的。因为如果一个人大脑的听、说区域受到损伤，他就不可能继续进行正常的阅读，甚至连那些阅读时无默读或唇动现象的人，都会丧失阅读的技能。然而，尽管失语症差不多总是造成阅读困难，但其困难程度，则取决于当时的阅读能力。具有启发性的是，阅读在神经系统中可能以不同方式表现出来，这取决于某种特定文化所看重的法则。在西方以音素为基础的语言系统中，阅读尤其取决于大脑中处理语言声音信息的区域。但在那些偏重表意阅读的东方语言系统中，阅读则更主要取决于解释图像资料的神经中枢。那些学会了阅读的耳聋者，也会有相同的依赖现象。最后，对日语来说，既有音节文字阅读系统（假名），又有表意系统（汉字），这两种阅读机制都集在同一语言之中。所以，一种损伤会对解读假名符号带来较大困难，而另一种损伤则特别会给解读表意符号造成极大混乱。

至此，我们已经更深入地理解了语言和阅读的这些机制，所以下面自然产生的就是对教育的意义了。至此，对于那些虽然其他方面正常，却由于这样或那样的原因，在掌握各自文化普遍应用的语言编码时出现困难的儿童，应该如何进行阅读教学的问题，我们已经有了深入了解。既然至少可以通过两条不同途径学会阅读，那么对于遇到特殊学习障碍的儿童，除非碰巧该文化偏重特殊的文字，相信他们能够通过"另一途径"掌握文字书写的法则。实践已经证明，建立在表意基础上的语言系统，对于那些掌握以音素为基础的阅读系统有困难的儿童来说，是有帮助的。

尽管从大脑损伤现象中得出的证据，为我对语言能力多种成分的分析赋予了"表面上的可行性"，但我们仍然强调语言智能是以一种独立的、半自动生成的能力存在的。用我们的术语来说，就是一种独立的智能。在这一点上，证据似乎并不那么重要。看起来很明显的是：在患有严重失语症的情况下，那些更通用的智能，尤其是形成概念的能力和对事物恰当分类的能力，以及解决许多非语言智能测验中提出的抽象问题的能力，可能会减弱。从这个意义上说，至少很难发现以下这种情况：一个人大脑的语言区域完全受损，但在其他方面却有着正常的理解与推断能力。

然而我认为，已有的充分证据的确能够证明我们关于语言智能是一种独立智能的看法。实际上，也许第 4 章描述过的全部判据，在证明这种智能的存在时是最有说服力的。首先，有些人显然患有较重甚至很严重的失语症，却能在正常范围内，在那些并不特别与语言能力相关联的认知活动中，表现得相当不错。患严重失语症的患者失去了成为作家的能力，却保留着成为音乐家、视觉艺术家或工程师的能力。很明显，如果语言智能能够长期地合并到其他智能形式中去，那么这种职业技能的选择性保留现象，就不可能出现。

所以，从严格意义上说，当一个人集中关注语音、句法以及某种语义特征的时候，语言就是一种相对独立的智能。但一旦涉及较为广泛的功能，如语言的语用功能，那么关于语言独立性的描述，就不那么令人信服了。确实，患有严重失语症的人，常常保留着理解和进行多种多样交流行为的能力。而那些保留着句法与语义能力的人，也许由于非语言支配的大脑半球的损伤，在表达自己的意图和理解他人的意图与动机时，出现了严重的不正常状况。正如研究所表明，语用学的独立性，是语言智能的一个特有面向；研究也证实了它与支配语言能力"硬核"的神经区域，是分离的。也许，这种情况之所以存在，是由于人类在语言的"言说行为"或"交流行为"方面，显然与其他灵长类动物共性最多，相应地，与受自身左脑某些区域支配的独立语言能力的进化联系最少。由于同样的原因，也许是与之相关，对叙事的敏感性，也包括传播一系列已发生事件的能力，同语言的语用功能的联系似乎更加紧密，同我描述的核心句法、语音和语义功能的联系则没有那么紧密，而语用功能已经被证明在右脑患病时易于受损。

正如上文指出的那样，即使只表现出轻微的失语症，也足以毁掉一个人的文学才能。然而，对于语言能力在大脑损伤后受损方式的研究，极大地启发了那些研究文学想象力的学者们。研究表明，根据大脑损伤种类的不同，语言信号的减弱可能有着各自不同的方式。在罹患与大脑布罗卡区损伤有关的失语症的情况下，语言信号在表达真实的物体和简单的命题时，显得难以胜任，同时也缺少变化或修饰，这正是欧内斯特·海明威^①风格的一种写照。在与韦尼克区损伤有关联的失语症病例中，语言信号虽然充满了复杂的句法形式变换和各种各样的其他变化，却很难从中捕捉到真正的信息，这正是威廉·福克纳^②风格的一种写照。其他一些语言畸变现象，如自己发明语言的自语症（idioglossia）患者和精神分裂症患者，他们的语言在句法上同样也是杂乱的。最后，还有命名性失语症：如果角回受到损伤，话语的符号中就会缺乏名词，总是充满着诸如"东西""玩意儿""之类的"这样一些词，以及其他一些代用的说法。这正是戴蒙·鲁尼恩^③笔下的人物身上常常表现出的话语现象。而特别重视词汇表达准确性的诗人，就绝对不会这么做。想从大脑的特殊区域里找到以上这些独特风格的来源，将是很可笑的事。但是大脑的损伤，可使一个具有创造性的作家刻意采用某种特定的风格写作，这又使人不得不相信，不同表达模式的神经系统确实是存在的。

直到几年以前，人们才普遍相信，大脑的两个半球在解剖结构上是不能区分的。这一事实，曾坚定了那些希望相信非定位论观点的人的信心。他们通过推论假定，人类大脑的两个半球在语言方面有着同等潜力。但最新的研究结果却没有支持这一观点。现在已广泛得到证实，大脑两半球在解剖结构上并非是等同的。大多数人左颞叶的语言区域，比右颞叶的对应区域要大些。人们只要研究一下，就能发现在大脑两半球之间，还明显地存在着其他一些重要的不对称现象。因此，研究进化论的学者们在获得这一意料之外的信息之后，就开始研究颅腔模型，并证明了，这种不对称至少早在3万～10万年以前的尼安德特人时期就已经存在，并且在现存的类人猿身上可能也存在，而在猴子大脑里并不明显。所以我们似乎有理由推测，语言智能远在有

---

① 欧内斯特·海明威（Ernest Hemingway, 1899—1961）：美国作家。其作品以文笔含蓄简约著称，形成了所谓"海明威风格"。——译者注

② 威廉·福克纳（William Faulkner, 1897—1962）：美国作家。常采用内心独白和意识流手法，句式复杂，风格晦涩。——译者注

③ 艾尔弗雷德·戴蒙·鲁尼恩（Alfred Damon Runyan, 1884—1946）：美国幽默作家、记者。作品以1932年出版的《少男少女》（*Guys and Dolls*）最为著名，该书大量使用地区方言和俚语。——译者注

文字记录的历史以前就存在了。人们发现的 3 万年以前的人所做的记号，起码能告诉我们，虽然语音记号的发现仅是几千年以前的事情，但 3 万年前就已经开始出现了文字系统。

有些杰出的学者，如语言学家乔姆斯基、人类学家克洛德·列维－斯特劳斯[①]，他们不相信"逐步进化"的观点，认为人类能够在某一时刻获得并掌握语言的所有能力。我认为更可能的情况，似乎是人类的好几个分离的神经系统集合在一起，才形成了语言的能力。这些分离的神经系统的进化史，可以追溯到数千年以前。人类语言多种多样的语用特征很可能是从我们与类人猿共有的那些情绪表达和手语能力（指路、招手）中进化而来。人类身上也许还存在着形式上或结构上的特征，反映出或依赖于音乐之类的能力。而此音乐的能力在那些与我们相隔甚远的物种（如鸟类）身上，也表现出来了。那些诸如给客观物体分类的认知能力，把名称、记号与物体相联系的能力，似乎也来自远古时代。这些能力，也许有助于对类语言系统地掌握。这种类语言的能力就是在最近几个有关黑猩猩的研究报告中发现的。

人类语言能力的独特之处，就是拥有能够清晰发出声音的上喉部发声管道，就是神经机制的进化。为迅速诱发话语的产生，神经机制利用了上述发声管道的预适应特性。当人能足够快地发出声音并理解声音差别时，就有可能把单独的声音糅合到一起，形成音节大小的单元，于是就能使用语言进行快速地交流了。按照这种语言进化论的主要提出者菲利普·利伯曼[②]的说法，尼安德特人身上已经表现出语言的所有组分（component）。可能除了特定的发声管道之外，在南方古猿身上，也已表现出语言的所有组分。而使快速

---

① 克洛德·列维－斯特劳斯（Claude Lévi-Strauss，1908—2009）：法国人类学家，被称为"结构主义之父"，主要作品有《结构人类学》等。他所建构的结构主义，不但深远地影响了人类学，对哲学、社会学、语言学等学科也有深刻的影响。本书作者在青年时代对列维－斯特劳斯极为崇敬，阅读了能够找到的后者的全部著作，并于 20 世纪中期在伦敦亲耳聆听过他的学术演讲。——译者注

② 菲利普·利伯曼（Philip Lieberman）：美国布朗大学认知与语言学系教授。——译者注

的语言交流和意义非凡的文化成果成为可能的，是灵长类动物的最终进化。

跨文化的语言变异

一旦语言形成，就展现出无数的功能。我们只要考虑一下来自不同文化的人的语言表达方式，考虑一下各种文化对语言运用成就显著者进行褒奖的方式，就能看出这些功能了。有些游吟诗人，（常在夜晚）向着迷的听众吟唱大段诗歌时表现出来的能力，也许是最令人惊叹的能力了。正如民俗学家米尔曼·帕里（Millman Parry）和他的学生艾伯·洛德（Albert Lord）所说的那样，这些故事吟唱家，这些当代的荷马们，能创作出成千上万首诗歌。究其部分原因，是因为他们已经掌握了某种特定的架构。在这样的架构里，他们可以随意填写或添加不同的内容。他们还学会了将这些架构用不同的方式组合起来，创作出长篇史诗来。

心口相传的史诗，也像所有人类创造出来的复杂作品一样，可以细分为不同的部分。但这一事实丝毫也不能减损心口相传的史诗取得的成就。首先，仅仅在学会这些史诗的布局、学会将这些布局相互联系起来的规则方面，所需要的记忆力就是一般人难以企及的。这种记忆史诗的能力，绝不亚于那些牢记 5 000 或更多种棋谱的棋手的记忆能力，也不亚于那些头脑里有贮存成百上千种证明方法的数学家的能力。在以上各种情形之中，这些布局或形式都是可感知的，具有相当重要的意义，当然会有助于人的记忆。然而在一个人大脑里有这样许多的布局或形式可以随意调用，绝对是一项了不得的成就。再者，以上能力也许在不识字的人身上反而会得到特别的发展。关于这一点，请注意一下 E. F. 杜布（E. F. Dube）的最新研究。他认为，不识字的非洲人具有的记忆故事的能力，比识字的非洲人和识字的纽约人都要强。

西方的心理学家长期以来最喜欢测试的一种能力，是对大量信息的记忆能力。这是在文字出现之前的传统社会里特别受到珍视的另一种语言智能。

格雷戈里·贝特森 ① 在他的《纳文》(*Naver*，1936) 一书中谈到，一位博学的雅特穆尔② 男性，要记住一两万个部族人名。尽管他在记忆这些姓名时运用了一些技巧（比如把相似的音配成对），每个姓名也都至少有一种"含义上的要素"，但这种实际能力仍然是令人难以置信的。我们可从自己文明的早期年代中见到这种类似的能力。早在古典时期和中世纪，人们就发明了帮助记忆的复杂系统，其中有记数字序列的复杂图像的，有记空间符号的，还有记黄道十二宫系统 ③ 和占星图的。

　　尽管有很强记忆力的人曾经备受重视，但在书面文字出现之后，人们把信息记录到书本上以供查询就成为可能。这使得有很强语言记忆能力的人就显得不那么受重视了。在印刷术发明之后，这种记忆的语言智能，其价值进一步降低。然而，在某些领域中，仍在继续培育这种能力。安德斯·埃里克森 ④ 和威廉·蔡斯 ⑤ 证明，对一长串数字的记忆力可以通过系统的训练获得（训练中记忆的数目会增多），从一般的 7 位数增长到 80 位或更多的位数。无论怎么说，我们都知道，在遇到下列数字时，如果将它们看成是英美历史上值得记忆的年份的集合，是比较容易记住的：

　　14921066177620011984

　　记忆学书籍和记忆学专家，目前仍然是很受欢迎的。此外，在好几个领

---

① 　格雷戈里·贝特森（Gregory Bateson，1904—1980）：英国人类学家。《纳文》一书是他以新几内亚岛上的雅特穆尔人为研究对象撰写的学术著作。——译者注
② 　雅特穆尔（Iatmul）：巴布亚新几内亚的部落名。——译者注
③ 　黄道十二宫：在占星学中，被等分为十二段的黄道带叫作十二宫，每宫 30°，保留着其原有星座的名称。——译者注
④ 　安德斯·埃里克森（K. Anders Ericcson）：美国佛罗里达州立大学心理学教授，花了 20 多年职业生涯的时间研究天才、神童和表现卓越者。——译者注
⑤ 　威廉·蔡斯（William Chase）：美国卡耐基 – 梅隆大学的心理学家。——译者注

域里，敏锐的言语记忆能使一个人有别于其他人。哲学家苏珊·朗格①曾深入地分析自己：

> 我的言语记忆就像粘蝇纸一样，既是我的长处，又令我沮丧。这是因为记忆里同时充满了有用的和无用的东西。例如，我还记得童年时看过的广告中出现的那些押韵的词语，这些词语会在预料不到的最奇怪时刻突然出现在我的脑海里。而同时我也记得我多年来读过的大量好诗，回忆这些诗句的确是一件乐事。虽然我的言语记忆能力也许算是较好的，但我的视觉记忆却很差……在寻找研究工作所需资料的来源时，这种可怜的视觉能力就成了特殊的障碍。所以，我才精心地保存了文件卡片的交叉索引系统。

能够追忆大量信息的能力，在没有文字系统的文化里，是一项极为重要的才能。具有这种才能的人将被认为是杰出的人才。有些过渡仪式②的设计就带有确认这种宝贵能力的目的。虽然记忆能力是可以发展和培养起来的，但如果一个人似乎能够轻松地记住一系列信息，那显然是很有用处的。正如亚历山大·鲁利亚③研究过的记忆专家的情况一样，从一定意义上说，苏珊·朗格这些人文学者的情况也是如此。

有时候，这种追忆能力因其本身而受到重视，但它却常常伴随着将词汇和其他符号，诸如数字或图画联系起来的能力。在这方面，某种神秘的代码出现了（起初以言语的形式），人们可以将这种符号运用到需要高超技能的

---

① 苏珊·朗格（Susanne Langer，1895—1985）：德裔美国美学家，符号论美学代表之一。主要著作有《哲学新解》《艺术问题》等。其艺术哲学全面继承、发展和完善了符号论，产生巨大影响，使符号论美学研究在 20 世纪中期达到高峰。——译者注

② 过渡仪式（rites of passage）：一种表示社会地位发生变化的礼节性活动。在有历史记载的社会中，它标志着从一种社会或宗教地位向另一种社会或宗教地位的过渡，如成人仪式、毕业典礼、婚礼等。——译者注

③ 亚历山大·鲁利亚（Alexander Luria，1902—1977）：苏联心理学家，神经心理学创立者。——编者注

游戏中去。西方人解决纵横字谜或离合字谜这类问题的能力，也许与其他文化中说出双关语或发明并掌握无意义晦涩语言的能力相类似。人们常把口头决斗看得很重，例如在墨西哥恰帕斯州的查姆拉①，一位挑战者说出一句既有字面意思又有隐含意思的短语（一般涉及性方面内容），此时他的对手必须说出与此短语在声音上最相近而且也有特定意思的隐语。如果后者说不出，那他就输了。例如：

第一个男孩（挑战者）：ak'bun avis

（把你妹妹给我）

第二个男孩（应战者）：ak'bo avis

（把这东西给你妹妹）

从传统谚语或诗歌中选出最恰当的内容参加演讲比赛，被描绘成为社会服务的一种形式。演讲比赛在新西兰的毛利人中，已经成为一种证明自己部落比其他部落优越的方式，从而替代了战争。从某个方面来说，这会使威廉·詹姆斯②高兴，因为他总是在寻找一种"战争的道德等效物"③。策尔塔尔语④是一种玛雅人的语言，它有400多个涉及语言运用的专用术语。

---

① 查姆拉（Chamula）：墨西哥恰帕斯州的一个自治区，本地居民均为承袭玛雅文明的印第安人佐齐尔人（Tzotzil people）。——译者注

② 威廉·詹姆斯（William James，1842—1910）：美国实用主义哲学家及机能心理学的先驱，1861年入哈佛大学劳伦斯理学院学习化学、比较解剖学和生理学，1872年在该校讲授生理学和解剖学并逐渐转向心理学研究和实验。他的意识流学说为批判心理学元素主义的先声，情绪说则预示20世纪行为主义的诞生。他在美国心理学史上有重要影响。——译者注

③ "战争的道德等效物"（moral equivalent of war）这一概念出自威廉·詹姆斯1909年发表的同名文章，意在呼吁人们在和平时期也表现出战争状态下的"奉献"和"牺牲"精神。——译者注

④ 策尔塔尔语（Tzeltal language），墨西哥恰帕斯州策尔塔尔人的语言，与前文提到的查姆拉自治区居民佐齐尔人的语言非常相近。

这似乎强调了说话方式的重要性。

以上这些都只不过是语言在日常生活中的运用。而在这种能力之上的，还有那些表现出非凡雄辩能力的人，他们都有着极高的政治才能。当代非洲和亚洲的许多杰出领导人，都拥有公认的高超语言技能。他们创作的诗歌一直为人们所传诵，肯定并不是一种偶然的现象。他们的诗歌就像谚语一样，常被用来作为传播重要信息的记忆方式。在传统的带有种姓制度特征的社会里，修辞技巧是培养贵族的一部分内容，即便它也是社会下层获得生计的重要技能。在那些社会里，男性长者的威信从传统上看，来自他们所掌握的有关谚语含义的知识，来自他们拥有社会上一般人不很清楚的传统短语的知识。确实，在利比里亚的克佩勒人（Kpelle）社会里，有一种方言叫"深度克佩勒语"，是一种充满谚语的复杂语言。也许在该文化背景下生活的青年人，至今依然不会解释这些谚语。另外，在许多传统社会里，一个人在自己案件问题上的辩解能力还会为自己的"法庭辩论"创造有利条件。

在博茨瓦纳的芩迪人（Tshidi）中，一个首领才能的确认，要依靠他在公众辩论中表现出的水平（辩论完了之后再由族人仔细分析）。我们在自己的西方文明社会中有限的范围内，也能发现类似价值观的表现，例如英国公立中学毕业生或美国南部地区的许多人。这些地方从儿童时期起就十分重视政治辩才的培养，而且人们经过训练的这种才能，一直延续到老年仍未消失。实际上，我们这个社会对辩论口才的敬重，可一直溯源至政治权力一般由具有出众语言技能者掌握的古希腊时代。埃里克·哈夫洛克[①]曾研究过那个时期的口头文化，按照他的说法：

> ……在社区范围内，领导权由那些有较好听力与节奏感的人掌握，他们的能力从他们创作的华丽的六音步史诗中就能表现出来。此外，他们创作的"瑞莫特"（rhemata）也可表现这种能力。"瑞

[①] 埃里克·哈夫洛克（Eric Havelock, 1903—1988）：英国古典学家，后移居美国，任教于哈佛大学。——译者注

莫特"是一种具有深刻含义的格言，除了需要押韵，还需要运用其他手段，如谐音、对仗等。此外人们还认为，宴会上一个成功的主持人不仅是出色的表演者，还是个当然的领导者……胜任其职务的法官或将军，一般都被认为是对口头语言拥有超强记忆力的人……在古希腊的社会交往中，才智普遍很受重视，可与权力相提并论。这里所说的才智，特别指出众的记忆力和出众的言语节奏感。

如果你认为我们这个社会已经渐渐不再重视语言能力的话，那你就错了。请看一看美国前总统富兰克林·罗斯福、约翰·肯尼迪或罗纳德·里根，这些熟练演说家取得的政治成果很能说明问题。但相比之下，我们这个社会也确实不那么重视语言了。在某些时刻相对并不太重要的逻辑–数学智能，当然也就和语言智能一样受到了重视。此外，尽管传统文化中的重点依然是口语、修辞和文字游戏，但我们的文化却相对地更加重视书面语言，也就是更加重视阅读获得的可靠信息，更加重视通过书面文字恰当地表达自己的意图。

尽管口头语言和书面语言无疑都依靠了某些相同的能力，但要在书面上恰当地表达自己，还需具有额外的特殊技巧才行。在口头交流时，人们还需要学会并运用手势、抑扬顿挫的音调等非语言的表达方式。人们有时需要能够只用文字来表达自己想要说明的论点，这常使初学写作的人感到困难。如果一个人在某种表达手法上变得越发娴熟，那么他在另一种表达手法上，很可能就更难成为优秀的人物。当然，总有些让人难忘的例外，如英国前首相温斯顿·丘吉尔和法国前总统夏尔·戴高乐。

长篇作品（如长篇小说、历史、课本）的写作，对文字的组织提出了更高的要求。这种要求与对较短的书面语言载体（如一封信或一首诗）的要求不同，与对口头语言载体（无论是简短的谈话、长段的演说，还是口口相传的诗歌朗诵）的要求也不同。在信息量较少、内容比较紧凑的诗歌中，语言关注的重点是每一个词的选择，是词与词之间的转换。而小说语言关注的重点，必然是一系列观众和主题的表达，这些观念与主题相互之间也许有着复杂的关系。当然，对于小说来说，词的选择仍然是重要的，但与观念、主题、情绪或场景的成功描写比较起来，必然显得次要一些。当然，有些小说家，如乔伊斯[①]、纳博科夫[②]或厄普代克[③]，表现得像诗人一样，喜欢精心选择辞藻。但另外一些小说家，如巴尔扎克[④]、陀思妥耶夫斯基[⑤]，与前者那些作家比较起来，显得更加醉心于表现主题与观念。

作为工具的语言

我所讨论内容的大部分都集中在那些语言本身占据首要地位的专业领域之中。无论是写诗，还是在演说竞赛中获胜，字词的选择都被证明是重要的（如果不是万分重要的话）。但在大多数社会和大多数情况下，尤其是在我们这种复杂的社会中，语言却常常是一种工具，是一个人从事某项事业的手段，而不是人们所关注的焦点。

这里举几个例子。科学家当然需要依靠语言，把自己的发现公布于众。另外，正如我所注意到的，科学上的突破，常常是通过给人以深刻启迪的讲学，或通过精心撰写的论文，而为人所知的。同样，这里的重点并不在语言本身，而在于观念的交流。当然，这种观念的交流，可能已由其他文字形式

[①] 詹姆斯·乔伊斯（James Joyce，1882—1941）：爱尔兰小说家，后定居巴黎，1922 年用"意识流"的手法完成代表作《尤利西斯》。——译者注

[②] 弗拉塔米尔·纳博科夫（Vladimir Nabokov，1899—1977）：美国小说家，生于俄国圣彼得堡，以长篇小说闻名于世。——译者注

[③] 约翰·厄普代克（John Updike，1932—2009）：美国小说家和诗人，擅长描写自己青年时代的经历和当代中产阶级生活中的悲剧，作品有长篇小数《兔子，跑吧》（1960）、诗集《木鸡》等。——译者注

[④] 巴尔扎克（Honore de Balzac，1799—1850）：法国小说家，主要作品为包括 40 部小说在内的长篇巨著《人间喜剧》。——译者注

[⑤] 陀思妥耶夫斯基（Fyodor Mikhaliovich Dostoevsky，1821—1881）：俄国作家，主要作品为《罪与罚》《白痴》《卡拉玛佐夫兄弟》等长篇小说，有力地表现了道德问题、宗教问题、哲学问题。——译者注

实现了（不必有斯彭德那样的苦恼），而最终则完全靠图像、图表、方程式或其他符号做出恰当的表达。弗洛伊德最初也许需要这样一种隐喻，即一个任性的骑手骑在一匹马上的隐喻，来说明自我①与本我②之间的关系。而对于达尔文来说，则受益于"生存竞争"的隐喻。这使得那些从未读过这些学者著作的人，甚至那些从未接触过他们提出概念的最初表述的人，最终也能理解并赞成他们的理论。

乍看起来，其他一些学者，如历史学家或文学批评家，似乎更加依赖语言。他们不仅把语言当作他们研究内容的来源，还将其作为表述自己研究结论的手段。而且，由于是一种实践活动，所以人文领域的科学家们，的确都更为密切地关注他们所研究的著作、同行的作品及自己文稿中的文字。然而，即使在这方面，我们也最好仍应把语言看成是必不可少的，也许是不可替代的手段，而不是他们所要完成工作的核心。学者的目标，是准确地表述自己选择的研究课题或有关背景，是说服其他人赞同自己的想法，说明自己对有关背景的解释是恰当的、准确的。与人文领域的科学家紧密联系着的，是事实、记录、文物以及前人的研究成果。如果他的研究与其他人已经提出的东西相差太远，也许就不会受到重视。虽然他最终成果的独特版本尚未定型，不过一旦他的观点或结论被人们接受之后，学者选择的特定词语就退居次要地位，词语所表达的信息本身成了主角。我们无法容忍艾略特的诗篇被其他的文字替代，但我们完全可以在没有读到过他的论文（虽然对于艾略特来说，他所说的话的主要威力都来源于他非比寻常的巧妙词汇）的情况下，很容易就接受了他的观点。

最后，再谈一谈富有表现力的写作者，即小说家、散文家。当然，对于他们来说，词汇的选择是极其重要的，我们都不会乐于接受一种托尔斯

---

① 自我（ego）：根据弗洛伊德在《自我与本我》一书中的分析，人格可以分为三部分：本我、自我和超我（superego）。"自我"处于本我和超我之间，代表理性和机智，具有防卫和中介智能，充当仲裁者，监督本我的动静，给予适当满足。——译者注

② 本我（id）：求得到眼前满足的一切本能的驱动力，它按照快乐原则行事，一味追求满足。本我的一切，永远都是无意识的。——译者注

泰①、福楼拜②、爱默生③或蒙田④作品的"缩写本"。然而他们的目标与诗人的目标相比，的确显得不同，至少在重点上不同。因为小说写作者最想达到的目的，正如亨利·詹姆斯⑤曾经说过的一样，是竭力从"纷繁的生活"中挖掘事物的本质，挖掘现实的真相，或说明事件"可悲的无聊"。叙事文体的写作家，见证或想象了一次经历（或一组经历），经历或想象了一种情感（或一组情感），他的目标是尽量完整而有效地把这些东西传达给读者。一旦表述清楚之后，作品中实际运用的字词就不那么重要了。当然，它们仍然是有关信息带给读者愉快的重要原因，是吸引读者的语言的一个重要部分。诗歌的内涵存在于字词之中，而小说的内涵与其字词的联系则没有那么紧密。我们实际上不可能忠实地翻译诗作，而忠实地翻译小说则不会遇到不可逾越的困难。当然，我并不是指所有的小说，因为翻译诗人所写的小说，就会遇到极大的困难。

语言的独立性

尽管语言可以通过手势、文字来传达，但它在本质上仍然是由耳朵传递信息的一种发声管道的产物。如果过分轻视人类的语言与听说系统之间的结构性关系，那么对于我们理解人类语言的进化、理解语言进化在当今人类大

---

① 托尔斯泰（Leo Nikolayevich Tolstoy, 1828—1910）：俄国作家，著名长篇小说有《战争与和平》《复活》《安娜·卡列尼娜》。——译者注

② 福楼拜（Gustave Flaubert, 1821—1880）：法国作家，长篇小说《包法利夫人》2006 年在英国、美国等国 125 位著名作家列出最喜爱的 10 部文学作品之中，名列第二。列夫·托尔斯泰的《安娜·卡列尼娜》和《战争与和平》分列第一和第三。——译者注

③ 爱默生（Ralph Waldo Emerson, 1803—1882）：美国著名哲学家、文学家、诗人。——译者注

④ 蒙田（Michel de Montaigne, 1533—1592）：文艺复兴时期法国思想家、散文作家、怀疑论者。他的座右铭是："我知道什么呢？"年轻时在图卢兹大学攻读法律，后曾在波尔多法院任职十余年，当过国王的侍从，亲历过战争，曾游历欧洲各地。——译者注

⑤ 亨利·詹姆斯（Henry James, 1843—1916）：美国作家，威廉·詹姆斯之弟，追求形式，注重心理描写。——译者注

脑中留下的痕迹来说，都可能是有害的。同时，一位仅仅专注大脑解剖学定位的语言研究者，也许会忽视语言惊人的灵活性，忽视人类运用他们无论是熟练还是受损的语言遗产进行交流与表达的各种方式。

我相信在语言中，听和说的因素占据中心位置。这一信念促使我把诗人看成是语言使用者最卓越的典范。我所引用的研究失语症患者的发现，可以作为语言独立性的有力证据。在一定程度上，语言过去被看成是一种视觉的媒体，这样它就应该直接地融入空间形式的智能。但实际的情形却并非如此，因为语言系统受到损害之后，阅读必然会受到影响。而令人吃惊的是，即使大脑的空间视觉中心发生大面积损伤，语言的解码能力却依然是健全的。

然而，我十分小心地不把这种能力说成是听说形式的智能，其中有两个原因。首先，耳聋的人能够学习自然语言，还能设计和掌握手语系统。这一点就是有力的证据，证明语言智能并不简单只是一种听觉智能的形式。其次，还有一种形式的智能，与语言智能的历史同样久远，有同样令人信服的独立性，也与听说系统相联系。当然，我在这里指的是音乐智能，即人们根据一组按照节奏排列的音高，识别其内涵和重要性的能力，以及创作这种按节奏排列的音高序列，并以此作为与他人交流之手段的能力。这样的能力，同样十分依赖于听说的能力。毫无疑问，这样的能力与语言比较，更少受视觉传译的影响。然而，与直觉能力相反，音乐能力以神经系统的不同部分为媒介，包含着多种独立的能力。

音乐与语言都有久远的进化史，它们也许源自一个共同的表达媒介。但无论这样的思考是否有用，有一点似乎是清楚的，那就是数千年以来，两者一直遵循着不同的进化路线，而现在，它们又服务于不同的目的。音乐与语言所共有的，是一种与客观物质世界并无紧密联系的存在（这与空间智能和逻辑 - 数学智能形成对照），是一种与其他人的世界也无紧密联系的本质，正如各种不同形式的人的认知智能所表现的那样。因此，在考虑另外一种独立的智能形式时，我就转向研究音乐智能的特征和运作。

第 6 章

音乐智能

音乐是声音智能的具体化。

——赫内·弗龙斯基（Hoene Wronsky）

在人可能拥有的所有才能中，音乐天赋是最早出现的。虽然许多人思考过这个问题，但至今还是不能确定音乐才能为什么会出现得这么早，这种天赋的特征又是什么。音乐智能的研究可能会有助于我们理解音乐的特殊情趣，同时，又会使我们弄清音乐与其他人类智能形式之间的关系。

为了对早期音乐天赋的范围和来源获得一些感受，让我们假设一场音乐表演，表演者是三名学龄前儿童。第一个孩子用小提琴独奏了巴赫组曲，演奏技巧娴熟，并且富有情感；第二个孩子在听别人唱了一遍莫扎特①歌剧中的一个完整唱段之后，就能准确地模唱全曲；第三个孩子坐在钢琴前，弹奏了他自己谱写的一首简单的小步舞曲。这是三位音乐超常儿童的三段表演。

他们都是通过相同的途径达到如此天才儿童高度的吗？不一定。第一个

---

① 莫扎特（Wolfgang Amadeus Mozart，1756—1791）：奥地利天才作曲家、钢琴家，5 岁作曲，6 岁开始在欧洲各国巡回演出，举办独奏音乐会，8 岁写出第一部交响曲，11 岁创作第一部歌剧，短暂一生作品体裁之广泛，数量之众多，无人企及。——译者注

孩子可能是日本儿童，从两岁起就参加了铃木天才教育课程，而且和成千上万个同龄人一样，在她刚开始上学的时候，就已经掌握了弦乐器的基本演奏方法。第二个儿童也许是一名孤独症患者，他几乎不能与周围的任何人进行交流，而且在几种情感与认知方面存在严重的障碍，但仍然能够表现出高度的、单独存在的音乐智能，所以他能把自己听到的歌曲毫无错误和遗漏地演唱出来。第三个儿童也许生长在音乐家庭里，已开始独自创作乐曲，而这正是早熟的莫扎特、门德尔松①或圣–桑②儿时的情景。

人们观察过大量这类表现出音乐才能的儿童，所以我们可以自信地说，这些表现都是真实的现象。一个儿童可能由于受到过精心的指导，由于生活在充满音乐氛围的家庭里，而在音乐方面表现出早熟；或者尽管其患有某种致残疾病，也许是部分患病，仍有可能在音乐方面表现出早熟。在以上每种表现的背后，也许存在一种由于遗传因素产生的核心天赋。但明显的是，其他因素也都在起着作用。至少，这种天赋得以在公开场合展现，先决条件是，这些具有天赋的儿童生活在适当的环境之中。

然而这种最初的表演不论多么迷人，并不一定意味着他们音乐生涯的开始。这类儿童之中的每一个都有可能继续下去，达到很高的音乐水平。但同样可能的是，也会有一些儿童最后并没有达到那么高的水平。所以，正如我当初从诗人的视角出发，讨论语言智能那样，我将以最终获得明显音乐成就的成年人为例，开始讨论音乐智能。那些获得音乐成就的成年人的技能，体现在终生以作曲为职业的音乐家身上。给出了音乐智能的"最终状态"之后，我再来描述一下作为普通人的音乐智能基础的某些核心能力，也就是音乐智

---

① 门德尔松（Jakob Ludwig Felix Mendelssohn-Bartholdy, 1809—1847）：德国作曲家，生于富裕家庭，9岁开始在音乐会上演奏，11岁开始写作各种体裁音乐作品，完成至今脍炙人口的《仲夏夜之梦》序曲时，年仅17岁。——译者注

② 圣–桑（Camille Saint-Saens, 1835—1921）：法国作曲家和管风琴家，2岁半开始学钢琴，3岁学乐理，4岁半当众演奏贝多芬的奏鸣曲，5岁时开始创作歌曲和钢琴曲，18岁毕业于巴黎音乐学院时，《第一交响曲》的演出引起巴黎音乐界的轰动。——译者注

能之中还可再细分的能力，以及与创作大段华彩乐章有关的能力。为了对前面那三个儿童所表现的几种天赋做进一步的认识，我将既考虑正常的发育，又考虑音乐技能训练的影响。作为上述研究的补充，我还要讨论一下音乐障碍（musical breakdown）现象。在此讨论的过程中，我将论及促成音乐成就的大脑组织。最后，在我们自己的文化和其他文化背景下，我将提出有关相对独立的音乐智能的证据。在本章的结尾部分，我将要思考，音乐智能与人类其他智能相互影响时，采取的方式应该是什么。

作曲

20 世纪的美国作曲家罗杰·塞欣斯 [①] 曾经揭示过谱写一首乐曲意味着什么的问题。他解释说，判断一位人士是不是作曲家最容易的办法，就是看他的头脑里是否持续有音调 [②] 浮现。也就是说，在自己意识表层附近的某个地方，他总是好像听到音调、节奏和规模较大的乐曲布局。虽然这些布局在音乐上并无价值，而且事实上它们可能完全是衍生出来的，但却是作曲家时时在捕捉和进行二次创作所需要的。

在这些乐思（idea）开始明朗化，主要的音乐形态开始孕育的时候，作曲就开始了。虽然从最简单的旋律片段、节奏片段或和声片段，直到相当详尽的音乐构思，都是有意义的音乐想象的结果；但是在任何情况下，当乐思吸引了作曲家的注意力的时候，他的音乐想象就在这个基础上开始了乐曲的创作。

乐思将朝着什么方向去呢？塞欣斯描述说，最初的乐思包含着多重意义。虽然最初的乐思所激起的两个主题，将会在同一首完整乐曲中成为同等

---

① 罗杰·塞欣斯（Roger Sessions，1896—1985）：美国作曲家、音乐理论家、音乐教育家。14 岁进哈佛大学学习音乐，后曾任教于普林斯顿大学、哈佛大学以及茱莉亚音乐学院。作品有歌剧 2 部、交响曲 8 部、协奏曲多种及大量室内乐作品。著作有《作曲者、演奏者与聆听者的音乐体验》等。——译者注

② 音调（tones）：狭义指有一定表现意义的短小旋律，广义指有特定风格的音乐语言。——译者注

重要的组成部分，但还是既相互矛盾，又相互补充的。所有接踵而来的乐思都与最初那个乐思有关，至少在那个乐思得到完全体现或被放弃之前，情况是这样的。同时，该作曲家差不多总是很清楚，哪些元素属于那个原始乐思经提炼后的结果，哪些不是。

> 我们可以像我这样做个假设，假设这个想法足够清晰，而且牢固地确定下来了，那么这一想法就会控制作曲家从这一点出发的每一步行动……选择是在一个特定框架之内进行的，随着这个框架不断成熟，它将对接下来会发生什么施加更大的影响。

对于外部世界来说，这一过程也许是神秘的，但对于作曲家来说，它则有其自身不可逆转的逻辑。

> 我所说的音乐逻辑思维（logical musical thinking），指的是持续的音乐冲动产生的后续反应，它始终追求暗含在这一冲动里的结果。它在任何意义上，都不是对下一步会发生什么所做出的精确计算。听觉想象仅仅发生在作曲家的耳朵里，是完全可以信赖的，它应该是对思维方向的肯定，是为明确的想法服务的。

在上述工作中，作曲家依赖于我前面提到过的对比技巧，同时又依靠自己耳朵接到的其他指令——与原始乐思相联系的乐段，结合或置入恰当比例的最初乐思之中元素的乐段。作曲家在进行音调、节奏以及各种曲式和乐章的创作时，必须决定需要多少次反复，决定在体现自己的想法时，什么样的和声、旋律、节奏或对位变奏（contrapuntal variations）是必要的。

其他一些作曲家对自己的创作过程也做过类似的描述。阿龙·科普兰[①]

[①] 阿龙·科普兰（Aron Copland，1900—1990）：美国作曲家、钢琴家、指挥家、音乐评论家，生于犹太移民家庭，主要作品有芭蕾舞剧《小伙子比利》、歌剧《温柔乡》、朗诵配乐《林肯肖像》、著作《音乐与想象》等，曾任美国作曲家协会主席。——译者注

认为，作曲就像吃饭、睡觉那么自然："这是作曲家命里注定生来就要干的事。正因为如此，所以作曲在作曲家的眼里，就失去了作为特殊优势的特征。"瓦格纳①说他作曲就像奶牛挤奶一样流畅，圣－桑则把作曲比成是苹果树结出苹果一样自然。按照科普兰的看法，最初的乐思独一无二的来源就是它的神秘性。他认为，乐曲最初的主题是天堂恩赐的礼物，来到作曲家心中后，就会情不自禁地流淌出来。正因为如此，许多作曲家才随身携带着笔记本。一旦乐思显现，主题的发展过程及其细节就会不可避免地、难以置信地、自然而然地涌现。这其中的部分原因是作曲家掌握了许多作曲技巧，并了解多年发展起来的曲式结构或乐曲整体布局的缘故。正如阿诺德·勋伯格②所说的："在一首乐曲中所出现的一切都不过是音乐基本形态没完没了的再现。或者换而言之，一首乐曲的全部内容，除了来自主旋律的、从主旋律衍生出来的、可以追溯到主旋律的乐思以外，什么都没有。"

那么产生乐思的音乐贮存来自何处呢？另一位 20 世纪的美国作曲家哈罗德·夏佩罗（Harold Shapero）帮我们这样理解音乐的语言：

> 音乐心理（musical mind）涉及的主要是音调记忆的机理。它在汲取大量的音调经验之前，不可能开始以创造性的手法执行它的功能……生理功能完好无缺的音乐记忆能力，毫无偏见地起着应有的作用，人们听到的乐曲都浸透到自己的下意识之中，成为追忆的主题。

然而作曲家选用了不同的方式对待创作的素材：

---

① 瓦格纳（Richard Wagner，1813—1883）：德国作曲家、剧作家、音乐评论家、指挥家，晚期浪漫乐派的代表人物，主要作品为歌剧《尼伯龙根的指环》《纽伦堡的名歌手》《唐豪塞》等。——译者注

② 阿诺德·勋伯格（Arnold Schoenberg，1874—1951）：美籍奥地利作曲家，生于维也纳犹太人家庭，1923 年开创十二音体系。主要作品有《乐队变奏曲》《升华之夜》《一个华沙的幸存者》等。——译者注

音乐心理的创造性部分……则进行有选择的运作。来自音乐心理的音调素材变形之后，与最初汲取的素材已经不一样了。在变形过程中……最初的音调记忆与作曲家经历过的情感体验结合起来，这种无意识的创作行为展现的意境远远超过了一系列音调能够给予人的感觉。

在明确表过态的作曲家中，普遍认同作曲活动（不是乐思萌芽的来源）的自然性。我们发现在关于音乐不是什么的问题上，他们也有一致的共同观点。塞欣斯下了很大的功夫，以说明语言在作曲活动中并没有起到什么作用。有一次，当他在作曲过程中遭遇困境时，他向一位年轻的朋友描述了困难的根源。但这是一种与作曲家必须使用的完全不同的媒介：

> 我想指出，在真正的作曲过程中，没有任何一个阶段是需要使用文字的……然而这些文字在我寻找想要的准确的乐曲布局时，并没有帮我什么忙，它们也不可帮我什么忙……我曾力图搜寻一些恰当的文字，去描述音乐媒介本身所特有的思想。我所说的音乐媒介，指的是声音与节奏，当然是在想象当中听到的，然而却听得准确而逼真。

伊戈尔·斯特拉文斯基[①]则更进了一步。他在与罗伯特·克拉夫特[②]的交谈中说，作曲是行为而不是思想。它并不是一种思想的行为或意志的行为：它如水到渠成般自然。勋伯格赞同并引用了叔本华[③]的观点："作曲家

---

① 伊戈尔·斯特拉文斯基（Igor Stravinsky，1882—1971），美国作曲家指挥家。原籍俄国。一生在俄罗斯音乐、新古典主义音乐和序列音乐三种不同风格上，都做了成功探索，被称为"雄霸西方现代音乐 50 年"的作曲家，代表作有舞剧《火鸟》《春之祭》等。——译者注

② 罗伯特·克拉夫特（Robert Craft，1923—2015）：美国指挥家。他是斯特拉文斯基的好友。——译者注

③ 叔本华（Arthur Schopenhauer，1788—1860）：德国哲学家，以悲观主义的人生观和言行不一致著称。——译者注

揭示了世界的内在本质，用一种连他自己的理性也不理解的语言，演绎了最深刻的幻象。正如同一个富有吸引力的梦游者，揭示了事情的真相却不知道自己是什么时候醒来一样。"同时勋伯格还指责音乐哲学家，说他们不应当"试图把理性所不能理解的语言细节，转译成我们的音乐用语"。按照勋伯格的看法，应当处理的是音乐素材，"如果给一位作曲家数字而不是音调，我不相信他能作曲。"说这句话的人，是被批评摒弃了旋律，把所有的音乐转换成数字操作系统的人。

对于我们这些不会作曲的人（少数"音乐藏在心里"的人例外）来说，这些过程必然显得十分陌生。我们也许比较容易理解那些演出他人创作的音乐的人，如演奏家或歌唱家；或理解承担解释任务的人，如乐队或合唱队的指挥。然而按照科普兰的看法，欣赏音乐时所蕴含的诀窍，与音乐创作中的技巧有着明显的联系。正如科普兰所说：

> 聪明的音乐鉴赏者，必然会时刻准备提高自己对音乐素材及其变化的认识。他必须更加有意识地倾听旋律、节奏、和声以及音色。但是首先，为了遵循作曲家的思路，他必须了解音乐形式的某些原则。

音乐研究家爱德华·科恩[①]认为："积极地听，首先就是表演的再创作。正像塞欣斯所说的，'在内心对乐曲'进行了'再造'。"按照科恩的观点，演出者的表演遵循着这样的规律，即发掘并揭示音乐节奏的生命，就能成功地达到最恰当的表演效果。用斯特拉文斯基对于他心目中理想的听众的评论来说，作曲家与听众在转了一圈之后，又走到了一起：

> 当我作曲的时候，我无法想象我的音乐会不为人所认识、不为人所理解。我所运用的音乐语言，我对于音乐语言的阐述，对于那

---

① 爱德华·科恩（Edward T. Cone，1917—2004）：美国钢琴家、作曲家、音乐评论家。——译者注

些追随我和我的同时代人继承和发展了的音乐的音乐家们来说，是明明白白的。

可以假设，具有音乐倾向的人能够充当不同的角色。这些角色可以是试图创作出新风格的先锋派作曲家，也可以是刚刚弄懂儿歌或其他"初级水平"音乐节奏的音乐欣赏新手。各种角色完全可能遇到不同层次的困难。其中，对表演者的要求比对欣赏者的要求更为苛刻。作曲与表演相比，又有更高的，至少是不同的要求。某种风格的音乐，如这里讨论的古典主义形式的音乐，可能比民间音乐或音乐剧形式的音乐更难理解。然而还有一套起核心作用的能力，对于任何文化背景下音乐活动的参与者，都是至关重要的。在与任何种类的音乐都有固定联系的正常人身上，都应能够发现这种核心能力。现在，我就来讨论一下这些核心能力是什么。

音乐智能的组成

虽然对于音乐各个主要组成要素的定义，专家们有不同的意见，但对于这些组成要素的内容，却没有多少争论。音乐最主要的组成要素，分别是音高、旋律和节奏，也就是以某种频率发出的、按一定规则系统地组合起来的声音。在某些文化中，音高是音乐的关键要素，例如在东方文化背景下，人们甚至使用微小的四分之一音程。而在非洲的撒哈拉，节奏则是音乐的关键要素。在那里，音乐的节奏之复杂，简直令人头晕目眩。音乐组织的一部分是横向的，即音乐随着时间展开时音高之间的关系；另一部分则是纵向的，也就是当两到三个音同时响起时，产生谐和的或不谐和的声音。仅次于音高和节奏的音乐要素是音色，也就是一个音的特质。

当我们对音乐下定义的时候，音乐组成的这些要素，也就是音乐的"核心"，对我们提出了有关听觉扮演角色的问题。毫无疑问，对于所有音乐活动的参与者来说，听觉都是至关重要的，任何与此相反的论调都站不住脚。但同样明显的是，至少有一个音乐的中心要素，如节奏组织，可以离开听觉经验而存在。实际上，使聋人进入音乐体验之门的，正是音乐的节奏要素。

有些作曲家，如斯克里亚宾 ①，通过将自己的作品"转译"成充满色彩的节奏系列，突出了节奏这一音乐要素的重要性。其他一些作曲家，如斯特拉文斯基，对于无论是交响乐团的演出还是歌舞团的演出，都强调观看音乐演出的重要性。所以，也许我们有理由这样说：即使对于那些因为这样或那样的原因无法感受听觉效果的人，一定程度的音乐体验也是有可能达成的。

许多音乐家把自己的情感因素与音乐核心要素联系在一起。按照塞欣斯的说法："音乐是时间控制下的音响的运动……是由希望拥有它、欣赏它、甚至热爱它的人创作出来的。"勋伯格是这样说的，虽然人们对他的情感世界所知甚少：

> 音乐是一连串音调和音调组合。音调经过组织之后，就给人耳以愉悦的印象，给智能留下印痕也是易于理解的……这些印象和印痕蕴含的力量，影响着我们灵魂中最隐秘的部分，影响着我们的情感世界……这一影响使我们生活在充满渴望的梦幻世界之中，或者使我们感到像生活在梦魇的地狱之中。

在谈到情感和愉悦的时候，围绕着音乐我们遇到的也许是最尖锐的问题。从"硬"实证主义的科学观点来看，更可取的似乎是用纯粹客观的、物质的方式来描述音乐：既要强调音乐的音高和节奏等要素，辨别音色和可行的曲式；同时还要注意尽量防止情感的误导。由于在他人身上可能产生的效果，也许会使人误以为对音乐可以有客观的解释。的确，几个世纪以来，人们一直共同努力，试图把音乐与数学联系起来，以强调音乐的理性特征，如果不否认情感力量的话。然而几乎没有一位与音乐有密切联系的人，不谈到有关音乐的情感功能：它对人的影响；作曲家或表演者有时竭力模仿或传达某种情感时的努力；或者用最新的说法，就是认为虽然音乐本身并不传达情

---

① 亚历山大·尼古拉耶维奇·斯克里亚宾（Alexander Nikolayevitch Scriabin，1872—1915）：俄国作曲家、钢琴家。其音乐及和声语言在所有近现代音乐家中独树一帜，但有人认为他的音乐缺乏大小调的明确性，用模糊的音的碎片代替了旋律。——译者注

绪或情感，但它却抓住了这些感受的形式。我们只要注意，随处都可以发现这样的证据。苏格拉底早就认识到特殊音乐调式①与不同人的性格特征之间的联系，把爱奥尼亚调式（Ionian mode）和吕底亚调式（Lydian mode）与懒惰和温柔联系起来，把多利安调式（Dorian mode）与弗里基安调式（Phrygian mode）与勇气和决心联系起来。塞欣斯似乎赞同这种说法：

> 音乐不可能表达恐惧。恐惧当然是一种真正的情绪，但音乐在音调、重音、节奏设计等方面，可以是不稳定的、极度不安的、猛烈的，甚至是令人紧张的……音乐不可能表达绝望，但它可以朝着向下为主的方向缓慢运动。音乐的织体（texture）可以变得很沉重，用我们爱说的话，是模糊的，或者完全消失了。

甚至斯特拉文斯基在他的著名论述中，也曾批评过这种思考方式，他说："无论想表达什么，音乐都是无能为力的。"后来他收回了自己先前的看法，"现在，我要持一种相反的看法。音乐有其自身的表达意义……作曲家的创作就是自己情感的具体化。当然，也可以认为音乐是表达作曲家的情感或者使这种情感符号化的一种形式。"美国心理学家保罗·维兹②则进行了实验室的研究。他在许多研究中都证明，在听者的心中，上升的音调激起更积极的情感。即使连"感情冰冷"的表演者都承认存在这种联系。经常可以见到这样的报道：表演者由于被某个特定的乐曲深深地打动了，以至于要求将来在其自己的葬礼上，也演奏这首乐曲。这些说法实质上的一致性表明，科学家最后在解释音乐在神经学上的基础时（包括音乐的效果、音乐的吸引力、音乐的生命力），他们同时也解释了情绪因素和动机因素为什么与纯知觉因素缠绕在一起。

心理学家们的头脑中有了这些核心能力之后，就试图了解和感知音乐布

---

① 调式（mode）：音乐的基本要素之一。一段音乐中的几个音（一般4～7个）以其中一个音为中心（主音），按照一定音程关系组成的一个体系，就是调式或主调式。降A大调、C小调等术语即用来表明乐曲的调式。——译者注

② 保罗·维兹（Paul Vitz, 1935—）：美国心理学家。纽约大学荣休教授。——译者注

局的机制。在一段时间内，人们可以看出音乐心理学的研究存在两种截然不同的路线。较为流行的学派采取的是所谓"自下而上"的路线。这种路线所研究的，是人们处理构成音乐的材料的方法。构成音乐的材料有独立的音调、基本的节奏类型以及准备呈现给实验主体的、在音乐作品的演出中难以遇到的背景信息。实验主体被要求在两个音之中指出哪个高哪个低，指出两种节奏的类型是否相同，以及两个音调是否用同一种乐器演奏。实验研究人员一般都喜欢用这种方法，因为它精确。但音乐家们常常要问，用这种人为路线所获得的研究结果，与人们通常所遇到篇幅更大的音乐作品之间有什么相关性呢？

对于由音乐片段构建音乐整体的可能性，人们持有怀疑态度，呼吁研究音乐感知的另一种路线，也就是"自上而下"的路线。采用这种研究路线时，研究者向实验主体提供一些乐曲，或者至少是有益身心的乐曲片段。在这类研究中，调查的是对音乐综合特征的反应（音乐是变快了还是变慢了？变强了还是变弱了？），还调查对音乐比喻手法的反应（音乐是沉重的还是轻快的？是凯旋性质的还是悲剧性质的？是紧凑的还是松散的？）。从表面上看，这种研究路线是有效的，但从实验的控制和分析的敏感性上说，却付出了代价。

最近，出现了一种持"中间立场"的研究路线。这也许是不可避免的，而且多数人认为是完全必要的。这种路线的目标，是选取篇幅足够大的乐曲用于实验。这些实验用的乐曲，不但与真正完整的音乐作品（不同于只测试听觉反应的音乐片段）具有实质上的相似性，而且足以进行详尽的分析，以使系统的实验操作成为可能。这种研究方法一般都向实验主体提供主调式或节奏明显的短小乐曲，或者提供不完整的音乐片段，然后要求实验主体对这些乐曲进行比较并分组，把相同调式或相同节奏的乐曲归类或按照他们自己的分类法分类。

这种研究的结果表明，所有的人，除了最幼稚的或最无能的实验主体以外，对音乐结构都能有所了解。也就是说，在给定了某种调式的乐曲之后，这些主体就能判断哪些乐曲的结尾合适，哪些结尾不太合适；在听到具有某种节奏的一段乐曲之后，他们就能把其他相同节奏的乐曲分到同一组，或者恰当地完成这一节奏。只要是受过一定的音乐训练或具有一定音乐敏感度的人，就能够理解一种调试中各音之间的关系，即知道属音（dominant）或下属音（subdominant）和主音之间令人愉快的关系，也能够理解哪些音乐调式之间联系密切，因而明白调式之间的哪种转换是恰当的。这类听者对音乐的轮廓很敏感，例如，当一个乐句展现出来的轮廓与前一个乐句相反时，他们是鉴别得出的。音阶被看成是一种音的序列，有固定的结构，有预料之中的导音（leading tone）、休止（resting tone）、终止（cadences）以及其他的音乐要素。从最普遍的层次上看，听者似乎有听音乐所必需的"计划"或"框架"，即脑子里有个预想，知道乐曲中结构完整的乐句或乐段应该是什么样子，同时至少具有一种初步的能力，可以完成一个片段，并使之有音乐的感觉。

这里，如果与语言做一个类比，也许并非不恰当。同一个人可以区分一系列语言层次，从基本的语音层次，到对词序和语义的感受，再到理解范围更广的语言实体，如讲故事的能力等。同样，我们在音乐领域中也有可能考察对单个音和乐句的敏感度，而且还可以观察这些音和乐句是如何结合在一起，从而形成规模较大的、展现出自身组织规则的音乐作品的。也正如语言的不同分析层次能够而且应当有益于理解如诗歌或小说体裁的文学作品那样，对音乐作品的理解同样需要"自下而上"学派具有的局部分析能力，需要格式塔心理学（Gestalt）学派"自上而下"系统化的能力。音乐研究者目前已经渐渐躲开了以下两种危险：其一是只考虑细节与修饰的"锡拉礁石"[①]，其二是只注意整体形式，偏重考虑个别层次上的分析，并努力最终达成某种统一的"卡瑞布迪斯漩涡"[②]。也许在将来的某一天，负责评价他人在音乐领域中是否有希望取得成功的人，将能够用以上折中兼容的方法，判断人的音乐能力。

---

① 锡拉礁石（Scylla）：位于意大利西西里海域的礁石。——译者注
② 卡瑞布迪斯漩涡（Charybdis）：位于意大利西西里海域的著名漩涡。介于锡拉礁石和卡瑞布迪斯漩涡之间的意思是，才出一个险境又面临新的危险。——译者注

音乐智能的发展

在 20 世纪初期的欧洲，人们普遍对儿童艺术能力的发展，包括音乐能力的发展，有浓厚的兴趣。我的这句话，似乎完全适合于几十年前的维也纳。由于想象得到的某些原因，这种兴趣基本上没有越过大西洋。所以，关于音乐能力的正常发展，在美国并没有建立起什么牢固的观念。或者说由于这一原因，在任何文化背景下，都没有建立起关于这种能力发展的牢固观念。

然而，至少还可以提供关于早期音乐能力大致的描述。在婴儿期内，正常的孩子一边牙牙学语一边学习唱歌：他们能发出少数的音，出现高低起伏的现象，甚至能模仿别人唱出的韵律的和音调，而且模仿得比较准确。实际上，梅希特希尔德·帕保谢克（Mechthild Papoušek）、哈努斯·帕保谢克（Hanus Papoušek）认为，两个月的婴儿就能模仿母亲所唱儿歌中的音高、声响和大致的旋律，四个月的婴儿就能模仿这些儿歌的节奏。这些权威人士主张，婴儿特别具有掌握以上音乐要素的能力，这种能力与他们对语言的核心特性的敏感性相比，要强得多。此外，在这时候他们还能够参与明显表现出创造性或更新能力的音乐游戏。

到一岁半的时候，儿童的音乐生活出现了一个重要的转折。他们开始自己发出一系列不同音高的声音，试图掌握不同的小跨度的音程，如二度音程、小三度音程、大三度音程和四度音程。他们自发地编唱无法记录的歌曲，然后过不久，就能学唱从周围熟悉的歌曲听来的只言片语——"特征片段"。如从《老麦克唐纳》（"Old MacDonald"）中听到的"EI–EI–O"，从《绕着露西转》（"Ring Around the Rosie"）中听到的"都跌倒了"。儿童唱出的自编歌曲和熟悉的曲调中的"特征片段"，在一年左右的时间里存在着一种冲突。但到了三四岁时，主流文化的音乐旋律赢得了最后的胜利，自发编唱的歌曲和探索发声的游戏一般就逐渐消失了。

我们从学唱歌的幼儿当中可以看到突出的个体间差异，这种现象比在语言学习方面发现的差异更多。有些幼儿在两三岁的时候就能模仿一首歌曲中较长的片段（他们在这方面的表现使我们想到了孤独症患儿）；而很多其他的儿童在这一时期里则发不出准确高度的音，只能近似地大致模仿（节奏与歌词的模仿对于他们要容易一些），五六岁时仍然难以唱出准确的旋律轮廓。但公正地说，我们这个文化中的大多数儿童，在学龄时都知道一首歌曲意味着什么，并且能够较为准确地模仿在周围环境中经常听到的歌曲。

除去具有非凡音乐天才的儿童或者拥有特别机会的儿童以外，儿童的音乐才能一般在学校生活开始之后就难以进一步发展了。诚然，有些儿童的音乐技能会继续发展，也能更准确、更有表现力地演唱一些歌曲。因为许多儿童这时开始能够读乐谱，并能够使用像"奏鸣曲式"（sonata form）或"二拍子"（duple meter）之类的音乐术语评论演出，所以他们掌握的音乐知识相对增加了。然而，由于学校十分重视语言的进一步学习，所以音乐在我们这个文化中的地位就相对较低一些。儿童即使是个乐盲，也没有什么关系。

只要对比一下世界各地的情况，就能明显地看出音乐才能发展轨迹的极大差异。一个极端是尼日利亚的阿纳昂人（Anaang）。婴儿出生还不到一个星期，母亲就让其接触音乐和舞蹈，而父亲则为自己的子女制作小乐鼓。儿童到了两岁的时候，就参加了能学到许多基本文化技能（其中包括唱歌、跳舞、演奏乐器）的团体。小阿纳昂人在五岁的时候就能唱几百首歌曲，演奏好几种打击乐器，还能做出几十种复杂的舞蹈动作。在南非林波波省的文达人（Venda）当中，幼儿甚至根本不用学唱歌，他们凭自己对音乐的运动反应，就能唱出来。格里奥茨（Griots）是塞内加尔和冈比亚等西非国家的传统乐师，需要当好几年学徒才够资格。在某些文化中，人们看出了个体之间的差异。例如，在加纳的埃维人（Ewe）中，人们让缺乏音乐能力的人躺在地上，音乐师傅骑在他们身上，按照一定的节奏击打他们，目的是将音乐能力输入他们的身体和灵魂中。与此形成对比的是，前面提到的阿纳昂人声称所有的人都有足够的音乐能力。研究这一族群的人类学家们也认为，在该族群中从未遇到过一个"无音乐能力"的成员。音乐能力在某些当代文化中也受到了高度重视。例如在中国、日本和匈牙利，人们认为儿童都应有唱歌的能力，如果可能的话，还应该具备演奏乐器的能力。

我们对音乐能力层次的理解，因麻省理工学院的音乐家和发展心理学家珍妮·班伯格（Jeanne Bamberger）的研究，而大大地深入了一步。班伯格试图按照皮亚杰关于逻辑思维的研究路线来分析音乐能力的发展。她坚持认为，音乐思维有其自己的规则与限制，不能简单地融入语言或逻辑－数学的思维之中。她采用的一种研究方式证实，存在于音乐领域中的守恒形式与传统的物理守恒形式不能互换。例如，一个幼儿可能会把某个特定铃铛发出的声音，与该铃铛混为一谈：他不知道许多铃铛都能发出相同的声音，或不知道铃铛在位置移动之后，仍然能发出相同的声音。同时，幼儿也可能认识到，同一首歌曲的任何两次演唱都是不完全相同的。这种证明强调了这样一个事实：相同的概念在音乐与数学领域中，具有不同的含义。

班伯格希望引起人们注意的，是音乐信息处理中两种方法的对比。这两种方法的对比，大致对应于 know-that 和 know-how 的关系。表面上看，儿童所关注的，主要是旋律片段的大致特征（是越来越强还是越来越弱，是越来越快还是越来越慢），还关注旋律组合中的感觉特征（一组音调听起来是结合在一起的，还是在一定时间内与其邻近的音相互分开的）。这种方法是直觉的，仅仅依靠听觉上的感知，与音乐理论知识完全无关。相反，具有正规思维模式的人，则能够依照一定的原则，使自己的音乐经验概念化。因为拥有系统的音乐知识，此人能够理解以小节为基础的音乐，能够通过节拍的记号分析乐段，因此能够按照每小节的节拍数量，按照以这一节拍式样为基础的节奏类型来欣赏或者记录有关的乐段。

最后，虽然我们这个文化中的任何人，如果想拥有音乐能力，都应该从形式上掌握对乐曲的分析与诠释；但至少在开始的时候，这种向"音乐知识层次"的转移，可能需要付出一定的代价。因为人试图按照正式的模式分析，也就是在形象直觉的基础上再增加必要的知识，对音乐进行评估与分类，所以按照最初表面模式"自然而然"地感知音乐的某些处理手法，至少在一定的时间区间内逐渐消失了或者说泯灭了。

确实，形象和形式两种处理模式之间的冲突，对于少年音乐家来说，也许是一场危机。按照班伯格的看法，被自己社区看成超常儿童的孩子，在音乐形象的基本理解上是相当超前的。然而到了某个时期，他们对音乐仅仅从直觉上理解，因此为自己补充音乐及其规律的系统知识就变得很重要了。青少年如果没有把事先设想的或忽略的音乐知识和规律带到意识里，可能是不利的。对于那些单纯依赖自己直觉的人，对于那些对音乐活动展现出的语言或数学特征有抵触情绪的人，尤其是这样。所谓"中期危机"，就发生在音乐神童的青春期阶段，即 14 ～ 18 岁。若不解决这一危机，也许会使得这类儿童的音乐生命完全终止。

人们可为少年音乐表演者设计一种成长的模式。儿童在 8 岁或 9 岁以前从事音乐活动的基础是纯粹的天才和活力，这使我们联想到萨特小的时候。儿童表演者因为有敏感的音乐耳朵和很强的音乐记忆力，虽然并没有付出十分艰巨的努力，但很容易就学会演奏乐曲，并因自己的音乐技能而获得掌声。从 9 岁左右开始，儿童出现了更持久的技能发展期。此时，这名儿童必须开始投入严肃认真的练习，甚至会因为这种认真的音乐实践，影响到其在学校的学习以及和朋友之间的友谊。因此，实际上在儿童意识到以下这一事实时，就出现了"危机"的开端：如果自己想以音乐为终身事业，那就得将其他的价值观暂时搁置。接着，到了早期青春期阶段，第二个也就是较关键的危机将出现。该少年除了遇到认知的形象与形式这两种方式的冲突以外，还必须问一问自己，是不是真正想献身于音乐事业。先前，他是在雄心勃勃的家长和教师控制监管之下的，他自己也常常是乐意的；可是现在，他必须认真思考一下，自己是否想继续追求这一事业，是否想用音乐的方式把自己经验中最重要的东西传达给别人呢？他是否乐于牺牲自己的其他乐趣，乐于牺牲在自己未定的前途中，很可能起决定作用的各种运气和非音乐的因素，比如学习处理人际关系技巧的因素？

我在谈到有音乐天赋的儿童时，关心的是极少一部分由其家庭和社会群体选拔出来的儿童。对于如果改变音乐的价值观和训练方法，将在多大的程度上明显地增加这类天才儿童的数量，人们目前尚不清楚。我在本章的开头曾经简略提供了有启发性的线索。

日本的铃木大师已经证明，许多儿童即使在很小的时候（按照西方的标准），就能极好地演奏乐器。当然，其中大多数人并未继续其演奏生涯，从而使自己最终成为音乐会上的职业音乐家。这一点并不使铃木镇一沮丧。他认为，自己的目标是培养人的性格，而不是培养演奏名家。铃木计划培训的演奏者，在某种程度上说，是自愿参加而未经过严格选拔的；但大量的日本儿童以及其他文化背景中"铃木风格的儿童"所做出的惊人表演说明，这种流利的演奏完全可以成为美国儿童的奋斗目标，而目前美国这类儿童的比例要小得多。在某些文化群体内，如受到科达伊 [①] 教学法影响的匈牙利人或者尼日利亚的阿纳昂人部落成员杰出的演唱技能、俄裔犹太人小提琴家或巴厘岛加美兰演奏家高水平的器乐演奏，都说明音乐成就并非一定是天生才能的反映，它受到文化刺激与训练的影响。

另外，如果说在人类的成就中，存在着需要相当程度遗传基础的领域的话，那么音乐就是最明显的一个领域。说到音乐与家族遗传的关系，巴赫、莫扎特或海顿 [②] 所出生的家庭就是有力的证据。但那些非遗传因素，如价值系统或训练方式，在音乐成就方面也许同样是重要的。我们从那些没有温暖的家庭环境，却从小就表现出歌唱能力、辨认和记忆大量乐曲能力、钢琴或其他乐器演奏能力的儿童身上，也许能发现更有说服力的证据。对于这些儿童来说，即使是最微小的刺激，都会促成"明朗化体验"（crystallizing experience）。而且，这些儿童一旦受到形式训练之后，似乎就能以极快的速度学会必不可少的技能，正如维果茨基所说的那样，他们展现了一种范围宽广的潜能或近似潜能的发展区域。如果将这种音乐能力看成能够准确地听

---

① 科达伊·佐尔坦（Kodaly Zoltan，1882—1967）：匈牙利作曲家、民间音乐家和音乐教育家，其儿童音乐教育法的主要特点是：以集体歌唱为主要教学形式，教材多取材于民歌或以民族风格创作的多声部复调合唱；以五声音阶为视唱教学的支柱；采用首调唱名法，以利学生建立调性感；以四分音符与八分音符为节奏训练基础；采用柯尔文（John Curwen，1816—1880）手势及一套独特的记谱法。——译者注
② 约瑟夫·海顿（Joseph Haydn，1732—1809）：奥地利作曲家，享有"交响曲之父"的美誉。父母虽然不是音乐家，但都爱好音乐，经常在家里唱民间歌曲。在他们的影响之下海顿 8 岁就在教堂的童声合唱队唱歌。——译者注

取、记忆并掌握（最终是创作）音乐的遗传倾向的表现，似乎是有道理的。因此那些孤独症患儿和少年作曲家所表现出来的，就是音乐领域中遗传的潜能。

我们从反映 20 世纪著名钢琴家阿瑟·鲁宾斯坦①人生的传奇故事里，可以找到他向世界展示自己天赋的生动例子。用鲁宾斯坦自己的话说，他出生在一个任何人"对音乐都一窍不通"的家庭里。在波兰，当他还蹒跚学步的时候，就十分爱听所有的声音，包括工厂的汽笛声、卖杂货犹太老人的叫卖声、冰激凌小贩的哼唱声。他不爱说话，但总爱唱歌，所以引起了家里人的注意。实际上，他的这种能力很快就转化为一种儿童游戏，因为人人都试图用歌唱来与他交谈，而他自己也开始通过曲调来辨认他人。

后来到 3 岁的时候，他的父母亲为了能让家里大些的孩子上钢琴课，买了一架钢琴。此时的鲁宾斯坦自己虽然没有在学习钢琴，但他后来说：

> 客厅成了我的天堂……我半玩耍半认真地弄清了每个琴键的名称，我背对着钢琴能说出演奏者弹出任意和弦中音符之间的关系，即使对最不谐和的和弦都不感到困难。从那以后，掌握键盘上琴键之间的复杂关系，就成了一种纯粹的"儿童游戏"。我很快就能先用一只手，后来又用两只手去弹奏任何听到的乐曲……当然，所有这些都引起了家里人的惊讶。我承认，他们当中任何人，包括我的祖父、祖母、叔叔、婶婶等，都对音乐一窍不通……到我 3 岁半的时候，我的这种痴迷已经十分明显了，所以家里决定为我这方面的天赋做点儿安排。

---

① 阿瑟·鲁宾斯坦（Arthur Rubinstein，1887—1982）：美国钢琴家，原籍波兰，12岁即在柏林举行音乐会。在有些中文资料中，他的名字是阿图尔（Artur）。根据加德纳来信的解释，这是他的原名，1946 年他加入美国国籍后改名为阿瑟。其演奏既流利洒脱，又布局严谨，尤其以演奏肖邦、舒伯特、勃拉姆斯的作品见长。——译者注

鲁宾斯坦的父母后来带着这个小天才，去见 19 世纪最负盛名的小提琴家约阿希姆·约瑟夫 [①]。这位小提琴家预言，小阿瑟将来必定会成为一位伟大的音乐家，因为他拥有非凡的天赋。

一个人即使幸运地是个天才，也不一定会在音乐方面取得成就。每 10 名音乐神童当中（假定他们是与生俱来的天才），长大后总会有几名失败者。他们当中有的人后来完全停止了音乐活动，有的人经过努力也没有能够达到取得音乐成就的高度。甚至是鲁宾斯坦那样的天才，都曾遇到过几次危机，对自己的音乐天赋和从事音乐事业的意志发生过怀疑，产生过动摇。虽然运气也肯定是个重要因素，但一般都认为，与动机、个性和性格有关的因素对于取得音乐成就是决定性的。在我们这个文化中的音乐家，不仅仅需要有娴熟的技巧，还必须能够诠释乐曲，洞悉作曲家的意图，通过演出实践生动地表现自己所做的诠释，从而成为一名深具感染力的演奏者。正如当今最伟大的钢琴家之一鲁道夫·塞金 [②] 所说的：

> 20 世纪中期著名的小提琴教师伊万·加拉米安 [③] 认为最好从小（10 岁或 12 岁时）教起。我也有同感。在这一年龄区间，你已经能看得出天赋，但却看不出性格或个性。如果他们有个性，那他们就会有出息。如果没有，那至少他们也能演奏得很好。

---

① 约阿希姆·约瑟夫（Joachim Joseph, 1831—1907）：匈牙利小提琴家，演奏技艺高超，风格高尚典雅，舒曼、布鲁赫、勃拉姆斯、德沃夏克等著名作曲家都曾将自己所作的小提琴协奏曲题献给他。——译者注

② 鲁道夫·塞金（Rudolf Serkin, 1903—1991）：奥地利钢琴家，早年师从勋伯格学习过作曲，1939 年起在美国费城柯蒂斯音乐学院执教，1968 年起任该院院长，擅长表现德、奥古典派和浪漫乐派的作品，其子彼得·塞金（Peter Serkin, 1947—2020）也是当代著名钢琴家。——译者注

③ 伊万·加拉米安（Ivan Galamian, 1903—1981）：美籍亚美尼亚裔小提琴演奏家，美国茱莉亚音乐学院教授。当今世界一流小提琴演奏家伊扎克·帕尔曼（Itzhak Perlman）、平夏斯·祖克曼（Pinchas Zukerman）、郑京和等人都曾经是他的学生。——译者注

差不多所有的作曲家，最初都是从演奏家开始的。当然，有的演奏家10岁以前就开始作曲了。但无论是什么样的天才，要想以世界一流艺术家的水平作曲，似乎至少要花10年的时间才能办得到。虽然在促使一个人做出某种决定而不是另一种决定的因素当中，也许有正面的因素（倾向性和技巧）和反面的因素（害羞和笨拙）；但是对于为什么在那么多演奏家当中，只有很小比例的人最终成为作曲家的问题，人们迄今尚没有做过认真的研究。我自己经过粗略的研究，发现了一个共同的发展路线，就是那些后来成为作曲家而不是演奏家或作曲家兼演奏家的人，在10岁或11岁的时候，就开始对自己演奏的乐曲进行实验。他们将自己演奏的乐曲改写、变奏，甚至完全改头换面成另外一首乐曲，总之，将所演奏的这些乐曲重新创作一番。斯特拉文斯基回忆说："一坐到钢琴前面，我就想把自己听到的音乐在钢琴上弹出来，但在弹奏的过程中发现还有其他我更喜欢的音乐，于是我就成为一名作曲家了。"对于将成为作曲家的，像斯特拉文斯基这样的人来说，使他们越来越快乐的，并不是简单地按照将乐谱上记录的乐曲出色地演奏出来，而是他们给那些乐曲带来的有益变化。

　　这里，个性很可能是个关键性的问题。作曲所带来的快乐，与演奏所带来的快乐是不同的——创作与剖析的需求和作曲与再创作的需求，与演奏乐曲或简单诠释乐曲的欲望相比，来源于不同的动机。在突然感悟到最初萌发的乐思方面，在探求与呈现这些乐思的时候，体会情感与观念的交织方面，作曲家与诗人也许是类似的。

　　我的讨论偏重于文艺复兴以后的西方文明。在中世纪时期，崇拜演奏家和作曲家的人要少得多。确实，作曲与演奏这两者之间的分界线在许多个世纪里都不是很明显。演奏家自己本身就是音乐作品的诠释者和创作者。他们不断为自己所演奏的乐曲做着改动，因而到最后就产生了一系列作品。然而他们并非有意识地把自己当作"作曲家"，并因此与其他人区别开来。的确，跨文化的研究使我们看出，在对待音乐创作的问题上，存在着惊人的不同态度。刚果的巴桑耶人（Basongye）不喜欢在新乐曲的创作中加入任何个人因素；在平原的印第安人中，只要乐曲是通过视觉想象构思出来的，人们都乐于承认该作品的创作是成功的；格陵兰的因纽特人在裁决男人之间的争斗时，谁若能最成功地通过歌曲创作来表达自己一方在争吵中的观点，那么谁就是胜利者。我们不知道在其他文化中，有没有像甲壳虫乐队的约翰·列侬^①那样的人，他幼小时就有如下的感觉，

> 像我这样的人，在 10 岁、9 岁或 8 岁的时候，就已能认识到自己所谓的天赋了……我总是在想，"为什么没有人发现我呢？在学校里，难道他们就没有看出，我比这所学校里的其他任何人都聪明吗？老师们也都那么笨吗？他们传授的所有信息，都是我不需要的。"以上想法都是清楚的事实。他们为什么没把我送到艺术学校去呢？他们为什么不培养我呢？我与众不同，我永远与众不同。为什么没人注意到我？

音乐智能的进化和神经系统

音乐的起源是什么？这是个谜。许多学者怀疑，语言的表达与交流和音乐的表达与交流是同源的。但实际上，在几十万年以前甚至一百万年以前，语言和音乐的表达与交流就分开了。有证据表明，乐器可以追溯到石器时代，同时音乐在组织劳动小组、狩猎队时以及在组织宗教仪式上的作用，我们也有许多推断出来的证据。不过在这一方面，假设一种理论是再容易不过的事情，而否定这种理论却是非常困难的。

然而在研究音乐的产生这个问题时，我们至少有一条语言研究方面所没有的便利条件。尽管在人类语言与动物交流的其他形式之间，似乎只存在有限的、有争议的联系，但在动物王国中至少有一例情况与人类音乐的相似性是难以忽视的：那就是鸟类的鸣啭。

---

① 约翰·列侬（John Lennon，1940—1980）：英国摇滚乐队"甲壳虫"的主唱兼节奏吉他手，成名于利物浦，曾自创自唱过 250 首流行歌曲，一度风靡全球，唱片销售数亿张。1980 年，他在纽约被歌迷枪杀。之后有约 10 万人在中央公园为之烛光守灵，世界各地的约 1300 万人举行了各种悼念仪式。——译者注

我在讨论智能的生物学基础时曾经说过，关于鸟类的鸣啭，人们最近有了许多新的发现。为了说明我的目的，我只想强调如下几个方面。首先，人们发现鸟类的鸣啭存在大量不同的发展模式。有些鸟类种属的鸣啭，局限于对所有成员，甚至包括对那些耳聋的成员来说，都能学会的单一模式；而另一些鸟类的种属，则显然由于可以列举出来的不同的环境刺激，拥有不同的鸣啭模式或鸣啭的"方言"。研究鸟类的鸣啭，我们发现它们明显地受到了先天因素与环境因素的交互影响。所有这些发现的前提条件是进行系统的实验。而这种实验在人类身上是很难做到的。

在以上不同的发展轨迹中，有一种导致最后鸣啭模式固定的发展路线：开始时是亚鸣啭，然后是可塑鸣啭，最终形成该种属的鸣啭模式。这个过程与幼儿那种先牙牙学语，然后又试唱周围环境里歌曲片段的过程，有着重要的、也许是惊人的相似之处。当然，人类歌手最终传递的信号，与大多数鸟类的全部鸣啭手段比起来，表达得更为广泛，更为多种多样。对于鸟类和人类这两个物种发声的不连续性，我们应当牢记在心。但尽管如此，他（它）们在各自发展中有启发意义的推断，仍然应该激发我们去进行一系列实验，或许能对音乐知觉和音乐演奏更普遍的规律做出清晰的解释。

但毫无疑问，从研究人类智能的视角出发，鸟类鸣啭最吸引人的地方是它与神经系统的联系。经过研究发现，在动物世界中，鸟类鸣啭是少数几种有规律偏侧化的技能的例子之一。在这种情形里，鸣啭偏侧鸟类神经系统的左半部分。所以左半部分的损伤会使鸟类的鸣啭丧失，而右半部分若有同样的损伤，对鸟类的鸣啭产生的影响就小得多。另外，我们可以考察一下鸟类的大脑，从而在大脑中找出鸣啭特征和丰富性的明确标志。即使是同一个物种，鸟类"鸣啭仓库"中贮藏量的多少也是不同的，这种信息在鸟类大脑中"清晰可见"。鸣啭方式的贮藏量随着季节而变化。实际上，我们可通过研究不同季节细胞核的增大或缩小来观察这种变化。这样，尽管鸟类鸣啭的目的不同于人类歌唱的目的（"鸟类鸣啭有成为音乐的希望，但须人类去记录它们"），但鸟类鸣啭某些核心音乐成分被组织起来的机制，与人类所表现出来的那些机制相类似，却完全是可以得到证明的。

人类的音乐能力与鸟类的鸣啭能力之间，是否存在本质上的直接联系呢？对这个问题很难得出答案。因为鸟类与人类在种属方面相距太远，所以如果说鸟类和人类的听觉和口腔活动都是完整而独立的，是没有根据的。也许令人吃惊的是，在灵长类动物的身上，并没有表现出与鸟类鸣啭的任何相似之处。然而许多物种的个体又都确实能发出有表达力的、为其同类所理解的声音。我们从人类的歌曲中，也许更可能发现这样的情况，即好多种能力都集中到一起来了。有的能力，比如对发声目标的模仿能力，也许在其他物种里是以另外的形式出现的；其他一些能力，如对相对音高和绝对音高的敏感性，或欣赏音乐不同调式之间的转换，则是我们人类所独有的特性和能力。

人类音乐能力和语言能力相似性的问题，十分有诱惑力。即使在一部意图说明这两个领域独立性的著作中，我都忍不住要通过引证并说明这两者之间的相似之处，以阐述我自己的论点。所以，为这两种能力的分离提供实验证据，就是一件重要的工作。研究正常人和大脑受损者的科研人员已经充分证明了，在人类的大脑中，主管音乐和语言的过程与机制是完全不同的。

戴安娜·多伊奇（Diana Deutsch）总结了一条证明这种分离的方式。她是一位研究音乐知觉的学者，所做的工作反映了"自下而上"的传统。多伊奇的发现与许多研究知觉问题的心理学家们所持的观点相反，判断音高和储存音高记忆的机制，与处理其他声音信息的机制不同，尤其与处理语言信息的机制不同。以下实验为此提供了有力的证据：研究人员为参加实验者提供一组音，让他们去记忆，然后再发出各种干扰。如果干扰因素是其他的音，那么对原来那一组音的记忆就会受到严重的破坏，一次实验中有 40% 的错误。然而如果发出的干扰因素是文字，比如是数字，那么即使是大量的干扰，对于参加实验者的音高记忆，却不会造成明显的影响，在同一组实验里只有 2% 的错误。这种实验结果尤其有说服力，因为连接受该实验的人自己都对结果感到吃惊。显然，这些人事先都想象文字信息会干扰旋律信息，所以当旋律信息没有受到干扰时，他们就感到难以置信了。

对大脑因为受到击打或其他原因而受损的患者所做的研究，确认了音乐知觉的这种特殊性。当然，也出现过以下的情况，即失语症患者的音乐能力表现出减弱的现象。但这一研究的主要发现是：一个人可能患有严重的失语症，同时却无明显的音乐能力受损现象；一个人也可能在失去音乐能力的同时，却保持着基本的语言能力。

事实是这样的：对于正常的使用右手的人来说，语言能力几乎是偏向大脑左半球的。而多种音乐能力包括对音高的主要感受能力，对于大多数正常人来说，都受大脑右半球的控制。所以，大脑右额叶和右颞叶受到损伤，就会给区别音调与正确模唱这些音调带来严重的困难。而大脑左半球若有类似的损伤，虽然会给自然的语言功能带来极大的困难，但一般不会给音乐能力带来多少损害。大脑右半球的病症似乎还会破坏人对音乐的理解。正像名称本身所表明的那样，失歌症与失语症是不同的大脑功能紊乱现象。

如果使用高倍的显微镜，我们就能看到更复杂的情况，它比从语言能力的研究中发现的情况更加多种多样，这是非常有趣的现象。语言的病症群体即使在各种不同的文化中间，似乎都是一致的；而音乐的病症群体即使在同一个部族之内，也存在着极大的差异。所以有些作曲家，如莫里斯·拉威尔[①]，在患了失语症之后就成了失歌症患者。而另一些作曲家尽管得了严重的失语症，却仍能继续作曲。苏联作曲家舍巴林尽管得了严重的韦尼克失语症，却能够谱写很好的乐曲。[②]还有好几名其他作曲家，包括我和我的同事们所研究的一例，都在患失语症情况下依然保持着作曲的本领。同样，尽管音乐知觉与音乐批评的能力似乎依赖大脑右半球结构，但某些音乐家却因左额叶受损，表现出了音乐活动的困难。

---

① 莫里斯·拉威尔（Maurice Ravel, 1875—1937）：法国作曲家。早期创作受印象主义音乐代表人物德彪西的影响，后来成为法国新古典乐派的主力。著名的作品有管弦乐《西班牙狂想曲》和《波莱罗》以及舞剧《达夫尼斯与克罗埃》。——译者注

② 舍巴林（Vissarion Shebalin, 1902—1963）：曾任莫斯科音乐学院教授。20世纪50年代，他先后两次中风，丧失大部分语言能力，但仍在去世前完成了其第五部交响曲作品。——译者注

然而人们最近又发现了另外一种有趣的研究方法。对正常人进行的大多数测试都反映出音乐能力是偏向大脑右半球的。例如，人在双向听力的测试中，能更好地处理进入右耳（大脑左半球）的单词或辅音的信息，同时又能更成功地处理那些提供给右脑的乐曲音调（常常还加上其他环境噪声）的信息。但这里有一种使人感到困惑的因素存在。如果这些测试或难度更大的测试，是在受过音乐训练的人身上进行，那么大脑左半球的效应就会增强，而大脑右半球效应则会减弱。特别是当接受测试者受过较多的音乐训练时，那么他在完成更具有挑战性的问题时，越可能依靠（至少是部分地依靠）大脑左半球的机制。而很少接受音乐训练或者没有接受过音乐训练的人，则基本上依靠的是大脑右半球的机制。

对于跨越胼胝体的音乐能力产生于训练的想象，不应该太过乐观。因为首先并非是每一种音乐技能都存在这种现象，比如，哈罗德·戈登（Harold Gordon）发现，音乐家在进行和弦的分析时，使用的都是大脑的右半球而非左半球。另外，我们还不十分清楚，为什么在接受过较多音乐训练之后，人的大脑左半球控制音乐信息效应的能力就会增强。如果说音乐信息的实际处理有可能改变它在大脑中受控的位置，那么附着在音乐片段上的口语符号，对于音乐的分析来说，也同样有可能带来明显的大脑左半球的主导地位。受过训练的音乐家也许能够依靠"形式上的"语言分类的帮助，用左脑处理音乐信息；而没有接受过音乐训练的人在处理音乐信息时，就只能依靠纯粹的图像信息处理能力。

然而在我们的以上回顾中，必须强调的一点就是，研究人员在人类的身上发现了数量惊人的与音乐能力表现有关的神经区域。按照我自己的观点，这种不同的神经区域至少是由两种因素造成的。第一，在不同的人身上，音乐技能的表现形式和程度是不同的。因为在音乐方面所能完成的任务上，人和人之间存在着很大的差异，所以很容易想象，神经系统因此就会为执行这些操作提供必要的多种多样的机制。第二，与此有关的一点是，人们最初也许是通过不同的媒介和模式与音乐接触的。不仅如此，他们还会继续以各自独特的方式去接触音乐。所以，虽然正常人基本上都以听别人说话的方式，与自然的语言相接触，但人类却可通过多种渠道从事音乐活动，如唱歌、用手演奏乐器、用口演奏乐器、阅读乐谱、听唱片、观看舞蹈等。书面语言所体现的方式，在神经系统中反映的是，一个人所处文化中使用的那种符号，而音乐信息在大脑皮层中进行处理的各种不同方式，也许反映了人类创作和接受音乐的丰富途径。

如果处理信息的位置对于不同的人来说，在大脑中存在着明显的差异，那么将会怎样影响到我认为音乐是独立智能的主张呢？我认为，这种差异与我的观点并不矛盾。只要人的音乐能力能够体现在大脑中的某个部位，那么人与人的音乐功能在大脑中的部位互不相同的现象，就是无关紧要的。无论如何，如果考虑到惯用左手的人，那么语言定位的多样性，比不考虑惯用左手的人的语言定位的多样性要大得多。再则，真正关键的问题是，其他能力是否与音乐能力相关联。如果是相互关联的，那么当音乐能力受损时，其他能力也会受损。就我所知，没有任何涉及音乐能力受损的研究向我们表明，这种受阻与其他能力（如处理语言、数字或空间信息的能力）有任何系统联系。音乐能力从这一方面来看，似乎是自成系统的，就如自然语言的系统一样。

最后我相信，音乐能力与神经系统之间的联系，归根结底是因为在所有人的身上，都存在着相当可观的潜在规则。解释以上一致性的公式，可能是复杂的，因为它必须把以下几种因素考虑进去：最初接触和学习音乐的方式，一个人接受音乐训练的形式和程度，以及接受测试者被要求参加的音乐活动的种类。承认这些差异之后，我们或许还有必要再检查较大数量的人群，然后才能得出明显的统一结论。也许，我们一旦为研究音乐能力的各种形式推敲出合适的分析工具之后，就会发现，音乐能力甚至比语言能力更为偏侧化和定位化。确实，人们最近的研究都集中到大脑的前面部分去了，这就预示着，大脑的这一区域也许就是音乐智能的中心部位，正像在语言领域中大脑左额叶所处的地位一样。

超常的音乐天才

音乐能力发生障碍独一无二的模式，为音乐智能的独立存在提供了一条有力的证据。这种障碍在那些其他方面并不杰出的人身上，出现的选择性保存或早期现象，又为我们提供了另一条证明路线。我已经说过，独特的音乐才能经常伴随着某种反常的现象（如患有孤独症）的出现。确实，文献中存在着大量的记载，描述了孤独症患儿拥有的惊人音乐与听觉能力。不少学者症候群也都拥有非凡的音乐才能。其中有一名叫哈丽雅特（Harriet）的儿童，能用各种不同作曲家（如莫扎特、贝多芬、威尔第和舒伯特）的风格演奏"祝你生日快乐"这首歌曲。她的内科医生按海顿风格编写的乐曲，她也能够轻松地识别出来。这说明她的以上技能并不是靠死记硬背得来的。哈丽雅特还在其他方面释放她的音乐热情。例如，她记住了波士顿交响乐团中每一名成员的个人历史。4岁时，她的母亲就用弹奏并不完整的旋律的方式来呼唤她，然后她用恰到好处的高八度音，继续完成母亲弹奏的这段旋律。这份资料中还描述了其他一些儿童的情况，这些儿童能记忆几百首乐曲，或者能在各种不同的乐器演奏的时候辨别熟悉的旋律。

也许因为音乐代表了他们受伤的心灵中的一块绿洲，所以精神发育迟滞患儿或孤独症患儿对音乐特别依恋。但同时，也有更为真实的、音乐与病痛并无关系的现象存在，即一个在其他方面相当正常的儿童，也可能表现出在音乐领域里早熟的能力。少年艺术家的故事比比皆是。一位作曲家回忆说："我无论如何也无法理解，一个人怎么会对辨认音调、解读曲式感到困难，这是我至少从3岁开始就一直在做的事情。"斯特拉文斯基显然记住了他一生中听到的第一首乐曲：

> 我家附近海军兵营的乐队里传来了尖厉的横笛和军鼓的声音……这种音乐，再加上为骑兵警卫队伴奏的整个乐队演奏的乐曲，每天都传到我的托儿所里。这种声音，尤其是大号、短笛和军鼓的声音，都是我童年快乐的来源……车马声、枪声、马车夫的鞭声等噪声，肯定都深入到我最早年的梦境中去了，因为它们都是我

童年时对街道的最初记忆。

斯特拉文斯基回忆说，在他两岁的时候，有些附近的农村妇女晚上从田间回家的时候，经常在路上唱一首迷人而宁静的歌曲。当父母亲问他听到了什么的时候，他回答："我说我看见了那些农民，听见了她们在唱歌，然后我就把她们唱过的歌曲重复唱了一遍。听到我复唱这首歌曲之后，人人都十分惊讶。我听见父亲说，我有一双奇妙的耳朵。"然而正如我们大家都知道的，即使是最具音乐天赋的儿童，达到与音乐领域大师们相当的表演或作曲水平，都需要大约 10 年左右的时间。

从散见在其他文化背景中关于音乐表演的研究中，我们也许能发现一组与此不同但同样宝贵的音乐能力。在传统文化里，我们可以发现，对于个人的表演，或对于个人背离自己文化规范的创作活动，人们一般都不太重视；而对于那些精通自身文化的艺术流派并能用吸引人的方法对此加以发挥的人，人们却十分珍惜。人们还发现在尚未产生文字记录的文化中，有的人对曲调有惊人的记忆力。这类记忆力与在其他场合表现出来的对故事的记忆力，完全可以相匹敌。的确，音乐的才能和对抒情诗篇的记忆力常常是等同的。这些具有惊人记忆力的人，以基本的模式为基础，以各种不同的适合自己所处环境的方式，对圣歌的各个部分加以组合，给周围的人带来欢乐。

不同文化所拥有的价值观也会决定，哪些儿童将被选出来积极参与该族群的音乐生活。因此，哪个地方最重视充满节奏、舞蹈或音乐的集体活动，哪个地方对有这类天赋的人就会特别尊重。有时候在我们看来完全是非音乐的因素，甚至那些仅仅从视觉上吸引人的表演，都会被认为是很有价值的。

另外还有对少量文化资源的改动，也是有指导意义的。例如，格雷戈里·贝特森在《纳文》中描述了这样一段故事：有两个人在吹笛子，他们两人都没有音栓，而单独一种乐器演奏整首乐曲又是不可能的，于是演奏者便设法让两人轮流吹奏。这样，该乐曲里的所有音就都能在恰当的时候发出来了。

音乐智能与其他智能的关系

本章所考察过的各种不同的证据都使我们感觉到，音乐也和语言一样，是各自独立的智能，是同样不依赖于客观物质世界的一种智能。音乐能力和语言能力一样，只要通过听说渠道的探索与运用，就能发展到相当的程度。实际上，如果说这两种智能从最初阶段开始，与客观物质世界毫无联系，仅仅依赖于听说系统的发展，似乎并不奇怪。但事实上，这两种智能的发展却是通过完全不同的神经系统实现的。

但在结束本章的时候，谈谈音乐智能与其他智能领域之间重要的、全面的联系，也是很重要的。瓦格纳把音乐主要放在他的"泛艺术作品"（Gesamtkunstwerk）之中，这种安排并非完全是傲慢的表现。实际上，音乐确实在好多不同的方面，与人类的符号系统与智力能力相关联。此外，正由于音乐没有被用于直接的交流目的，或没有服务于其他明显的维持生存的目的，所以为什么它在人类经验中保留着如此长久的重要性，是个具有挑战性的、令人难以解答的谜。人类学家列维－斯特劳斯曾经说过，我们如果能够诠释音乐，就能找到一把通向所有人心灵的钥匙。他这句话意味着，如果不能认真严肃地对待音乐，任何对人类生存状况的说明都是不全面的。在科学家当中持有这种主张或想法人，绝对不仅仅是他一个。

许多作曲家，其中包括塞欣斯，都强调过音乐与身体语言或手势之间的密切联系。从某种程度上说，音乐本身最好还是被看成一种延伸了的手势，一种由身体完成的运动或者指出的方向（至少是含蓄地完成或指出的）。斯特拉文斯基也有相同的感受和观点。他坚持认为音乐必须被人看见，才能被人正确地理解和消化，所以他偏向于把芭蕾舞音乐看作一种表演的调式。他一直坚持的观点是，人在听音乐的时候必须同时看到演奏者的演奏。幼儿当然会把音乐运动与身体运动自然而然地联系起来，他们觉得若不伴以某种身体的活动，是唱不出歌来的。大多数关于音乐演化的文献，都把音乐与原始的舞蹈密切联系起来。许多最有效的音乐教学法都试图把声音、手势和身体动作结合起来。的确，也许只是在近代的西方文明中，音乐表演和音乐欣赏才脱离身体运动，而成为少部分"声乐"爱好者单独的追求。

音乐智能与空间智能之间的联系，虽然并不那么直接和显而易见，但很可能是真正存在着的。音乐能力定位在大脑右半球，使我们感到某些音乐能力也许与空间能力有着密切的联系。的确，心理学家劳伦·哈里斯（Lauren Harris）引用了这样一种主张，大意是说，作曲家所依赖的强大空间能力，在安排、理解和改编一首乐曲的复杂结构时，是必要的。他说，女作曲家之所以数量极少，也许并非因为女性在处理音乐信息方面有什么困难（女歌唱家和女演奏家的数量相对较多就是证据），而是因为她们在完成空间任务时能力相对较差的缘故。

一件趣闻揭示了音乐能力与空间能力之间可能存在的联系。美国费城一位名叫阿瑟·林根（Arthur Lintgen）的内科医生仅仅观察唱片上的沟槽形状，就能看出唱片记录的是什么乐曲。这引来了许多惊讶的旁观者，但这并不是魔术。按照林根的说法，因为乐曲在不同时间的强弱和频率不同，唱片上沟槽的间隔与外形也各不相同。例如，包含弱音段落的唱片的沟槽是黑色的或深灰色的，而当乐曲的声音变强、变复杂的时候，唱片的沟槽就变成银白色。林根将自己关于古典音乐中声音特质的广博知识与唱片上不同的沟槽形状（包括没录上音的沟槽）联系起来，从而展示出他的绝技。对于我们来说，林根的情况表明，音乐在其他感觉系统中也存在着某些对应的能力。所以说，耳聋的人也许至少能够通过研究调式欣赏某些音乐（大概不如盲人通过抚摩"感受"一尊雕像那样具体）。至少在那些音乐效果由音乐的非听觉方面引发的文化中，由于某种原因不辨音调的人是可以欣赏这些特别的音乐的。

我已经谈论过人对生活的感悟和音乐表演之间的联系，这种联系得到了普遍的认可。由于情感对人的认知智能起着重要的作用，所以这里有必要进一步谈谈这个问题。音乐是一种很好的方法，可用于把握情感，了解有关情感的知识，或了解有关情感形式的知识，并把这些从表演者或创作者那里传达到专心致志聆听的听众心中。但促成这种联想或使这种联想成为可能的神经学问题，并没有得到解决。然而，我们也许仍然有必要思考一下，音乐智能并非仅仅依赖于大脑皮层的分析机制，它还依赖于那些主管感受与动机的皮层下结构。大脑皮层下区域受损的人，或者皮层区域和皮层下区域没有联系的人，常常被认为是死板的、缺乏情感的人。尽管在神经学文献上并没有这方面的记载，但根据我的观察，这样的人似乎对音乐没有什么兴趣，更不会喜爱音乐。下面是一个很有指导意义的例子：有这么一个人，在右脑受到较大损伤的情况下，虽然仍然能够继续做他的音乐教师，甚至出版音乐教育的著作，但失去了作曲的能力和欲望。按照他自己的说法，他已经不再拥有完整乐曲的情感，也失去了判断灵感是否起作用的感觉。另外还一位患有右脑疾病的音乐家，失去了与自己的表演相关联的一切审美情感。也许音乐的这些感觉，不论是属于大脑皮层的还是皮层下的，在右脑结构受损的情况下，特别容易减退。

本章讨论的许多内容，都围绕着音乐与语言本质之间的比较来进行。对于我的关于智能分离的主张来说，要表明音乐智能有自己特定的发展轨迹，在神经系统里有自己的定位一直是很重要的，否则它就会被人类语言这张无所不包的大嘴吞食了。而且，如果我没有注意到音乐学家和伦纳德·伯恩斯坦[①] 那样学识渊博的音乐家长期以来的努力工作，我在研究音乐与语言之间惊人的可比性方面，很可能就落伍了。近来，人们集中精力，设法把乔姆斯基关于语言产生过程的分析运用到音乐知觉与作品产生的研究中去。这些评论家们很快就指出，语言并非在所有方面都与音乐具有直接的相似性。例如，语言的全部语义在音乐里就发展得很不充分。严格的语法性规则的概念对于音乐也没有什么意义。因为打破规则的做法，在音乐创作中是受到推崇的。但是如果心中秉持以上观点，对语言与音乐的分析模式确有非凡的相似性，一方面适用于自然语言，另一方面适用于1700—1900 年间的古典音乐。然而这些相似性主要或完全是发生在形式分析的层面上，还是同时存在于这两种智能领域所特有的信息处理的基本模

---

① 　伦纳德·伯恩斯坦（Leonard Bernstein, 1918—1990）：美国指挥家、作曲家、音乐教育家。曾就学于哈佛大学，任纽约爱乐乐团指挥。——译者注

式上呢？我们目前尚没有办法回答这个问题。

最后，我要谈一谈常见学科中与音乐联系最为密切的智能领域，那就是数学。自毕达哥拉斯①崇尚发现的古典主义时代开始，音乐与数学之间的联系就一直在吸引着善于思考者的想象力。在中世纪以及许多非西方的文化中，人们对音乐所做出的认真研究与数学的实践之间，有许多共同的特征。比如对比例、特殊比例、递归模式以及其他一些可以观察得到的序列，两者都对这些感兴趣。到了16世纪帕莱斯特里那②和拉索③的时代，虽然关于音乐的数字基础或数学基础的问题，已经没有过去那么多的公开讨论，但音乐的数学特征，仍然是人们研究的主要兴趣所在。那时由于对和声的关切占据优势地位，所以音乐的数学性质不再占有明显地位。然而到了20世纪，首先是十二音体系的出现，最近又因为计算机的广泛应用，人们重新广泛思考着音乐能力与数学能力之间的关系。

按照我个人的观点，如果不能说音乐中存在着"高等数学"④的因素，起码也能说存在着明显的数学因素，对此绝不应忽视。为了理解音乐作品中节奏的功能，人们必须具备某些基本的数字能力。音乐表演要求对规则和比例具备敏感性，有时可能是相当复杂的规则和比例。但这仍然只是在比较基本层次上的数学思维。

一旦涉及对某种基本音乐结构的理解，涉及理解音乐结构的反复、转

---

① 毕达哥拉斯（Pythagoras，前580至前570之间—约前500）：古希腊哲学家、数学家、天文学家、音乐理论家，曾用数学研究乐律，探讨美与数的关系。——译者注

② 帕莱斯特里那（Palestrina，约1525—1594）：意大利作曲家，复调音乐大师，主要作品为105首4～8个声部的《弥撒曲》等。——译者注

③ 拉索（Orlando di Lasso，约1532—1594）：作曲家其创作继承并发展了尼德兰乐派复调传统。——译者注

④ 高等数学（high math）：根据作者来信的解释，此处指在初等水平之上的数学，如三角、微积分。原文是："refers to mathematics beyond the elementary school level and so trigonometry, calculus etc."——译者注

换、植入或相互冲突的时候，我们就有可能在比较高的层次上，遇到数学思维的问题。至少某些音乐家对音乐和数学的这种相似性深有感触，如斯特拉文斯基说：

> 曲式与数学之间的联系，无论如何要比它与文学之间的联系来得紧密……当然，这里所说的联系，指的是与数学思维和数学关系之间的。曲式之所以是数学的，因为它是理想的，曲式总是理想的……虽然音乐可能是数学的，然而作曲家在创作时却不能去寻求数学公式。
>
> 我知道……从同样的意义上说，这种看法是抽象的。

对数学模式与数学规则具备敏感性，这曾经是许多作曲家的特征。从巴赫到舒曼[①]，都曾放纵过自己的这种兴趣。他们有时是公开地，有时通过类似嬉戏的尝试，表现他们将音乐与数学联系起来的兴趣，莫扎特甚至还曾根据掷色子得到的数字作曲。显然，通过音乐与其他智能系统特性的比较，我们至少能找到它们表面上的联系。我自己就预感到，我们也许可以在任何两种智能之间找到这一类的相似性。实际上，在任何智能领域游弋最大的快乐之一，就是对这种智能与其他智能之间联系的探索。音乐作为一种审美形式，有助于探索智能和符号系统的其他模式，在有高度创造能力的人手中或耳中，情况尤其如此。但照我的分析看来，音乐的核心操作与其他领域的核心操作之间，并无密切的联系，所以，音乐应该被认为是一种独立的智能领域。实际上，在下一章里，当我们更细致地观察那些常被断言与音乐有联系的智能形式（逻辑－数学的思维形式）时，音乐智能的这种独立性，将得到进一步的印证。

我认为，音乐家从事的活动与纯数学家从事的活动基本上是不相同的。

[①] 舒曼（Robert Schumann, 1810—1856）：德国作曲家、音乐评论家，早期浪漫主义乐派的重要代表人物。著名作品有《降 B 大调第一交响曲》（春天）和钢琴套曲《狂欢节》《童年情景》等。选自《童年情景》第 7 首的《梦幻曲》至今脍炙人口。——译者注

数学家对形式感兴趣的原因是形式本身，他们对这些形式的推论感兴趣，这些推论与特殊媒介的实践毫不相干，也没有任何特殊的交流目的。数学家也许会分析乐曲，甚至在这方面很有天赋，但从数学的角度来看，音乐只不过是另一种数学模式而已。然而对音乐家来说，组成这些模式的元素都必须以声音的形式出现。这些声音最终能以某种方式牢固地联结在一起，并非由于联结它们的方式，而是由于它们所具有的表现力和表达效果。尽管斯特拉文斯基曾经有过不同的评论，但他还是认为"音乐与数学并不一样"。数学家哈代 ① 在做如下判断时，思想上是承认这种差异的。他说："正是音乐，能够激发人的情感，使人振奋，治疗哮喘，诱发癫痫，使哭泣的婴儿安静。"形式模式（formal pattern）是数学家存在的理由，对于音乐家表现自我的目的（他们自己的能力就是为此目的有规律地发展起来的）是有帮助的，但却不是根本的要素。

---

① 哈代（Godfrey Harold Hardy，1877—1947）：英国数学家。历任牛津大学、剑桥大学教授。与其学生赖特（E. M. Wright，1906—2005）合著的《数论导论》（An Introduction to the Theory of Numbers）至今仍是世界一流大学的教材。——译者注

第 7 章

逻辑 - 数学智能

第一个注意到 7 条鱼与 7 天这两组数字之间相似之处的人，在思想史上迈出了一大步。他是第一位拥有纯数学科学概念的人。

——阿尔弗雷德·诺思·怀特海 [1]

皮亚杰对逻辑 - 数学思维的描述

皮亚杰喜欢讲述长大后成为杰出数学家的儿童的逸事。有一天，一名未来会成为数学家的儿童在自己面前看到了一组物体。他决定数一数，数完之后确信有 10 个。然后，他按照不同的顺序，又将这些物体逐个再数一遍，发现结果仍然是 10 个。这名儿童把这样的程序重复若干次之后，越来越兴奋，因为他开始理解，或者说彻底地理解，10 这个数字绝对不是这种重复练习得出的任意结果。这个数字涉及所有元素的总计，只要各个元素都被数到，而且只数一次，那么无论它们在序列中的排列如何，结果都是一样的。这名儿童通过对一组物体游戏般地数来数去之后，学到了关于数字领域的基

---

① 阿尔弗雷德·诺思·怀特海（Alfred North Whitehead，1861—1947）：著名数学家、哲学家、教育理论家，毕业于英国剑桥大学三一学院，曾任伦敦大学帝国理工学院、美国哈佛大学教授，英国科学院院士，是过程哲学的创始人，曾与罗素合著《数学原理》。——译者注

本知识，正如我们每一个人在某个时候一样。

与语言能力和音乐能力形成鲜明对比的是，我所命名为"逻辑－数学智能"的能力，并非来自人的听觉与发声系统。相反，这种思维的形式可以追溯到我们面对的客观世界。因为正是在同物体相遇之后，在整理与重新整理完它们之时，在确定它们的数量之时，儿童才获得了逻辑－数学领域内最初的也是最基本的知识。从这个起点开始，逻辑－数学智能就迅速地远离了客观物质世界。通过本章描述的顺序，就能更好地理解人施加于物体之上的行为，理解这些行为之间的关系，就能更好地理解人对实际活动或潜在活动所做出的表述或主张，以及这些陈述之间的关系。在这个发展的进程中，人从物体前进到表述，从行为前进到行为之间的关系，从感觉运动的领域前进到纯粹抽象的领域，最终达到逻辑与科学的高度。这根链条是长而复杂的，但却不一定是神秘的，逻辑、数学与科学思维的最高境界，其根源仍在人的童年时代与客观物体的简单互动之中。

我在描述语言能力的早期发展时，广泛引用了许多学者的著述。在谈到逻辑－数学思维的发生与发展时，我将借助一位杰出的学者、瑞士发展心理学家皮亚杰开创性的研究成果。

按照皮亚杰的观点，所有的知识，特别是他集中精力思考过的对逻辑－数学的理解，都是从本章开头那个例子中，一个人在世界上的活动引起的。因此，对于思维问题的研究应当从托儿所开始，也的确必须如此。在托儿所里，我们看到婴儿在探究各种物体（奶嘴、摇铃、玩具汽车和杯子）。很快，对这些物体在不同环境中的作用，婴儿脑中就形成了一定的概念。在随后的几个月里，这名婴儿脑中的这些物体，以及这些物体之间存在的简单的、偶然的关系，完全与他对这些物体的瞬间经验联系起来。因此，当这些物体从他们眼前消失以后，就不再继续存在于他们的意识之中。只有到一岁半以后，他才能完全了解，即使把这些物体从当下的时间和空间中移开，它们也仍然是继续存在的。获得这种关于物体的永久性知识，即物体在特定时刻之外，在施加特殊的作用力之后仍然存在的性质，就是儿童后来心理发展的重要基石。

这名儿童一旦理解了物体的永久性之后，即使这些物体不在眼前，他都能想到它们，提到它们。他还能够理解某些物体之间的相似性，例如他知道这样一个事实，即所有的茶杯，不论其大小与颜色有什么差别，都是同一个班级里的伙伴的。实际上，儿童只要几个月的时间，就能从事如下分组的活动了：他能把所有的玩具卡车、所有黄色的玩具小汽车、所有的玩具动物归类到一起去。虽然作为一个幼儿，他只是偶然这样做，或只有当他取合作态度时才这样做。

这种给物体分类的能力是幼儿大脑中形成了某种知识的公开表现。这种知识就是关于某一类物体具有共同的特殊性质的知识。这种分类能力来源于对一类或一组物体的认识，如果你愿意这么认为的话。然而在几年当中，这种认识尚缺乏量的概念。这名幼儿知道，某种物体多，某种物体少；某种硬币多，某种硬币少；他知道 M 和 M's[1] 的数量。但这种理解仍是近似的估计。的确，这名幼儿也许能掌握很小的量，如两三个物体，这一点他有可能像某些鸟类和灵长类动物一样，通过简单的观察而认识到。但他缺乏根本的理解，不知道有一种规则的数字系统存在，其中每个数字比它前一个数字多 1 个（+1），任何一组物体都有一个单独的、毫不含糊的数量。幼儿头脑中无法储存数字，是因为他们在面对相互矛盾的信息时缺乏数数的能力。例如，幼儿看到了 M 和 M's 这两组物体，发现一堆占的空间比另一堆大；所以即使事实上另一堆因堆积得较为紧密而数量更多，他也很容易认为，放得较为分散的那一堆里的巧克力多一些。除了很小的数量以外，对于纯数量的准确估计，仍然被知觉推断出的信息，如对密度或空间范围的感觉所控制。

在这个年龄时，儿童常常能够数数，也就是说，他能够背出数字的序列。但这种死记硬背的操作，在儿童四五岁以前，基本上是语言智能的一种表现，与他对少量物体的简单估计无关，也与他对较多物体的数量评估能力无关。然而接着关键的事情发生了：儿童发现，那种数字的顺序，可以应用

---

[1]　M 和 M's：根据译者旅美的生活经历，此处应该是指美国市场上经常出售的、含有巧克力的小糖块，圆形，扁平状，体积与小号的硬币相仿，很受儿童欢迎。——译者注

到成序列的物体中去。如果他指着某个单独的物体，说出一个单独的数字，然后依次在随后出现的"数字表"中重复这一过程，那么他就能对该组物体的数字做出准确的估计。第一个数到的物体是 1，第二个就是 2，第三个就是 3，等等。四五岁的儿童开始意识到，他在这种口头背诵中得出的最后数字，也就是那一序列物体的全部数量。

最后，到六七岁的时候，儿童就到达了皮亚杰所说的少年数学家的预备阶段。儿童在两个序列的物体面前，能从各序列中数出物体（M 和 M's 或球）的数量，并对各序列物体的总数加以比较，确定哪一个序列物体（如果有多有少的话）的数量多一些。他一般不再会发生数错的情况。例如不会混淆空间的范围与数量的大小，不会因为口中数数和手指物体这两种活动配合不好，出现数错的现象。实际上，他已经获得了评估数字的比较简单的方法，同时，他也较好地掌握了数量的含义。

掌握这种等量思维的过程，在皮亚杰的智能观念中起着重要的作用。儿童在以数字为基础对两个序列的物体数量相等进行思考时，他实际上产生了两个心理定势（mental set）或心理表象①，即两个序列。然后，即使这两组物体表面上看起来不一样，即使正因为看起来不一样，它们都不容易观察，这名儿童仍能够对他们加以比较，即把一组物体的数目与另一组物体的数目进行比较。

一旦掌握了这种比较之后，儿童就能进行另外的操作了。他能把相同的数目分别加在数量相等的两组物体上，结果，两次相加操作后得出的结果相同。然后他从这两组物体中分别减去相同的数目，所得出的结果也是一样的。接着，他就能进行更加复杂的操作。他从不相等的数量开始，分别加上相同的数量，确信得出的数目是不等的。儿童可以独自或在别人的帮助下，

---

① 心理表象（mental image）：心理学术语。在感觉和知觉的基础上所形成的具有一定概括性的感性形象。通过对记忆中保存的感觉和知觉的回忆或改造而成。感性认识的高级形式。是对客观世界的直接感知过渡到抽象思维的一个中间环节。——编者注

发展所有基本的数字操作：加、减、乘、除。同样他也应当能够在日常的活动中调动这些能力，在商店里买东西，和朋友互相交换物品，学习做饭，玩弹子游戏、皮球、扑克或电子游戏。

刚刚描述的这些动作，也许是，起码最初是在身体与物质世界之间进行的，即儿童在从事数字操作的时候，实际上是在和糖果或玻璃球这种物质世界的存在打交道。同样，逻辑－数学智能的其他基本形式，如儿童最初对因果关系的理解以及他给物体分类的努力，也是通过最初对实存物体的观察与处理表现出来的。总之，按照这种分析，所有逻辑－数学的智能形式都存在于最初对物体的处理之中。

然而，这种行为也可在人的内心进行，也就是在大脑中进行。过了一段时间之后，这种行为实际上被内化了。儿童不必亲自触摸物体就能在他的头脑中进行必要的比较和增删，并且同样能得出正确的答案。他会在脑子里推算："如果我在这一组里加上两个，那一共会有……"而且，这种大脑中的运算会变得越来越明确，儿童再也不怀疑两种不同顺序的记数方法是否会同样数出 10 个物体，因为他现在已经能够确信肯定会是这个结果。逻辑必然性这时开始进入到这些实际操作中去，因为儿童现在所处理的，已经不仅仅是经验上的发现，而且是必然的真实。演绎、重言式、三段话等过程都是真实的，这不仅仅是因为它们进一步证实了世界上事物的真实状态，还由于某些逻辑规则是必须应用的。两组物体一样多，并非因为数了之后才揭示出它们的数量相同，而是由于"你没有增加或减少它们，所以，它们必然就是一样多的"。然而在我们所讨论的大约 7 ～ 10 岁这个阶段，这些行为不论是身体的还是大脑的，都局限于实存物体，而这些物体至少可以潜在地进行操控。所以，皮亚杰就把这些行为叫作"具体运算"（concrete operations）。

在儿童到达下一个阶段之前，也就是在皮亚杰所认为的心理发展的最后一个阶段之前，认知的进一步发展是至关重要的。在青春期前的几年里，至少在皮亚杰学派所研究的西方社会中，正常的儿童就能产生正式的心理活动了。此时，他不仅能对物体本身做出反应，不仅能对这些物体的表象或心智模型做出反应，对于代表物体或代表施加于物体之上行为的那些文字、符号或字符串（如方程式），也能做出反应了。他已经能够表述一系列假设，并推断出各种假设的结果。以前，他用自己身体的动作计量物体，现在，则依靠心理运算转换符号。以前，儿童往每一组皮球里添加一定数量的新球，然后信心十足地说，总数仍然是相等的；那么现在，儿童能为代数方程式的两边增加符号，并确信方程式仍然是成立的。这种符号处理的能力证明看较高程度数学分支的本质。这些符号代表了对象、关系、函数或其他的运算。而此时参与运算的符号可能是词汇，就好像在进行三段话推理、科学假设或其他形式的程序时一样。

　　建立在方程式基础上的运算，对于任何记得中学数学的人来说，都不陌生。而在文字领域中，逻辑推理的运用则需要和我们前面遇到的语言修辞区别开来。当然，一个人很容易能够进行符合常识的逻辑推理。相同的推理规则，同样也可运用到明显毫不相关的表述中去。因此，假设有这样一个声明断言，"如果现在是冬天，那么我的名字就叫弗雷德里克"。如果事实上"现在是冬天"，那么就能推断出这个人的名字确实就是弗雷德里克。可是如果这个推断倒过来，就讲不通了。知道了一个人的名字叫弗雷德里克，丝毫不能证明"现在是冬天"的推断是正确的。如果给出的是这样一个断言，即"如果我的名字叫弗雷德里克，那现在就是冬天"，那么只有此时上面的推断才是正确的。这类表述颇受逻辑学家青睐，但也足以让我们其他人抓狂。它们提醒人们，逻辑推理完全可以离开普通语言中的常识性运作而进行，它实际也在这样进行着。的确，只有当我们把这些断言当成被操控的元素或对象，而不是经过深思熟虑的意见时，我们才能得出正确的推断。

　　注意，在这些案例中，原来对物体本身所进行的运算，现在已经能够通过数字或文字这些符号重新表现出来，而这些符号可替代那些我们真实生活中遇到物体与事件。连三岁的幼儿都能理解：假如拉一下杠杆 A，就会发生事件 B。然而在纯符号层面上的这种类似的推断，却要好几年的时间才能够发展起来。而"第二层次"和"更高层次"的运算，只有在青春期阶段才有可能进行。如果幸运的话，并且大脑细胞也允许，青春期以后也能进行。而且这种运算有时会达到高度的复杂程度，以至于除非是具有较强能力的人，否则将无法弄懂这种推理链条里的过程。

这里所简略描述的发展序列就是皮亚杰从感觉运动（sensori-motor）行为到具体运算，再到形式运算过程的描述，也是发展心理学全部研究得出的最佳的成长轨迹。尽管还有许多问题值得商榷，但它仍然是我们继续判断所有其他描述方式的标准。我曾经仅就一个议题，也就是对数字的理解以及和数字有关操作的理解，追踪过它的发展路线。但如果认为这个发展序列仅仅限于对数字的理解，那就大错特错了。实际上，情况正好相反。按照皮亚杰的看法，这种发展序列在所有的发展领域中，包括他特别感兴趣的康德哲学范畴的发展领域中（时间、空间及因果关系），都是通行的。皮亚杰的基本发展阶段就像巨大的认知波浪，自发地将自己的认知原则和方式，扩展到所有重要的认知领域中去。对皮亚杰来说，逻辑－数学思维就是将所有的认知聚集在一起的黏合剂。

我与皮亚杰的主要分歧，已经在前面几章论述过了。我认为，皮亚杰对一个独特的领域，即逻辑－数学思维的发展，描述得十分精彩。但他错误地认定，这种描述也适合于其他领域——从音乐智能到人际关系。本书的许多内容都是为了使人们集中注意力去思考，对于那些潜在的智能领域的发展路线，有关的分歧是什么。然而为了我们当前的目标，还是暂时搁置与皮亚杰在这方面的特殊争论为好。我们所讨论的，是皮亚杰研究得最出色的这一领域的发展问题。

即使在这里，皮亚杰的观点也存在问题。现在，已经得到充分的证实，逻辑－数学领域的发展并不像皮亚杰所希望的那样规则，那样环环相扣，那样分阶段进行。多个阶段显示的情况是渐进的、混杂的。而且，儿童表现出可操作的智能（operational intelligence）的迹象，其时间也远比皮亚杰所认定的要早。即使他们的智能水平达到了顶峰，也未能表现出全面的正式的可操作性思维。皮亚杰描绘的较高水平的运算思维，主要是应用于西方中产阶级主流社会人士的发展，但对来自传统文化或无文字文化的人的发展就不那么适用，而且对于独创性的研究或开创性的科学工作，也不能做出恰当的解释。

 这里我想强调的是，皮亚杰的确提出了正确的问题，并且在逻辑－数学智能发展所包含的主要因素方面，洞察到了事物的本质。他从儿童在物质世界的活动之中，敏锐地发现了逻辑－数学智能的根源，洞悉了数字发现非同一般的重要性，认识到从对物体本身的实物操作，直到行为深入人心的逐渐转换，发现了行为本身之间的关系，以及较高发展层次的特征——在这个较高的发展层次中，人以若干假想的论点为出发点，然后去探索这些论点之间的关系和含义。当然，数字、数学、逻辑、科学的范围并不相同。为反映许多学者的观点，本章将着重讨论逻辑－数学智能在以上方面的差别。但它们的确形成了相互联系的智能家族，这一点在我看来，似乎是肯定的。皮亚杰提出它们之间一体化的联系，也是他的贡献之一。

 数学、逻辑与科学研究领域的其他一些学者，也找出并强调了这些知识领域之间的联系。数学家布赖恩·罗特曼（Brian Rotman）指出，"全部的当代数学都理所当然地依赖于数的概念……依赖于1，2，3这种数字信息中表现出的内涵。"18世纪伟大的数学家莱昂哈德·欧拉①强调了数字的重要性，将它视为数学发展的基础：

 我们今天所了解的数字的性质，大部分都是观察发现的。而且远在这些性质的真实性被并不高明的演示确认之前，就已经被人们发现了……我们应当把这种发现当成是一次机会，以便更精确地研究这些被发现的性质，也可以当成是证明或驳斥这些性质的一个机会。无论这个性质得到证明还是被推翻，都会使我们有所收获。

---

① 莱昂哈德·欧拉（Leonhard Euler, 1707—1783）：瑞士数学家，在几何学、微积分、力学和数论方面都有建树，特别在对数的研究方面贡献很大。用 i 表示虚数，用 $f(x)$ 表示变量 x 的函数，都是他的发明，还有许多定理都是以他的名字命名的。——译者注

威拉德·奎因①也许是 20 世纪上半叶非常卓越的逻辑学家。他指出，逻辑涉及语言的陈述，而数学所处理的则是抽象的、非语言的实体；然而到了"较高的层次"时，逻辑学就自然地进入了数学领域。当然，数字在数学的最高层次上，只不过占很小的部分，与对特定计算的兴趣比起来，数学家对一般概念的兴趣更加浓厚。他们实际上寻求的，是将规律公式化，从而尽可能将这些公式应用到更大的范围内解决问题。然而正像怀特海和罗素②试图表明的那样，即使在最复杂的数学表述中，我们都能发现存在着简单的逻辑属性，也就是当儿童展示自己的运算思维时，开始表现出来的那种直觉。

根据罗素的观察，逻辑与数学有各自不同的发展史，但到了现代，它们走到一起来了："结果是，要想在两者之间划一条分界线，那是不可能的。实际上，它们是一回事。它们的区别，就像男孩子和男人的区别一样。逻辑是数学的少年阶段，而数学是逻辑的成人阶段。"

无论专家们在这些特殊的学科领域内有什么不同的观点，若从心理学的视角来看，谈论有关连锁在一起的能力家族的问题，似乎是合理的。开始对物质世界中物体的观察以后，人们就一步步接近了越来越抽象的形式系统，这种抽象系统间的相互联系，是逻辑的问题而非经验观察的问题。怀特海简洁地说："只要你考虑的是纯数学问题，那么你就处在完全的、绝对抽象的领域之中。"的确，正如逻辑学家的兴趣主要在语言表述之间的关系上，而不在这些表述与真实世界中经验的关系上一样，数学家们的工作对象是想象出来的物体和概念，与日常的真实生活并无直接的可比性。与实践领域有直接联系的主要是科学家：

---

① 威拉德·奎因（Willard van Orman Quine，1908—2000）：美国逻辑学家、分析哲学家。曾师从怀特海。其哲学研究多与语言和逻辑有关，著作有《词语和对象》《逻辑哲学》等。——译者注

② 伯特兰·罗素（Bertrand Russell，1872—1970）：英国哲学家、数学家、逻辑学家，20 世纪最著名的思想家之一，曾在剑桥大学任教。以他名字命名的"罗素悖论"，曾对 20 世纪的数学基础产生重大影响。与怀特海合著的《数学原理》，试图建立逻辑主义数学体系，把整个数学归结为逻辑学。——译者注

他必须能够做出表述，给出范式，提出理论。这些表述、范式及理论，除了要符合逻辑，经得起数学证明以外，还要与世界上已经发现或将要发现的事实之间，有着合理而连贯的关系。然而，即使如此，他提出的一切也还必须经过锤炼。一种科学理论，尽管它与某些经验事实相抵触，但常常还是要坚持下去；而且数学真理本身，也可能会因为新的发现，因为对于数学系统特征的新需求，而发生变化。

数学家的工作

拥有语言与音乐天赋者创作的产品，易于为广大公众所接受，而数学家的情况却恰恰是与此相反的另一个极端。除了少数数学内行以外，我们大多数人只能从远处欣赏数学家的思想与著作。当代大数学家安德鲁·格利森[①]用了这样一个生动的比喻来描绘这个可悲的情况：

> 我们很难把对数学新领域的印象，恰当地传达给非专业人员。拓扑学[②]研究空间是如何组成的，它就如同一些巨大的宗教庙宇，换句话说，那些未进入数学神秘之门的人，只能在门外观察它。

杰出的科学家兼哲学家迈克尔·波兰尼[③]承认，他自己就缺乏必要的智能条件去掌握许多当代数学知识，而这些知识是数学界也即数学家们认为价值不高的。我们注意下面这个难以解释的句子，就可对数学思维的要求略知一二了：

---

① 安德鲁·格利森（Andrew Gleason, 1921—2008）：美国数学家，哈佛大学教授，1986年国际数学家大会主席。——译者注

② 拓扑学（topology）：研究几何图形在一对一的双方连续变换下不变的性质的一门数学分科。——译者注

③ 迈克尔·波兰尼（Michael Polanyi, 1891—1975）：英国物理化学家和哲学家，在国际哲学界主要以创立意会认知（Tacit Knowledge）理论而著名。所谓"意会认知"，是指建立在线索、预感、本能和个人见识之上的经验性的专有诀窍。多为个人或组织经过长期积累而拥有，通常不易用言语表达，也不可能传播或传播困难。——译者注

我们不可能证明那种在陈述的形式中，通过对可变物的替代而获得的陈述，"我们不可能证明那种在陈述形式中，通过替代所论及的陈述形式的名称而获得的陈述"，这是所论及的陈述的名称。

波兰尼认为，要理解这句话，必须先设定一串符号，然后在这些符号上进行一系列运算。显然，对语言特定字符串的理解所需要的，并非只限于简单的句法与语义等语言能力，虽然我应当指出，这种能力是"解读"这类句子的前提。

在对数学家的思维过程做进一步探索方面，我像其他许多研究者一样，认为亨利·庞加莱[①]的自我思考，对我们特别有帮助。庞加莱提出了这样一个有趣的问题：如果说数学中所包含的，仅仅是所有正常头脑都能接受的逻辑法则，那么为什么还有人感到数学难懂呢？为了得出这个问题的答案，他要求我们设想出一长串三段论。其中，每一个结论都是下一次推理的前提。由于我们从某项结论提出下一个命题的时刻，与我们在下一次推理过程中使用它作为前提条件之间，有一段空白的时间，所以在这一系列推理的链条上，可能有几个联结点分离，或者说，我们也许会忘掉或无意中改变推理的前提条件。

假如这种记忆与使用前提条件的能力就是数学智能的必备条件，那么，庞加莱推断，数学家只需要有可靠的记忆力或天赋的注意力就够了。然而许多数学技巧娴熟的人，在记忆力或注意力方面并无突出之处。恰恰相反，许许多多拥有出色记忆力或极强注意力的人却没有数学能力。庞加莱证明，数学家之所以能在复杂的推导过程中保持良好的记忆力，是因为这种记忆力是由这个推导过程指引着的：

---

① 亨利·庞加莱（Henri Poincaré，1854—1912）：法国数学家、物理学家、天文学家。研究涉及数论、代数学、几何学、拓扑学等许多领域，曾当选法兰西科学院院士、院长。1904 年提出著名的数学命题，即"庞加莱猜想"。——译者注

数学证明并非直接将三段论并置，它是按照某种顺序将三段论排列起来。这些组成部分的排列顺序，比这些组成部分本身重要得多。如果说，我拥有对这个排列顺序的感觉和直觉，以至于一眼就能看出推导的全部过程，我就不必害怕自己会忘掉其中的某一个组成部分了：因为每个组成部分在推导的顺序中都有自己固定的位置，我根本不需要费力去记忆它们。

　　这样，庞加莱就区别了两种能力。一种是对推导链条上每个步骤的纯记忆能力，这种能力足以使人记住特定证明的过程。另一种能力，按照他的观点，是更加重要的一种能力，就是对于命题之间联系的特征加以鉴别的能力。如果感知到这些联系，那么证明过程中每一个步骤的精确一致性，就不那么重要了。因为如果必要的话，可以重建这些步骤甚至重新设想新的步骤。我们只要设法重新建立一个上文所说的庞加莱的推导过程，就能看出这种能力在起作用。如果能抓住论点和论据的变换，那么重新建立推导过程是个比较简单的事情。但如果一个人没有能够掌握这种推导过程，那么他就可能回归到文字的记忆中去。而这种文字的记忆，即使在特定的场合下能给人以帮助，这种帮助也不可能持久。

　　对任何领域都很关键的心智能力，在人群中的分布是不平衡的。在少数研究领域，取得成就是非常困难的，而且原始的天赋起着明显而重要的作用。正如庞加莱指出的，理解推导过程的能力并不那么鲜见，但开辟新的数学领域的能力就是很罕见的了：

　　任何人都能对数学对象进行新的组合……无用的组合不是创造，有用的组合才是创造，而有用的组合只是少数：创造就是洞察、选择……在被选出的组合中，那些从相距很远的领域中吸收组成部分后形成的组合，常常是最好的。

　　数学家阿尔弗雷德·阿德勒（Alfred Adler）曾经对自己领域中的困难与成就做过深刻的反思。按照他的说法：

几乎没什么人能够取得极为重大的数学成果。也不存在可以被接受的令人满意的数学。在每一代人之中，都有极少数伟大的数学家，以至于除他们以外，数学界根本注意不到还有其他人存在。在数学领域中，那些真正有天赋的人实际上顷刻之间就被发现了。而且与其他学科相比，数学天才很少遭到他人的嫉妒和怀恨，也很少有人对他们持保留态度，因为数学天赋的特征是非常明显的。

那些有数学天赋的人的特征是什么呢？按照阿德勒的说法，数学家的能力很少会扩展到数学以外的领域去，他们在金融或法律方面很少拥有什么天赋。数学家的特征是，他们喜欢从事抽象的思考，喜欢从事"在高压下，也就是在难题的压力下进行的运算"。这些难题的解决具有相当的重要性，所以是数学家应尽的社会责任。数学家必须是绝对严密的，他必须不断地保持怀疑的态度。只有经过普遍接受的基本原理指导下的步骤，进行了严格证明之后的事实，才能使数学家相信。数学允许最大的冒险的自由，即允许人创造出任何他想创造的数学体系。但最后，每一种数学理论都必须与自然的现实相关。若非直接相关，也一定与数学的主体相关，并通过数学的主体，转而具有直接的物质意义。支撑并激励数学家工作的动力是一种信念，即他也许能得出一个全新的结果，一个永远改变他人对数学秩序思考方式的结果："伟大而崭新的数学大厦就是数学不朽的胜利。"阿德勒的这个想法，就是老一代著名数学家哈代的观点。哈代认为：

> 不可否认，数学天赋是一种最专业化的才能。数学家们作为一个阶层，在一般能力或多种能力方面，并不特别突出……如果一个人无论在何种意义上说都是一位真正的数学家，那么十有八九，他的数学能力比做其他任何事的能力都强得多……如果他在其他领域内干一些无法取得杰出成就的工作，并因此而抛弃了应用自己唯一的数学天赋的机会，那真是太傻了。

数学家如同画家和诗人一样，是模式的制造者。但数学模式独有的特征是它们更可能持久，因为它们是由思想制成的。哈代说："数学家的工作对象不是物质材料，所以他创造的模式持续的时间更久远，因为思想与文字相比，更难消除。"

　　数学家才能中最核心、最难以替代的特征，很可能就是熟练处理一系列推理的能力。如果一位生物学家研究变形虫的运动过程，然后试图把研究成果运用到不同层次的动物世界中去，最后产生关于人类行走的理论，那我们会认为他的做法太古怪了。然而正如安德鲁·格利森指出的，数学家普遍在做的，正是这样的事情。他在非常复杂的情况下运用的那些理论，都是从非常简单的理论推导出来的，而他通常会期待结果是正确的，而且不是大致上正确，是在细节上也正确。起初，这种延伸的推理行为，也许是从直觉出发的。许多数学家说，远在他们开始进行详细的运算之前，就已经感悟到可能的结论或方向了。当代数学家斯坦尼斯拉夫·乌拉姆[①]写道："如果一个人想取得原创性的成果，靠链条式的三段论是不够的。大脑在推理过程中发挥着总结和综述的作用，而且可能包含着许多同时起作用的部分。人只是偶尔意识到大脑中存在着什么。"庞加莱说，数学家"在直觉引领下，第一次出击就展开快速但有时不可靠的进攻，就像勇敢的骑兵先锋一样"。但到后来，如果要让别人信服自己的数学方法，还得进行细致的运算，而且其中的定义和一系列推理都不应有任何差错。这种崇尚科学的特征，正是数学家的表现。实际上，任何遗漏的错误，如忘记了一个步骤，或程序上的错误，如做了不必要的假设，都将毁灭数学成就的价值。

　　如果每一代人的研究成果都建立在上一代人的研究成果之上，某一个领域的研究就展开了。如果读者愿意的话，这里指的就是数学科学。在历史早期，一个人只要受过教育，就可能弄懂当时最深奥的数学思考。然而至少近一个世纪以来，这种情况已经不可能了。值得注意的是，尽管激发各种不同智能的文化领域继续发展着，但很少有什么领域，或者说没有任何领域，像

---

① 斯坦尼斯拉夫·乌拉姆〔Stanislaw Marein Ulam, 1909—1984〕：美国数学家，
　　原为波兰国籍，1941 年入美国籍。先后在哈佛大学等校任教，曾参与研制原子弹的
　　曼哈顿工程。——译者注

逻辑－数学思维一样以一种无人能懂的方式演进。实际上，数学以类似我所描述过的人类发展模式的方式，变得一年比一年更加抽象。

阿德勒追溯了这一变化过程。首先，数学变得抽象的来源就是数字本身的概念，以及建立在此基础上不同数量相互区分的概念。每一种人类的文化都曾经历过这一步。接着就是代数的发明，数字在代数里被当成一个系统，人们可以用变量来代替特定的数字。变量反过来又只是数学函数更广义维度的特例，在数学函数中一个变量与另一个变量有系统性关系。这些函数不一定局限于实际的数值，比如长度或宽度，然而它们可赋予其他函数以实际意义，赋予函数的函数以实际意义，甚至还可赋予更长的函数系列以实际意义。

总之，正如阿德勒所说的，先使数字的概念抽象化、普遍化，然后再使变量的概念抽象化、普遍化，最后使函数的概念抽象化、普遍化，这样，就有可能进入思维的极其抽象化与普遍化的层次。当然，在抽象化的梯级上每前进一步，都会有一些人感到这个系列太难、太痛苦，或者受益甚少，因而他们会"中途退场"。应当指出，数学也有极强的吸引力，使人们去寻求更简单的表达方式，使他们回归到数字的基本概念上去。所以说，即使是那些对于遵循这一长串推理或越来越抽象的分析层次没有特别天赋的人，在数学领域中也有自己的位置。

以数学作为自己的职业，似乎是个困难的选择。在圈外人看来，数学家被选中，似乎是因为他们在数字王国中拥有早熟的技能，是因为他们对抽象的异常爱好。人们对这一点并不感到奇怪。数学家的世界是个不寻常的世界，一个人要想在这个世界中生存下去，就得像苦行僧一样。为解决那种似乎无解的问题，必须长时间集中自己的全部精力，这对于他来说是很正常的事情。而与其他人之间哪怕是临时性的交往，这对于他来说都是不可能的。语言也没有多大帮助，数学家凭着笔和纸，凭着自己的思维单独工作，必须终日苦思冥想。因此，他的精神常常处于极度紧张的状态——如果还没有崩溃的话。但数学家也能够抵御忧郁，正如乌拉姆所说的："数学家从那种与外界事物毫无联系的求索中，找到了自己的信仰与幸福。当他们对世界感到沮丧时，能从数学研究中得到自我满足。"

虽然数学家的这种孤独是严重的，数学研究对专心致志的程度要求极高，并且还有不得其解时的痛苦，但数学家成功以后获得的回报的确是高层次的。数学家回忆自己在解决难题之后的感受时，一般都强调了在取得突破的时刻伴随着成功的兴奋心情。有时候虽然直觉首先给出灵感，但是此后他还必须通过解题的细节，实实在在地努力工作。有时，按部就班仔细完成每一个步骤就能得出精确的结果。在少数情况下，直觉与理性同时到来，或两者齐头并进。然而不论运用哪种模式从事数学研究，给出难题或者重要难题的解将给数学家带来极不寻常的快乐。所谓重要难题，就是数学家们感到值得耗费精力的唯一难题，除非要证明某一道题基本上无解。

可是，让数学家兴奋的是什么东西呢？有一个明显的快乐原因，那就是他们长期无法解决的难题，现在终于有解了。当然，他还面临着其他奖赏：创建了一个新的数学领域，或发现了迥然相异的数学领域之间的联系。

实际上，具备不仅能发现某种相似性，而且能发现不同相似性之间关系的能力，被认为是数学家的一大乐事。使数学家感到满足的另外一件事，似乎是对违反直觉的因素进行处理。他们的丰富想象力在众多虚数、无理数、悖论①中遨游，在拥有自身奇特财富、物产乃至佳肴的可能与不可能世界中遨游，这给他们带来了另一种妙不可言的快乐。因此，刘易斯·卡罗尔②既出色地创造出某个与现实对立的世界，又是一流的逻辑学家和数学家，这也许并非偶然。

---

① 悖论（paradox）：一种尽管从可接受的假设中推导出来但其核心是自相矛盾的论断。——译者注
② 刘易斯·卡罗尔（Lewis Carroll, 1832—1898）：英国作家。毕业于牛津大学，做过牧师和数学讲师。其童话《爱丽丝漫游奇境记》和《镜中世界》充满虚幻离奇的情节。——译者注

数学家这一家族真是够特殊，也是够神秘的。它一直试图把自己的成员都聚集到一起。然而，在这个学科之内，人们又乐于相互估价与对比。抽象的速率与效力如何，就是评估的直接手段，而且很可能是最重要的手段。但存在的矛盾是，数学迄今仍没有诺贝尔奖。也许因为数学这种智能活动是人类独有的，数学家们在天赋分布问题上有最大的共识。在讨论数学技能的时候，人们还常常涉及其他的方面。例如，有些数学家更重视运用直觉，而另外一些数学家则只推崇系统的证明。

现在的数学家们都喜欢评价上一代最伟大的数学家约翰·冯·诺伊曼 [①]。这种评价所运用的标准包括：有无评估某个领域边界并判断其中是否包括有趣问题的能力，有无迎难而上的勇气，有无极速思考的能力。乌拉姆在讨论到他所熟悉的冯·诺伊曼时说：

> 诺伊曼作为一名数学家，在数学领域之外的科学方面，也是敏锐、高效、才华横溢、博学多识的。他明白自己的专业能力，明白自己应对复杂推理的精湛技巧是无与伦比的，他的洞察力也是如此。然而，他缺乏绝对的自信。也许他感到自己已经无力在最高层次上依靠直觉探求新的真理，也许他感到自己缺乏对证明或阐释新定理的非理性感知……也许是因为曾经有几次，他自己偶然被别人抢先、领先甚至超越的缘故。

换言之，诺伊曼是自己专业技能的主人，而同时又有点像是它的奴隶。被作为数学家来培养的雅各布·布罗诺夫斯基 [②] 的回忆，为我们进一步提供

[①] 约翰·冯·诺伊曼（John von Neumann, 1903—1957）：美国数学家，原籍匈牙利。学生术生涯几乎涵盖了当时所有的数学领域，独自开创了三四种全新的数学学派，在算子理论、量子理论、集合论、博弈论以及计算机科学等领域，都留下了不可磨灭的印记。——译者注

[②] 雅各布·布罗诺夫斯基（Jacob Bronowski, 1908—1974）：英国数学家、科学题材作家和电视节目主持人，生于波兰，因为主持介绍科学技术发展史的电视节目《人类的攀升》（1973）闻名于世。——译者注

了关于冯·诺伊曼的数学能力的信息。诺伊曼在为布罗诺夫斯基解释一种后者没有弄懂的运算结果时说：

> 啊，不是这样的，你还没有弄明白。看待这一点时，你心里那种具象的方法不对。抽象地去想一想吧。在这张爆炸的照片上发生的情形是，第一个导数明显地消失了，因此我们看见了第二个导数的踪迹。

工程师朱利安·比奇洛（Julian Bigelow）回忆说：

> 诺伊曼是一位奇特的理论上的能工巧匠……他第一次听到一个问题，就能将它推导出来，并用极为巧妙的符号，将这个问题表达出来……他是个非常仔细的人，他所说的和所写的都准确地表达了他的思想。

按照数学史专家史蒂夫·海姆斯（Steve Heims）的说法，这种能用恰当的符号记录问题的能力表明，不论问题的内容如何，诺伊曼立刻关注的是形式。这说明他表现出一种他人所没有的直觉的能力。他的一位同事说："他差不多立刻就能明白其中的内容，而且给出证明这个定理的方法，或者给出如何用已有的定理去替代它的方法。"

乌拉姆把自己与其他数学家进行了比较，当他这么说的时候，似乎还包括诺伊曼。他说：

> 至于说到我自己，我不能承认自己懂得许多数学专业的材料。我所具备的，也许是在多个数学领域中，对要点、对要点的要点的感受能力。在某些我们所不知道细节的数学分支里，我们有可能具备这种窍门，去猜测或感受那些也许是新的或者是已知的与未知的东西。我认为我具备了一定程度的这种能力，常常能够说出某个定理是已知的还是未知的，即这个定理是经过证明了的，还是一种新的设想。

非常有趣的是，乌拉姆同时还加了以下这段关于这种数学技巧与音乐能力之间关系的旁白：

> 我能记忆音调，还能相当准确地用口哨吹出各种旋律。然而当我试图创作或谱写一首"迷人的"乐曲时，我沮丧地发现，那不过是我听过的乐曲的一种平庸组合而已。这正与我的数学能力形成了对照。我认为在数学中，只要是我涉及的领域，我总能提出一些新的东西。

似乎很明显，数学天才必须具备的能力，是首先发现有价值的思想，然后找出这些思想的意义。乌拉姆在数学领域中具备了这种能力，然而在音乐领域中却几乎完全没有这种能力。另一方面，音乐领域的一位大师鲁宾斯坦发出了相反的抱怨。他感到，对于自己来说，数学是"无法企及的"。

数学才能的核心是识别关键问题然后解决它们的能力。至于怎样才能识别关键问题，数学家们对此似乎感到困惑。发现问题的过程仍然显得很神秘。虽然如同在音乐中一样，某些在数学技巧上拥有天赋的人显然能够立即直接感受到这种发现，并具备这方面的本领，但另外一些拥有同样甚至关于更精深技巧的人却表现不出这种倾向。不论怎么说，关于解决问题的方法，我们已经有了大量的文献。数学家们想出了各种各样的启发式方法，以帮助人们解决问题。数学方面的非正式训练常常就包含着对这些技能的吸收，并将这些内容传给下一代人。我们从乔治·波利亚[①]、赫伯特·西蒙[②]、艾伦·纽厄尔[③]这类专解决数学难题的学者们那里，能够得到有益

[①] 乔治·波利亚（George Polya，1887—1985）：匈牙利裔美国数学家和数学教育家。他对解题技巧特别是启发式方法有强烈兴趣，曾著有《怎样解题》一书。——编者注

[②] 赫伯特·西蒙（Herbert Simon，1916—2001），中文名司马贺，美国学者，研究横跨经济学、计算机科学、心理学、政治学等多学科领域。1978年获诺贝尔经济学奖。——编者注

[③] 艾伦·纽厄尔（Allen Newell，1927—1992）：美国计算机科学家。1956年，他与赫伯特·西蒙共同开发出了被视为最早用于人工智能的计算机编程语言——信息处理语言（IPL）。——编者注

的启示。学者们被建议首先要做归纳性的工作，也就是从某个问题中一组给定的对象出发，导出范围更大的一组对象，其中包含先前给定的那一组对象。反之，学者们又被建议做演绎性的工作，从给定的一组对象转入到范围更小的一组对象，后者本身也包含在给定的那一组对象之中。他们应当首先找出可类比的关系，然后就能找出与所要解决的问题有相似或相异之处的问题或情境，以便为自己的工作提供指导。

其他的一些程序也经常被人们提到。面对一个太复杂或太难解的问题时，学数学者们被建议先在较大的问题中找出一个较简单的问题，然后解决这个较简单的部分，继而以此为基础解决较大的问题。学者们还被建议先假设一种可能的答案，然后再倒推回问题本身，或者先描述一种答案应有的一些特征，然后再设法逐一向这些特征靠拢。还有一个普遍可行的方法就是间接证明，即首先假设一个试图证明的东西的对立面，然后推出这个假设所产生的后果。在数学这个特殊的领域中，还有更独特的启发式方法，而且起过重要的作用。显然，由于最有趣的问题也是最难解决的问题，所以能够恰到好处而又敏捷地利用这种启发式方法的数学学者，便处于明显有利的地位。也许，学会并运用这种启发式方法（这种方法通过辨识可行性对纯粹的逻辑思考做出补充）的能力有助于我们在有追求的学者身上定义"最近发展区"①。

虽然许多数学学者十分看重他们的直觉，但以上这些明确的解题方法是他们的看家本领，是他们在灵感与直觉不起作用时最后依靠的东西。然而，这些启发式方法并不是数学学者独有的专利。实际上，这些方法对其他生活领域中遇到难以解决问题的人来说，同样也是有用的，是将纯数学家这一珍稀物种的活动与其他人的追求联系起来的途径。特别需要指出的是，这些方法还有助于我们认清众多必须提出问题并有效解决问题的实践型科学家的命运。

---

① 最近发展区（zone of proximal development）：儿童独立解决问题的实际水平与在成人指导下或在同有能力同伴合作中解决问题的潜在发展水平之间的差距，是两个邻近的发展阶段间的过渡状态。由苏联心理学家维果茨基提出，意在强调教学要利用最佳时期促进学生的发展。——编者注

科学实践

当然，科学与数学是密切结合着的。在特定的历史时期，科学的进步乃至发明都与数学相联系在一起。实际上，每一项重大的数学突破最终究都将为科学家群体所利用。下面只简单地举几个例子。公元前 200 年，希腊人对圆锥曲线的研究，帮助开普勒[①]在 1609 年发现了行星运动定律。再近一些，戴维·希尔伯特[②]的积分方程理论为创建量子力学所必需。格奥尔格·弗里德里希·黎曼[③]的微分几何学是相对论的基础。实际上，17 世纪以来西方科学的长足进步，在很大程度上可以追溯到微积分的创立。化学与物理的任务是对变化（物质系统的变化）做出解释，而不是对稳态进行描述。没有微积分，解释这种变化过程是很困难的，因为那就得计算出每一个无穷小步骤的变化。而有了微积分之后，我们就能够确定某个量的变化是如何涉及与之相联系的量的。所以，牛顿这个微积分的创始人之一就有机会计算出行星运动的轨迹。

科学家需要数学，是因为对于自然界杂乱无章的现象，很难从总体上进行处理。而从数学中得出的抽象关系的有序概形是科学家在这种混乱中建立某种秩序的主要工具。不过，就学科领域的核心而言，物理学等科学与数学可以明晰地区分开来。数学家仅仅对为自己探索抽象系统感兴趣，而科学家则渴望解释物理现实。对于科学家来说，数学是一种用于建立模型和理论的

---

① 开普勒（Johannes Kepler, 1571—1630）：德国天文学家、物理学家、教学家。提出行星运动三定律，为牛顿发现万有引力定律打下基础。改进望远镜，发现大气折射的近似定律。数学成就有，引入无穷大和无穷小的概念、讨论 90 多种各类体积问题、论述二次曲线的相互转化、阐述判别极大极小值的方法等。——译者注

② 戴维·希尔伯特（David Hilbert, 1862—1943）：德国数学家对欧几里得几何学的公理体系做出系统整理，提出了严格的几何公理体系。抽象地研究积分方程，得到一类线性算子的谱理论。1900 年提出未来需要解决的 23 个数学问题，后统称"希尔伯特数学问题"。——译者注

③ 格奥尔格·弗里德里希·黎曼（Georg Friedrich Riemann, 1826—1866）：德国数学家。黎曼几何创始人，复变函数论创始人之一。首先引入黎曼面和流形的概念，为后世拓扑学和微分几何开辟了道路。建立的黎曼几何学为广义相对论提供了数学工具。对代数函数论和微分方程也有重要贡献。——译者注

工具，尽管不可或缺但依然是工具。通过它建立的理论，可以描述并最终解释世界的运行。这里所说的世界包括归属于物理学与化学的物质世界、归属于生物学的生物世界、归属于社会科学与行为科学的人类世界以及归属于认知科学的人类心理世界。

在古代，科学密切地与哲学和数学相联系：科学从哲学中找出问题，数学方法常在努力解决特定科学问题的过程中被设计出来。然而随着时间的推移，虽然科学继续与哲学和数学交叉受益，但科学事业却越来越独立了。科学作为一门独立且如今日益分化的事业，在其兴起过程中起到重要作用的因素包括：科学从政治与神学中分离出来，科学越来越依赖经验观察、测量和关键实验（关键实验被设计用以验证一个模型或理论，从而推翻另一个模型或理论），以及科学报告得以公开发表（在这些科学报告中，科学家说出了自己的主张及有关程序的细节，使其他人得以重复或批评相同的研究，并开展其他人自己的进一步研究，以证明、阐述或推翻他们那个时代的科学结论）。

正如皮亚杰很早就注意到的那样，科学的演进与儿童逻辑－数学思维的发展在此存在着某种有趣的相似之处。从上述两者之中，我们都能发现针对对象的简单实验，以及针对对象在最早和最基础发展进程中的行为模式与相互作用类型所做的记录。那些认真测量的实践，那些对人类活动方式的表述方法，还有将这些表述进行系统化的确认，都是只有在人类进化到了较晚的时期，科学思维的进化也到了较晚的时期，才会出现的现象。

我们还可以观察一下现代科学出现过程中的一系列阶段。首先，早在17世纪时期，英国哲学家弗朗西斯·培根就强调了系统地收集事实的重要性。然而，由于培根不懂数学，由于他不能提出有重大意义的问题，所以他的贡献是阶段性的，而不是实质性的。不久，伽利略① 坚持把数学引入到科

---

① 伽利略（G. Galileo, 1564—1642）：意大利数学家、物理学家、天文学家。他确立了自由落体定律、发现了物体的惯性定律、抛体运动定律等，制造了人类第一台天文望远镜，因大力支持哥白尼的地动说，被罗马教廷判处终身监禁。——译者注

学研究中去，反对仅仅简单地记录色彩、味道、声音与气味。他指出，假如不是因为人类碰巧具备特殊感觉器官的话，那么这些因素甚至根本就不会存在。然而，尽管伽利略把系统的计量技术引入科学家的武器库中，也仍不足以开启现代科学的新纪元。这个任务，留给了一位无与伦比的思想家——牛顿。他以清晰的运算风格，对物理学的发现做了全面的概括，而且运用分析与综合的方法，把各种研究结果都纳入统一的格局中去。正如赫伯特·巴特菲尔德[1]所说的："一名具备极其灵活头脑的年轻人对科学领域做了全面的概括，并在几类直觉的帮助下，将科学成就纳入恰当的格局中去。"牛顿用了一种使皮亚杰学派的人们高兴的方式，假设了一个时间与空间的抽象框架，物质世界就按照一套不变的法则，在这个框架之中逐渐展开。

虽然同一个人可能既有科学天赋，又有数学天赋（如牛顿），但是科学家的热情及其背后的动机与我们所发现的数学家生活中的动机是很不相同的。驱使作为科学家的牛顿进行研究的最高动机似乎就是寻找大自然的奥秘或特定奥秘。牛顿自己明白，要解释大自然的一切是难以做到的，然而他确实带着探索者的观念：

> 我不知道别人怎么看我。反正我自己感到，我似乎像个在海边玩耍、嬉戏的孩子，不过发现了一块比常见的卵石更光滑的卵石，或比寻常贝壳更漂亮的贝壳。而此时在我面前的，是隐秘而巨大的真理的海洋。

布罗诺夫斯基评论过科学家在取得成果时的愉悦，他说：

> 就像你们所知道的毕达哥拉斯遇到的那样，真理的轮廓突然显现，大自然的一个奥秘对你公开了。一个普遍适用的定律控制着天堂巨大的机械装置，月亮的运行就是这个装置中一个和谐的部分。

---

[1]　赫伯特·巴特菲尔德（Herbert Butterfield，1900—1979）：英国史学家、哲学家。——译者注

正如一把钥匙插入锁孔，旋转一下，自然就以数字的形式表明了对里面结构的认可。

渴望对自然做出解释，而不是为了创造出一个统一的、抽象的世界，在纯科学家与纯数学家之间形成了很有启发意义的张力。数学家也许会看低科学家，认为他们太实际、太注重应用，不能为理念本身去努力追寻理念。但科学家又会认为数学家完全脱离现实，认为数学家倾向于永无休止地追求理念，即使是在或者特别是在这些理念并不会产生什么结果，不会有任何实践意义的情况下，也是如此。抛开这种理念与现实的偏见不谈，在这两种领域内受到尊崇的才能似乎也有所不同。对于数学家来说，最重要的是无论解决问题的模式存在于何处，都能够将它们识别出来，无论自己的思路可能通向何方，都要能够将其内涵付诸实施。对科学家来说，必要和有用的特征就是脚踏实地，同时持久关注自身理念可能带给物质世界的影响。而这些，都不是数学家要考虑的问题。正如一生既从事过数学事业，也从事过科学事业的爱因斯坦所说："当然不可能光凭数学与逻辑思考建立起物质方面的真理。"他对自己的专业决断做了很有启发的回忆：

> 我之所以在一定程度上忽略了数学，原因不仅仅在于我对科学比对数学有更大的兴趣，还由于以下奇怪的经验。我发现数学被分成许多个专业，每个专业又都能够十分轻易地消耗上天赋予我们的短暂生命，这显然是由于我在数学领域中的直觉不够强的缘故……然而在物理学中，我很快就学会了如何发现导向基本原理的途径，学会了避开所有其他的弯路，避开在头脑中分散的、使研究不能进入客观事物本质的许多东西。

那些优秀科学家，尤其具备牛顿与爱因斯坦那样能力的科学家们所特有的直觉的特征究竟是什么？这些人最初对于客观世界及其运行方式都有浓厚的兴趣，这引发他们开始寻求数量有限的、有助于解释对象行为的规则或原理。每当将互不相同的因素联系起来，然后提出几个简单的规则，就能解释对象间的相互作用时，优秀的科学家就取得了极大的进步。乌拉姆承认这种能力与纯数学家的类推能力不同。他坦承，很难使数学家理解对物理现象产生直觉是什么意思。实际上，他认为，很少有数学家具备这种直觉。32 岁就获得了诺贝尔物理学奖的维尔纳·海森伯[①]，在回忆自己的导师尼尔斯·玻尔[②]的物理学直觉以及这些直觉是如何超前于证明速度时说：

> 玻尔肯定知道，他自己的科研工作是从提出时不可能被认为是正确的相互矛盾的假设开始的。然而他有一种准确无误的直觉，意识到通过这些假设，就能形成很有说服力的关于原子内部电子运动过程的模型。玻尔运用经典力学和量子论的方式，正像画家运用他们的画笔与颜料那样。画笔并不能决定画作，颜色也绝不是真实世界的全部，然而当画家心灵的眼睛能够持续地凝视这幅画，那么他就有可能使用画笔，把自己心灵里面的画（不论这幅画是否成功）传达给别人了。玻尔准确地知道，在物体发光时，在化学过程以及许多其他过程中，原子是怎样运动的。这就帮助他在头脑中形成了不同原子结构直觉的画面。至于玻尔自己是不是相信电子在原子内部旋转，则完全无法确定。但他确信这一画面的正确性。当时，他还不能用恰当的语言或数学方法去表达自己头脑中的这幅画面。但这并非是个不幸，相反，这是一个极大的挑战。

物理学家在反思的时候，常常会提到对自己直觉的强大力量的信任，这些直觉往往关系到客观世界真实的本质。海森伯曾经对爱因斯坦说：

> 我和你一样，相信自然规律的简单性有一个客观的特征，而不

---

① 维尔纳·海森伯（Werner Heisenberg, 1901—1976）：德国物理学家、哲学家。量子力学创始人之一。1927 年提出不确定关系，并因此获 1932 年诺贝尔物理学奖。——译者注

② 尼尔斯·玻尔（Niels Bohr, 1885—1962）：丹麦物理学家。对量子论和量子力学的建立起了重要作用。因在原子结构方面的研究成果，获 1922 年诺贝尔物理学奖。量子论的哲学观点上的哥本哈根学派以他为首。他的学生海森伯同属该学派。——译者注

仅仅是思维简化的产物。倘若自然界把我们引导到极为简单而又极为美丽的数学形式（我所指的形式，是指假设、作用等前后一致的系统）引导到前人没有遇见过的形式，那么我们就很自然地会认为它们是"正确的"，认为它们揭示了自然的真正特征……但我们自己绝无可能自动接近这种形式，因为它们是自然揭示给我们的。这一事实使我们强烈地感到，它们本身就是自然的一个部分，而不仅仅是我们对于现实的思考……大自然向我们提供的数学概形的简单性与美感极其强烈地吸引着我。你肯定也会有与我同样的感受：自然突然将某些联系呈现在我们面前，这些联系有着几乎令人惊愕的简单性和完整性，而我们所有人都对此毫无准备。

留给最伟大的科学家去完成的任务是提出前人从没有提出过的问题，然后自己得出问题的答案，最终永远改变了科学家，也改变了外行人解释世界的方式。爱因斯坦的天才就在于，他能不断提出关于时间与空间绝对性的问题。在十几岁的时候，他就在思索，如果我们从光的角度来看待问题的话，或者说得具体一些，如果我们骑在一束光上，会感受到什么样的体验呢？他提出：假定我们的眼睛凝视着一座钟，然后以光的速度从这座钟的前面飞速离去，那么钟上的时间就会凝固，因为此后的一个小时的时间，它绝不可能快得能赶上我们——对于光来说，那座钟表示的时间将永远不会变化。

爱因斯坦曾经想，当一个人接近光的速度时，他就会在自己时间与空间的箱子里越来越孤立，与周围正常的规则越来越分离，再没有通常所说的时间这样的东西存在了。确实，以光的速度飞行的人对时间的体验，与坐在家里的人对时间的体验，完全不一样。然而，一个以光速飞行的人的各种体验都是一致的。牛顿所描述过的时间、距离、速度、质量与力之间的关系，对于骑在这束光上飞行的人来说，同样是存在着的，而且他们继续感受到与时钟环境下类似的一致性体验。只是对以光速飞行的人和身处时钟近旁的人来说，为时间、距离等产生的实际值就不再相同了。

爱因斯坦遵循这一思路，根据过去人们的若干发现，如否定了以太存在的迈克耳孙－莫雷实验[①]，结合设想的未来的实验，然后进行必要的数学推导和运算，建立起了相对论。这花去了爱因斯坦许多年的时间，构成了我们这个时代历史的一部分。这里应当指出的是，爱因斯坦的科学独创性，来源于他的大胆发问，来源于他对那些神秘的、未曾解决的问题探索到底的决心，来源于那些问题与宇宙的基本结构和特征之间的微妙联系。爱因斯坦完全依靠自己的力量，对这一思路进行了多年的探索，也不管它是否在嘲弄传统的智慧。爱因斯坦相信，自己沿着这一思路走下去得出的结果与牛顿在两个世纪以前得出的被普遍接受的结论相比，更简单、更有启发意义、更全面，也需要更大的勇气。

正如物理学家杰拉尔德·霍尔顿[②]雄辩地指出的那样，这样一个计划虽然需要有关的实验设备、数学的精确推导和敏锐的观察力，但只有这些还是远远不够的，科学家还需要潜在的基本假设[③]主题的指引。这些基本假设是头脑中关于宇宙如何运行的信念，以及怎样才能更好地揭示这个运行规律的基本信念。在爱因斯坦的例子中，上述信念就是相信将会有几条简单的法则，这些法则能概括不同的现象，而且其应用不存在偶然性或不确定性因素。这种信念是爱因斯坦职业信条的重要组成部分。据称爱因斯坦说过："上帝是不会放过把自然造就得这么简单的机会的。"这一类基本假设有时比科学家通常提出的那些客观事实和数字，更可能成为讨论的中心内容。诚如霍

---

① 迈克耳孙－莫雷实验（Michelson-Morley experiment）：物理学史上企图检测地球相对于以太的运动的光学实验。美国物理学家阿尔伯特·迈克耳孙（Albert Michelson，1852—1931）和化学家、物理学家爱德华·莫雷（Edward Morley，1838—1923）为此设计了高精度干涉仪，于1887年进行了多次观测，否定了实验假设，并最终否定了以太的存在。但这一实验使人们认识到经典时空观的缺陷，促成了1905年狭义相对论的出现。——译者注

② 杰拉尔德·霍尔顿（Gerald Holton，1922—）：美国物理学家、科学史学家。他是第一位系统研究爱因斯坦的科学史学家，取得的标志性成果集中在狭义相对论起源方面，尤其是全面细致研究了迈克耳孙－莫雷实验对狭义相对论的影响。——译者注

③ 基本假设（themata）：根据作者来信的解释，这是源于古希腊语的单词thema（主题）的复数形式，此处指能使人们从事科学研究工作所做的最基本的假设。——译者注

尔顿所说："基本假设有时是根深蒂固的，对它们的认识有助于人们解释观点对立者在讨论什么，而这些讨论远不只涉及科学内容和社会环境。"

对处于科学家系统核心地位的基本假设主题的讨论将科学实践中令人费解但至关重要的面向凸显出来。尽管当代科学家的自我形象突出了严谨性、系统性与客观性，但是归根到底，科学本身实则是一种宗教，是科学家的狂热信仰。科学家不仅从他们的心底里相信自己方法与主题的正确性，而且许多人相信，运用这些工具去尽可能多地解释现实是他们的神圣使命。这种信念，也许就是伟大的科学家对最为宏观的问题进行思索的原因之一，也是他们，尤其是他们在生命的晚期常致力于在现实的本质或生命的意义等哲学问题上发表见解的原因之一。最近有文献证实，甚至连牛顿都用了生命中很长的时间，致力于对神秘主义、形而上学以及宇宙的思考，而且提出了许多我们今天会认为属于中世纪的观点（如果不是完全荒诞的观点的话）。在这种兴趣的背后，我似乎感到科学家有一种相同的愿望，就是解释在物理学中以更受限制、更严格方式证明出来的世界。评论家弗兰克·曼纽尔（Frank Manuel）对此做出了如下解释：

> 牛顿对于基本宗教原则的表述，对预言的解释，对《圣经》中历史文字的批评，他的世界年表系统，他关于宇宙的理论，以及他关于异教徒的神话就是历史的观点，都说明了相同的心态和思维风格。自然本身是和谐的，牛顿的头脑也一样。在智力的鼎盛时期，他心里有一种强烈的欲望，想从表面混沌的世界中发现秩序与规则，从大量混乱的资料中整理出能够涵盖整个自然并能确定其中各组成部分关系的基本法则……不论他转向哪个学科，都在寻找这种统一的法则。

当然，我们从这里看出了与大多数数学家不同的兴趣，即数学家们会毫不迟疑地避开现实，去解决各自的方程式与定理中存在的复杂与混乱的局面。而这种对单独的、统一的解释的追求欲望同样也在物理科学与其他学科之间划定了一条界线。尽管其他学科的学者当然也致力于对现实的解释，不论是生物学的、社会科学的或认知科学的，但他们不太会去寻求对生命的本质做出全面的解释。而其他有很强的逻辑－数学能力的人，比如棋类运动员，也不可能花很多气力去探索世界的奥秘。也许（虽然仅仅是也许）年轻物理学家在童年的一个特征就是，具有解答"存在"这个重要哲学之谜的欲望。

爱因斯坦还是四五岁的孩子时，得到了一枚指南针。那枚指南针使他惊愕，谁也没有碰它，更没有拉它，但却似乎有一种无形的力量，使它朝着北的方向。这枚指南针就成为一个启示，向这个孩子对物质世界秩序的改变提出了质疑："我还记得，或者至少可以说，我想我记得，这一经验给了我深刻而持久的印象。"过分夸大某种儿时记忆所起的作用是危险的，于是爱因斯坦对自己的思想与语言从来都持审慎态度——这里用警示性的说法"我想我记得"，来说明回忆的不确定性。然而若把爱因斯坦对一种主要经验的回忆与逻辑－数学领域内其他人的回忆相对照，是很有启发意义的。

这里有一个例子。我们的数学界前辈乌拉姆回忆说，他在童年时被一块东方地毯的复杂图案迷住了。这块地毯的图案似乎产生一种"旋律"，带有各个部分之间相互回响的关系。乌拉姆回忆说，这些图案具有一种内在的数学规则和某些青少年会特别敏感的力量。这种敏感性也许主要依赖于某种敏锐的记忆，即孩子把现在感觉到的图案（不论是首先从视觉上感受到的还是仅仅被要求看到的），与过去"操作过的"图案相比较的记忆。这里说一句题外话，在对幼儿的观察中，我和我的同事们都发现了一组幼儿，他们特别喜欢甚至可以说是专注于那些重复的图案。当时，我们对乌拉姆还一无所知。我们把这些幼儿昵称为"制图师"，把另一组语言能力更强的幼儿叫作"戏剧家"，并对他们进行到了对比。当然，我们尚不能确定，这些被称为"制图师"的孩子是否更有成为数学家的"危险"。

逻辑－数学领域的其他人有没有各自儿时的偏爱呢？帕斯卡[①]在少年时

[①]　布莱瑟·帕斯卡（Blaise Pascal，1623—1662）：法国数学家、物理学家、哲学家。他从怀疑论出发，认为感性和理性知识皆不可靠，从而得出信仰高于一切的结论。——译者注

期特别爱学数学，然而他的父亲却不让他学数学，甚至禁止他谈论关于数学的问题。

> 然而帕斯卡开始时对数学进行幻想……他总是用炭棒在游戏室的墙壁上画，试图找一种能把圆圈画得绝对圆，还能把三角形的边与角画得相等的方法。他自己发现了这些方法，而且接着又开始寻找它们之间的关系。他任何数学术语都不懂，所以只能自己动脑筋创造……他用这些创造出的名词提出了若干公理，并最终发展了完美的论证整的证明……最后，他发现了欧几里得的第 32 定理。

罗素回忆说：

> 我 11 岁的时候就开始学习欧几里得几何，哥哥当我的老师。这是我生活中最大的事件之一，就像初恋的情人那样迷人。我当时想象不出，世界上还有什么事情能与几何一样有趣……从那以后，直到我 38 岁，几何都是我的主要兴趣和主要快乐源泉……（数学）不属于人类，它和我们这个星球或偶然形成的宇宙，没有什么特别的关系，因为它就像斯宾诺莎①的上帝一样，是不会反过来爱我们的。

乌拉姆为这种激情提供了一种可能的解释。最初，幼儿产生了某些满意的数字方面的经验，然后便进一步进行实验，并在数字领域和符号领域建立起经验的储备和记忆。最终，他就超越了自己独有的探索，即他对数学天生的好奇，而与那种过去曾使数学家费解的难题相遇。当然，所谓他独有的探索有时候是其他人也共有的。倘若他有所成就的话，那么他就会每天花上几个小时去思考这些问题。因为明显的事实是，在数学领域，一个人 20 岁至

---

① 斯宾诺莎（Baruch Spinoza, 1632—1677）：荷兰哲学家。他认为世界只有一个"实体"即自然，否定上帝存在，但又把自然"实体"称作"上帝"，使唯物主义带上泛神论的色彩。此外他还是"天赋人权论"的重要思想家。——译者注

40 岁这段时间是至关重要的，这一点比任何其他智力领域都更明显。由于这样或那样的原因，大概是神经学上的原因，在有限的时间里，一个人能在心里储存和操作那些解答重要数学难题所需变量的能力，特别容易受年龄的影响，即使年龄只有 30 岁或 40 岁。这是个困难而又折磨人的任务。

另一个童年往事的例子，与当代美国哲学家和逻辑学家索尔·克里普克①有关，他是当代光芒最耀眼的哲学家。3 岁的时候，索尔到厨房去找他的妈妈，问她上帝是不是无处不在。得到了肯定的答复之后，他又问，自己进厨房后占据了一定的空间，这是不是说他把上帝挤走了一部分？克里普克是一位数学神童，他完全依靠自己很快就在小学四年级达到进行代数运算的水平。例如他发现，用两个数的和与两个数的差相乘所得的积，与大数的平方减去小数的平方所得的差相等。当他发现并将这种关系应用于任何数字时，就进入了代数学的核心内容。克里普克曾经对他的妈妈说，如果此前没有人发明代数的话，代数就会由他发明，因为他极为自然地发现了有关的原理。这种对研究领域的创新能力也许是超常数学天才所共有的。伟大的笛卡儿说："年轻时，当我听到一些巧妙的发明时，我曾试着想在未阅读作者说明的情况下，自己去发明它们。"

这类传记性资料进一步说明，逻辑 - 数学领域的天赋很早就表现出来了。最初，这些超常儿童可以自行快速前进，他可以说差不多是在没有经验的情况下从事数学活动的。也许由于历史的偶然性，有这类通才（general talent）的孩子被无意中引向了数学、逻辑学或物理学的领域。我想，如果仔细进行有关的研究，也许能揭示出这些人"透露"出的不同的早期经验。物理学家也许对物理对象及其相互作用特别感兴趣，数学家也许沉浸在模式之中，而哲学家则为悖论、终极现实的问题及命题之间的关系所吸引。当然，这些物理学家、数学家、哲学家与各自有关问题之间的联系，是偶然出

---

① 索尔·克里普克（Saul Kripke，1940—）：美国逻辑学家、哲学家。模态逻辑语义学创始人之一。名著《命名与必然性》在英美分析哲学界掀起一场持续十多年的论战。——译者注

现的，还是因为这些人已经具备了某种倾向或因素，所以受到有关领域的吸引？这还是个谜。我想最好还是把它留给那些更有逻辑 - 数学能力的人去解答吧。

不论潜在的逻辑 - 数学家们怎样早熟，但在该领域中能否迅速地发展起来，仍然是个至关重要的问题。正如我们所了解到的，在这些领域中最有创造力的年龄是在40岁以前，也许甚至还在30岁以前。尽管在这个年龄以后，仍然可以做一些扎实的工作，但一般来说这种情况似乎是很少见的。哈代说，"我现在只写一些有关数学的评论，因为那种有效的数学创造所必需的新鲜感、能量或耐心，我现在已经不再具有了。"诺贝尔物理学奖获得者拉比①说，年轻些的人之所以能在各自领域中得心应手，是因为他们有巨大的身体能量。当有人询问他物理学家的创造力在什么年龄开始衰减时，他回答说：

> 这在很大程度上取决于个人……我看到过有的人分别在30岁、40岁、50岁时创造力衰减的情况。我想这肯定基于神经或生理方面的原因，以至于那时的头脑就不再以同样的丰富性与联想性运行了。信息检索的部分开始消失，同时开始消失的还有互联的部分。我知道我自己在20岁前后时，感到世界就如同一根烟火筒，总是在喷射着什么……随着时间的流逝，这种感觉便失去了……物理是另一个世界的东西，它要求我们对没有见过甚至没有听说过的事物有一种品味，它是高度抽象的……当年龄大了以后，这些功能不知怎么便没有了……小时候才有很深的好奇心。我认为物理学家是人类中间的彼得·潘②……他一旦成熟之后，就知道得太多了。沃尔

---

① 拉比（I. I. Rabi, 1898—1988）：美国物理学家。他因在原子束实验中首次观察到核磁共振现象，并用于测量核磁矩而获得1944年诺贝尔物理学奖。——译者注

② 彼得·潘（Peter Pan）：苏格兰作家巴里（J. M. Barrie, 1860—1937）同名戏剧和小说中的主角，是个永远不会长大的小飞人。——译者注

夫冈·泡利^①曾经对我说过，"我懂得很多东西，我知道的实在是太多了，以至我现在成了量子古董"。

在数学方面，情形也许更加严重。阿德勒说大多数数学家的主要工作，过了 25 岁或 30 岁就算结束了。如果到那时仍然成就甚少，那么在余生中就不可能再有什么成果，创造力随年龄的增大而减小。老师难以认识到的东西，学生可能轻松地，有时甚至是毫不费力地就认识到了。这就导致了一种令人心酸的技能闲置状况，即使是最伟大的数学家，在生命的大部分时光里都注定要像年轻的游泳或赛跑运动员一样，亲眼看着自己鼎盛时期逝去。这种状况同人文领域的许多成就形成了鲜明对照。在人文领域中，主要成果一般出现在学者 50 岁、60 岁或 70 岁的时候。

孤独的数学天才

我们知道，快速计算的能力至多是数学家一个偶然出现的特长。当然，这远不是他们天才的核心内容。这类才能在他们身上的表现，一定更普遍、更抽象。然而，有些挑选出来的人具有极佳的计算能力，而且我们能看得出，在他们的智能之中，存在着以相对独立的形式发生作用的逻辑 - 数学部分。

也许那些学者症候群就是这种现象的最好例证。这些人在大多数领域内，都存在能力不足甚至能力受阻的现象，却又在童年早期就表现出迅速、准确的计算能力。这些人形计算器已经学会了一套计算的诀窍，能在自己的头脑中添加很大的数字，热衷于记住一长串的数字，也许还能说出前三个世纪中任何一天是星期几。但必须强调的是，这些人一般都不喜欢去发现新的问题，不喜欢去解决别人解决过的问题，甚至也不喜欢去观察别人是如何解

---

① 沃尔夫冈·泡利（Wolfgang Pauli, 1900—1958）：物理学家。生于奥地利，后入瑞士、美国籍。主要成就在量子力学、量子场论和基本粒子方面。1925 年发现关于原子内电子分布的"泡利不相容原理"。1931 年预言了后来被费米命名、1956 年才被观测到的中微子的存在。1945 年获诺贝尔物理学奖。——译者注

决这些问题的。学者症候群并不想让数学对自己日常生活的其他方面有所帮助，或用数学去解决科学问题。他们掌握了一系列的数学手段，反而使他们像畸形人一样不正常了。当然也有特殊的情况，如著名的数学家卡尔·弗里德里希·高斯[①]和天文学家杜鲁门·萨福德[②]，也是善于计算的人。但一般来说，这种才能突出表现在没有其他成就的人身上。

学者症候群在多数情况下都会真正表现出从小就与众不同的计算能力。例如，有一个已住进精神病院的儿童，叫奥巴代亚（Obadiah），他从 6 岁开始自己就学会了加、减、乘、除。有一个善于计算年历的孩子，叫乔治，他 6 岁就对着一本万年历看来看去，差不多一开始就在年历计算方面表现出完全的准确性。神经病学家库尔特·戈尔德施泰因研究的一位 11 岁儿童 L，能记住无穷无尽的数字列表，如铁路时刻表和报纸上的金融数据表。这个孩子从小就喜欢数数，而且对数字与乐音的方方面面都十分感兴趣。然而在其他方面，他却似乎没有什么大的技能和潜力。确切地说，由于在某一方面有着比其他方面更高的技能，所以那些在多数领域内不幸的人，为拥有明显优于其他人的某种特殊领域的才能，投入了可观的精力。倘若这种想法是正确的，就有可能去训练那些或许智能低下的人，使他们具备以上所说的数学才能。然而，我自己猜想，在算术或年历计算方面表现超常的儿童，其表现建立在大脑某些区域相对获得保护或发生增殖的基础上。像高读症的情况一样，数学的超常才能表现为一种自动的、不可能止步的过程，而不是一种由过量应用和实践在随意选择的潜在专门领域内铸就的才能。

某些人天生就具备至少一种逻辑 - 数学才能的组分，而那些在其他方面正常的人，则可能在数字方面表现出有选择性的劣势。其中有些人可能出现

---

① 卡尔·弗里德里希·高斯（Karl Friedreich Gauss, 1777—1855）：德国数学家、物理学家、天文学家。幼年即显示出过人数学才能，人称"数学王子"。对超几何级数、复变函数论、统计数学、椭圆函数论有重大贡献。——译者注

② 杜鲁门·萨福德（Truman Safford, 1836—1901）：美国人。童年时，因其出众的计算能力被誉为神童。长大后学习天文学，后成为威廉姆斯学院霍普金斯天文台台长。据记载，他大学毕业后很快就丧失了小时候拥有的超强计算能力。

有选择性的数字障碍，就像很多孩子阅读书面语存在困难（失读症），还有人数少得多的孩子运用口语存在困难（言语障碍）一样。

在那些被诊断患有发育性格斯特曼综合征 ① 的人身上，表现出一种令人好奇的残疾现象。儿童患上与成人相同名称的综合征，就会在学习算术的时候出现独立的障碍，同时还在辨认和区分手指及左右手时也存在困难。虽然在书写或拼写方面也许有选择性的困难，但这些儿童的语言能力却是正常的，因此我们可以知道，他们一般并非患有精神发育迟滞。神经病学家做出推测认为，在这些儿童的大脑中，主管视觉领域中识别序列及模式的部位，即大脑优势半球后部区域的联络皮层，存在着缺陷。按照主流的分，这种对顺序，尤其是视觉－空间类顺序的选择性困难，会立刻导致在手指识别、左右方向识别以及数字计算方面的困难。多数儿童在开始数字计算的时候，都用过自己手指给予辅助。这一事实为这种奇异的综合征赋予了特别有趣的意义。

也许还有其他儿童，也在逻辑－数学思维方面表现出有选择性的困难。在这种情况下，问题被激发出来，无关简单或复杂，前面提到的困难可能在于对因果关系原理或系列逻辑推理原理的理解。一旦一个人越过了简单计数和基本计算的阶段之后，这种对因果关系原理或系列逻辑推理原理的理解就是解决数学问题的关键因素了。教育家约翰·霍尔特 ② 曾经忧郁地发问："如果对世界的运行方式缺乏了解，对事物的规律、秩序和常理缺乏感受，那将是什么样的生活啊？"上面这类孩子与未来将成为物理学家的孩子相比，处于连续统一体（continuum）相反的两个极端。他们不仅没有探索自然世界

① 格斯特曼综合征（Gerstmann syndrome）：大脑优势半球角回损害导致的综合征。患者表现为不能计算、不能识别手指、不能认识左右侧和不能书写等四个症状。——译者注

② 约翰·霍尔特（John Holt, 1923—1985）：美国教育家、作家。著作《孩子如何失败》和《孩子如何学习》影响了 20 世纪 60 年代美国的教育改革他成年之后才开始学习乐器，34 岁学长笛，40 岁学大提琴，50 岁后成为业余大提琴演奏家。——译者注

秩序的欲望，就连在别人眼中明显存在着的秩序，他们都看不出来。

与语言甚至音乐相比，我们对于数字能力的进化前身，对于数字能力在当今正常成年人大脑中的组织系统，所知仍然极为有限。在其他动物身上，当然可以发现数字能力的征兆，例如：鸟类能够可靠地识别六七种物体阵列；蜜蜂拥有通过观察其同类的舞蹈动作，计算方向与距离的本能；灵长类动物能够掌握较小数目的计算，还能够对概率做出简单估计。日历和其他一些符号系统至少已经有三万年的历史，远在书面语言出现之前就存在了。规范早期人类生活秩序的方式当然适用于后来石器时代的人类。我们的祖先必定具有把数字看成无穷序列的眼光，知道能够在这个序列中不断地添加一个数，而使该数字扩大。这样，他们就超越了仅仅凭感觉计量数字的局限。而凭感觉计量数字的能力是类人猿也拥有的。

说到对大脑中数字能力的组织，可以发现：有些人显然失去了运算能力，但语言能力却完好无损；还有很多人，虽然患有失语症，但仍能做加减法，仍能玩需要计算的游戏，仍能掌管自己的财务收支。正如同语言能力和音乐能力之间的关系一样，即使在最基本的层次上，语言能力与计算能力都是相互分离的。而且，随着证据的不断积累，我们又发现，数字能力一般都是由右脑控制的。这又和音乐能力一样！大多数观察者一致认为，有可能出现不同的算术能力：理解数字的符号，理解数字运算符号的含义，理解隐含的数量及其运算本身（在排除为这些运算设计的符号的条件下）。阅读及标示数学符号的能力多半是大脑左半球的功能，而对数字之间的关系及有关数学概念的理解似乎由大脑的右半球控制。在语言方面存在的基本困难可损害到对数量的理解，而空间能力受到的损伤又让用纸笔进行的运算或几何证明能力产生障碍。因大脑额叶受损而在制订计划时感到困难的人，在处理包含许多步骤的数学问题时，常常显得低能。

尽管存在上述多种情形，但人们还是达成一种脆弱的共识，即大脑某个区域，如左顶叶以及相邻的颞叶和枕叶的联络区，也许在解决逻辑与数学问题时特别重要。一个人罹患格斯特曼综合征正是因为角回的这一区域受损。

通过观察该综合征的首个成人病例可以发现，患者在仍具备其他认知能力的情况下，丧失了计算、绘画、识别左右和识别手指的能力。鲁利亚补充说，这一区域的损伤还会削弱空间定位的能力，削弱理解某种语法结构（比如像介词短语和被动结构）的能力。

我是故意用"一种脆弱的共识"这个说法的。依我看，若说大脑某一区域在逻辑－数学思维方面起关键作用，那还需要拿出更有说服力的证据才行。顶叶区也许对许多人都是重要的，但在其他一些人的身上或在涉及其他操作的时候，完全可以找到令人信服的例子说明，大脑额叶或右脑其他任何地方的结构同样也能影响到逻辑－数学的功能。

我希望对潜藏着逻辑－数学运算能力的神经组织做出一种不同的描述。我认为，某些神经中枢对上文引用的那些特定的逻辑－数学运算来说，可能是非常重要的。然而，这些中枢对逻辑与数学思维来说，似乎并非必不可少的，与颞叶和枕叶的某些区域密切关系语言能力或音乐能力不太一样。换言之，在人类大脑中，进行数学运算和逻辑思考的方式更具灵活性。

我认为，皮亚杰的研究已经给了我们答案。进行逻辑－数学运算的能力，从最平常的活动中开始出现，在婴儿出生以后的头一个 10 年或者第二个 10 年渐渐地发展起来。这个发展过程牵涉到数个与此有关的神经中枢。尽管会发生局灶性损伤，但这种运算通常仍然能够进行下去。因为这种运算所依靠的并非某个特定的神经中枢，而是普遍化的以及高度丰富的神经组织的形式。逻辑－数学能力薄弱的主要原因并不是由于某个大脑区域的病症，确切地说，它是由更普遍的退化性病症所引起的，比如痴呆。患了这样的病症以后，神经系统的大部分就会或多或少地发生功能性的代偿失调。我认为，皮亚杰研究的运算能力与我们在其他章节所考察的那些运算能力相比，神经定位的程度是不一样的。因此，他所研究的运算能力在神经系统一般性崩溃的情况下，相较而言更加脆弱。实际上，两种近来的电生理学研究都证实，在解决数学难题的过程中，大脑的两半球都有相当程度的介入。诚如一位作者所说："每一种解题活动都在大脑两个半球的前部和后部的许多区域中，产生出复杂而迅速变化的脑电活动模式。"而形成对照的是，语言能力与音乐能力在一般性崩溃的情况下，仍然能够保持其相对健全的状态，除非崩溃包括了特定的中枢系统。

总之，对关联逻辑－数学能力的神经组织来说，存在着一个基本原理，但它与我们迄今为止见到的原理相比，是更具普遍性的。如果运用"奥卡姆剃刀"原则①，可以得出结论，逻辑－数学能力并不是别人所说的"纯粹的"或"独立的"能力系统，或许不能把它看成是一种单独的智能，而应看成是某种超级的或更普遍化的智能。我有的时候同情这种论点，不想在本书中更明确地表示自己的实际感受。然而照我看来，人们能够见到逻辑－数学这种特定的和特殊的能力的崩溃现象，又能见到多种不同的极端早熟的情况，这个事实本身就说明，排除逻辑－数学智能的做法是一种过于极端的科学研究方法。不论怎么说，在进行逻辑－数学思维的时候，"自律智能"（autonomous intelligence）的许多迹象都是有积极意义的。另外，逻辑－数学能力还有可能只包含大量必要又略显冗余的神经系统的串联。如果这些系统分别同时受损（只有通过不被允许的实验手段，才可能发生这样的情况），那么我们就能见到与在语言与音乐领域中程度相同的那些综合征了。

跨文化背景下的逻辑和数学活动

在世界各地发展起来的众多数字与运算系统，已经充分地证实本章所讨论的内容，并不仅仅局限于西方。从新几内亚人以身体部位计数的方法到非洲人市场交易中以贝壳计数的方法，都向我们提供了充分的证据，证明人类智能可以灵活地将秩序与计数的自然倾向，融合到不同文化情境所珍视的重要功能的执行中去。

在全部西方人类学的历史中，学者们一直存在着一种争论。一方的观点

---

① "奥卡姆剃刀"原则（Ockham's razor）：主张一切理论均应该力求简化的观点。——译者注

认为，西方思维与其他形式的思维之间存在着基本的连续性，而另一方的观点则强调非西方智能的"原始性"与未开化性。虽然现在人们已不像几十年前那样，干脆宣称"野蛮人"的智能与我们的智能大不相同，但这两种观点的对立似乎并没有很快消除的迹象。

由于数学与科学是西方社会最引以为自豪的成就，所以最初从这一地区产生带有"优越感"的主张，是毫不奇怪的。人们花费了大量的精力，以确定未开化的群体是否具备和我们一样的逻辑思维，他们能否进行准确的运算，他们是否有一种实验法和反证法的解释系统，以及其他一些类似的问题。总的来说，当西方社会科学家使用他们的测验法在异国他乡寻找他们自己的思维模式时，并没有得到什么有力的证据。比如，在最初把皮亚杰式的测试方法用到国外时，人们发现很少有人的得分超越具体运算阶段，有时甚至不能理解守恒的概念。① 反过来，在那些非西方的文化中，尤其在那些当地居民珍视的重要活动中，收集到关于他们思维能力的证据之后，人们发现，以前所断言的未开化者与开化者之间的差异缩小了。的确，有时"未开化者"的测验结果表现得比研究人员自己还要高明一些。

有一种方法能使我们参加这一争论而又不至于无所适从，那就是按照我描述各种学术角色的方式来认识非西方的社会。当人们在其他传统的文化中寻求我们所知道的数学家或科学家存在的明确证据时，并没有发现能够说明这种看法的重要证据。确实，那种仅仅因为爱好去建立精巧而抽象的数学关系系统的愿望，或者通过实验来研究一组关于世界如何运转的命题的愿望，似乎是西方社会的重大关切。这种关切始于古希腊时代，到文艺复兴时期才猛烈爆发，现在已经迅速地传遍了世界各地。同样，对于这些议题的大量书面资料及论辩文集似乎也是西方在过去几个世纪里的创造。

---

① 根据皮亚杰的研究，在儿童认知发展的第三阶段（7岁至11岁），即具体运算阶段，儿童可以理解守恒（conservation）的概念，表现为：能够明白，即使对事物的感知发生了变化，它的数量也可以保持不变。理解守恒的概念是儿童具备具体运算思维的标志之一。——编者注

然而当人们把注意力转移一下，去寻找作为科学能力之基础的智能的基本运作时，就会发现，我们没有什么理由去怀疑逻辑-数学思维的基本普遍性。说得具体一点，只要有市场经济的存在，那么人们就完全有能力为自己的利益讨价还价，完全有能力在某种货物能赚钱或赚大钱的情况下，从事该项交易。只要物品的分类能力在什么地方显得重要，不论是植物学的原因还是社会的原因，那个地方的人就有能力提出细致的、分等级的组织系统，并且能恰当地运用这些系统。什么地方需要能够规范并统一人类行动的日历，或需要迅速、可靠的运算工具如算盘，那里的社会就能创造解决这类问题的方式，起码与我们的方式同样合适。当非洲卡拉哈迪①猎人的科学理论还未在西方的语言中出现的时候，他们就已经运用了相同的方法。例如在狩猎中，卡拉哈迪的猎人会对以下情形做出区分：亲眼看到过猎物；看到过猎物的踪迹，但没有看到猎物本身；从别人那里听说过猎物的情况；既没有亲眼看到过猎物，也没有与看到过猎物的其他人直接交谈，因而必须对猎物的情况保持未知。正如尼古拉斯·布勒顿-琼斯（Nicholas Blurton-Jones）与梅尔文·康纳（Melvin Konnen）在研究了布须曼人②狩猎后做出的结论所说的：

　　　　由此产生的知识体系是详细的、覆盖面宽广的、准确的……特别是跟踪猎物的过程，包含了推测与检验假设的模式，以及需要运用人的头脑中最佳的推测与分析能力才能做出的发现。根据动物的足迹确定它们的动向，确定自己行动的时机，确定动物是否已经负伤（以及如果负了伤，又是如何负伤的），并推测它们能跑多远，沿着什么方向跑，跑多快——所有这些都需要反复不断提出新的假设，并用新的资料去验证，使之与先前所了解的关于动物的动向相结合，否定站不住脚的部分，最终得出合理的结论。

---

① 卡拉哈迪（Kgalagadi）：非洲南部内陆干燥区的总称。大部为沙漠，属内陆盆地。西部、北部有灌木和草本植物。南部以荒漠、半荒漠为主，沙丘散布。——译者注
② 布须曼人（Bushmen）：非洲南部的部落集团。分布在纳米比亚、博茨瓦纳、安哥拉、津巴布韦、南非。大多从事游猎和采集。

如果能说明逻辑－数学智能适应文化的方式，也许对描述历史上文化产生之前人类群体的算术系统特征有所帮助。许多社会的群体都能对某个领域里的物体、人或生物体的数目，加以恰当地估算。实际上，这种估算能力可能是极强的。约翰·盖伊（John Gay）和迈克尔·科尔两人发现，非洲利比里亚的成年克佩勒人，在估算含 10 ～ 100 粒石子堆中的石子数目时，比成年美国人的能力要强得多。他们的估算系统与西方人使用的计算法比较起来，更加优越，绝不会在运算中与正确答案相去太远。如果用我们的运算方法，可能得出完全准确的答案，但同时又更可能得出与正确答案相去甚远的得数。因为我们有可能弄错一行数字，或在计算器上按错了键。

实际上，假如要在非洲找到高度发展了的数字能力的例证，那么最好的所在就是到一种叫卡拉（kala），又称作马朗（Malang）或阿瓦利（Oh-War-ree）的游戏中去寻找。这是一种播棋游戏，被认为"是在世界上有大量拥趸的最具算术性的游戏"。这种复杂游戏的基本规则是，把种子（棋子）一个一个地按顺序投入地面上控好的若干个坑里（棋盘），然后通过把一个人手中最后一粒种子投入对手已装有一两粒种子的坑里，吃掉对方的种子。科尔和同事们在观察了游戏中的选手之后，发现赢家运用了清晰一致的成套策略：

> 获胜者会确保自己防守坚固，将自己每一步的可能性都做出分类。他会为自己保留时间，诱使对手误吃自己的子。他并不贪图小利，而是全力争取决定性的胜利。在准备发起新的攻势时，他还能确保自己灵活地调配力量。

因为这种游戏可以持续走 300 步以上，所以熟练的克佩勒人玩家必须极巧妙地运用这些策略。实际上，优秀的玩家会为自己的家庭带来荣誉，甚至在歌曲里受到颂扬。

有些数字运用能力的展示是直截了当的。比如在市场交易中，或在清点私有财产时，就是这样。然而人们同样还会发现，数学思维与对宗教以及神秘想象的探索相互交织。在犹太人中，对数字的性质的领悟与对教义的解释存在密切的联系。对数字性质的领悟有时还与预言有密切的联系。在西班牙的宗教法庭上，一个藏有阿拉伯数学手稿的人可能会被判处终身监禁甚至死刑："数学家被认为是最大的异教徒。"中世纪宗教学者和基督教学者们相信，所有横行数字之和与所有纵列数字之和都相等的幻方可以预防瘟疫、治疗不孕症。非洲许多地方都有禁止数人、数动物和数珍贵东西的禁令。数字与其他符号系统之间的内在联系也是多种教派活动的主要内容。中世纪的印度人用引发联想的词代表数字（月亮代表1，眼睛或手臂代表2），而且用诗句的形式书写他们的数学与天文学论文。即使到现在，操纵那种文字与数字相互替代的复杂系统，掌控能够通过数字串传递的秘密信息，仍然是需要由宗教学者们去培养的技能。

一旦谈到对数字性质的敏感性，无文字社会与传统文化社会都会承认这种能力的重要性。数学智能的数字核心能力似乎是全人类都很珍视的。然而，对原始头脑的理性产生强烈怀疑的人显然是那些逻辑上不能自圆其说的人，是那些乞灵于超自然的与神秘力量的人。提倡理性的人怎么可能相信无文字社会里的人既是猫而同时又是人呢？怎么可能相信孩子的出生是由星辰运动所引起的呢？早期评论者也许在诱惑之下，欣然接受或试图否定这种明显的无理性现象，但现在的一些人类学家则做出了不同的分析。他们认为，所有的人，当然也包括我们这个社会的人，都抱有许多非理性甚至是无理性的信念。确实，如果一个人善于思考，同时却不抱有若干信仰（其中至少有一些信仰到最后是互不协调的），那是不可能的。人们只要思考一下对宗教的信仰就明白了。甚至连对科学的信仰常常都是互不协调的。比如，对有些科学理论的信仰没有任何逻辑推理的证据，一部分物理学家相信预言和不确定性。

这里必须注意的是，不论这些信仰如何强烈，都不会实际上影响一个人日常实践中的决定。实际上，倘若这些信仰确实影响了这种决定的话，那么不论此人生活在什么样的社会里，人家都会认为他发了疯。信仰被看成是宏观的或形而上的理论，与自然的终极现实有关，而与一个人如何烤肉，如何从一个地方搬到另一个地方，或如何与熟人进行交易，都是无关的。人类正是在这种理性的日常场所中，而不在宏观的宇宙中（无论是神秘主义的还是科学意义上的），进行日常的实践活动。

我们可从不同的传统文化之中，很容易发现数字思维能力，同样也可以从中找到高层次的逻辑思维能力。埃德温·哈钦斯（Edwin Hutchins）对特罗布里恩群岛①上的土地纠纷做了相当深入的研究。他证明，纠纷当事人具有做出复杂的系列推理的能力。按照哈钦斯的描述，每一位想证明自己拥有某花园的纠纷当事人都必须对该花园的历史做一番文化意义上的描述。这种描述的结果必须能说明这个人有权拥有这一花园，最好还可以表明，该花园不存在任何说明曾被对方拥有的历史。

　　哈钦斯记录说，从某些方面看，纠纷当事人解决问题的任务与逻辑数学中定理的证明很相似。文化准则提供该系统的公理和隐含前提。该案例的历史背景，特别是纠纷当事人过去对花园处置持赞同态度的情况，为该案例提出了明确的前提条件。需要证明的定理就是一个表明该纠纷当事人拥有土地所有权的命题。

按照哈钦斯的判断，对于特罗布里恩纠纷当事人表现出的自发推理链，从纯西方来源发展出来的民间逻辑模式做出了充分的说明。当然，它并非直接的亚里士多德逻辑，因为它包含着似是而非且必要的推论。然而，正像哈钦斯所说："我们的推理也同样如此。"

但是，如果这种研究表明，"我们"与"他们"之间推理能力的差别缩小了，那么人们也会得到一种新的认识，即学校教育（一般情况下）和读写能力（特殊情况下）会对一个人自己的思考方式以及与他人进行交流的方法带来重大的变化。正如我在本书第 13 章将要详细讨论那样，一个人在学校

① 特罗布里恩群岛（Trobriand Islands）：位于巴布亚新几内亚东部，居住着处于原始文化时期的部族。——译者注

里将学到如下东西：处理自身所处的情境以外的信息；接受抽象的观点，并在假设的基础上探索它们之间的关系；弄清一整套理念，而无论谁提出了这些理念，也无论提出这些理念的语气如何；去批评，去发现矛盾，去尝试解决矛盾。一个人还将收获知识的积累，学会对自己并无直接兴趣的表述进行判断的方法，弄懂原本似乎无关的知识体系之间的关系。对来自序列推理与现实相联系的抽象思考的重视，对"客观的"文字、阅读以及测验的逐渐熟悉，最终会培养出熟知科学与数学原理的人，培养出关心自身观点和行为与略显深奥的标准是否一致的人。

在许多未曾开化的社会中，没有鼓励提出问题的氛围，也不提倡运用自己的智慧向不可思议的或神秘的说法发起挑战。相反，许多"受过教育的"环境则鼓励人们向缺少证据的陈述提出质疑，鼓励人们努力更正错误的论点，甚至鼓励人们提出自己新的演绎推理。作为最后的结果，就出现了让人非常关注的我在此讨论的逻辑、科学与数学的问题，甚至排斥我在本书其他部分提出的更为审美的或更为人性化的智能形式。

数学、科学与时代痕迹

在考察学校教育与读写能力对人的心态产生的影响时，我接触迄今为止被低估了的逻辑 - 数学思维的一个重要方面。科学家与数学家喜欢认为自己关注的是永恒的真理，但他们追踪着的，实际上是在迅速地发展着的而且已经发生了深刻变化的世界。关于科学和数学领域的一些概念，在过去几个世纪以来已经发生了变化。正如布赖恩·罗特曼所说的，对于巴比伦人来说，数学是进行天文运算的一种方式；对于毕达哥拉斯时代的人来说，数学是宇宙和谐的体现；文艺复兴时期的科学家们则认为，数学是揭示自然奥秘的手段；而康德则认为，数学是一种完美的科学，它的定理构筑在我们理性能力最深层次的结构上；到了弗雷格 [①] 和罗素的时代，数学成了清晰性的范式，

───────────────

① 戈特洛布·弗雷格（Gottlob Frege, 1848—1925）：德国数学家、数理逻辑学家。首次表述了用形式语言构造的初步自足的逻辑演算系统，并试图从逻辑中导出算术，以奠立算术的基础。——译者注

可以用来判断日常语言的模糊性。毫无疑问，以上观点还会继续改变下去。实际上，在最重要的数学家之中，对于他们从事的整个事业的本质是什么，以及哪些目标是最重要的，哪些研究方法是可以允许的，哪些方法是不能接受的，他们存在着巨大分歧。

当然，科学也是在变化着的，而且这种变化常被看成是进步。然而，自从托马斯·库恩引起争议的著作问世以后，评论者们对于科学始终遵循一条发展道路向终极真理前进的看法产生了怀疑。很少有人像库恩学说的支持者那样走得那么远，声称科学只不过是一种世界观的替代物，也很少有人像保罗·费耶阿本德[①]那样，否认科学与非科学之间的界线。但很多人都已经认识到，每一种世界观都澄清了某些问题，但同时又忽略或模糊了其他一些问题。那种意图建立单一科学（一种跨越所有领域的统一的科学）的主张，是人们理应排斥的奇谈怪论。当一个人从事某种特殊的科学研究工作时，弄清谁的论文反对什么观点，谁的论文要达到的目标是什么，是很重要的。的确，在可以设定基本范式的"常规科学"内，一个人也许并没有理由为自己工作的根源而苦恼。也许在限定领域之内，为问题寻找答案的工作正在稳定地推进。然而一旦意识到明天也许会有人推翻我们今天在科学问题上的结论时，科学变化着的本质就成了生活的事实。

人是这种时代变迁的受益者，也是受害者。有一套技能的人也许在某个时代是位伟大的数学家或科学家，因为他的技能正是那个时代所需要的。在随后或先前的一个历史时代中，他的技能却可能是相对无用的。例如，记忆长串数字的能力，或者看出各种形式之间复杂关系的能力，也许在某个数学时代是重要的，而到了其他时代，到了有书籍或计算机替代这种记忆功能的时代，或者空间概念尚未被认为是数学组成部分的时代，则不那么重要。这

---

① 保罗·费耶阿本德（Paul Feyerabend, 1924—1994）：美国哲学家。他提倡理论的多元化，主张无政府主义的认识论，抹杀了理性与非理性、科学与伪科学、科学与形而上学之间的界限。有人将他列为"后现代科学"的重要代表。——译者注

种时代安排人命运的事实，在印度人斯里尼瓦萨·拉马努扬①的事例中，尖锐地表现了出来。拉马努扬被认为是近几个世纪以来最具天才的数学家之一，但很可惜，他出生在农村，那里没人懂得现代数学的知识。他完全靠自己钻研了多年的数学，这使得他的数学水平远远超出了当时他家乡的数学水平。拉马努扬最后移居英国，然而对于他来说，想要为当代数学领域做出贡献，已经为时过晚。哈代感到，向这样一位具有最深刻的数学直觉与洞察力而又对大多数数学问题一无所知的人讲授当代数学是件十分有趣的事。拉马努扬临终前，对乘出租车前来看望他的老师哈代说，1729 这个数字（这是哈代所乘出租车的牌号）并不像哈代所认为的，是个无趣的数字，而是一个可以用两种方式表示成两个自然数立方和的最小的数。这是一种绝对让人惊讶的、敏锐的数学洞察力，然而它却不是对 20 世纪英国数学界极为珍视乃至受人青睐的贡献。有抱负的数学家除了必须有天赋以外，还必须在恰当的时间与恰当的地点出生。

数学与科学是可以累积和变化的，但在这些领域中难道一点永远不变的基本法则都没有吗？著名的美国哲学家奎因已就这个问题做出了令人信服的论述。正如他指出的，我们在历史学与经济学方面概念的改变比物理学概念的改变来得快，而物理学概念的改变又快于数学与逻辑定律的改变：

> 由于数学与逻辑是以概念为中心的，所以，按照我们尽量少地干扰体系修正的保守性观点，它们倾向于具备对变化的免疫性。这可能就是数学定律享有长久有效性的原因。

然而奎因却同时指明，在各个领域中，也包括在数学与逻辑领域中，都有一种不断简单化的趋势。因此，只要整个科学的概念发生了根本性的简单

---

① 斯里尼瓦萨·拉马努扬（Srinivasa Ramanujan, 1887—1920）：印度数学家。幼年显示出数学才能，但因家境贫困，没有受过高等教育，靠自学及刻苦钻研取得成就后，1914 年前往剑桥大学从事研究。1918 年被选为英国皇家学会会员。研究工作主要凭直觉，缺乏严密论证，但结果大多正确。——译者注

化，那么逻辑与数学本身也会进行修正。

如果 20 世纪是某种标志，那我们就会感到变化的速度将会更快。在过去几十年中，科学发现比此前人类全部历史上的科学发现都要多。此外，新领域及交叉领域的不断出现，新技术尤其是计算机技术的爆炸，使人们甚至难以预见将来科学活动的范围，难以预料逻辑和数学天赋可以应用的研究课题的范围。当然，科学家会更有效地利用新的技术发明。而且只有鲁莽的人才会怀疑，不久以后，计算机不仅会通过解决"人手"所不能解决的问题，而且会通过帮助我们提出新的问题，提出解决这些问题的方式，来促进以上过程的实现。遗传工程创造的生命形式以及带有人的特点的新一代机器人，也许能为我们描绘更为复杂的前景。因此，对此持怀疑态度的人，确实是太不爱动脑筋了。与过去的时代相比，也许现在不了解这些科学成就及其意义的人更加无法在社会的创造中处于有利地位。

数学智能与其他智能的关系

我们自己这个社会的快速变化，也许还有其他社会的快速变化，向我们提出了这样一个尖锐的问题：逻辑 - 数学智能从某种意义上说，是不是比其他智能更为基本的一种智能呢？说它是更基本的智能，是因为：从概念上说，它是人类智能的核心；或从实践上说，它影响着人类的历史发展、人类关心之事人类的问题、人类的可能性，也许还包括人类最终建设性或破坏性的命运。人们经常说：无论如何，世界上只有一种逻辑存在，唯有那些具有发达逻辑 - 数学智能的人才能运用这种逻辑。

我不同意这种观点。本章说得很清楚，逻辑 - 数学智能在西方的历史上曾经有过独特的重要性，而且这种重要性现在也没有消逝的迹象。但这种智能在其他的地方却没有那么重要。而且当前的这种"统为一体的倾向"是否会继续下去，仍然是无法确定的。我认为，更为合理的观点是，将逻辑 - 数学智能看作一组智能中的一种，这种智能在处理某类问题时威力巨大，但绝不比其他智能优越，绝不可能压倒其他智能。实际上，甚至还有不同的逻辑存在，威力与局限性相差很大。正像我们在前几章所看到的，的确存在着语言的逻辑和音乐的逻辑。然而，这些逻辑都按自己的规则起作用。即使向这些领域输入最大量的数学逻辑，也不可能改变其内源性"逻辑"发挥作用的方式。当然，在棋类、工程与建筑这样的领域中，已经存在而且将来还会继续存在逻辑－数学智能与空间智能之间建设性的相互作用。下一章我们在介绍空间知识的时候，将要涉及他们的联合运用。

所以，毫无疑问，逻辑－数学智能与我正在此考察的其他形式的智能之间，存在着各种各样的联系。而且由于科学与数学还会继续发展，所以我们无论从什么角度出发，都有理由认为，逻辑－数学智能与其他智能之间必将建立起更加牢固、更为广泛的联系。然而由于这些领域的定义在变化，所以人们还可能提出另外一个问题：把逻辑与数学放到一起，形成单一的智能形式，并将它与其他的智能形式鲜明地区分开来，这样做有没有意义呢？恐怕只有时间，才能确定这样的安排从长远观点看来是否恰当。而现在我仍然相信，皮亚杰所描述的那条发展路线（从对数字的直觉、对简单动机和效果的理解开始），可通过当代逻辑、数学与科学的最高成就得到证明。

那么我们在上一章的结论中说过的数学与音乐之间的联系又是什么呢？世界上有这么多数学家与科学家对音乐感兴趣，是否只是一种偶然的现象？侯世达 ① 通过其备受赞誉的《哥德尔、艾舍尔、巴赫》一书中传达了在音乐、视觉艺术与数学这些领域里的动人观念，这些观念的显著共性又在哪里呢？

要解答这个谜，以下事实就是一条线索：有数学天赋的人常常着迷于

---

① 　侯世达（Douglas Hofstadter，1945—）：美国学者、作家。1979 年出版《哥德尔、艾舍尔、巴赫：集异璧之大成》（*Gödel, Escher, Bach: An Eternal Golden Braid*），通过对哥德尔的数理逻辑、艾舍尔的版画和巴赫的音乐进行综合论述，介绍了数理逻辑、计算理论、人工智能、语言学、遗传学、音乐、美术等领域的理论及其相互之间的结合。2018 年出版《表象与本质》（*Surfaces And Essences*），该书中文简体字版由湛庐引进、浙江人民出版社出版。——编者注

从明显与数学无关的领域中发现的秩序或模式，从哈代对板球的爱好，到赫伯特·西蒙对建筑规划的兴趣，都是很好的例子。但是，这些兴趣不是必然会发生让他有所收获。一个人如果对于形成逻辑－数学思维核心的规律或系统缺乏特别的兴趣，或者不具备任何有关的知识，他照样有可能成为一位天才的雕塑家、诗人或音乐家。我们从这些明显重合的领域中看到的，只不过是又恰好是逻辑学家、科学家或数学家的智能被运用在其他领域的例子而已。当然，模式或秩序无处不在，有的微不足道，有的却并非如此。无论模式在哪里，发现它们都是逻辑学家和数学家的特殊天赋或祸根。

在以上交混回响的模式中，甚至也许包含着宇宙的某些奥秘。从柏拉图到莱布尼茨 ① 都这样认为，爱因斯坦也一直如此希望然而知觉到这些模式，并从中进行些许创造，就是逻辑－数学智能起作用的一个例子。无论作用好坏，它都显示了自己的本领。在这里，数学智能并不反映其他智能形式的核心运算，并不向我们表明音乐智能或语言智能或身体智能主要是些什么。要想知道其他智能的运作，我们需要看看作家索尔·贝娄 ② 可能写出的那一类小说（也许是关于数学家的），或看看一个叫玛莎·格雷姆 ③ 的人可能设计出的芭蕾舞动作（也许是一组方程式或一种证明方式的！）每种智能都有自己秩序的机制，而且一种智能表现自己秩序的方式，就反映了它的原则及其偏好的媒介。也许在巴厘人身上，一种或另一种审美能力占据的位置，在我们西方人看起来，几乎是条件反射地归之于数学家或逻辑学家展现的能力。

---

① 莱布尼茨（Leibniz，1646—1716）：德国数学家、自然科学家、哲学家。与牛顿并称为微积分的创始人。曾提出二进制，为计算机理论的先驱。在其唯心主义哲学体系中，也有辩证法的因素。——译者注

② 索尔·贝娄（Saul Bellow，1915—2005）：美国小说家。1976 年获得诺贝尔文学奖。——译者注

③ 玛莎·格雷姆（Martha Graham，1893—1991），美国芭蕾舞蹈家、舞蹈编导。1927 年自办舞蹈学校。1929 年创建舞蹈团。在舞蹈教学上，创立了"格雷姆训练体系"。——译者注

第 8 章

空间智能

下棋完全不需要智能。

——何塞·劳尔·卡帕布兰卡（Jose Raul Capablanca）

世界象棋冠军

空间智能的维度

感受空间智能的核心能力的一个方法，就是亲自参加空间智能研究者们设计出来的测试。我们从图 8-1 最简单的测试开始，从四个图形中选出一个与标准图形相同的图形：

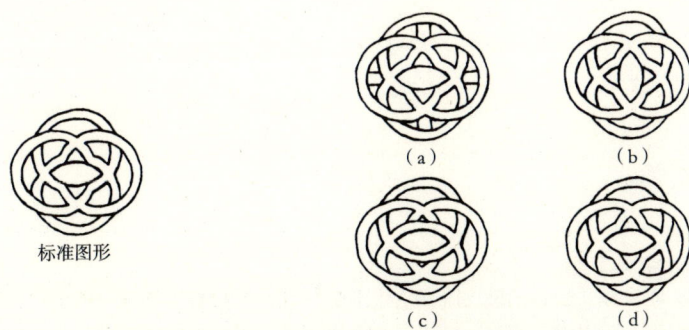

图 8-1　从右面四个图形中找出与标准图相同的图形

要求一个人辨认出不同角度的图形时，难度就稍微大了一些。在图 8-2 中，要求把图形在空间中变换位置或观察者本人变换位置：

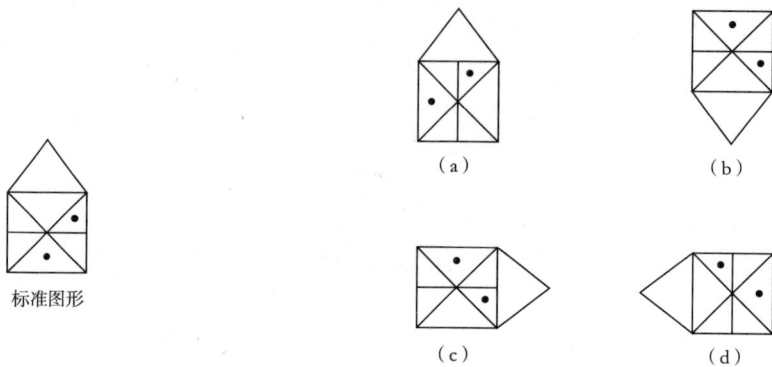

图 8-2　从右面四个图形中找出与标准图相同的图形

空间智能的测试面临的是更大一些的挑战。例如，在罗杰·谢泼德[①]与杰奎琳·梅茨勒（Jacqueline Metzler）研究的一个测试题目中，就是这样的。标准图形是一种不对称的三维图形，要求参加测试者指出，另一个图形是简单变换了位置的标准图形还是一个不同的图形。我在图 8-3 中给出了三组这样的图形：在第一组图形（a）中，两个图形是一样的，但第二个图形平面旋转了 80°；第二组图形（b）也是两个相同的图形，但第二个图形纵深旋转了 80°；而第三组图形（c）的是不同的，不论怎么旋转都不能使两个图形一致起来。注意，正像图 8-1 与图 8-2 中的测试一样，可以要求参加测试者画出所需的图形，而不仅仅是在多种给定的图形中选出一个。

[①]　罗杰·谢泼德（Roger N. Shepard, 1929—）：美国心理学家，由于对人脑加工过程的特性的研究对心理学、哲学、计算机科学、语言学和神经科学等领域都有深远的影响，1976 年获美国心理学会颁发的杰出科学贡献奖。——译者注

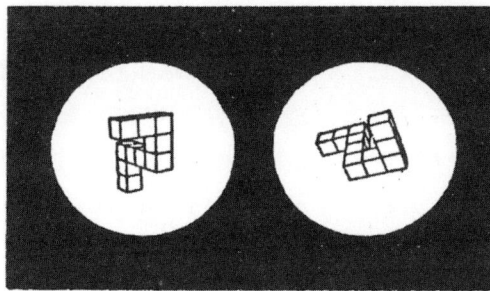

(a)

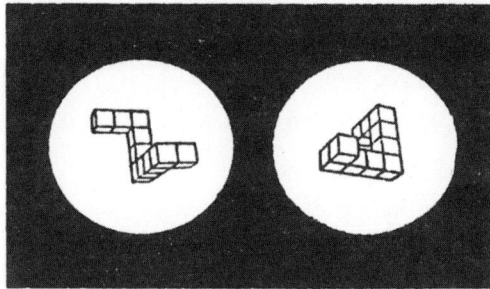

(b)

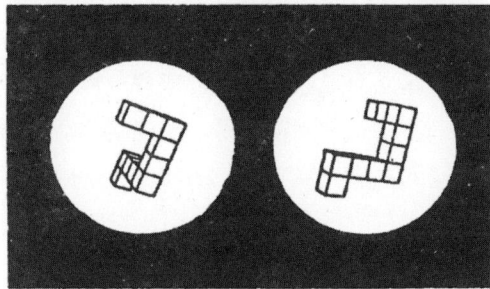

（c）

图 8-3 （a），（b），（c）三组图形中，第二个图形是否与第一个图形相同

  测试空间运用能力的题目也完全可以用语言的形式来出。例如，拿一张正方形的纸，对折起来，然后再对折，最后对折之后，加起来一共有多少个正方形？或者考虑一下另一种测试方法：一个男人和一个姑娘并肩走路，两人都先迈左脚；如果姑娘走三步，男人走两步，两人前进的距离是一样的，那么他们在哪一个时刻右脚同时离开地面呢？若要进一步测试你的思考能力，还可以理解一下下面这段语言的描述。基于这段描述中，我们可以理解爱因斯坦的相对论：

想象一下，有一个庞大的物体 A，在空间里直线运行，方向是从下向上。这个物体被一个巨大的玻璃球体所包围，玻璃球体表面蚀刻着相互平行的圆，这些圆与物体 A 的运行路线是垂直的，整体像一个巨大的圣诞树装饰球。另外还有一个庞大的物体 B，它与该玻璃球体上的一个圆相接触，接触点不在该球体表面直径最大的圆上，而在最大的圆下方的圆上。A 与 B 两个物体都沿着相同的方向运行。随着 A 与 B 继续运动，B 将会不断地沿着那个穿过其与该球体接触点的蚀刻圆变换位置。由于 B 不断地变换位置，所以它实际上是穿越时空沿螺旋形的轨道运行，时间就是固定朝北的运动。然而如果有一个人站在物体 A 上，从球体内向外看，B 的运行轨道似乎就是个圆而不是螺旋了。

最后，再考虑若干明确要求创造一个表象的能力的问题。首先想象有一匹马。这匹马的哪一个点高一些？是尾巴的顶点高还是马头的最低点高？然后想象有一头大象和一只老鼠，两者哪一个的眼睫毛更引人注意？想象一下你厨房里的水池，哪个水龙头是放热水的？或者最后再想象一个你所熟悉的校园或广场，测定从一座建筑物浏览到另一座建筑物所需要的时间，再比较一下自己从校园或广场的一边扫视到另一边所花去的时间。

现在，你应当对研究人员眼中空间思维的核心能力有了一种直觉上的把握（这里所说的空间也就是通常所说的视觉空间）。这一类活动像不像是运用了特殊的认知机制呢？你或许在如下这些有争议的问题上，也已经形成了某种初步的观点：是否存在单独的视觉想象或空间想象这种能力呢？那些似乎需要空间运用能力的问题，如果全凭文字或逻辑－数学的手段，解决得了吗？如果你只用 $2 \times 2 \times 2$ 的方式，来解答对折方块纸的问题，那么你所采用的就是逻辑－数学途径。你还应当知道，这种空间思维的模式对于你来说是否自然。因为这种思维模式对于有艺术才能的人和有工程或科学才能的人来说，是很自然的。或者，你也应当知道这种思维模式是否为你增加了较大的困难，因为完成需要空间能力的任务，对于那些有其他天赋，比如像音乐天赋或语言天赋的人来说，有时是比较困难的。

空间智能的核心能力是准确地感知视觉世界的能力，是一个人对于最初感知到的那些东西进行转化或修正的能力，即使是在有关物体的刺激不存在的情况下，也能够再造视觉体验的某些方面的能力。可以要求一个人表现空间智能的形式，或只要求他按照已提供的形式展示这种智能。下面这些能力显然是不相同的：一个人缺乏绘画、想象或改造一个虚幻世界的能力，却可能在视觉感知方面是敏锐的。就像音乐智能包含了有时彼此分离的节奏能力和音高能力一样，也像语言智能包含了同样可能相互分开的句法能力和语用能力一样，空间智能也是作为一种能力的混合体存在的。尽管如此，那些具有前面提到的几个领域技能的人，最有可能在空间领域中获得成功。而其中任何一个领域里的实践，又都会刺激相邻领域技能的发展。这一事实，就是空间智能应当被看成是"单独的"一种智能的又一个理由。

现在有必要讨论一下"空间智能"这个词。从某些观点来看，加上修饰词"视觉"是恰当些。因为对于正常人来说，空间智能与一个人对可视世界的观察紧密相关，而且是直接从这种观察发展起来的。为了方便起见，本章的许多例证实际上都是从视觉空间的领域引用来的。然而，正如语言智能并非完全依赖口耳渠道，可以在被剥夺这类交流模式的人身上发展起来一样，我们将发现，空间智能同样能在盲人身上发展起来，所以说它与可视世界并无直接的联系。因此，正像我在谈论音乐智能和语言智能时避开了修饰词"听觉"一样，在谈到空间智能时不将它与任何特殊的感觉形态做限定性的联系，似乎要恰当一些。

作为一种描述空间智能的方法，我们可以回到本章开头所引用的例子上去。空间智能所依赖的最基本的操作就是感知一种形状或一个物体的能力。可采用多项选择题的方式，或要求参加测试者临摹一种图形的方式，来测试这种能力。临摹是难度更高的任务，我们常可通过临摹上出现的错误检查出空间智能领域中潜在的障碍。另外，对于盲人和正常人，都可以通过触觉进行类似的测试。

如果要求一个人去操作某个图形或物体，或者要求他从另一个角度观察图形和物体，并回答如何理解它们，又或者要求他回答，这个图形或物体倒转过来该是什么样子或有何样感觉，这个人就完全进入了空间领域。因为这么一来，就形成了通过空间概念进行的操作。这种转换任务可能是很难的，因为这要求一个人翻来覆去多次地在思维上旋转那些复杂的形式。从事空间智能研究的一位有影响的学者罗杰·谢泼德证明，判断两个图形实际上是否相同（图 8-3）所需的时间，与为了让两个图形一致而需要其中一个图形做出旋转的角度直接有关。如果用语言说明这些图形的旋转很困难的话，人们就只好摆出某种空间图形，才能说明两个图形相合的结果。实际上，参加测试者需要设法把这种图形旋转一个必要的角度，好像这个旋转在空间中真正发生过一样，如此才能完成这一任务。

在"物体"或"图形"方面我们还能出一些更难的题目。确实，数学的分支拓扑学问题的处理，需要通过好几个空间维度去操作复杂的形状。但是如果一个问题可以用口头语言表达时，显然就可以严格地在文字层面上得到解决，而无须创造一个表象或"头脑中的图形"了。确实，以上引用的各种测试问题都可以在想象中严格按命题的方式解决。然而，深入思考与实验的证据都表明，人们所偏爱的"想象中的问题"（imagine problem）的解答方式，是先在脑子里设置一个表象，再按照与日常工作中所用相同的方式，去操作这种意象。

除了直接的逻辑或语言能力以外，有效解决以上问题的能力是一种特殊的能力。这一点成了从事智能研究学者们多年来的看法。心理测量学的先锋瑟斯通竭力证明空间能力的存在性与独立性，并将空间智能看成是智能的七种基本要素之一。从瑟斯通开始，虽然不同的专家开拓这个领域的方法各不相同，但大多数研究智能测试的学者都补充了他的结论，认为空间智能的确有其独特之处。瑟斯通自己就把空间智能分成三个组分：当物体呈现不同角度时，辨认出物体的能力；想象物体运动或沿着结构的某些部分在内部发生位移的能力；当观察者本人身体部位的定向是问题的基本部分时，想象空间关系的能力。而另一位研究者杜鲁门·凯利（Truman Kelly）则区别出"感觉并在脑中保留几何图形记忆"的能力与"在思维中操作空间关系"的能力。

还有一位著名的学者库西（A. A. H. El-Koussy）则区分了二维与三维的空间能力，认为两种能力均有其静态与动态的面向。当然，还有其他不同类型的空间智能划分方法。

为方便讨论起见，我们可以回避研究空间智能的多数心理测量学专家所进行的热烈讨论。空间智能组分的准确数目、空间智能理想的定义等问题已经超出了我一般性概览的视野，进入了一个特定的层次。有些问题，如空间能力在什么程度上可由口头语言能力来替代，在实体空间与心理空间的运算之间可能存在的差别是什么，围绕心理意象这一概念的哲学上的模糊性如何，都可以留给专家们去解决。我这里要做的，只是列出空间智能的一些要点，而这些要点正是我所研究的能力的核心内容。我还要提供一些证据，以证明空间智能是独立存在的。

我们在前面的讨论中已经看出，空间智能包括许多松散联系着的能力：认出具有相同因素的实例的能力；把一种因素转变为另一种因素，或辨认某种转变了的因素的能力；产生心理意象然后转换这种意象的能力；根据空间信息制作图形的能力；等等。很明显，以上操作是各自独立的，所以多种能力可以分别发展或者遭遇障碍。然而，正如节奏与音高在音乐中一同起作用一样，上面所说的这些能力同样也在空间领域中共同发挥作用。它们像一个家族的成员一样合作，一种能力的运用完全可能会促进其他能力的运用。

这些空间的能力可应用于许多不同的场合。当一个人在不同的地点，包括在房间里或在海洋中需要定位的时候，这些能力是十分重要的。它们在辨认物体与场景的时候被激发出来，而不论这些物体是初始环境中出现的，还是在初始环境发生某些变化之后出现的。当人们应用图形，如真实场景的二维或三维图形，以及其他符号，如地图、图表或几何图形工作时，这些能力也将得到应用。

另外两种空间智能的用途更抽象、更难掌握。其中一种是对视觉或空间领域展示出的各种力线（line of force）的感受。我在此所指的是，紧张感、平衡感、形成绘画和雕塑作品特征的构图感，以及对火或瀑布等自然现象的感受。这些有助于展示力的面，吸引了艺术家和艺术鉴赏者的注意力。

空间智能的最后一个面向来自相似之处，这种相似之处可能存在于两种表面上完全不同的形状，或者也可能存在于两个表面上相去甚远的经验领域。我认为，像这种辨别不同领域相似性的能力多数情况下来源于空间智能的表现。例如，当天才散文家刘易斯·托马斯 [1] 把微生物与一个有组织的人类社会加以比较时，当他把天空描写成膜或把人类比喻成一堆泥土时，他就是用语言把握了两者的相似之处，而这些相似之处原来是通过空间的形式进入他脑海里的。实际上，许多科学理论都暗含着范围十分宽广的"意象"（images）。达尔文想象中的"生命之树"，弗洛伊德关于无意识像潜藏在水下的冰山一样的观念，约翰·道尔顿 [2] 把原子看成是微小太阳系的观点，都是产生关键的科学概念并帮助理解这些科学概念的创造性意象。这种心理模型（mental model）或意象在以更世俗化的形式解决问题时，也完全可能起到作用。而在各种情况里，这些意象很可能是以视觉形式产生出来的，但也完全可以由盲人所创造出来，或为他们所理解。

鉴于这些意象普遍被看成是有助于思考的，所以有些学者走得很远。他们把视觉与空间的意象看成是思维的一个根本源泉。持这一观点的一位雄辩的代言人是心理学家鲁道夫·阿恩海姆。他在自己的著作《视觉思维》（*Visual Thinking*）一书中论证说，最重要的思维运算（operation of thinking）直接来自我们对世界的知觉，其中作为最主要的感觉系统的视觉促进并形成了我们的认识过程。正像他所说的："感觉理解环境的那些不平凡的机制，简直与思维心理学描述的运算完全一致……不论在什么认知的范畴内，真正的创造性思维都发生在意象的领域之中。"阿恩海姆倾向于轻视创造性思维中语言的作用，认为我们若不能对某些过程或概念形成意象，我们就不能清晰地

---

① 刘易斯·托马斯（Lewis Thomas 1913—1993）：美国医生、生物学家。著有散文集《细胞生命的礼赞》。——译者注

② 约翰·道尔顿（John Dalton, 1766—1844）：英国物理学家、化学家。1808 年提出后来以他名字命名的"原子学说"。——译者注

思考它们。另外还有一种更为公允的观点，就是认为视觉或空间智能，促进了科学的思考和艺术的思考，但并不认为具有阿恩海姆所赋予的那么高的地位。

根据目前的讨论，按照对许多智能测试结果所做出的因素分析，我们似乎有理由把空间智能看成是一种单独的智能形式，看成是相关技能的集合。也许，我们有理由把空间智能看作最能得到该领域学者们承认的一种能力群。按照许多学者的观点，空间智能是"另外的智能"，它与"语言智能"应当是相对的，而我们又应把它看得与语言智能同等重要。二元论者谈到两种思想的表达体系，一种是文字代码体系，另一种是意象代码体系。定位论者们认为，语言代码受大脑左半球的支配，而空间代码受大脑右半球支配。

读过前面几章的读者都知道，我是不赞同这种智能二分法的。然而我承认，在实验心理学家推出的大多数心理测验中，语言智能与空间智能是贮存与解答问题的工具。当人们在标准化测验中遇到一个题目时，似乎会运用文字意象或空间意象去接近并解读它，而且很可能还会使用了语言手段或意象手段去解决这个问题，尽管关于解决问题的这一假设更容易引起争议。李·布鲁克斯（Lee R. Brooks）向我们提出了一些最令人信服的证据。这位研究者对于提供材料的方式（语言的或图像的）和回答问题的方式（文字的或空间的，如在纸上标明的方式）进行了区分。经过参试者的灵活操作之后，各种不同的测试活动都应用了语言，或者以某种略有不同的方式应用了空间处理。例如，在空间智能的领域内，形成一个表象，并在纸上做出标记；在语言智能的领域内，记住一个句子，并对组成句子的不同成分加以分类。布鲁克斯不断发现，参加测试者在不得不单独依靠语言智能或单独依靠空间智能去获取信息以做出应答时，他们的操作就会遇到障碍。然而当参加测试者能够进行选择，可以通过一种智能的形式吸收信息，再通过非对抗性的另一种智能形式解决问题时，就不会出现这种干扰。正如音乐信息的处理过程和语言信息的处理过程由不同的处理中心执行却不会互相干扰一样，空间智能与语言智能似乎也能以相对独立的或互补的方式，发挥各自的作用。

空间智能的发展

虽然以成人为主要被试者的研究人员很早就认识到空间智能所起的重要作用，然而对于儿童身上这一组能力的发展，在理论上却相对地没有多少建树。至于原因，目前还不清楚。可能是空间能力比语言或逻辑能力更难测试的缘故，也可能是因为研究儿童发展的学者们对空间能力缺乏直觉或兴趣，或在空间能力方面缺乏技能。

但皮亚杰却是个例外。他对儿童空间理解的发展进行了几种研究。毫不奇怪，空间智能在他眼里是逻辑发展普遍过程中的重要组成部分和集成，而逻辑的发展规律则是他从自己的不同研究中综合而成的。因此，皮亚杰在详述空间理解的过程时，谈到了婴儿期出现的、对空间的感觉运动理解（sensori-motor understanding）。有两种能力是关键的，一种是对所观察的物体运动轨迹开始理解的能力；另一种是最终在不同场所寻找自己路线的能力。儿童在早期感觉运动阶段结束的时候，就具有形成心理意象的能力。他们不需要身处某一情境或事件中，就能把这个情境或事件想象出来。皮亚杰追溯儿童看到与事件有关的物体时，由于对此的早期体验而形成的心理意象。在那段时期，儿童是以感觉运动的方式琢磨这些物体的。因此，心理意象被看成是一种内在的活动（internalized action）或滞后的模仿（deferred imitation），是曾经进行的活动（从理论上说，也可能是正在进行的活动）的粗略轮廓或计划。这种意象在儿童的早期一直是静态的，但儿童却不能依据它进行心理运算。

由于逻辑 - 数学智能和空间智能都来自儿童在环境之中的活动，所以人们也许会问，这些智能是否都包含不同的智能形式呢？这一点甚至连皮亚杰的答案似乎都是肯定的。他在"图像化的"知识（figurative knowledge）与"运算"知识（operative knowledge）之间，定义了一种差别。人在图像化的知识中保存了对物体的形状的记忆，而运算知识的重点，则是物体形状的改变，就如同这个意象正处在操作之中。这么一来，就像皮亚杰看到的那样，这个裂痕在静态的形状和动态的运算之间划了一条界线。为了说明起见，我们可以将空间知识划分为相对静态的形式与相对动态的形式，但这两种空间知识都应当在空间智能的范畴之中。

按照皮亚杰的描述，学龄期开始时具体运算阶段的出现，在儿童智能的发展过程中是个重要的转折点。此时在空间领域中，儿童已经具备了十分活跃地对意象与物体进行操作的能力。他通过可逆的（reversible）心理运算，能够了解身在其他场合的人是如何看待物体的。这里，我们遇到了著名的"脱中心性"① 现象，儿童能够说出某一情景在屋子里另一个地方的人看来是什么样子，或者能说出一个物体在空间旋转一下是个什么样子。然而这种空间智能的变换，仍然局限在具体情景与具体事件之中。只有到了形式运算阶段，到了青春期，他才能处理抽象的空间概念，或由正规法则控制的空间概念。所以，能够学习并理解几何学的人是那些刚开始能够把图形意象世界与命题陈述相联系，与不同转换含义的推理相联系的青春期少年或者数学方面早熟的儿童。

因此，我们就看到了在空间领域中有规律的发展过程。最初是婴儿能够在空间里移动的能力，接着是蹒跚学步的儿童在脑子里形成静态心理意象的能力，然后是学龄儿童进而操作这种静态意象的能力，最终是青春期的少年把空间关系与命题陈述相联系的能力。青春期少年由于理解所有可能的空间排布，所以就能把逻辑－数学智能的形式与空间智能的形式结合，形成一个单独的几何体系或科学体系。

正如在其他研究领域中一样，皮亚杰为空间智能的发展提供了第一个具有普遍性的画面。他的许多观察以及对空间智能特征的描述经受住了时间的考验。然而他对空间能力的大部分研究都局限于使用纸笔的书面测试，或者在书桌上进行评估。这在很大程度上忽略了儿童对更广大的空间环境的理解。最近，有人对更广大的空间的理解做了研究，并得出了有趣的结果。人

_____

① 脱中心性（decentration）：心理学术语，从只关注问题情景的一个方面中解脱出来而能同时考虑问题的其他方面的认知倾向。——编者注

们发现，3 岁或不到 3 岁的儿童能够追溯他们经过的路线。但在自己没有去过的地方将会遇到什么东西，他们不能做出预料。但是，他们却能累积将要遇到的事物的一些独立的知识。例如，他们可通过语言的描述，或者参观相邻的地方，获得这种知识。如果儿童真的找到了自己的道路，路标在其中一定起了关键的作用。

如果要求再现这种知识，对于儿童就是困难的事。即使是年龄较大的儿童，也很难用某种形式直观地再现图形的信息。所以，一个五六岁的儿童也许能令人满意地找到自己的道路，即使是一条不熟悉的道路对他也没有困难。然而如果要求他用语言去描述有关信息，或者画一张画或者地图出来，他要么根本就画不出来，要么就画得过于简单而起不到再现的作用。比如，一条小路即使是曲折的，他也会画成一条直线。学龄儿童感到最困难的，则是把自己从不同经验中获得的关于空间安排的知识整合到单一组织的框架中去。换句话说，儿童也许认识自己周围或自己家所在城镇许多地方的路，他们从不会走错路，但是他们却常常缺乏制作地图、画出草图，或为几个地点之间的关系提供完整的语言描述的能力。把他们有关的零散知识用另一种形式或另一种符号系统去再现，这是空间智能中一个困难的部分。我们或许可以说，尽管儿童的空间理解能力迅速增长着，但他们仍难以用另一种智能或符号去表达自己的理解。

神经心理学的思考

如果说在对儿童的研究中忽略了空间智能，那么这种智能在神经心理学的研究中却当然地占据着自己应有的位置。实际上，除了语言智能之外，我们在人的脑科学方面了解得最多的一种智能，可能就是空间智能。

这个研究传统的结果是清楚的、有说服力的。正如人类经过长期的进化之后，左脑被特别用来控制语言信息的处理一样，右脑（尤其是右脑的后半部）则成了空间信息处理以及视觉 - 空间信息处理最关键的部位。当然，右脑在空间信息处理方面，并不像左脑对于语言信息那样起决定性作用。例如，左脑后半部分的损伤也会在较大程度上削弱空间能力；但对于认路、识别物体、识别人的面孔以及有关场景，对于关注微妙的细节和实现许多其他空间功能，右脑后半部分的损伤比起大脑其他任何部分的损伤，都更容易造成不良的后果。另外，右脑的损伤会造成独特的视而不见的现象。遭遇这类损伤的人不会注意或者说会完全忽略自己左边的空间。因此，他们参加测试时，对必须同时监测左右空间的题目或日常活动，会感到特别困难。

三条主要的研究路线为我们提供了证据。最重要的一条研究路线是对那些大脑由于受到打击或其他外伤造成损伤的患者的临床研究。已经有大量证据表明，右顶叶区域的损伤会给视觉关注、空间再现与定向、意象的产生及记忆造成困难。损伤的范围越大，困难越严重。除了右脑的损伤之外，左脑即使有一点小的损伤，也足以损坏一个人的空间功能。

第二条研究路线，也是与有关证据联系密切的路线，就是当单侧脑损伤患者接受标准空间功能测试时，对他们的表现进行的研究。从纳尔逊·巴特斯（Nelson Butters）及其同事在波士顿退伍军人管理局医疗中心的研究中，我们获得了令人信服的资料，证实右脑受到损伤的患者，在转换视觉排列（visual arrays）的时候，即在预料从其他有利的位置观察这些排列的印象时，在解读地图或在不熟悉环境里寻找道路时，以及在理解和记忆视觉与空间信息时，会面临特殊的困难。这种大脑的损伤对于语言能力，如解读符号的能力，很少产生较大的破坏。由于左脑对语言的控制是十分明确的，所以尽管右脑受到了较大的损伤，也不致影响对语言形式的理解。

其他的实验室研究，又证实了脑损伤患者遇到的其他困难。布伦达·米尔纳（Brenda Milner）与多琳·木村（Doreen Kimura）证实，大脑右颞被切除的患者，在识别无意义的重叠图像和点状图形时有困难。伊丽莎白·沃林顿（Elizabeth Warrington）证实，右脑受伤的患者在识别来自不同视角的熟悉物体时存在困难。许多研究人员都注意到，大脑右半球受伤的患者在绘画时，表现出特殊的困难。这类患者的绘画作品倾向于包含不同地点的细节，但缺乏整体的轮廓，而且一般都忽略了左半部分的空间。这正是右脑患病特有的后果。这些绘画表明，这些患者在绘画的时候，几乎完全依赖与物体的命名有关的知识，即那一物体特征的名称，而非依赖对实体及其所需描绘部分实际感知的敏感性。

人们也许要问，这种大脑损伤造成的后果能否通过语言手段加以弥补呢？右脑受到损伤的患者的确想运用语言帮助自己。他们会对测试题表示怀疑，推理时口中念念有词以寻求答案，或者提供虚构的答案。然而，只有最幸运的人才会成功。莫伊拉·威廉斯（Moira Williams）讲述了一位世界著名数学家令人心酸的经历。这位数学家因交通事故失去了大部分右脑后，研究者对他进行了物件组装的测试活动。这是来自标准智力测验题库的测试内容。因为他在操作时利用了自己贮存在语言知识里的空间关系法则，所以完成任务后，他俏皮地说："一个人什么时候都可以运用几何学解决问题。"

爱德华多·比夏克（Eduardo Bisiach）及其同事在米兰证实，右脑损伤患者在意象方面，遇到了十分有趣的一组困难。日常生活中忽略左半边空间的人在心理意象中也表现出相同的症候。也就是说，这样的患者能想象出物体或场景的右半部分，却想象不出它们的左半部分是什么样的。在要求大脑受伤的人想象米兰闹市区著名的教堂广场时，以上这种想象被戏剧性地揭示出来。实验主持者要求这种患者从一个清楚的视角去想象这个广场，患者只能描述广场右半部分的物体，描述不出左半部分的物体。接着，主持者又要求患者想象自己站在对面一边时广场的样子。这时，患者却只能说出右边所见到的物体，也就是先前说不出来的那些物体，而说不出左边的物体是什么。至于更复杂的情况，即视觉意象的"心理现实"如何，我们就难以预料了。

最后，对正常人的研究也可以向我们说明，右脑在空间信息处理时作用如何。实验主持者让参加实验的人感受来自大脑的左半球相联系的右侧视野或与大脑右半球相联系的左侧视野的刺激后，完成各种不同的任务。这种研究得出的结果是明确的，就是在刺激来自两类视野的情况里，右脑对于解答问题都比左脑重要。但应当指出的是，对正常人研究的结果并不像对大脑受损患者研究的结果那么富有戏剧性。

以上关于右脑在完成空间任务中作用的描述，尤其是关于顶叶作用的描述，似乎已经成为定论了。确实，我相信空间智能的神经基础在可以预见的将来，会比本书讨论的任何其他一种智能的神经基础，都更加容易进行分类。我们这种功能从表面上看，是由相对比较基本的感受器①来执行的。而这种功能更复杂的形式，在很大的程度上比逻辑或语言这类智能的程度要高，是与其他生物体所共有的。

现在我们来概述一下各种不同的研究结果。戴维·休伯尔与托尔斯滕·威塞尔等人在单细胞的水平上进行了研究。他们在物体的线条、角度、边缘以及其他组成部分的知觉方面，已经取得了许多成果。查尔斯·格罗斯②、莫蒂默·米代金（Mortimer Mishkin）等人则研究了灵长类动物大脑的颞下区域，从而使我们获得了对于完整物体的知觉和识别的许多知识。颞下部的神经似乎参与了对给视觉以刺激的物理属性的编码，这种参与也许是通过前纹状皮层（prestriate cortexes）所记录的深度、色彩、大小与形状的信息而进行的。在对物体的基本认知与对物体之间关系的追踪能力后者是空间智能的关键要素之间，还存在着较大的差距，但却不是无法弥合的。大脑的另外一些区域也一定会参与完成和空间有关的任务，例如大脑额叶在记忆空间位置的时候，虽然表面上看起关键作用，但相关的联系还是可以继续追踪的。一旦这些结论确定下来之后，我们还能以神经元术语解释空间智能的操作。然后，我们就可以去研究更复杂的问题，即空间智能的形式是如何与人类特有的更独特的智能形式相互作用的。

人类空间智能的进化和其他种类智能的进化过程比起来，似乎更加连

---

① 感受器（sensory receptor）：对感官刺激有反应的一种特别的细胞或一组神经末梢。——译者注

② 查尔斯·格罗斯（Charles G. Gross）：美国国家科学院院士、美国普林斯顿大学教授，脑与认知科学家。——译者注

续，与在类人猿身上发现的过程一样。许多灵长类动物的群体生活，无论是现在还是千百万年以前，似乎都与空间技能相联系。不论怎么说，空间智能对于一个流动的群体来说，在集合或狩猎时都是至关重要的。当人必须穿越广大的空间安全回家时，敏锐的空间智能就很重要，否则很容易走失。这样的技能在北极圈内，当下也同样戏剧性地存在着。面临一片相同的场景，每一个视觉上感到的细节肯定都是十分重要的。"与因纽特人一起走过路的高加索人常常发现，前者在穿越相同景象地区的时候，表现出通过记忆视觉中物体的形状寻找道路的异乎寻常的能力"。这种对空间技能的重视，有利于向我们说明，与多数其他智能的测试相比，为什么在空间智能的测试中更广泛地出现了性别的差异。由于狩猎与游历是男性的工作，所以男性处于更加需要视觉－空间能力高度发展的地位。而那些缺乏这些技能的人则更易于过早地死亡。

如何运用空间智能来解决问题，一直是比较心理学家感兴趣的研究内容。这里，我们有必要回顾在第一次世界大战时期，沃尔夫冈·苛勒①在特内里费岛（Tenerife）上对巨猿做出的开拓性研究。苛勒可以证明，至少有几只巨猿，特别是取名为苏丹的那一只，能把两个或更多的物件组合起来制成工具，并能对这些工具潜在的视觉－空间做出统一的预想。尽管苛勒的证明并不是很明确，但大多数分析者们都已确定，黑猩猩能够事先想到假若自己把两根棍棒用某种方式组合起来，会成为一种什么样的情况，能产生这种状况的意象。这样一种知识在解决问题和获得所需的工具时，是一种必要和充分的前提条件。我们从非人类的灵长类动物身上，看到了人类已经发展到极高水平的空间智能的体现。那么在工具运用方面，空间能力是如何与身体技能相联系的呢？这是我们下一章将要讨论的问题。

---

① 沃尔夫冈·苛勒（Wolfgang Köhler，1887—1967）：美籍德国心理学家。格式塔心理学创始人之一。主要研究动物心理，对于类人猿的知觉和学习方面的实验研究卓有成效。——译者注

空间能力及其缺失的特殊形式

到目前为止，我所谈的是正常儿童空间能力的发展，以及正常的和大脑受损的成年人的空间智能在神经系统里的体现。即使空间智能的发展路线总体上是规则的，但也存在着明显的异常现象。有时这类空间智能的异常现象，也能为我们提供新鲜的知识。

首先让人想到的是盲人的问题。某些经验，比如有关色彩的体验，对于生来就没有视力的人来说，永远是不可能的。而许多其他的经验，比如对远方景色的感悟，他们也极难把握。然而，人们对盲人参试者的研究表明，空间知识并非完全依赖于视觉系统，盲人甚至能领会图画的某些方面。

多伦多大学的约翰·肯尼迪（John Kennedy）是研究这个问题的一位杰出学者。肯尼迪和他的助手们证实，盲人主体以及蒙上眼睛的正常人很容易认出由突起线条形成的几何图形。盲人倾向于把空间经验转换成某个方向上步伐的数目或用手指的移动转换成所需要的运动。对于物体尺寸的大小，他们则通过间接的方式了解，比如用手沿着物体的边缘边移动边触摸，触摸移动的时间越长，物体的尺寸就越大。盲人还可以用直的、弯的和凸的这些特征为线索，去认识更复杂的图像，有点像视觉意象的衡量方式。按照肯尼迪的看法，触觉与视觉这两者之间，有一种共同的知觉系统。正常人通过这两种形态的结合获得的有关信息，盲人单凭触觉也能获得。

牛津大学的苏珊娜·米勒（Susanna Millar）对于绘画的研究进一步证实了这种情况。在绘画中，盲人儿童表现出来的特征与困难与那些比他们小的正常儿童在绘画中表现出来的特征与困难相似。例如，盲人儿童不能确定在画布的什么地方安排要画的物体，也不能确定怎样安排它们。最初，他们不理解如何用两维的画面描绘身体，也不知道如何沿着平面纸页的底线安排人物。然而一旦他们了解到用凸出的线条可以作画，而且从某些触觉得来的经验可以通过这种线条再现时，他们的绘画就开始与正常儿童的绘画相像了。米勒的结论是，绘画依赖于对有关规则的掌握，虽然优越的视觉体验是学会这些规则的有利条件，但却不是必要的条件。人在绘画的时候如果没有视觉的反馈，造成的破坏性效应主要表现在画面接合的程度和准确度上。

格洛丽亚·马默（Gloria Marmor）又为这一论述做了补充，她证明了盲人儿童也能理解正在旋转的图像，也能理解镜中的图像。她总结说：

> 早期失明的儿童似乎无须使用心理意象，就能将从触觉感受到的物体的特征组合成再现的空间图形。这种再现就如同视觉意象一样，能使物体所有的特征同时得到鉴赏，而且这些特征完全可以满足镜像鉴别的目的。

宾夕法尼亚大学的巴巴拉·兰多（Barbara Landau）和同事们所做出的研究，使我们在关于盲人空间能力方面，获得了也许是最富有戏剧性的知识。一个生来就失明的两岁半女童，在一次实验当中从第三个地点分别走到两个物体前，就能够确定这两个物体之间的正确路线。为了要在两物体之间确定一条自己从未走过的路线，这名儿童必须能够估计自己走过的这两条路线的距离与方位，然后再从这一信息中获得新路线的方位。显然，她的成功说明，空间度量的性质可以在没有视觉信息的情况下推测出来。而且，同一位儿童到了四岁的时候，就能用触摸地图的方式找到房间里的奖品了。虽然该儿童以前从未接触过地图，但她能立即掌握地图的概念，其中还包括地图上独特的符号，并能够利用它来引导自己前往需要到达的地方。兰多和同事们从这一事例出发，得出了一个对我们的研究十分重要的结论：视觉经验与触觉经验同样可以进入空间解读系统，在视觉输入与空间智能之间，并不一定存在着一种特别的联系。

患有其他病的人，确实也表现出了独特的空间知觉缺失的症状。其中有一类人是得了特纳综合征（Turner's syndrome）的女性。这种病缺乏第二个 X 染色体，患者的语言智能是正常的，但表现出解决空间问题的多方面困难，却不能简单归纳为视知觉的困难。脑瘫患者的眼睛做无秩序运动会导致深度的知觉方面的困难，并且完成视觉－空间任务时受到多方面的阻碍。

许多大脑受到损伤的儿童也在视觉－空间的测试活动中表现出特殊的困难，例如，在感知和理解对角线的时候产生的困难。这至少可以间接地证明，这类人当中的一些人，表现出"右脑综合征"的初始症状。

关于视觉意象的问题，人们报告了大量的个体之间存在的差异。研究者斯蒂芬·科斯林（Stephen Kosslyn）说，许多人都不能在他的研究中充当实验的主体，因为他们说不出或只能说出很差的视觉意象。弗朗西斯·高尔顿在关于意象能力问题的开拓性研究中发现，当要求回忆当天早晨吃早饭时的情景时，科学家普遍都说不出多少视觉意象或根本说不出来，而那些智力显然欠佳的人则常能报告出详细的具体意象。这一发现使高尔顿大吃一惊，因为他自己能讲出生动的意象，其中包括清楚地列出 0 ～ 200 所有数字的精细序列。这个实验结果同样也使 20 世纪末和 21 世纪初最相信意象威力的心理学家铁钦纳[①]感到沮丧。他曾经写道：

> 心理，在普通运算中是一个十分完整的画廊。无论什么时候，每当我读到或听到什么人在做事的时候表现出或谦虚、或严肃、或骄傲、或谦恭、或礼貌的样子，我就看到了或谦虚、或严肃、或骄傲、或谦恭、或礼貌的视觉暗示。庄严的女主角使我好像看到了高身材的形象闪过，其中唯一清晰的部分，就是她托起青灰色短裙的手。谦恭的求爱者闪现在我脑子里的，是弯腰的形象，其中最清晰的部分是他弯曲的背。虽然有时在看不见的面孔前，他伸出了求情的手……所有这些形象要么就是自信的，要么就像童话故事一样是虚构的。

然而小说家奥尔德斯·赫胥黎[②]会认为这种可怜的意象研究的发现是有

---

① 爱德华·铁钦纳（Edward Bradford Titchener, 1867—1927）：英国心理学家。构造心理学派主要代表之一。——译者注

② 奥尔德斯·赫胥黎（Aldous Huxley, 1894—1963）：英国作家。长篇小说《美丽新世界》引用了广博的生物学、心理学知识，描绘了虚构的公元 2532 年的社会。——译者注

意义的。赫胥黎承认他自己是个可怜的观察者，而且承认文字在他的心里并不能激起一幅画面。也许这就是为什么赫胥黎最终会走上吸毒道路的原因。吸毒的体验使这位"缺乏天资的幻想家"感觉到"与布莱克幻想的世界同样美丽的、空间庞大的、意义重大的"真实世界。

少数正常人的视觉与空间能力十分发达。例如，发明家尼古拉·特斯拉[1]"能在眼前想象出一幅包含机器各部分细节的完整的图画"。而且这幅图画比任何蓝图都要逼真。特斯拉的内心意象精确到足以使他在没有图纸的情况下，从事复杂的发明工作。另外，他还声称可以在心里对自己的设计进行检验。他在心里"让这种发明运转几个星期之后，再彻底地检验所发明机器的磨损情况"。艺术家常常有杰出的空间思维能力。所以，法国雕塑家罗丹[2]能将人物身体的各个部分化作雕塑形象内在力量的投影，他说："我强使自己在人物躯干或四肢的各个隆起部分，表现出皮下深处的肌肉或骨骼的最佳状态。"而英国现代雕塑家亨利·摩尔则能把整个雕塑想象得仿佛就在自己手中一样：

> 不论雕像的尺寸有多大，他在思考时，完全如同已经将它捏在自己手中一样。他依靠心里的想象，选择雕像人物背景的复杂形式。他知道，在看雕像一个侧面时，另一个侧面的样子他是清楚的。他把自己与雕像的重心、体积和重量统一起来。他给人物形象以体积，就像该人物占有空间一样。

还有的时候，这种不寻常的空间才能，有可能出现在其他方面存在障碍的人身上。英国画家布赖恩·皮尔斯（Bryan Pearce）尽管智商很低，

---

[1] 尼古拉·特斯拉（Nicola Tesla，1856—1943）：美国电工发明家。生于塞尔维亚。最著名的发明是特斯拉电动机和特斯拉线圈。——译者注

[2] 奥古斯特·罗丹（Auguste Rodin，1840—1917）：法国雕塑家，善于用丰富多样的绘画手法，对欧洲近代雕塑有很大的影响，主要作品有《青铜时代》《地狱之门》《加莱义民》《维克多·雨果》等。其作品 20 世纪 80 年代曾在中国美术馆展出，盛况空前。——译者注

但他的绘画作品却卖了很高的价钱。偶然有些学者症候群，如名为山下（Yamashita）和山村（Yamamura）的日本人，他们的艺术才能极高，但其他方面的智能却很低下。而最不可思议的是，英国的那位青春期少女纳迪娅（Nadia），尽管患有严重的孤独症，但她在绘画方面却表现出高超的技巧和准确的表现能力。见图 8-4，这是她 5 岁所作的一幅画。

图 8-4　孤独症患儿纳迪娅 5 岁时所作

在学者症候群及孤独症患者的身上，我们又一次看到的是，在其他多方面低能的情况下，某一种智能单独发达的现象。也许在某些情况下，这种视觉－空间能力的特长可以看作一种补偿这些儿童和他们的家庭格外重视的能力。然而最极端的情况如小纳迪娅，以上解释却不足以说明问题。纳迪娅在四五岁的时候，就能像熟练的青少年那样画画，但她的父母似乎并不知道她拥有的天资，而是治疗她的医师最先发现的。纳迪娅具有关注物体并记住其大小、形状和轮廓的能力，也有把这些因素转化为恰当的运动模式的能力。她的这些种能力，与我们从那些最具天资的正常儿童身上发现的能力完全不同。其中一个不同也许是她的逼真的想象力，她具有直接看见物体之后记忆其外形的"摄影"能力。比较纳迪娅的画与她先前所能见到的模特，使我们确信她的头脑具有异常清晰的想象能力。然而把这些图案转换成恰当的运动顺序，并把意象按照不同的、观众意料之外的方式结合起来，显然就不仅仅是逼真的想象技巧能实现的了。实际上，她的作画能力十分巧妙，所以她不必以同样的顺序把要素画出来。她几乎可以随心所欲地从画面的一个角落，画到另一个角落，显然确信自己最终能够以正确的方式画出想要画的形象。

同时，纳迪娅的天赋显然是付出了代价的。她缺乏绘画技巧以及必要的概念和知识。她不能完成排列资料的任务，不能对有关素材进行分类。而且，她在自己绘画的时候不注意所描绘的特殊对象。有时只画了轮廓的一半，继续画的时候画到了其他的地方，仿佛她盲目地记录自己头脑中记住的东西。另外，她不能画一个物体的简单图案，似乎不得不在每一幅画中画出所有的细节。

纳迪娅能力的这个侧面，是不是一个不幸的超常儿童身上的特殊情况呢？这是科学现在还解答不了的问题，人们无法进行相关的实验。然而她的画却是个雄辩的证明，说明空间智能和其他智能的分离现象，也说明了空间智能高度发展的潜力。

空间智能的应用

发达的空间智能是我们这个社会的宝贵财富。这种智能对于某些专业，如雕塑或数学中的拓扑学来说，是必不可少的。如果没有发达的空间智能，在这些领域取得进展就很难想象。另外，在许多专业中，虽然单独的空间智能不足以构成全部的能力，但它却能对许多需要的智能起到促进作用。

空间智能在科学领域的作用就更明显了。爱因斯坦拥有特别发达的一组空间智能。他像罗素一样，第一次阅读欧几里得的著作就着了迷。爱因斯坦被强烈吸引的，正是这些著作中的视觉与空间形式，以及与这些形式相一致的内容，"他的直觉深深地植根于经典几何学之中，他有一种非常视觉化的头脑。他依靠想象进行思考和实验，也就是在头脑里做实验"。我们甚至可以推测，他最基本的思路是从空间模型而不是从纯粹的逻辑推理得来的。诚如他自己所说的：

> 无论是书面语言还是口头语言中所用的词汇，在我思维的机制中似乎不起什么作用。心理学的实体作为似乎在思维中起作为的因素，是某种能够自动反复出现或组合的迹象，以及较为清晰的意象……上面提到的这些因素，对于我来说就是视觉的因素，有些甚至很强烈。

科学家与发明家在解决问题的过程中，经常对想象扮演的积极角色进行反复的描述。其中一段最有名的一段描述，讲到德国有机化学家弗里德里希·凯库勒[①]发现苯环结构的过程。他进入睡梦后：

> 原子重新在我的眼前跳跃着……我思维的眼睛……无法辨认更大的结构……一切物体像蛇一样缠绕着、扭曲着移动。但是看哪！那是什么？一条蛇咬住了自己的尾巴，嘲弄似的在我眼前旋转，好像闪电划过天空，我一下就醒了。

这个启示让凯库勒意识到，苯这类有机化合物的结构不是开放的，而是封闭形成环状。不久以前，詹姆斯·沃森与弗朗西斯·克里克在发现 DNA 分子的结构时，主要依赖的就是在头脑中勾画分子结合的各种不同方式的能

---

① 弗里德里希·凯库勒（Friedrich Kekulé, 1829—1896）：德国有机化学家，波恩大学教授，有机化学现代结构理论的奠基人，首先提出苯（C6H6）的环状分子结构，并以此类推出许多芳香族化合物和其他有机化合物的分子结构。——译者注

力。这些实验有时在科学家脑子里进行，有时在纸上进行，有时在三维空间的模型中进行，最后发现了正确的 DNA 双螺旋结构。

本章开头部分简略叙述过的空间思维可以应用于科学研究的过程中。科学研究实际要解决的问题，有时就是空间问题，例如建构脱氧核糖核酸分子模型的工作，所以答案就包含了空间思维或者直接的模形制作。有的时候，空间思维可能为该研究过程提供虽非必要但有益的比喻或模式。正如达尔文偶然间想到的，把物种的起源看成是不断生出分枝的大树，把适者生存看成是物种成员之间的竞争一样。

实际上，科学的进步也许与某种空间能力的表现密切联系着。弗格森（E. Ferguson）认为，科学家与发明家所要解决的许多问题无法用语言的形式表述出来。文艺复兴时期的科学进步，也许与以绘画形式记录和传达的大量知识，如达·芬奇的那些素描就存在着内在联系。有抱负的科学家，已经不必像中世纪的工匠那样，去记忆物体及其组成部分的名称，他们可以研究那些无法观察的机器与生物体的实际组织。印刷术的发明对于这些绘画的传播来说，也像它对文字的传播一样，起了重要的作用。总的来说，投入印刷工序的手稿的广泛传播，在科学教育以及科学思维方法的提高方面，起了重要的作用。

显然，关于空间的知识，可以服务于各种不同的科学目的。它可作为一种有用的工具，一种帮助思考问题的有益方法，一种获取信息的途径，一种说明问题的方法，或者直接就是一种解决问题的手段。也许麦克法兰·史密斯（McFarlane Smith）说得对，他认为人在具备了最低水平的语言能力之后，确定他在科学方面能有多大的发展，就要看他的空间能力究竟如何了。

必须强调一下，在各种不同的科学、艺术与数学分支之间，空间推理介入的方式并不一致。拓扑学使用的空间思维在程度上要比代数大得多。物理科学与传统生物学或社会科学比起来，更加依赖空间能力。而对于社会科学来说，语言能力相对比较重要。在空间能力方面有特殊天赋的人，比如像达·芬奇或当代的巴克敏斯特·富勒①和阿瑟·利奥伯②，有各自能力的选择范畴，他们不仅能在这些领域之中选取其一，而且可以从事跨领域的工作。也许他们在科学、工程及各种类的艺术方面，表现得更突出一些。从根本上说，要想掌握这些学科，必须学会"空间的语言"，学会"在空间的媒介中进行思考"。这种思维活动包括了以下现象的理解，即空间允许某些结构特征并存，而不允许其他结构特征并存。对许多人来说：

> 进行三维空间的思考，就像学习外语一样。"4"这个数字，已经不再是比3大比5小的数字了，而是四面体的顶点和面的数目。至于6，则是四面体棱的数目，是立方体面的数目，或是八面体顶点的数目。

如果非要举出一个说明空间智能起关键作用的领域，那么棋类运动就是最好的一个例子。对于每走一步棋的后果所做出的预想，似乎与强大的空间想象力密切联系着。确实，棋类大师们一般都有杰出的视觉记忆力，或者如他们自己所说的：杰出的视觉想象力。然而仔细地审视一下这些人，我们发现他们拥有一种特殊的记忆能力。

差不多一个世纪以前，智力测验的发明者比内在一项开拓性的研究中，观察了下盲棋过程中有关记忆的精湛技巧。这种盲棋的规则是，有一个人同时下几盘棋，棋局的数目和对手的数目相同。对手可以看棋盘，而蒙眼的棋手却不能看。供他思考的唯一线索，就是几个对手的上一步棋路。在这个基础上，他必须闭着眼睛决定下一步怎样走。

---

① 巴克敏斯特·富勒（Buckminster Fuller, 1895—1983）：美国建筑师、发明家、思想家。拥有55个荣誉博士学位和26项专利发明。——译者注
② 阿瑟·利奥伯（Arthur Loeb, 1923—2002）：美国科学家。生于荷兰。有化学物理学教育背景，从事跨学科研究，并有一定音乐造诣。——译者注

棋手们自己是怎样说的呢？在比内的报告中，我们从塔拉什①博士那里获得了最初的思考线索。塔拉什写道："每一局棋都有些部分是在下盲棋。例如，一个棋手的头脑中必须同时思考五步棋的走法，唯一的区别就是，他坐在棋盘跟前。棋手的视觉常会扰乱他的计划。"这里，我们发现了一个证据，说明棋局在非常典型的抽象层次上呈现在我们面前。棋子的属性是完全外在的东西，更别说其他的特征了。重要的是各个棋子的威力，也就是它能起到的作用和不能起到的作用。

按照比内的看法，盲棋的成功依赖于身体的耐力、高度集中的注意力、学识、记忆及想象力。对于棋手来说，下棋是非常有意义的娱乐，所以，他们竭力在棋盘上把握棋路的本质。每一局棋都有各自的特征，有各自的布局。这些特征与布局留给人的印象，取决于棋手的感受能力。有一位叫戈茨（Goetz）的先生说："我就像音乐家控制乐队的和声一样控制着棋路……我常用一般化的说法总结每一个棋局……你会感到这些棋局是简单的、熟悉的，或者是新颖的、使人兴奋的和有启发的。"所以比内评论说："正是棋局的构思给予的启发，才使该棋局变得十分有趣，并且保留在人们的记忆中。"盲棋棋手必须记住基本的推理途径和棋路。他在试图回忆某一步特定的棋路时，回忆的是他先前的推理方式，所以就能想起他原来是怎么下的。他并不是孤立地记忆每一步棋，但记住了他曾经有过的独特进攻计划，那一步棋的目的是要执行这一计划的。"一步棋本身只不过是思考行为的最后结论，那一行为本身必须首先能回忆得起来。"实际上，棋手所使用的一种有效方法就是，追记针对每盘棋的不同对策。这是令每一盘棋更有特性的过程。

什么是象棋类的记忆？棋手都有惊人的记忆能力，对于他们过去下过的重要棋局尤其记忆深刻。然而同样地，这种记忆并非完全依靠死记硬背。确切地说，一个好的棋手，将一盘棋当作一个剧本、一场电影、一趟旅行那样有特色和独到之处。比内把这种记忆与学者症候群的记忆做了比较。后者能

---

① 塔拉什（Siegbert Tarrasc，1862—1934）：德国国际象棋棋手、国际象棋理论家。——译者注

被动地记忆一些东西，但事过境迁后，作为整体的记忆就消失了，因此这种记忆并无任何内在的意义。棋手的记忆则与此形成了鲜明的对照，它持续的时间要长得多。那是因为这种记忆所解读的是布局和思想，而不是死的条文。

然而，下盲棋的棋手，却必须把整个棋盘都记在脑子里。下面是一位著名象棋大师所做出的深刻思考：

> 在预想下一步棋的时候，我不断地在头脑中盘算着它的走法。棋盘在我头脑中是一幅十分清晰的图画，为了避免内在的意象受到视觉感受的干扰，我干脆闭上眼睛。然后，我往棋盘上放下棋子。感受到棋盘的心里意象，是下棋的第一步，也是最根本的一步。你一旦闭上眼睛时也能"看"清棋盘，想象棋子的变化也就不困难了。当然，一开始想象的是那些熟悉的最初的布局。那么现在棋局开始了……一步一步地走，局面在头脑中的棋盘上开始变化。原先脑子里的画面变了一点，我马上就记住这个变化了的局势。对手做出了应对后，画面又变了，我于是就一个接一个地记住这些变化了的局面。

但是比内认为，棋艺越高、下棋越多的棋手，棋局的重现就会越抽象。没有必要对各个棋子的位置都做认真的回忆，至于它们形状与大小就更不重要了。下棋需要的，是更抽象的棋局重现。棋手的大脑要记住棋局总的变化，要有一个"内心的灯塔"，指引着必要的、尽量多的棋局，以使自己能准确地跟踪每一步棋，如此而已。棋子的形状与颜色，是不重要的。正如象棋大师塔拉什所说的：

> 思路沉浸在棋路里的棋手，看见的不是一小块刻有马头的木头。他看见的是一个必须按照马的路线行走的骑士，它大约相当于三个小卒。也许那个时候骑士恰巧正站在棋盘边缘被动的位置上，或者正准备发起猛烈的攻势，或者处在被对方包围的危险之中。

比内所下的结论是：最好的棋手都有一种视觉记忆，然而这种视觉记忆与画家的视觉记忆大不相同，它没有后者那种具体的画面特质。它虽然是视觉的，但却是抽象的。实际上，它是一种几何记忆。我们可以把比内的结论，与拿破仑关于战争的观点加以比较。对作战计划有详细大脑意象的战场指挥官，如果感到很难迅速修改自己的意象，以适应战场上突如其来的变化，那么他就是个不称职的指挥官。实际上，拿破仑认为，那些仅通过具体的心理图像思考的人是不适合指挥战争的。也许从这里，我们看出了如下两种情况的差别。一种是学者症候群或画架前纳迪娅真实的想象能力，另一种是棋手、战场指挥官或理论物理学家更为抽象的智能。强调这种技能的空间维度而非纯视觉维度，似是合理的。

后来人们的研究发现支持了比内的看法。阿德里安·德·格罗特（Adrian de Groot）及其同事在海牙证实，只要棋盘上棋子的位置是有意义的，象棋大师只需要几秒钟的时间，略微浏览一下盘棋，就能出色地回忆这一盘棋所有棋子的布局。但是倘若棋盘上棋子的摆法是任意的，那么象棋大师对棋局的记忆水平，与一般生手就没有什么区别了。这一发现清楚地表明，象棋大师在死记硬背外形的纯视觉记忆方面，与其他人并无本质的差异。他的不同之处就在于，能把一种棋局与他过去所遇到的棋局联系起来，以富于意义的方式解读它们，并能够在这个联系的基础上回忆那些棋局。与德·格罗特合作过的人工智能先驱赫伯特·西蒙相信，象棋大师掌握的棋谱数目超过了 5 万。正是这种出色的记忆贮存，才使他们在面临新棋局的几秒钟之内，就能有效地做出应对。然而上述研究人员并没有肯定，那些最终成为象棋大师的人，是否一开始就具有领会棋局的特殊倾向，而后才将这些棋局"吞咽"下去。

我自己认为，成为象棋大师的少数人在 10 岁以前就取得的神速的进步，很难用其他方式来加以解释。我们只能说，他们在一种或更多的相关领域中的智能早熟，空间智能与逻辑智能或许是双双起作用的因素。这两种智能相比谁更重要，则因人而异。我的这一看法，与本章开头引用的卡帕布兰卡的奇怪说法相抵触。然而以上有关象棋大师的事例告诉我们，仅仅具备视觉想象能力，还不足以使人成为象棋大师。把感知到的棋局与过去经验里的棋局联系起来的能力，把每一步下法与整体布局联系起来的能力，才是象棋天才真正的迹象所在。

视觉－空间艺术

尽管人们也许会在科学方面低估思维的空间成分，但在视觉艺术方面，空间思维的重要作用则是不言自明的。绘画与雕塑需要有对视觉世界与空间世界的细微的敏感度，需要有在创作艺术作品的过程中再现它的能力。虽然某些其他的智力能力，比如在控制细微的动作时的灵巧性，也起着重要的作用，但书画艺术的必要条件存在于空间领域之中。

所以，毫不奇怪，艺术家的行话，都讲述知觉世界特质，以及如何在画布上将这些特质更好地表现出来。画家凡·高在给他弟弟提奥的信中谈到自己的创作体会时，反复强调他竭力去把握这些特质的努力。例如，关于色彩问题，凡·高说：

> 这是我从荷兰画中很少发现的色彩效果。昨天晚上，我忙着画一块树林里的斜坡，斜坡上盖满了干腐的山毛榉树叶。你简直想象不出有什么地毯能显示出那么光彩夺目的暗红色，并且映在秋天的晚霞里，点染在树木中。

他还曾经在其他地方谈到过自己作画时常常面临的挑战：

> 关于比例、光线和阴影、透视都是有规则的，要想画得好，就得懂得这些规则。如果没有这方面的知识，那么所有的努力都会白费，什么好东西都画不出来。今年冬天，我将设法积累一些解剖学的主要知识。我也许不会花太多的时间，但代价一定是不小的，因为这使我损失了一些时间。

20 世纪的建筑家、艺术家勒·柯布西耶[①]谈到过艺术家在把握物体的过程中所面临的考验。他说：

> 我们关于物体的概念来自关于该物体的全部知识。这是一种从感官经验得来的知识，是实际感觉的知识，是关于物体的材料、大小、外形及其所有性质的知识。而通常的透视规则，仅仅是释放这种经验中获得记忆的窗口而已。

艺术家在开始从事艺术活动的时候，一般都要掌握前人流传下来的技巧。如果缺乏某种技巧，他们也会创造出来。丢勒[②]与他的文艺复兴时期的同时代人曾下决心掌握他们的前辈没有掌握的透视法。丢勒在一幅著名的版画中，运用了一种幻觉的表现手法。在这幅版画里，他在一个窗口刻了一个方形网栅，然后在作品表面又刻了一个相同的网栅。这样，就有可能在透过窗口的窗口，直接看转换的透视影像了。

艺术家还必须注意人的世界。文艺复兴时期的绘画史学家瓦萨里[③]谈到达·芬奇的时候说："他只要看到一个人有不同寻常的脑袋、胡子或头发，就会十分兴奋。他会跟着这个人走上一整天，把他的样子熟记下来，一到家就画在纸上，仿佛此人就在眼前一样。"

瓦萨里对米开朗琪罗[④]的描述，有助于我们理解这位艺术大师是如何掌

---

① 勒·柯布西耶（Le Corbusier，1887—1965）：瑞士画家、建筑师。后定居法国。深刻地影响了 20 世纪的城市面貌和生活方式。——译者注

② 丢勒（Albrecht Dürer，1471—1528）：德国宗教改革时期的油画家、版画家、雕塑家、建筑家，文艺复兴时期的代表人物，作品哲理性强，代表作有油画《四使徒》《自画像》《亚当与夏娃》，木刻《四骑士》，铜版画《海怪》等。——译者注

③ 瓦萨里（Giorgio Vasari，1511—1574）：意大利画家、建筑师、作家。以研究意大利文艺复兴时期的美术史闻名。——译者注

④ 米开朗琪罗（Buonarroti Michelangelo，1475—1564）：意大利文艺复兴三巨人之一，画家、雕塑家、建筑设计师，代表作为雕塑《大卫》《摩西》《奴隶》天顶画《创世纪》《洪水》，壁画《最后的审判》，油画《圣家族》等。——译者注

握自己的技巧的：

　　　　他有极强的记忆力。别人的作品，他只要见过一次，就能记住并借鉴它们。他从不重复自己画过的东西，因为他都记得……年少时，朋友们提议，看谁能画一幅人像，而不表现出自己的任何绘画技巧，画得就像无知的人在墙上胡乱涂抹一样……米开朗琪罗记得自己曾在墙上看到过这样一幅粗糙的画，于是他就照着画了出来，仿佛那张画就在他眼前一样。就这样，他赢了。对一个绘画技巧娴熟的人来说，或者说对他的朋友们来说，不表现出任何技巧，真是太难了。

　　米开朗琪罗也许生来就具备这种精确的视觉记忆，所以能毫不费力地再现或重现所有的前知觉。然而我们也有证据，根据艺术家威廉·霍加斯 [1] 的经验，一个人是能够设法发展自己的知觉能力与记忆能力的：

　　　　因此，我力求使自己习惯记忆技巧的练习。通过在头脑里重复物体的组成部分，我可以在不同程度上结合它们，把它们用铅笔画下来……这样，我早期就养成了一种习惯，不论我想模仿什么，我都不必仔细地现场临摹，而把它记在脑子里。

　　达·芬奇就曾劝告他的绘画学生，要用思想者的眼光，对一堵旧墙上的裂缝进行凝视和沉思，看看能从这个裂缝里发现什么意味深长的形象。

　　不论怎么说，以上的证据都强调，造型艺术的活动起始于对日常生活进行刻苦观察的程度。但是，还有那么多成功的抽象艺术，与个人经历的世界无关，这说明艺术成就的取得并非仅此而已。实际上，绘画的许多成就都超过了纯粹复制的层面。毕加索声称："绘画是诗，是有造型节奏的诗篇，而不是散文……造型节奏就是相互押韵的形式，或者要么与其他形式押韵，要

──────────────

[1]　威廉·霍加斯（William Hogarth, 1697—1764）：英国画家、雕刻家。英国风俗画奠基。——译者注

么就与周围的空间押韵。"按照鲁道夫·阿恩海姆的观点，严谨的艺术家，不论是再现派艺术家还是抽象派艺术家，关心的都是富有意义的相互作用所形成的作品：

> 就像即使一种物质的组成和性质被隐藏在化合物的内部，化学家也能从化合物中将它分离出来一样。艺术品也能够去伪存真，反映本质。虽然它在大多数情况下呈现出抽象的主题，但不会降格为图解。直接经验的多样性反映在高度复杂的形式之中。

20世纪美国一位重要的艺术家本·沙恩[①]谈到过理念与意象之间的斗争："理念一定从意象中生成……这使人想到透纳[②]这位伟大的创新者，他确实巧妙地处理了颜色，抑制了形象，创造出光感。"赫伯特·里德爵士讲述了如何看待形象的技艺，认为形象是美的色彩与形态，而不是物质对象，不是一张椅子，那只是世俗智能的产品。

所有这些证据所强调的，是我早先说过的空间智能的一个方面，也就是对空间布局的敏感性。确实，也许如果一个人深深地爱上了绘画，那么设计、色彩与形式的问题都是重要的。而特定的主题，就仅仅是个出发点而已。毕加索强调了所有绘画与装饰艺术中的形式要素。他声称，"对于立体主义和其他所有的学派来说，素描、设计与色彩在理解和实践上的精神与手法是一样的。"归根结底，在艺术的追求中有一个明确的逻辑，就是使艺术活动脱离对自然的单纯模仿，并将其置于和其他严谨的科学研究领域相近的地位。大约200年前，英国画家约翰·康斯泰勃尔[③]宣称："绘画是一门科

---

① 本·沙恩（Ben Shahn, 1898—1969）：美国现实主义画家、图案设计师。作品于哀愁中含有社会批判意味。——译者注

② 透纳（Joseph Mallord William Turner, 1775—1851），英国风景画家。对法国印象派有很大影响。代表作品有《无畏号战舰》《贩奴船》《雨·蒸汽·速度》等。——译者注

③ 约翰·康斯太布尔（John Constable, 1776—1837）：英国风景画家。作品生动地表现瞬息万变的大自然景色，对后来的法国浪漫主义画派及巴比松画派产生重要影响，代表作品有《干草车》《跳马》等。——译者注

学，应当像探索自然规律那样追踪它。我们为什么不能将自然风景当成是自然哲学（natural philosophy）的一个分支呢？风景画不过是其中的一些科学而已。"法国画家塞尚①在此后多年也写道："我将继续我的研究。"而英国艺术批评家克莱夫·贝尔②说：

> 弗吉尼亚·伍尔夫③和毕加索属于生命的另一种层次，他们是与常人不同的物种，他们的心理过程与我们的不同……他们的标准，同样也是由他们自己创造出来的。然而，无论他们选择什么方式提出这些标准，即使在我们还没有接受这些标准的时候，我们也都是自发地根据这些标准评价艺术作品的。虽然他们得出结论的途径与数学推导的途径完全不同，但他们的结论就像数学推导得出的结论那样使人信服。

绘画大师的成就使我们感到惊奇，他们的成就和杰出的作曲家或舞蹈家的成就一样，对我们大多数人来说是望尘莫及的。而艺术鉴赏家的活动与我们的世界却稍为接近一些。鉴赏家是认真观看并欣赏艺术作品，并且能够进行仔细地辨认和鉴定，识别作品的风格并做出评价的人。我自己的研究表明，甚至连儿童都能在较低的层次上进行某种程度的鉴赏。他们也能学会俯瞰主体并留意笔触和神韵的特点，而这些都是确定一位大师风格的要素。

然而如果认为鉴赏能力是自动发展起来的，或者认为是不需要全面发展的能力，那就大错特错了。毕加索以一种嘲弄的口吻说：

> 人们常说"我没有听音乐的耳朵"，但他们从来不说，"我没有看画的眼睛"……无论人们是否愿意欣赏大自然，却不得不看画。

---

① 保罗·塞尚（Paul Cézanne，1839—1906），法国画家。后印象派代表人物，被称为现代绘画之父，代表作品有《玩纸牌者》《果盘》等。——译者注
② 克莱夫·贝尔（Clive Bell，1881—1964）：英国艺术批评家。——译者注
③ 弗吉尼亚·伍尔夫（Virginia Woolf，1882—1941），英国作家。作品摒弃传统的小说结构，采用"意识流"手法，注重心理描写，对现代西方小说影响很大。——译者注

我们常常相信是我们自己在看画，对吧？但这不是真的，我们总是透过玻璃观看。人们并不喜欢绘画，因为他们想知道的全部就是，什么样的画 100 年以后仍然被认为是有价值的。

确实有些人学会了艺术鉴赏的语言。而且令人高兴的是，英国艺术史学家肯尼思·克拉克① 对艺术鉴赏的一些主要能力进行了深入思考。他从小就对艺术抱有特殊的兴趣，他回忆自己第一次进入一个画廊的情景时这样说：

> 我立刻激动万分。画廊的两边都挂满了画，画上画着无比美丽的花朵，我不仅在兴奋和高兴中惊呆了，而且感到自己进入了一个全新的世界。形态与色彩的关系向我展现了一个新秩序，这是确定无疑的。

克拉克那么小就受到绘画作品的感染，但并没有迷失自我。他谈到了纯审美的感受：

> 与幼儿音乐演奏瞬间就理解了一首赋格② 相比较，与少年数学研究者在首次接触欧几里得时对他所做的关于素数③ 无穷性的证明感到欢欣鼓舞相比较，我当时并未自负……然而我认为，这应当被看成是同一类型的奇特能力……万一将来有一位心理学家不揣冒昧地探索人类心灵的这一神秘部分，我这里还是再记录一下这一事实的延续。55 年以后，我参观过日本京都附近的一座庙宇……我坐

---

① 肯尼思·克拉克（Kenneth Clark，1881—1964）：英国艺术史学家，在名著《艺术》（1914）一书中认为艺术家对物象的简化和抽象，可以还原到线条和色彩，这是最简约最精炼的形式。而线条和色彩的和谐关系与完美组合，会给人视觉以完美的享受。——译者注

② 赋格（fugue）：源于拉丁文 fuga，有"追逸"之意。复调音乐中运用多声部模仿技法的一种体裁。其结构因素为：主题、答题、对题、间插段、紧接段。赋格是音乐发展逻辑的高度抽象，具思辨性与动力性，是复调音乐的最高形式。——译者注

③ 素数（Prime Number）：又叫质数，只能被其本身和 1 整除而没有余数的整数。——译者注

在地板上的时候，极其清晰地体验到一种感觉，那就是我曾经见过这些画。于是我向陪同我的人，一位日本外务省的官方导游说了我这个感觉。他对我说："不，不，这是绝对不可能的"。

但实际上，克拉克是正确的。1910年，这些画的确曾在纽约展览过，他记住了那一次参观展览时的感受。

克拉克说，从他最早的记忆开始，就能被绘画感动，并且对自己的判断力有极强的自信心。"我还从未遇到过这样的事，即一个成熟的具有判断能力的人，对一幅绘画的感觉和我的感觉不同"。但尽管如此，他仍须接受较长时间的训练，以便更好地了解画家。这样，他才能深刻地理解他们之间的差异。如果认真观看米开朗琪罗和拉斐尔①的原作，并且完全独立地鉴定一幅画是真迹还是赝品，这应该是：

> 任何一位年轻人可能获得的最佳训练方式。他将会感到自己仿佛十分谦卑地深入了艺术家的心灵，理解了他最细微动作的意义……他还能看出艺术品中最难以说明的属性——对形态的感觉。

克拉克描述鉴赏家的活动时说：

> 要判断一幅作品是贝里尼②画的，还是波提切利③画的，要将记忆、分析和敏感度三者结合起来，对于头脑和眼睛来说，这是极

---

① 拉斐尔（Rachael Santi, 1483—1529）：意大利文艺复兴三巨人之一，画家，代表作品有壁画《雅典学派》《圣体辩论》，油画《西斯庭圣母》《圣母子》《玛利亚订婚》等。——译者注
② 贝里尼（Bellini）：意大利文艺复兴时期的一个绘画家庭，他的父亲和两个兄弟均为威尼斯画派的奠基人。——译者注
③ 波提切利（Sandro Botticelli, 1445—1510）：意大利文艺复兴时期的代表画家，以宗教、神话、历史为题材的作品富有诗意和世俗生活气息，代表作品有《春》《维纳斯的诞生》等。——译者注

高的修养。人们很自然会将这样的修养与在传统学术中处于顶尖状态的文艺批评相比较……在赏鉴中，对事实与文献的记忆，被有关时间和空间、构成要素、色调、色彩的视觉记忆取代了……这是一种要求很高的修养。这种修养包括的感觉，还有对线条突出形象难以形容的方法的感觉，对同样神秘的色调与色彩关系的感觉。在对作品的真伪做出认真的判断时，包含着一个人的全部能力。"

这就是艺术鉴赏家对空间智能的应用，这种应用似乎与科学家、建筑师、雕塑家或画家所表现的空间智能一样，使人佩服，促人仿效。

文化视角

空间智能作为一种有着悠久历史的智能，很容易在现有的所有人类文化中观察到。当然，某些特定的创造物，如几何学或物理学、动态雕塑或印象派绘画，仅限于某些社会中才会出现的。但在复杂环境中活动的能力，从事复杂艺术创作与工艺制作的能力，以及从事各种不同体育运动的能力，似乎都是我们随处可见的。

特别使人感兴趣的是在那些在边远地区的文化中发展起来的空间智能的形式。在卡拉哈迪，博茨瓦纳的布须曼人已经把那种注意微小细节的能力，发展到了极致。他们能从羚羊的足迹上，看出羚羊的大小、公母、强壮的程度和当时的情绪。在数百平方英里①的活动区域里，他们认识"每一个树丛、每一块石头、每一条曲折道路。他们为每一块非洲草原食物生长的地方命名，即使这块地方的直径只有几米，也为每一片生长茂盛的草地或每一颗菩提树生长的地方命名"。肯尼亚的基库尤人（Kikuyu）同样高度珍视敏锐的视觉记忆力。乔莫·肯雅塔（Jomo Kenyata）还是孩子的时候，大人就教他如何根据毛色、斑纹、大小以及角的类型，辨别他家畜群中的牲畜。然后大人就测试他，把两三头牲畜混在一起，要他找出自己家里的牲畜，或把几头

---

① 1平方英里约合 2.6 平方千米。——译者注

牲畜藏起来，让他查一查自己家的畜群，看看哪些丢失了。

世界各地的许多游戏开发空间智能，正像它们有助于逻辑－数学智能的发展一样。坦桑尼亚儿童玩的一种游戏就完全依靠空间能力的大小。在这种游戏中，45 颗豆子被排成 9 行，形成一个三角形，所有的豆子都按顺序编号。在游戏中，当挑战者的眼睛被蒙住的时候，其余所有人一次移动一颗豆子，从每一行中的三角形的边上轮流取走豆子，从底边一直到顶角。此后再让挑战者观察，他必须说出各次被取走的豆子的编号。但如果每行的第 1 个豆子被取走，他就保持沉默。这样，这位挑战者在游戏中的地位，相当于必须在头脑中牢记整个棋盘，像个具有杰出视觉记忆的盲棋棋手。刚果的松戈人（Shongo）也玩一种游戏，他们在沙滩上画一些排列复杂的图形，参赛者必须用手指画一条不间断的线，在沙滩上模仿一种图形，手指不能离开沙，也不能描摹原来已有的图形。这和西方文化中的某些游戏一样，关键是运用想象力策划一系列先后行动的能力，这种能力很可能就是我们从棋类活动中所看到的——空间智能与逻辑－数学智能的结合。

利用空间智能去达到更加实用的目的，同样也给人以深刻印象。我过去说过，因纽特人的空间能力十分发达，也许是因为在他们的环境中寻找道路很困难的缘故。他们必须注意冰面上最微小的裂缝，因为冰块断裂后他们就会飘流到海洋上去。而且，猎手为了要寻找回家的路径，需要注意积雪的角度和形状，还需要认真观察云彩的明暗、形状，从而判断气象的变化。

有些说明因纽特人敏锐的空间能力的例子带有传奇性的色彩。举个例子，据说因纽特人可以倒着阅读，效果和正着阅读是一样的。他们能够设计并雕塑复杂的人像，而无所谓这些雕像摆放的位置是否正确。有的时候，因纽特人能够修理他们从未见过的某种设备，而习惯使用那些设备的人却都做不到。这种能力显然需要空间技能与其他智能的结合才行。

也许有人认为，在空间智能活动中表现出色的仅仅是男性因纽特人。但实际上，女性因纽特人在这方面也同样出色。这一事实说明，一般我们西方文化头脑中空间能力上的性别差异，在另外的环境里是可以改变的。或者反过来说，我们所处环境的特点造成了女性空间智能明显落后的状况。至少有60%的因纽特儿童，在空间能力的测试中，成绩相当于成绩最好的前10%高加索儿童的成绩。因纽特人这种高智能的现象，也普遍地表现在概念的测试和视觉细节的测试之中。

我这里还没有讨论气候特征的问题。我们在一种完全不同于西方社会的群体之中，如南太平洋加罗林群岛上的普卢瓦特人那里，同样能看到这种高度发达的空间智能的存在。在普卢瓦特人当中，高度发达的空间技能就是航海，这是一种在擅长划独木舟的少数人当中才能发现的技能。在这个具有良好训练的人群之中表现出的发达的空间能力，使在西方受过训练的航海家为之惊愕。

普卢瓦特人航海能力的关键，就是观察天空中星星的分布。普卢瓦特人要在周围许多岛屿之中航行，就必须记住特定的星星在地平线上升起和降落的地点或方向。水手们首先死记硬背这些知识，然后经过几个月的航行实践，这些知识就渗透到他们的意识之中。最后，这种知识还要与许多变化的因素结合起来，其中包括太阳的位置，乘风破浪时体验到的感受，随着海潮变化而变化的海浪、风、气候的特点，海面上波浪的特点等。另外，水手们还要结合驾船的技巧，结合通过海水的颜色变化，推断出在海平面以下相当深处礁石的能力。托马斯·格拉德温（Thomas Gladwin）曾在有经验的水手带领下，研究过这一能力系统。他下结论说：

> 当在海上遇到所有那些情形时，任何单独一组观察到的现象都不足以为船只导航。许多来源的信息必须结合到同一个能力的系统中去，而且这一系统的不同因素互相补充，才能达到令人满意的准确可靠的程度。

被选定的普卢瓦特人要掌握航海的知识，必须学习许多秘诀，通过一系列考验：

学习者必须根据指导者的要求，在熟悉的海域中，以当地任何一个岛屿为起点，迅速地指出那个岛屿与其他岛屿之间星星升起和降落的情况。只有完成了这一步之后，他的学习任务才算完成……此后，该水手在这些知识的武装下，才能沿某个方向出发，让船在水中平稳地行驶，最后到达自己的目的地。临近目的地的时候，才能说明这名水手具有确定岛屿方位的技术，而直接向该岛屿驶去……有经验的航海者，还能参照船一侧的星星，随时调整自己的坐姿。这样在航行时，那颗星星就始终保持在自己船桅的附近，或许就在舷外支架上旗帜的顶端。这样航海者在不必注意实际海上路线的情况下，就能不断地航行在海上。

尽管这种航行似乎是一套连续的操作，但从概念上看，该航程其实分为一系列过程。从出发的岛屿看到的沿途作为参照点的岛屿的方位、在目的地岛屿看到的参照岛屿的方位、星星在天空中所处的不同位置的数目，就是航行时一系列过程的数据。当航行者心里预想着，相关岛屿正处于某个特定的星星之下时，他就知道一定数量的过程已经完成了，因此一定比例的航程已经走完了。航海者就像盲人一样，看不见那些岛屿，但他知道它们在哪儿，他知道如何在头脑中保留它们的位置与关系。你如问他某个岛屿在哪里，他就会立刻准确地指给你看。

那么普卢瓦特人是怎么看待自己的这种技能呢？他们尊敬这些航海者，原因显然并非因为他们是"聪明"的，而只是因为他们能够在海上航行，能够在岛屿之间为船只安全导航。如果你问当地人谁是"聪明人"，他们却很可能会说到政治家，或说到其他有判断力的人。正如格拉德温所说的："我们西方世界十分珍视智能，所以我们尊敬普卢瓦特航海者。普卢瓦特人同样也尊敬他们的航海者，但并非因为他们聪明。他们尊敬这些航海者是因为这些人能在海上航行。"然而格拉德温警告我们，要我们别把这些能力看成是实际的、原始的或前理性的能力。按照他的看法，抽象思维是"普卢瓦特人航海能力的普遍特征"。用我们的话说，这些普卢瓦特人已把空间智能发展到了极高的程度。

普卢瓦特人当中掌握航行秘诀的人是一些长者，他们有极高明的航行艺术，承担训练年轻人的责任。同样，在因纽特人和许多其他传统的群体中，长者常常也是知识的宝库。但奇怪的是，在西方环境中，在空间领域取得很高成就的人也常常是年长者。例如，毕加索和提香①两位画家都画到了近90岁高龄。大多数西方的伟大艺术家，在他们最后的岁月里仍然在作画。现代雕塑家亨利·摩尔就是漫长艺术生命的最好例证。② 他说：

> 人们的确能够发现，最伟大的艺术家在年老的时候，还在从事最伟大的创作。我认为视觉艺术与大多数其他艺术或科学不同，它与人的实际体验的联系更紧密。绘画、雕塑与外部世界的联系更密切，视觉艺术是没有穷尽的。

在这里，我们遇到了矛盾的现象。实际发生的情况是，正常人随着年龄的增长，在视觉－空间思维的常规测试中，表现出日益衰退的操作能力。这种衰退使人认为，右脑的功能更易于受到年龄的影响。然而，那些被认为有出色空间能力的艺术家，又能出色地发挥这种能力直到人生的暮年。对于这一点，我个人的看法是：虽然各种智能形式都有其自然的生命历程，逻辑－数学思维在生命的后期会减弱，虽然在所有人的身上，身体－动觉智能也同样"处于危险状态"，但至少视觉与空间知识某些特定的部分是一直旺盛的。在那些一生都在视觉与空间领域不断实践的人身上，就更是如此。有一种整体感，有一种对在空间智能中十分关键的因素"完形"（gestalt）的敏感性，这似乎是对年长者的补偿。这是一种持续的，或许还是被提高了的把握整体、识别模式的能力，即使是在特定细节或细微部分可能丢失的情况下。也许智慧依凭的就是这种对模式、形式和整体的敏感性。

---

① 提香（Titian，1489—1576）：意大利文艺复兴时期画家。威尼斯画派的代表人物。以善于戏剧性地运用色彩而著称，代表作品有《纳税银》《神圣的爱神与渎神的爱神》《圣母升天》《西班牙拯救了宗教》等。——译者注
② 亨利·摩尔生于1898年，逝于1986年，在本书1983年首次出版之时，他已是85岁高龄。——译者注

介绍了以上空间智能的观点之后，我们就接触到了第二种与物体有关的智能形式。空间智能与逻辑－数学智能形成了对照，后者沿着自己的发展轨迹，抽象化逐渐加深，而前者最终基本上仍与具象世界、物质世界及其在世界中的位置相联系。的确，也许我们在这里又发现了另一个关于空间智能"持续有力量"的原因。但我们还有第三种以物体为基础的智能需要考虑，这种智能与人的关系更加密切，因为它存在于人对自己身体的使用之中，存在于人对世界采取的行为之中。因此，我们下一章将要讨论的智能，就是身体－动觉智能。

第 9 章

身体－动觉智能

身体语言也是一种语言，拳击就是其中之一。

——诺曼·梅勒（Norman Mailer）
第二次世界大战以来最杰出的作家之一

我们的主人公比勃把他的行李箱拖上站台，登上一节火车车厢，找到了自己的座位，然后使劲举起沉重的手提箱，放在行李架上。当火车加速的时候，比勃在座位上左右摇晃，这时没放牢的手提箱被从行李架上甩了出来。比勃好不容易抓住了它，再小心地放回架子上。乘务员开始检票了，比勃在自己的全身上下到处搜寻，却没有找到车票。他越来越感到不安，把所有口袋都翻了个底朝上。此时，飞驰的火车继续使他两边摇晃。因为最后还是没有找到票，他的动作变得更加忙乱，于是又到手提箱的所有夹层里去翻找。

接着，我们的主人公从箱子里把午饭拿出来，他把热水瓶的瓶盖拧开，取出瓶塞，将瓶子里的咖啡倒进当茶杯用的瓶盖。但由于火车的晃动，从瓶口倒出来的咖啡却进不了茶杯，而直直地流向茶杯原先的位置。这位不幸的比勃先生最后终于睡着了。火车速度渐渐慢下来，一个突然刹车，比勃猛地被摇醒。显然，火车急刹车让他大吃一惊。

什么是身体－动觉智能

　　以上这个小小的事件，也许我们在火车上就能见到。然而它更可能是我们在舞台上或影院里看到的一幕滑稽短剧。实际上，它就是心理学家玛丽安娜·西梅尔（Marianne Simmel）描述的法国伟大艺术家马塞尔·马索[1]的哑剧表演。正像西梅尔所说的，表面上看起来，马索表演的是"真实的"人在日常生活中的行为，但"他却把这种行为表演得那样滑稽"。实际上，演员、道具、故事以及情节的表演，在没有实际景物的情况下，看起来必然与日常生活相去甚远。哑剧要创造出场景、人物或剧情的"表象"。清晰地让观众感觉到这些要素的存在，并把这些要素结合成完整的表演，需要哑剧演员具有艺术的讽刺手法、夸张的动作及敏捷的反应。例如，如果描绘一个对象，演员需要通过手势表现该对象的外形，用自己的面部表情及身体动作表现出对象的状态，表现出它在自己身上产生的效果。像马索这样的天才哑剧演员，不仅能创造出不同的人物（如恶棍）和动作（如爬山），而且能表演动物（蝴蝶）和自然现象（翻滚的波浪）；他甚至还能表演抽象的概念，如自由与束缚、善与恶、丑与美。更让人吃惊的是，他能同时创造出多种这样的形象。

　　哑剧表演者是演员，而且确实是极难得的演员。他的表演所依靠的那种智能，在我们的文化中并没有得到广泛地开发。然而也许正因如此，他的表演才特别令人信服地说明，他的行为以及能力都与一种十分发达的身体－动觉智能（bodily-kinesthetic[2] intelligence）相联系，或者说得简单一些，和身体智能（bodily intelligence）相联系。这种智能的特点，就是从表达的、目标明确的目的出发，通过细致划分的高潮技巧而运用身体的智能。我们能从

---

[1]　马塞尔·马索（Marcel Marceau, 1923—2007）：法国犹太裔戏剧家。以扮演哑剧小丑而闻名，60 年来曾在世界 100 多个国家巡回表演。由于在演艺事业上的成就，法国政府曾向他颁发骑士荣誉勋章。——译者注

[2]　kinesthetic 动觉的。"动觉"是"运动觉"的简称，指辨别身体各部分运动和姿势的感觉，由身体运动和姿势作用于肌肉、筋腱、韧带和关节，产生兴奋，传入大脑的皮层引起。——译者注

马索在表演奔跑、爬山或扛箱子的行为中，看出这种智能。它另外还有一个特点，就是具有熟练操作工作对象的能力，其中既包括手指与手做出细微动作的运动能力，又包括使用整个身体做出大幅动作的运动能力。关于这些能力，我们同样也可从马索的表演中，从他以优雅的姿势打开瓶盖，从他在晃动的火车上左右摇晃的动作中看到。本章我将讨论这两种能力，即对人的整个身体运动的控制能力和熟练摆弄物件的能力，并将它们看成是身体智能的核心。正像我在讨论其他智能时所说到的情况那样，身体智能的这两种要素也可以单独存在。但运用身体以达到功能性或表达性目的的技巧，一般都与操作工作对象的技能协同作用。

有了这两个核心要素作为前提，我将研究的重点集中在那些敏锐掌握自己身体运动的人，如舞蹈家和游泳运动员，以及那些能巧妙地操作工作对象的人，如手工艺人、球类运动员和乐器演奏者。但我同样还要关注其他一些人，如发明家和演员。对于他们来说，身体的运用也是十分重要的。这里有必要强调一下，在发明家与演员这两种职业中，起主要作用的不是身体 - 动觉智能，而是其他智能。例如，在演员或表演者的职业中，人的认知智能（personal intelligence），许多情况下还有音乐智能或语言智能，都是成功表演的一部分，甚至是很大的一部分。差不多所有的文化角色使用的智能都不止一种。因为仅仅运用单独一种智能，无法进行表演。实际上，即使是马塞尔·马索那种善于准确运用身体能力的人，都完全可能是运用好几种智能的共同作用。

对于身体的熟练运用，几万年以来甚至是几百万年以来，一直是人类发展史中十分重要的能力。谈到对于身体的熟练运用，我们很自然地就会想到古希腊人。在人们的意识中，这种智能形式在西方的古典时期发展到了顶峰。古希腊人崇尚形体之美，他们通过从事艺术活动与体育活动，努力让自己的身体匀称，让身体在运动、平衡和正常状态中都显得优美。更普遍地说，他们寻求身体与心灵的和谐，尽力使头脑得到一定的训练，从而能够恰当地指挥自己的身体。他们也力图使身体得到训练，以便能够随心所欲地表达自己心灵的诉求。我们还能从其他活动中找到这种运用身体的智能。在注意观察了人的身体对抗之后，小说家诺曼·梅勒[1]说：

> 除了文字、符号语言和自然语言以外，还有另外的语言存在。身体语言也是一种语言，拳击就是其中之一。一位职业拳击手……通过指挥自己的身体说话，这种指挥从智能上说，就像任何一种心灵活动那样独立、微妙与完整。在用自己身体参与拳击运动时，拳击手依靠智慧、风格以及惊人的审美天赋（aesthetic flair）来表达自己。拳击是两个人之间身体的对话，是两套智能之间的快速辩论。

把身体的运用说成是一种智能的形式，也许首先就会引起争论。在近代的文化传统中，一直存在着一种现象，就是将人们的理性活动与人类自然而然地集中体现在身体部分的活动截然分开。"精神"与"身体"的分离经常导致以下的看法，即我们运用自己身体所做的事，与那些主要通过语言、逻辑或其他抽象符号系统的运用解决问题的工作比较起来，并没有那么重要，也没有什么特别之处。

然而"思考"与"行动"两者之间的明显差别在许多其他的文化中并不存在。在我们得出结论，认为西方世界笛卡儿思想的特殊传统普遍适用之前，这一事实起码应该让我们停下来考虑考虑。另外还值得我们注意的是，近代心理学家已经发现而且强调，在身体的运用和其他认知能力的使用之间，存在着密切的联系。人们有一种明显的倾向，就是特别愿意考虑认知和熟练运用身体的神经心理学基础，还有明显的通过"纯粹"身体技能来推测思维过程的倾向。英国极富洞察力的心理学家弗雷德里克·巴特利特勋爵[2]从那些与

---

[1] 诺曼·梅勒（Norman Mailer, 1923—2007）：美国犹太裔作家。被公认为第二次世界大战以来最杰出的作家之一，不但有多方面的文学才能，而且作品数量惊人，曾因《夜幕下的大军》一书获得美国新闻界最高奖普利策奖。——译者注

[2] 弗雷德里克·巴特利特勋爵（Sir Frederic Bartlett, 1886—1969）：英国心理学家，社会心理学权威，1931 年起任剑桥大学心理学教授，主要贡献是对记忆的研究和提出图式理论。对今天的认知心理学仍然有较大影响。——译者注

不同接受功能和表现功能相联系的各种技能之中，得出了一个推论：

> 对于任何堪称熟练的操作所必须具备的基本要求，如果我们看几种实际的事例，就会更清楚。无论是在快速球类比赛中的运动员，在工作台上操作机器并使用工具的工人，进行外科手术的外科医生，还是得出最后诊断结果的内科医生，在所有以上事例和其他可以引证的无数事例中，都有一个持续不断的流程（flow）。在这个流程中，操作者将外在的信号转化为自己正在从事的活动，转化为进一步的信号和更多的行动。这样，一直到该行动成功的终点，或该活动的任何一个直接目标为止……熟练操作始终必须服从于信号接受者的控制，必须由信号启动和引导。而操作者需要从自身的环境中选取这种信号，使之与自己身体的内在信号相结合。这种结合了的信号，使他了解自己在行动时的动作。

按照巴特利特的分析，所有熟练的操作，都包含着经受过检验的时间意识，即让一个序列的每个细小部分，都以精细安排和优雅的方式，恰当地结合到行动的流程中去。这个流程包括停顿点与转折点：某个行动阶段结束后，在进入第二个行为阶段之前，需要确定一个标准；流程还包括一种方向感，即该行动的序列所指向的明确目标，还包括该行动序列的最后阶段已然启动，因而进一步输入的信号不再产生作用的时间。巴特利特继续超越对身体技能的单纯分析，兴味盎然地发表自己的观点，认为我们通常视为思考的许多内容，如日常生活中的思考与发明创造时的思考，都带有我们从身体技能的明显表现中发现的相同原则。

我们从其他心理学家的有关分析中，也能确认这种熟练操作的其他主要成分。熟练操作者经过长年的实践，发展出一套可将意图转化为行动的程序。由于对下一步将要出现的情况已经有所了解，所以操作者能够实现操作中整体性的平稳状态。这一点，正是具有专门技能的标志。需要对环境因素十分关注的徘徊或停止阶段，将随着完整流程的出现而先后交替出现，许多组成部分都很自然地结合进这个流程中。由于在较为抽象的层次上，对行为程序进行了编排，作者能够对操作过程中的特殊单元进行选择，从而能尽量达到活动序列最大的平稳性。正因为掌握了可能的选择性，具备了从当前目的出发而确定最有效程序的能力，所以看起来，专家们始终都在随心所欲地做着自己所想做的工作。

正如我所说过的，身体的运用本身能划分成各种不同的形式。一个人可以像马索那样整个身体都去进行某种活动，如奔跑或跌倒，以达到表演的目的。在球类或拳击这样的运动中，人们倾向于运用自己的整个身体，或者从事激烈的运动。另外，使细微的动作技术化，从而拥有巧妙地运用手和手指的能力，去完成包含严密控制下微小运动的任务，也在人类的社会活动中具有同等重要性，如果不是更重要的话。用大拇指和食指捏住一个小件物体的行为是任何低等灵长类动物都做不到，而高等灵长类动物只能勉强做到的事，这种行为已经被人类发展到分工细致、质量高超的水平。一位优秀的钢琴家能同时运用他的两只手，各自分别弹奏不同的乐曲，即两只手既可以分别演奏不同节奏的乐曲，又可以"相互对话"，或者演奏出赋格的效果。在打字或射击的时候，为了准确地瞄准并击中目标，人的手指能在几毫秒的时间内，或眼睛眨动的瞬间，完成扣扳机的动作。对于舞蹈，甚至最细微的手指颤动，都可能是重要的动作。正如纽约市芭蕾舞团的女主角苏珊娜·法雷尔（Suzanne Farrell）所说：

> 在演出时，我一看到自己的小手指，就对自己说，"这是做给巴兰钦先生——著名的舞蹈编导乔治·巴兰钦[①]看的"。也许观众当中无人注意我的小手指，但是他注意到了，而且他很欣赏这只手指的表演。

---

① 乔治·巴兰钦（George Balanchine，1904—1983）：美国芭蕾舞演员、编导。生于俄国。曾任俄罗斯芭蕾舞团的编导，1948年起任纽约市的芭蕾舞团的艺术指导和总编导。主要作品有《小鸟》《堂吉诃德》等。——译者注

大脑对身体运动的作用

在神经心理学已经出版的著作中，尽管对知觉心理学和语言心理学的研究占据主导地位，但有关身体运动时大脑作用的详尽报告，如同关于失语症的报告或对于边、线、色彩与物体的监测所做出的描述一样，非常吸引人。确实，正如身体智能的存在得到了广泛的承认，或者它的重要性被许多研究者最小化一样，人们认为身体的运动对于大脑皮层的贡献，与那些能够促进大脑"纯"思维的功能相比，处于较低的层级上。然而，正如美国神经心理学界的前辈罗杰·斯佩里指出的那样，人们应当把大脑的活动，看成是达到实施行为目的的一种手段。人们不应把身体运动的行为看成是为满足高级神经中枢需要的一种附带形式。与此相反，应把大脑的活动看成是"使人的运动行为精细化，并且使之具备对远景目标逐渐增强的方向性，具备较大的适应性及生存价值"的一种手段。

如果说身体及神经系统的大部分组成，都以这样或那样的方式，参与了运动行为的实施，这并不算夸张。各种不同的原动肌、拮抗肌、关节和筋腱都以最直接的方式参与了运动的行为。那种监测这些区域活动的动觉感官使我们得以判断运动的时间选择、力量及范围，并使我们能够按照所得出的此类信息，做出必要的调整。在神经系统内，大脑皮层、丘脑、基底神经节以及小脑的大部分，都向脊髓输入信息，然后再转化为行动。其中矛盾的是，虽然大脑皮层在人类活动的大多数形式中，都被认为是"最高级"的中枢，但包含"运动表现"最抽象最复杂形式的，却是比较低级的基底神经节和小脑。运动皮层与脊髓和特定肌肉运动的实施之间的联系，要更加直接。

从我的讨论目的出发，虽然对于保证人类身体－动觉系统运动安全信息群的安全，这里不再进行深究，但有必要提出的是对几个普遍原则的注意。首先，运动系统的操作是极其复杂的，它调动了数不胜数的不同神经组分与肌肉组分，以高度分工而又高度结合的方式协同作用。例如，在用手去寻找一个东西，或用手去抛掷、抓住一个物体的运动中，这就包含着眼与手之间极复杂的相互作用。每个特定动作的反馈，又促成了受到更严密控制的下一步动作。以上反馈的机制是高度结合的，所以人体的运动在与将要达到的目标之理想状态进行对比的基础上，受到所做出的持续思考与调节的控制，也受到肢体或身体部分在某一时刻所处的实际位置的控制。

实际上，自主运动所需要的，是将有目的的行为与实际达到的效果进行知觉上的比较。也就是从运动操作中不断地产生出信号反馈，与引导活动的视觉意象或语言意象加以比较。出于同样的原因，人对世界的知觉本身，必将受到他运动行为的状态的影响。与人身体自身位置和状态有关的信息调节了随后对世界的知觉所产生的反馈方式。实际上，如果没有这种来自身体运动的反馈，知觉系统就不可能得到正常的发展。

所以许多身体运动的主要特征就是知觉系统与运动系统之间微妙的相互作用。然而，至少有一些活动发生的速度非常之快，以至于来自知觉系统或运动神经系统的反馈无法发挥作用。尤其在那种过量学习的、自动的、高度熟练的或无意识的活动中，全部序列也许被"预设程序"（preprogrammed）控制，所以这些活动以完整的单元展开，仅仅按照来自感觉系统的信息，加以尽量微小地修正。只有这种高度程序化了的序列，才使钢琴家、打字员或运动员的活动成为可能。他们各自都依赖于以极快速度而展开的很长的运动序列。对音乐表演特别感兴趣的神经科学家曼弗雷德·克莱因斯[1]指出：

> 一个人也许会决定把手指移动大约 1 英寸[2]或 2 英寸的距离，也许会决定让眼睛向左转 20° 或 30°。在以上每种动作中，肌肉都要在一瞬间启动、完成任务并停止运动……这个运动在开始以前，就在大脑里设置了有关程序。这种短暂的运动一旦开始，就仅

---

[1]　曼弗雷德·克莱因斯（Manfred Clynes，1925—2020）：美国神经科学家。1982年在美国纽约主编出版影响广泛的《音乐、思维和大脑》研究论文集，副标题是"音乐神经心理学"（Neuromusical Psychology），作者多为音乐界以外的脑神经科学家和认知科学家。——译者注

[2]　1 英寸合 2.54 厘米。

仅是执行而已。在实施行为所需要的那一瞬间，没有任何反馈能使这个人修正已经做出的决定。

另外，某些如下的运动程序也许不需要发展：

> 许多运动的程序，都是灵长类动物遗传特征的一部分。并不需要任何为学会运动全部技能而存在必要的感觉反馈或脊髓反射……毫无疑问，知觉系统或运动系统的一部分，是环境的成型效应（shaping effect）所决定的。但是此时出现的系统，似乎是高度专门化的，本质上是以完全不同的方式程序化的。总之，在没有外在刺激，仅仅依靠固有条件的身体成长案例中，我们视为本质却无直接取得证据的情况，同样也在我们对大脑与神经系统的研究中发现了。

虽然运动系统的许多操作都以同样的方式发生在灵长类动物的体系中，但至少有一个人类运动性活动的因素，也许还是最重要的因素，仅仅限于人类所有。这个因素就是支配能力，是在一系列运动与知觉活动中，身体的一半（加上大脑的一半）具备支配地位的潜能。在高级灵长类动物身上，也存在着大脑左右分工的迹象。当狒狒相当灵巧地做出某种动作的时候，其中某一肢体就表现出起重要作用的倾向，即在大范围的或细微的动作中起主导作用，而其他肢体则起辅助作用。此外，大脑受到损伤之后的现象，更能反映出大脑的分工：此时曾经"起辅助作用的肢体"，就不能再担任原来的"执行的角色"了。然而狒狒或其他灵长类的动物，显然都没有大脑特定的一半以及与大脑相对应的身体的一半占普遍主导地位的倾向。在运动性活动中，大脑的左半球表现出支配倾向，这似乎是人类所独有的，而且至少有一部分受遗传作用的控制，极有可能与语言智能相关联。正如大多数正常人的大脑左半球控制语言功能一样，左撇子，也就是在运动性活动中惯于使用右脑的人，其特征就是大脑的右半球控制运动性活动的功能。这似乎是家族遗传的，也支持了以上遗传的观点。

有一种现象支持了我关于身体智能独立存在的观点：如果大脑左半球控制运动性活动的那些区域受了伤，将会造成选择性的障碍。神经病学家曾经谈到运动失用症①的问题，这是一组相关的失控现象。患这种病的人，在体力上完全可以胜任某一组运动序列，而且也具备理解这组运动所要求的认识能力，却不能以恰当的顺序或恰当的方式，去完成这些运动。人们曾专门描述过某些患有失用症的人。例如有些人有穿衣失用症，他们仅仅在穿衣服的时候表现出运动障碍。而更普遍的情况是，患者会表现出肢体－动觉失用症，他们两只手都不能执行指令。还有意向运动失用症，有这种病症的人行动笨拙，而且把自己身体的一部分当成一个物体，例如，钉一个钉子的时候，他们会用自己的拳头，而不用手中的工具去击打。或者还存在观念失用症，该病的患者很难通过正确的秩序顺利地完成一系列运动。但有趣的是，我们从正常人的身上，尤其是承受压力的操作者身上，同样也会发现以上这些各异的障碍现象，包括不恰当的行为的实施，或者不完整的行为。

　　虽然以上失用症与失语症同时发生，但现在已经有大量的证据证明，失语症并非只是一种简单的语言或符号能力失调的问题。不能执行指令的人，却能够理解指令传达的要求，就像那些在语言理解上有严重障碍的人，却能在执行某些运动指令时，如执行包括整个躯干运动的指令时，表现出惊人的能力一样。而且，许多研究结果都已经证实，在理解各种符号时所受障碍的程度，与执行随意运动行为的能力之间，并无太多的关联。最后还有好几位研究人员，都证明了有些完全丧失文字记忆能力的人，却仍能学习和记忆复杂的运动序列和行为模式，甚至当他们竭力否认自己曾接触过该种序列时，仍然能够如此！所有这些，都构成了这样一幅画面：身体智能是与语言、逻辑及其他所谓高级智能形式没有任何联系的一种智能形式。我们甚至偶然还会遇到这样一些患者，他们在其他方面都正常，却什么行为也无法完成。他们是单独失用症患者，表现出单纯身体智能的缺乏状况。

---

① 失用症（apraxia）：，进行协调运动或控制物体时能力的总体或部分丧失的症状。——译者注

那么身体智能是否也会以孤立的形式保存下来呢？当然，有这样一些神经心理科的患者，他们的语言智能与逻辑智能已经被破坏，但却毫无困难地从事需要高度技巧的运动性活动。人们尚未对这些患者进行很多研究，也许是因为在西方人看来，这类患者的临床表现，远没有缺乏运动技能却有说话与推理能力的状况更令人吃惊。尽管无人对运动性活动的选择性保存现象做过论述，但有一种与身体智能相联系的保存形式是特别值得注意的。有些非正常的少年或孩子，如学者症候群或孤独症患儿，也许完全与同龄人隔离，但却对身体活动和机械装置的知识保存着兴趣。这种保存形式的证据，也许主要就是他们保存的身体与空间的知识。有关学者症候群的文献，曾介绍过一个名为厄尔的人的案例。厄尔完全依靠自己，独立设计了把钟改装成风车的方法。还有一位 A 先生，能将立体声音响、电灯和电视连接到同一个开关上去。另外还有一个同样存在智能障碍的青年，他设计并制作了一种多功能的旋转木马。医疗心理学家伯纳德·里姆兰（Bermard Rimland），讲述过一位名叫乔的青年孤独症患者的故事。乔凭借自己撑握的电学知识，制作出了各种装置。

> 他最近把录音机、荧光灯和晶体管收音机连接在一起，再加上其他元件，就可把磁带里的音乐转变成光线里的光能，然后再转变成收音机放出的音乐。他只要把手放在收音机和荧光灯之间，就能让音乐停下来。他理解电子学、天文学、音乐、航海及机械的有关概念，知道以上领域的规律，熟悉有关技术术语。12 岁的时候，他就能依靠地图和指南针，骑着自行车在市内到处跑了。他还阅读航海家鲍迪奇（Nathaiel Bowditch）的航海专著。据说他的智商只有 80，他在一家叫古德威尔的店铺里当装配工。

也许这种类型的例子当中最有名的，要算"机械小子"乔伊了，他是心理分析医生布鲁诺·贝特尔海姆（Bruno Bettelheim）几年前讲述过的一个病例。根据贝特尔海姆的报告，乔伊是在其他方面都存在障碍的青年孤独症患者，但却在机械方面表现出特殊的兴趣。他不仅喜爱摆弄机器，把机器拆开、装上，摆弄各种各样的螺丝、电线、接线板等，最让人惊异的是，他喜欢把自己也当作一架机器。的确，他的存在就是一架机器。正如贝特尔海姆所描述的：

> 　　在乔伊和我们在一起的头几个星期里，我们全神贯注地观察他的行动。比如，当他进入饭厅的时候，他会摆弄一根想象中的电线，将电源与自己的身体连接起来。然后他把这根从想象的电源插头接出来的电线与饭桌连接，并将自己绝缘。然后，他再将自己与插座连接。他曾想用真的电线，但我们不许他这么干。
>
> 　　他在接通这些想象中的线路之后，才开始吃饭。由于他的动作十分熟练和逼真，人们不得不再看一次，才能相信既没有电线、插座，也没有插头。由于这出哑剧扮演得那么熟练，他全神贯注的样子又是如此有感染力，所以在旁边观看的人们，似乎都忘记了自己的存在，成为另一个世界的观察者了。

　　通过这个令人同情的故事，这位年轻人向我们证明了，他尽管有很大的交流困难，但扮演哑剧的能力却是存在的。值得高兴的是，乔伊的状况最终得到了改善。他的故事还证明了我一直以来的观点，也就是在熟练运用自己身体的能力与理解机械原理之间，是存在联系的。因为乔伊对各种机械的原理和操作，尤其是对那些有旋转运动特征和分级拆卸的机械原理和操作，有很深的理解。在这里，空间与逻辑－数学的理解形式很可能是身体智能的补充。

身体技能的进化

　　灵巧的身体智能与机械智能（mechanical intelligence）是怎样形成的呢？从对认知技能的进化所做出的研究中，我们可以找到一些线索。我们知道，比灵长类动物低级的动物，基本上不能灵活运用工具。换句话说，就是低等动物不能灵活地操作各种各样的物体，去能达到改变环境的目的。说得确切一些，每个物种都有使用一两种工具的倾向，但它们使用的方式是统一的，都是只会将自己身体的一个部位（如爪、牙、鸟嘴）当成使用的工具。

即使在低等灵长类动物中，工具的使用也不常见。尤其是它们使用工具的结果和目的不是生产性的或创造性的。在极度兴奋的阶段里，这些动物常把东西扔得到处都是，但并不是出于使用的目的。实际上，它们喧闹的、紧张的、带有侵犯性的表现，是为了恐吓自己的同类。

然而物种进化的起源证明，高等灵长类动物使用简单的工具，已经有几百万年的历史，而且黑猩猩还能通过使用工具达到自己的重要目的。其中人们已经做过许多研究而且很有启发性的事例，就是黑猩猩使用工具去钓白蚁的场景。按照格扎·泰莱基（Geza Teleki）的描述，在这种活动中，黑猩猩先用一个手指或拇指，清除覆盖在洞穴口很薄的一层泥土，然后往洞口里伸进一根细棍，一只手抓住棍子的另一头。等一会儿，再把这根细棍拿出来，上面就会粘上不少白蚁，然后它用嘴唇和牙齿取食棍子上的白蚁，而一只手仍抓住这根棍子，让棍子的另一头放在另一只手的手腕上以保持平衡。

这种钓食白蚁的活动绝不是一个简单的任务。黑猩猩首先得找到一个白蚁洞。泰莱基自己找了好几个星期都未曾找到，最后还是无意中碰到一个，所以他说这个工作并不容易。第二步，黑猩猩必须选用一个能伸进白蚁洞去的工具。他试过很多根树枝、藤条或草枝，最后才选中一根合适的。如果必要的话，也许还需要将它修理一下。这种修理所需要做的工作，是把树枝上的树叶或其他东西去掉，或把这根细棍折断、咬断，以制成合适的尺寸。这里，泰莱基又发现，尽管他观察模仿了好几个月，却始终达不到一只小猩猩所能达到的熟练程度。他认为：

> 熟练的选择是一种经过学习才能获取的技能。这种选择，如确定洞穴的地点，必然会伴随着漫长的尝试和失败的过程，而且这些技能，又以长期记忆尝试的结果为前提。记忆的时间长度，也许就是黑猩猩的实际生命期。

在钓食白蚁的过程中，黑猩猩必须把棍子伸到洞穴的恰当深度（8～16厘米），手腕还要做恰当的转动，棍子才能试出洞穴的弯曲情况。然后，还得用手指轻微地颤动棍子，既能让白蚁咬在棍子上，又不至于将棍子咬断。一旦钓到白蚁之后，就可以将棍子从洞穴中抽出。抽棍子的速度不能太快，动作还要灵巧，否则白蚁就会被洞穴的边缘刮掉。

不同的黑猩猩群体钓食白蚁的方法是不同的。由于一个群体在遗传方面很相近，所以，不同的钓食方法很可能反映了不同的社会传统。例如，某一个黑猩猩群体用棍子伸到小土丘的洞穴里去钓，所以使用的棍子比较短且细；而另一个群体则在土丘的表层上钻孔，所以使用的棍子粗且硬。此外，其他的"文化差异"还包括这样一些内容，如用于钓蚁的工具的材料如何？这个工具是在离土丘较远还是近的地方取得的？该工具是两端都能用还是只能用一端？而且，黑猩猩在使用这种工具时是靠力量还是靠准确的把握呢？

麦格鲁（W. C. McGrew）曾经介绍过坦桑尼亚贡贝国家公园（Gombe）黑猩猩群体学习钓食白蚁技能的过程。按照他的描述，2岁以下年幼的黑猩猩，就表现出具备这种技能的所有要素。它们会吃白蚁，能拨开土丘的表层，能修整原始材料等。年幼的黑猩猩在2～4岁，将花费大量的时间，在有蚁穴的土丘周围爬来爬去，用棍子戳土丘或捅洞穴，有时还抢夺它们母亲的工具。经过一段时间，这一系列动作的组合，就取得了很大进步。到了4岁的时候，有些个体在钓食白蚁时就表现出成年黑猩猩的熟练行为，只不过它们还缺乏后者的耐心。这种耐心到5岁或6岁的时候才能发展起来。

正如我已经说过的那样，幼年的灵长类动物在这类学习的全过程中，与年长者保持密切的接触是很重要的。幼年的黑猩猩或猴子只有亲眼看到同类从事这一活动，才能获取这一过程的知识。与此形成对比的是，由养父母带大的灵长类动物，在解决此类问题时采取的是不同的途径。野猴把一定的情境，看成是一种可以解决的问题。而人工养大的猴子表现出的行为，似乎缺乏任何固定的办法或计划。显然只有自然长大的猴子才理解它们的行为对环境产生的效应，而且在一定程度上，它们能够控制事情的发展。缺乏有效的榜样，会造成学习时的无助。更普遍地说，如果与其他已经具有实现自己目标能力的同类住在一起和玩在一起，灵长类动物更容易学会使用工具。如果灵长类动物观察到同类正在从事一种行为，发现这种行为能换取某种奖励（像食物），或者碰巧模仿了同类的回应，然后发现这种回应带来了自己所希望的结果，那么它就更容易学会这种行为。

专家们认为至少有三个要素，可以确定灵长类动物能否学会使用工具。首先，就是感觉运动的成熟与否，这对肌肉运动的技能以及运动的准确性是必需的。其次，是在偶然的或解决问题需要的背景下，与周围环境中物品的游戏。例如在游戏的过程中，黑猩猩学会将一根木棍当成自己手臂的延长，用来达到某种目的。最后，是对可能发生的环境刺激的反应。这类刺激使年幼的生命知道，自己的行为至少从某种程度上能够控制周围的环境。

黑猩猩钓食白蚁的活动，是我们从类人猿族系以外的生物体当中，发现运用工具的复杂方式之一。灵长类动物还有如下一些其他的使用工具的方式：使用者动作距离的延伸（例如，用一根木棍去够取食物），使用者加大作用于环境的机械力（如用石头砸开核桃或水果），使用者展现行为力度的增强（如受到侵犯时挥舞手中的木棍），使用者控制液体效率的提高（例如用树叶揩抹污水或擦掉血迹）。虽然各种这样的方式均有各自明确的适应价值，但大多数方式基本上都可以通过生物体的实验手段学会。另外，按照考古学家亚历山大·马沙克[①]的看法，这些活动主要是由单臂来完成的，而不是某一只臂膀比另一只更占支配地位，即不是一只手臂起主导作用，另一只则仅仅起到辅助作用。但人类在空间、动作及定向的活动中，运用双手做出高度和谐的、轮流主导的动作能力，则是灵长类动物所没有的。尽管灵长类动物使用工具的行为是很突出的，但也表现出很大的局限性。

三四百万年以来人类的进化过程，可以说就是工具使用不断进步的过

---

① 亚历山大·马沙克（Alexander Marshack，1918—2004）：美国考古学家。曾研究德国出土的 3 万年前的象牙雕刻，认为这些动物雕刻具有丰富的文化内涵和很高的工艺水平。——译者注

程。两三百万年以前的能人（*Homo habilis*）使用工具的方式，仅比当时灵长类动物已使用了几百万年的方式稍有进步。那时人类的基本工具，就是圆形的石头和锋利的石头。圆形的石头用以击打物体，锋利的石头用以砍伐。史前时期的人类，已开始用石头把卵石上粗糙的碎片敲下来，或者用石头相互敲击，制作有锋利边缘的像刮刀一样的石头工具，以做切削之用。这样的工具，体现了真正的发明创造。因为原始人已经能够使用这类锋利的石刀，去切割兽皮和动物尸体。

　　直到 100 万～ 150 万年以前，以上切割的工具和石头碎片，一直是工具制作的基础。此后，开始有了更大的双面刃的手斧。直立人（*Homo erectus*）是这类工具的使用者，他们用这种斧子从事更细致、更有力、更精确的切削及砍劈工作。从 100 万年前到大约 40 万年或 50 万年前的这段时间里，工具使用的变化是缓慢的、渐进的。制作工具程序的传授，也许是通过视觉观察和姿势模仿的方式进行的，所以下一代与上一代之间的变化十分微小。大约到了 50 万年以前，人类开始敲击石块以制作更好的工具。20 万年以前，到了阿舍利文化时期①，人类开始轻轻地敲击骨头，制成骨片，供切削和修饰之用。10 万年以前，在勒瓦娄哇文化时期②，人类首次从准备好的大块石头上取下石片，然后再修整或加工这些石片。人类在这 100 万年的时间里，随着大脑容积的不断增大，也发生了其他方面的变化。火开始为早期人类所使用，出现了集体与大规模的狩猎活动，其中包括屠杀大批象群。当时的人类已固定了自己的住所，不仅有了家庭，还建设了房屋，有了休息与工作的场所。但那时，人类也许仍然依靠手势进行交流，也许有了简单表达情绪的声音。

----

① 阿舍利文化时期（Acheulian period）：欧洲旧石器时代早期的一个时段，石器打制技术较进步。——译者注

② 勒瓦娄哇文化时期（Levallois period）：欧洲旧石器时代中晚期的一个时段，典型石器是石片。——译者注

到 10 万年以前，尼安德特人^①出现在欧洲，他们的身体形状上已完全是人类的样子了。我们从大量的骨头碎片和愈合的骨头裂缝就能看出，这个强壮有力的人种常需要奔跑和作战。因为我们发现的骨头碎片和裂缝，也许是在战争中由长矛所造成的。然而，尼安德特人也有温和的一面，他们把头盖骨放置在供桌上，也许还把死者埋葬在家庭墓地里。而最突出的现象是，他们把鲜花放置在墓穴里。这里，我们见到了一种指向特定的其他个体的行为，而这种行为完全可以看成是符号行为的开端。

人类进化的决定性阶段是最近的 5 万年，也许就在 35 000 ～ 40 000 年前的克罗马农人^②期间。尽管语言究竟是人类这段时间飞速进化的原因，还是进化的后果，我们目前尚不知晓，但我们很难不认为，人类有效的口头语言的运用，与这一进化阶段有密切的联系。那时，人类拥有符号能力的明显迹象出现了。这种迹象表现在图画上，如在南部欧洲旧石器时代的洞穴里，曾发现的那些光彩夺目的动物的画像和女性的画像。这种迹象，还表现在从欧洲至西伯利亚发现的历法系统的记录中，十有八九还表现在洞穴墙壁上画出的举行各种仪式时的舞蹈中。由于骨制工具与石制工具技术的效率逐渐提高，所以在工具精确化的程度上出现了相关的革命。除了实用目的以外，工具还被用作装饰品。而最重要的一点，是它还可被用来制造其他的工具。到了这个时候，人类不仅对大量不同的工具材质有了丰富的认知，而且对用于不同目的工具和这些工具的不同类型和等级，也掌握了相当数量的知识，如矛、刀、凿、针，以及用作刮削、表演、切割、招待与锤击等用途的工具。大脑容积的增大使人类较好地设计工具与较精确地运用工具成为可能，这与更好工具的生产性循环一起，赋予人类适应环境的有利条件。人类因此能够造就物质的工具，而最终，发明出被称作是符号的抽象而通用的工具。

---

① 尼安德特人（Homo neanderthalensis）：化石智人之一。因 1856 年发现于德国杜塞尔多夫尼安德特（Neanderthal）河谷附近洞穴而得名。DNA 测定表明，这是一批与现代人独立进化的分支，大约在 3 万年前灭绝。——译者注

② 克罗马农人（Cro-Magnon）：晚期智人化石。1868 年首先发现于法国南部克罗马农（Cro-Magnon）山洞中。为欧罗巴人种的古代代表者。从广义来说，是旧石器时代晚期智人的通称。——译者注

人们几乎不可避免地要把灵长类动物及早期人类在使用工具方面的缓慢进化，与我们在到处可见的正常儿童身上发现的那种类似技能的提高过程进行比较，虽然后者在这个过程中的变化要快得多。只要我们在比较这两者时谨慎从事，还是会有启发的。苏珊·帕尔（Susan Parker）认为，巨猿和人类的共同祖先，显然表现出我们在 1～4 岁的儿童身上发现的智能形式。这种智能形式使他们得以使用工具去获取食物。人类最初的第一批后代，表现了我们从 4～6 岁儿童身上发现的那种较高层次的智能。这些智能使他们能够操作复杂的工具，如投掷用的工具和生产用的石头工具，能够从事屠宰动物的劳动，以及分配食物及建造房屋这样的活动。所以，从中能够看出一个渐进的过程：从与早期感觉运动阶段的简单循环反应相联系地对物体的操作，到为实现某个目标而反映了感觉-运动智能对工具的高度运用，再到更高一级的使用工具的能力。这些能力对于物体产生了间接效应，或设计出新工具以面临新的挑战。

从儿童身上可以观察得到，而且在某种程度上说，从现代灵长类动物身上也能看得出的，就是使用工具的渐进过程。对于这个过程，我们可从已经发现的化石推断出来。专家们正是依照事件发生的顺序，思考在使我们人类成为现代人的突破性的进化中，逐渐增大的整个大脑容积的作用，思考新出现的大脑区域的作用。然而我们必须注意一种明显的差异，即在幼儿的生命过程中，远在他尚未将使用工具的技能发展到较高的水平之前，已经开始使用语言了。这就是幼儿的发展与人类的进化过程最容易出现差异的地方。因为大多数专家们都认为，语言的进化是紧接着使用工具的高级阶段的出现而出现的，是紧接着人类把手语与表达"情绪"的声音当作主要交流手段的出现而出现的。

人的身体智能的发展

身体智能的史前起源问题，身体智能与语言以及其他认知功能之间的关系问题，也许是永远不能解开的谜。然而，以上这些技能在当代人类身上的发展，则是我们在科学上能够取得进展的一个研究课题。虽然皮亚杰并不认为自己的研究与身体智能有关（他对"使人兴奋"的问题感兴趣），但他对感觉运动智能的展开所做出的描述，实际上就说明了这种智能的最初进化。人们能从皮亚杰的描述中，看出人是如何从最简单的反射，如吮吸与注视这些活动中的反射，发展到日益受控于环境变化和按照个人意愿行事的。人们还能看出，为了达到某种目标，人类个体将原先孤立的事件都联结到一起来了，比如吮吸与注视、注视与伸手够物。人们可以看出，人类个体不同的行为，以新颖的方式结合起来，达到了新的目标——对物体持久存在的认识高度。最后，由于儿童开始对符号的心理表征进行运算，人们能够记录到在不公开的场合里，他们简单地表现出来的类似的行为与操作序列。工具的使用现在进入了"纯粹思维"（pure thought）的王国。

许多研究儿童发展的学者，如杰罗姆·布鲁纳[①]和库尔特·费希尔（Kurt Fischer）都认为技能的发展应从整体上加以考虑。不仅仅要参照婴儿的身体活动，而且要关注所有认知操作的方式。这些研究者都论证过，知识的发展就是日益精细与灵巧的技能的构建。流畅的动作本身，成为更高级更复杂的动作的亚组分或构成性动作。例如，幼儿先将触及物体与注视物体这两种动作结合起来，形成抓取动作；抓取单独物体的动作又发展为把物体从一只手转移到另一只手去的动作；日常活动中对一组物体的使用被转变为对简单身体运动体系的建构，而这种简单的体系又进而结合为更高级的动作表现；等等。那些坚持知识即技能的观点的学者在承认公开的行为正在逐渐向个人思维内化的同时，却坚持认为每一个新的技能序列，都必然要通过一种平行发展的序列。这样，他们所重复的也就是弗里德利克·巴特利特采用过的，认为在身体行为与思考技能之间没有任何差别的方法。他们与当代研究人类表现的学者结成了联盟，而后者突出强调那些像打字、下棋或给计算机编制程序这类技能的发展。他们把以上每一种技能都看成是人类掌握各种不同形式与层次能力的证明，是各种不同形式与层次的技能逐渐顺利合作的表现。

---

① 杰罗姆·布鲁纳（Jerome Seymour Bruner, 1915—）：世界著名心理学家，曾任哈佛大学心理学教授，1960 年创办了"哈佛认知研究中心"并任主任直至 1972 年。1952 年当选为社会心理学研究会理事长，1959 年任美国科学院科学教育委员会主席，1960 年任总统教育顾问，1965 年当选为美国心理学会主席。——译者注

婴儿早期的循环反应与熟练的魔术师、打字员、象棋棋手、读者或计算机程序编制者的高级活动形式之间，很可能存在着有意义的连续性。但必须提出的问题是，符号能力的获得是否以深刻的方式影响了身体技能的发展。当一个人能够用语言陈述某个想法，能口头传达某项指令，能批评自己的表现或教导别人的时候，获取技能以及将这些技能结合起来的方法将承受不同的代价。同样，对作为表象（表明一个实体，如人或物体）和表达（传达某种情绪，如喜或悲）的符号功能的掌握，为人们所提供的是动员身体功能的选择自由，以传达不同信息。也许身体活动在某种程度上并不依赖这些符号功能而直接操作，但符号能力与运动能力将因神经紊乱而相互分离这一事实，至少是很有启发性的证据。然而我猜想，一旦人类的符号功能成为现实之后，运动系统就被永远改变了。符号化的成功，使人类身体智能与其他动物调度的身体智能之间出现了一个重要的分水岭。

神经心理学家伊迪丝·卡普兰（Edith Kaplan）讲过一个故事，正涉及以上的问题。卡普兰曾经要求一位失用症患者假装"锯一个东西"，作为对他测试的一个部分。该患者因为患有观念运动失用症，所以不能将锯的动作通过看不见工具的方式表现出来，即从手握的动作中看起来好像手中有一把锯子，但他却以一般失用症患者的方式，而把自己的手当成了锯子，让手掌边沿被锯物来回运动，仿佛手掌就是锯片一样。由于卡普兰的目的是为了确定该患者是否能够完成希望完成的活动，所以她只要求患者模仿一种非代表性动作（在这种情况下，就是让手来回运动，仿佛手里握着一把工具），但她并没有特别说明这是一把什么工具。于是患者对这种显然任意的动作，进行了恰当的演示。卡普兰对这种演示很满意，她说："瞧啊，你正在锯木头呢！"但她那个"锯"字刚说出口，患者的手掌又伸开来，重新将手掌当锯片行动起来。从这个事例里我们显然能看得出来，符号（"锯"）已经压倒了纯粹的知觉与身体之间的联系。

身体表达的成熟形式

舞蹈

在所有身体技能的运用中，没有哪一种能超过舞蹈的高度，或者没有哪一种身体技能的运用，比舞蹈与文化的关系更密切。按照一位严肃的舞蹈学者朱迪丝·汉纳（Judith Hanna）所做出的有益讨论，我们可以把舞蹈看成是文化的、非语言的身体运动模式化的序列，这种序列在舞蹈的欣赏者的眼中，有目的、有意图、有节奏、有审美价值。舞蹈可以追溯到几万年以前，很可能在旧石器时代就已经出现了。这是因为在欧洲的古洞穴和非洲南部的山峦中，发现了巫师和猎人戴着面具跳舞的绘画。

实际上，在所有的洞穴画中，除了有关狩猎的内容以外，最突出的内容就是舞蹈，而舞蹈与狩猎又很可能是相互联系的。虽然我们尚不知道舞蹈的全部用途，但来自人类学的证据，至少向我们暗示了下面几种用途：反映和验证社会组织，作为世俗的或宗教的传播媒介，作为社会消遣活动或娱乐活动，作为心理发泄和释放的手段，作为审美价值观的表达方式（或者舞蹈本身就体现了审美价值观）。舞蹈可以作为一种经济存在模式的反映，或者本身就是一种经济活动。舞蹈还能服务于教育的目的，如在入学的仪式中，表现某种身体动作以获得入学的资格；舞蹈还可用于体现超自然的作用，如巫师用跳舞的方式召唤神灵；它可用于进行两性的选择，有时女子根据舞蹈水平的高低和持久性，来选择男人，如在苏丹努巴山区（Nuba）的蒂拉（Tira）部落里，年轻的女子会"投入她所选中的舞伴的怀抱"。在许多文化中，舞蹈可有好几种这样的功能，它们在不同时间或不同环境中起着作用。

如果将美国西南部霍比族（Hopi）印第安人的舞蹈与波利尼西亚（Polynesia）的萨摩亚人（Samoans）的舞蹈做一个比较，就会对舞蹈的不同用途有一定的感受。舞蹈在这两种文化中都很重要，动作范围都很小，而且都涉及超自然的力量。然而在这两种文化中舞蹈的目标与特征却是不一样的。舞蹈对于霍皮人来说，目的是维持部族的统一，求得神灵的谅解，为了保持自己文化的价值。对于他们来说，舞蹈的表演者主要是男人，舞蹈是他们的职责，是对部族应尽的义务。一个好的舞蹈家，必须能够记住舞步，充满活力却不指望别人的夸奖。与此形成对照的萨摩亚人的舞蹈就有所不同，他们的舞蹈是人格化了的。这种舞蹈表演不那么拘谨，更加即兴，更加开放。萨摩亚人跳舞是为了纪念一个事件，为了增加神的威力，或者为了得到神的恩宠。他们当中的男人、女人和儿童都跳舞，而一个人是否能成为舞蹈家，那就要看他个人的兴趣、技巧与家庭的传统。拥有自己个人风格、流畅动作的跳舞者就被认为是好的舞蹈家。舞蹈是一个独特的领域，即使在严格要求一致性的社会里，个人主义在舞蹈领域中也是允许存在的，甚至还会受到鼓励。我们可以说，在霍皮人中，舞蹈是一种文化价值得以表达的基本领域；而在萨摩亚人中，舞蹈则提供了与严格的文化惯例相对应的一种活动。

由于舞蹈能服务于大量不同的目的，所以我们难以对它的正规形式做出概括。确实，有的时候，形式特征并没有周围的环境氛围或明确的参照内容那么重要。然而在一系列的情境中，舞蹈确实具备着某些特征，当我们思考技巧如何在身体智能的形式中得到体现时，这些特征是十分重要的因素。

按照美国舞蹈家、舞蹈编导者保罗·泰勒①的看法，一名舞蹈家必须学会能准确而适时地做出舞蹈动作。他必须注意自己在舞台空间中的位置、跳跃的质量，注意自己舞步的轻柔性——一个动作是传达给观众了还是仅仅返回动作的本身。许多动作都是可能的，有摇晃动作，也有像机器活塞一样的动作，有敲击式动作，也有连续性动作。正是从这些特点的组合中（速度、方向、距离、强度、空间关系与力度的变化），人们才发现或形成舞蹈词汇。除了这些比较客观的特征以外，舞蹈家的个性必然也会在表演中得到表现。

---

① 保罗·泰勒（Paul Taylor, 1930—2018）：美国现代舞蹈家。1953 年首次登台，在玛沙·格雷姆舞蹈团开始职业生涯，1955 年创办泰勒舞蹈团。早期舞蹈风格幽默诙谐、大胆创新，后期风格趋于平稳。——译者注

从传统上看，舞蹈所表现的是极端但相对简单的情绪，比如快乐与悲哀。虽然乔治·巴兰钦 [1] 曾经诙谐地说过："在舞蹈中仍然无法表现岳母的形象。"但在现代舞蹈中，人们则试图传达更为复杂的内疚、苦恼与悔恨这样的复杂情绪，是毫无疑问的。音乐是舞蹈最重要的伙伴，乐曲的结构能强烈地感染舞蹈技巧。但由于舞蹈活动在没有音乐的情况下也能进行，所以音乐不能限制舞蹈。

经过这样一番描述之后，舞蹈似乎是一种枯燥的、比较抽象的交流形式与表达形式。确实，很难让舞蹈家或舞蹈批评家直截了当地用具体的方式，描述舞蹈活动的特征。20世纪的舞蹈大师、现代舞的开创者伊莎多拉·邓肯 [2] 在她著名的评论中总结说："如果我能告诉你这是怎么回事，那么我就不会用舞蹈去表现它了。"玛莎·格雷姆也许是20世纪最著名的现代舞蹈家，曾做过这样有趣的评论：

> 我经常发现，和大多数舞蹈家进行任何带有逻辑性的对话是极其困难的。他们的思维总是跳过来跳过去，就像我的身体一样。逻辑对于他们而言，如果有逻辑的话，也是以运动的方式出现的。

然而一般来说，最初吸引人们从事舞蹈活动的因素，正是跳舞时身体形态的表情，以及各种不寻常的、令人满意的方式对人类身体的运用。美国舞蹈家、舞蹈编导何塞·利蒙（José Limón）回忆说：

> 当我在墨西哥还是个孩子的时候，正像任何孩子都可能出

---

[1] 乔治·巴兰钦（George Balanchine, 1904—1983）：美国芭蕾舞演员、编导，生于俄国。曾任俄罗斯芭蕾舞团的编导，1948年起任纽约市的芭蕾舞团的艺术指导和总编导，主要作品有《小鸟》《堂吉诃德》等。——译者注

[2] 伊莎多拉·邓肯（Isadora Duncan, 1827或1878—1927）：美国舞蹈家，现代舞的创始人。对于古希腊的艺术、文化以及音乐有很高的造诣，主要舞蹈作品有根据《马赛曲》、贝多芬《第七交响曲》、门德尔松《春》、柴可夫斯基《斯拉夫进行曲》改编的舞蹈，著作有《论舞蹈艺术》等。——译者注

现的情形一样，被西班牙阿拉贡双人舞（jotas）、墨西哥加拉比舞（jarabes）和印第安的贝利舞（bailes）迷住了。过些时候，在边境以外又看到了踢踏舞演员和芭蕾舞演员的表演。后来，由于纯粹偶然的机会，我得以见到了哈拉尔德·克罗伊茨格（Harald Kreutzbergzh）这位当代舞蹈家的表演。在我看来，舞蹈是一种具有难以言传的威力的视觉形象，一个人跳舞的时候，带着尊严和崇高的情感。

有时纯粹个人的身体特质，就可成为从事舞蹈事业的一个诱因。人称21世纪最伟大的舞蹈家的尼金斯基（Vaslav Nijinsky）因为有着异乎寻常的舞蹈技巧鉴赏力，已经作为一名芭蕾舞的研究者而闻名于世。有时，从事舞蹈事业的诱因是舞蹈的形体表达方式的神秘性。当代舞蹈家埃米·格林菲尔德（Amy Greenfield）说，她小时候看芭蕾舞表演的时候，总爱闭上眼睛，想象演员的下一个动作可能是什么。如果她睁开眼睛的时候，演员的动作正是自己所想象的样子，她就会感到自己胜利了。

西方的男性在舞蹈方面的兴趣，出现的时间也许要晚许多。可能是因为对于男人跳舞，社会存在着文化上的清规戒律的缘故（尼金斯基被人嘲笑说像女孩，说明这种文化上的清规戒律在沙皇的俄国也是存在的）。也许正因为有了这种清规戒律，所以当代舞蹈编导埃里克·霍金斯（Eric Hawkins）与里米·恰尔利普（Remy Charlip）直到上大学以后，才开始从事舞蹈活动。

在舞蹈创作之中，有遗传作用为基础。舞蹈家和舞蹈编导阿尔温·尼古拉（Alwin Nikolai）做了个有趣的描述，说明一种观念是如何变成舞蹈的：

> 我喜欢向自己的大脑注入一个简单、单一的想法，然后让它在大脑里面仔细搜寻好几个月。从我自己而言，并没有特别努力让这个想法进入深层次的意识。然后，在开始编舞蹈动作之前的一两

个星期，我就将这种罗夏过程①的结果加到一起。我喜欢在短时间内，就把舞蹈动作全部设计完。我感觉到在这个灵感倾泻的过程中，我的题材通道始终保持敞开。

另外一位艺术表演家唐纳德·麦凯里（Donald Mckayle）回忆，一个儿时的记忆曾激发了他的第一个舞蹈创作。这些记忆是：在街道上，在邻近的儿童游戏场地上，回荡着呼喊声与哭闹声，还有孩子们快乐的喊叫声。接着，街灯映出一个巨大而阴森的影子，形似不断出现的恐惧的幽灵，"警察来了"，于是游戏就成为恐怖而悲惨的舞蹈。

走入极端，舞蹈就变成了单纯的形体运动。据说正像芭蕾舞大师巴兰钦切断了舞蹈与故事之间的联系一样，当代的舞蹈编导梅尔塞·坎宁安（Merce Cunningham）把音乐与舞蹈的连接切断了。实际上，坎宁安感兴趣的是纯粹的、简单的运动，他喜欢观察显微镜下的昆虫，喜欢观察动物园里的动物。他是一个一流的舞蹈形式主义者，一位固执地研究重量和力量如何与时间和空间相互作用的人，是竭力主张舞蹈是一门独立艺术的人。他认为舞蹈不需要音乐的支持，不需要视觉背景和情节。因此，他的舞蹈就为人们提供了机会，观察到未被表象掩盖的、最纯净的身体智能的形式。然而舞蹈能以许多种形式出现，诚如米哈伊尔·巴雷什尼科夫（Mikhail Baryshnikov）所评论的："舞蹈就像许多新的语言一样，这些新语言能够扩展人的灵活性与应用范围。舞蹈家也像语言学者，需要尽可能多的话语，从没有满足的时候。"

其他表演的角色

演员。舞蹈的主要训练，就是对身体的运用加以规范。其他同样运用与

---

① 罗夏过程（Rorschach process）：指罗夏墨迹测验（Rorschach Inkblot Test）的过程。这是瑞士精神病学家赫尔曼·罗夏（Hermann Rorschach，1884—1922）1917 年编制的心理测验方法，根据被测验者对 10 幅墨迹图的描述来判断其性格。医生通过受测人对图案的理解和解释，了解他的精神状况。——译者注

身体有关知识的角色，则需要具备额外的技巧或者不同的技巧。罗恩·詹金斯（Ron Jenkins）描述了成为巴厘小丑（Balinese clown）所必须经过的步骤，他自己也曾经历过。首先需要学会的，就是跳舞和戴面具的高超技巧。这些技巧一般都是代代相传。老一辈的演员，挑选6岁左右的孩子当学徒。在学跳舞的过程中，学习者先被人从身后抓住，然后按照恰当的身体形态被推向前。实际上，就是强制人的肢体去形成规范的姿态。詹金斯说："我是个很笨的学生，远不如一般的巴厘儿童反应灵活。他们在未学舞蹈之前，就知道那些身体运动了，因为他们自幼就看过无数次舞蹈表演。"老师在教他时说："别把腿抬得那么高，让你的肘贴近胸部。"第二步，经过训练的舞蹈家将自己的注意力转向其他一些要求：他必须学习有关演出脚本、当前发生的事件、正在演出的戏剧以及面具制作与使用的知识。除了以上表演必须具备的条件之外，有灵性的演员还需要处理好人际关系，只有与剧团里的其他演员和睦相处，他们才会让你扮演合适的、讨人喜欢的角色。詹金斯最后被安排了一个老人的角色，他可以在这个角色中发挥他的喜剧优势，运用选择戏剧性时机表现自己的知识，并且尽量改善他在运动技巧方面的缺陷。有几个月的演出经验之后，他就被允许创作并演出自己的故事了。

在所有的表现形式中，尤其是舞台表演，仔细观察并复现场景细节的能力是十分宝贵的。人的这种模仿能力在很早就开始显露，甚至在生命的头几天或头几个星期，可能就已经开始出现了。到了两岁的时候，每一个正常的婴儿，都能观察周围的场景和其他人的表演，并且至少能在随后所有的场合里，复现他人行为的某些主要部分。很明显，有些儿童在模仿能力上比其他儿童要高明得多。这些也许在身体智能上有很高天赋和潜力的"天生的模仿者"，只要对某个场景看上一次或两次，就能掌握最突出、最有个性和特色的部分。而对其他的儿童来说，同样的场景看上许多次，恐怕也无法准确并迅速地在表演中再现。

天生善于模仿并记忆表演的强烈爱好也许是成为演员理想的甚至是必要的条件。然而这爱好本身，并不足以产生令人难忘的表演，其他方面理性的能力也是十分重要的。表演教师理查德·博列斯拉夫斯基（Richard

Boleslavsky）强调了绝对地集中注意力的重要性。他认为演员只要能够忍耐并坚持下去，就一定能让自己的注意力始终集中在角色的刻画上。演员必须在无意识记忆的帮助下，努力去再现人物的感受：

> 我们对于感受有一种特别的记忆，这种记忆无意识地为其自身而单独活动着……每一位艺术家都有这种记忆。正是这种记忆，才使我们的经验成为我们生活与技巧的基本成分。我们必须知道的一切，就是如何去运用它。

博列斯拉夫斯基继续建议："观察天赋的培养，不仅仅在你的视觉与记忆方面，而且必须在你身体的每一个部位上。通过回忆和反复表演的实践，一切都如同解剖学上的组织一样，记录在我的大脑中，我的思维比过去敏捷了10倍。"

另一位表演教学大师康斯坦丁·斯坦尼斯拉夫斯基[①]也强调演员在表演时情绪所起的关键性作用。演员不仅必须在研究角色时体会角色的情绪，而且在演出的任何时刻都应当感受到这种情绪。斯坦尼斯拉夫斯基把训练看成是使演员进入一种创作状态的技巧，在这种创作状态中，演员的潜意识可以自然而然地起到作用。按照他的观点，这种技巧与我们潜意识中的创作本质之间的关系，就像语法与诗歌的创作之间的关系一样。他说：

> 有些音乐家具备内在的重现声音的能力。他们对于刚刚听到的整部交响曲，能够在自己的心里重奏一遍……有些画家的内在视觉能力（power of inner vision）极强，能把他们见过的但已经死去的人的肖像，仅仅依靠记忆画出来……演员也具备类似的视觉与声音的能力。

---

① 康斯坦丁·斯坦尼斯拉夫斯基（Constantin Stanislavski，1863—1938）：苏联戏剧家、表演艺术家。莫斯科艺术剧院的创建人之一。一生导演戏剧120多部，创建了新的戏剧风格：强调整体配合，揭示人物内心世界，再现真情实感。——译者注

另一方面，有些表演技巧降低了再创作时感受情绪的必要性，而着重关注表面上的细节。若按照这种研究的描述方式，我似乎认为，"以情绪为中心"的表演技巧，着重运用人的自我认知智能（intrapersonal intelligence），而后面那种"表面的"表演形式，调动的是人际智能（interpersonal intelligence）。

许多分析家都认为，注视以及敏锐观察的能力、模仿与再创作的能力，是所有表演艺术的关键能力。按照表演艺术学者约翰·马丁（John Martin）的看法，我们都具备一个第六运动觉，也就是我们都具备进行适度的表演、直接领悟他人或其他物体的行为或动作的能力。马丁认为这一过程是自动发生的，所以，当我们拿起一个以前没有拿过的物体时，我们所凭借的，是我们在抓取相同大小与密度的物体时的肌肉记忆，我们将这种记忆当作预感身体运作方式的一种自然模式。我们过去的经验，在动觉语言中已经被符号化了。这种动觉语言不需要任何其他符号的介入，直接为身体所利用。因此，当我们看见一个人在吮吸柠檬汁的时候，我们很可能感到自己的嘴唇与喉咙的明显活动，仿佛我们也品尝到了柠檬汁的酸味一样。或者，当某个人哭泣的时候，我们的喉头也常会出现哽噎的感觉。

马丁相信，正是这种无意识模仿的能力以及经历他人体验与感受的能力，才使我们得以理解艺术形式并参与到艺术形式中去。他认为：

> 舞蹈演员的全部魅力，就是让我们依靠自己的内在模仿能力，去模仿他人行为，以便体验到他的情感。他可以告诉我们事实，但除非能从我们心中激发起对他们要表达的情感的共鸣，否则他们是无法告诉我们他们自己的情感的。

因此，我们现在参观一座建筑的时候，依照我们的身体感觉，来判断这幢建筑的立柱能否支撑得住它们上面的重量，从而确定这种比例是否正确，"该建筑在我们观看它的那一时刻，就好像变成我们自己的一种复制品，我们身上出现任何不合理的紧张感觉，都是因为这座建筑仿佛压在我们身上一样"。

如果马丁的话是正确的，假如模仿在动觉思维中举足轻重，那么模仿教学与模仿训练，就是这一领域传授技能最恰当的方法。我们都知道，这种方法有时直接运用，就像巴厘丑角的训练方式那样。文化人类学家露丝·本尼迪克特（Ruth Benedict）发现，在日本：

> 在传统的书写教学中……教师握住孩子的手写字，这是为了"给他一种感受"。孩子在识字之前，就学会去体验这种受控制的、有节奏的运动，而不是去学习书写这些字……鞠躬、握筷、射箭或将枕头拴在背上代替娃娃，这些动作都可手把手地或通过扶正孩子的身体的方式进行训练。

同样，在巴厘人的斗鸡游戏中，观众经常用手模仿双方争斗的场面，其逼真程度足以让人只看他的手，就可知道正在进行的争斗。有些人在训练中能够熟练掌握模仿的技巧，然而却没有受到应有的重视。这一事实说明了，为什么在我们的文化中，许多有出息的年轻演员和舞蹈家在学校学习的早期被人疏远。或许，模仿的能力与准确再现的能力，甚至被认为是一种傲慢或理解能力差的表现，而没有被认为是另有所用的认知形式的表现。

把敏锐的模仿技巧说成是理解能力差的解释也许并非完全不对。许多后来取得了巨大成就的喜剧演员都表示过，他们最初之所以要模仿或取笑老师，是因为他们实在弄不懂自己应当掌握的那些书本知识。当然，这些演员和喜剧艺术家们最后都塑造了令人难忘的形象。他们通过展示人物性格，通过表现该形象出现时的不同情境，通过表现特定形象所具有的癖好、能力及缺陷（在最佳的表演中，演员能表现所有人的这些特征），塑造了许多令人难忘的形象。过去伟大的默片喜剧明星卓别林、劳埃德（Harold Lloyd）和基顿（Bustet Keaton），也许都经历过这样的过程。当代的幽默创作大师莉莉·汤姆林（Lily Tomlin）、约翰尼·卡森（Johnny Carson）或伍迪·艾伦（Woody Allen），也许同样经历过这样的过程。

我们在探索这个迷人而难以理解的模糊的表演领域时，还应该提醒自己，幽默与笑话是人类所独有的财富。尽管我们完全可以制造出非语言的笑话，即能够在不使用语言的情况下，表现出幽默的场景，但我们仍然没有任何令人信服的证据，能够证明任何其他动物能拥有这种幽默感。将幽默与使幽默表演获得成功的模仿活动联系起来是很有意思的事。但这不是问题的全部，因为其他的灵长类动物当然也能模仿一系列行为。实际上，人类常发现黑猩猩和其他灵长类动物的模仿十分滑稽。与这种幽默反应有关的主要因素，也许就在对这些模仿活动的知觉而非创作上，就在于这种模仿处于像与不像的知觉上。当其他灵长类动物惧怕某些事件或场景的时候，故意做出人们熟悉的但又有些异常的模仿行为时，据我们所知，它们既没有由于我们模仿它们的某一种动作而感到滑稽，也没有感到自己同类的模仿活动是滑稽的。也许上述对灵长类动物表现的评论，使它们显得不同于动物，而更像人类，而人类有时被认真地叫作会笑的动物。

运动员。舞蹈家与演员不过是我们这个文化中具有突出身体智能的两种角色。还有其他具有身体运动智能的角色也受到社会的重视。运动员过人的优美姿势、力量、速度、准确性以及集体合作的能力，不仅为运动员本人提供了快乐的源泉，还为无数的观众提供了娱乐、刺激与放松身心的手段。

按照一位名叫洛（B. Lowe）的体育评论家的观点，有天赋的棒球投手具备某些典型特征。他有控制力，在掷球时想往哪儿掷就能掷到哪儿。他有丰富的经验，有分析力，有娴熟的观察能力，还有应变的能力。他很沉着，在巨大的压力下仍然能施展自己技巧，在最必要的时候出手，而且他还有一种"控球能力"：

> 控球能力是一种身体因素。这种能力包括他能有多大的投掷力量，能投出多大曲线的球。控球能力还是力量的产物，是一触即发的配合，它似乎是一种内在的特质，也许能通过实践与技术得到提升，但并不是能学得来的。

显然，这些领域中的身体天赋是重要的。例如，在棒球运动中，投球手应当是高个子，体重至少应有 100 千克，还要具备短跑运动员的奔跑速度；理想的击球手应有交叉的控制能力，既能用自己目光监视身体的另一侧，又能控制击球的那只手，捕捉没有被挡住的来球。其他运动项目的运动员，也需要拥有理想的身材和身体技能。有一种运动员不大可能与生俱来的要素，就是完美地发展出的对时机的敏感，即具备从事准确而有力量运动的协调感与节奏感。高尔夫球冠军杰克·尼克劳斯（Jack Nicklaus）描述这种动觉感时说：

> 在球杆尖端感受到球杆的重量，有助于我挥动球杆时更有节奏感。当球杆向后挥起的时候，我喜欢体会球杆的尖端将我的手与臂向下拉的感觉。在向下挥的时候，我又喜欢体会杆尖将我的手臂向后拖的感觉，即随着我的腿部与臀部的动作，用力将手与臂向下拉的时候，遇到阻力的感觉。如果我能"等到"这种感觉的出现，那我差不多就能确信自己的速度是恰当的。这说明对于所有这些不同动作节奏的形成，我给予了充足的时间。

一个人的时机感也许是身体智能的直接产物，而技巧却完全可能来自其他的智能强项。这里有帮助人制订良好的策略的逻辑智能，有辨认熟悉的空间格局并在运动场上发挥它们智能以及认知其他运动员的性格、人际关系和动机的能力。有一段对冰球运动员韦恩·格雷茨基 ① 的描述，向我们传达了这些能力的一部分：

> 在网前，当与守门员四目对视的时候，他控制住冰球……只停留了短暂的一瞬，他就打破球场的节奏和守门员的预期……或者在带球最紧张的时候，他突然出其不意地来个传球，让球穿过追在身

---

① 韦恩·格雷茨基（Wayne Gretzky, 1961—）：加拿大冰球运动员，6 岁开始参加比赛，16 岁被评为世界青年锦标赛上的最佳射手，38 岁退役时累积进球 2857 个，被称为"冰球场上的迈克尔·乔丹"。——译者注

后的密集的球员……如果说有身体的诡计存在，那么他所使用的正是这种诡计……他把球击到身后一个空档处，那儿本来并没有球员准备接球，但是突然间，一个队员赶上来接住了。这看起来既像是运气又像是魔术，然而两者都不是。格雷茨基知道队友在赛场上的风格，所以准确地知道他的队友会在什么地方出现。

一些评论家可能认为格雷茨基获得如此的运动成就，并没有付出多大的努力，但格雷茨基却不同意这种看法：

> 十个人中有九个认为我依赖的是本能……他们错了。没有人认为医生是靠本能学会自己专业技能的，而对于我来说，在学习打冰球上所花费的时间，与一位医科学生学习医学花的时间一样多。

在我们这个文化里，训练专业运动员的方法与训练艺术演员的方法是大致相同的。而且专业运动员也和演员一样，承受着相同的压力，同样受到机遇的限制。由于存在着激烈的竞争氛围，在体育运动上取得出色的成就也不是一件容易的事，所以大多数体育爱好者最终只能成为体育运动会的观众。

发明家。 我们对身体智能的讨论，一直都集中考虑运用身体本身的能力，而对于身体（尤其是手）使用其他材料的能力，则考虑得较少。然而正如我们知道的，直接使用身体或通过对工具的使用，制造和改造物体的能力的发展，一直是人类独有的特征。

大量的各种各样的职业角色，工作对象都是相对较小的有形物体。他们中的大多数，不论是从事狩猎、种植、耕耘、烹饪职业的人，还是在工厂里劳作的人，面对的都是这样或那样的物体。有时这种物体的操作已经程序化了，而有时其中还包含着大量的创造性劳动。实际上，工程师、技术员或发明家们，并非仅仅依照文化中建立起来的方式去利用物质材料，而是需要对材料重新安排，以创造出更适合完成眼前任务的东西。

我们又回到了我先前提出的问题上。工具与物体的使用，特别是新的发明活动，是在身体智能范围之内呢，还是需要通过其他智能的透镜才能观察得到？或者是几种智能的混合物？我认为，优异的身体运动技能与空间智能相结合，就能更好地使用工具和处理工作对象。尤其在使用工具和处理工作对象开始的时候，人应当认真地将通过空间智能收集到的信息与自己因身体智能而发展起来的能力结合起来。如果仅限于运用空间智能，人们虽然能够很好地理解使用工具和工作的机制，却不懂得如何实际操作或处理包含这一机制的工作对象；如果仅仅局限于身体智能，人们也许能完成恰当的操作，却不能理解设备或程序运行的方式。所以，在不同的环境、程序或情境中工作时，人们就会遇到障碍。假如对于工作对象各个部分的活动都有一定的感受，而且对于各个部分在单个机制中的配合，又有良好的预见能力，就很可能圆满地形成工作对象运行方式的概念。

　　如果不仅要理解复杂的工具或机械设备，而且要进行新的发明，显然需要几种智能的结合。人除了需要身体智能与空间智能的结合（这对一般设备的理解是必要的）以外，还需动用自己的逻辑－数学智能，以确定这项任务的准确要求和主要工作程序，确定制造出设计产品的必要和充分条件。如果仅仅是试着干，将失误当成练习，或者像一个打零工的人，用列维－斯特劳斯的话说，像个修理工匠那样工作，那么在一定程度上逻辑－数学推理的作用，就不那么重要了。

　　只要知道麻省理工学院的约翰·阿诺德（John Arnold）发明新型印刷设备的过程，就会清楚单纯的推理在发明活动中的作用。阿诺德提出新设想，并没有简单地依靠现存的印刷技术，而是对自己的产品提出最为严格的一组限制因素。他得出的结论是，对于任何印刷设备的设计来说，最基本的东西是它必须能够传达信息，把信息从一种形式转换为另一种形式，或从一个地方转移到另一个地方，使信息以视觉的方式呈现，再将这个视觉信息复制很多份。这样的分析是很贴切的，不论一个人使用电子手段、复印手段或更古老的油印手段，都是一样的。当然，这样一种与手工业工人的操作差距很大的推理方法，主要依靠的就是逻辑－数学智能。

那么，在儿童的早期兴趣以及他们后来的发展，与最终他们在工程技术这样当代备受重视的行业中取得的发明成就之间，存在着怎样的联系呢？特雷西·基德尔（Tracy Kidder）对那些发明新计算机硬件的"儿童奇才"的描述，为我们提供了一组有趣的线索。在这些天才的发明家当中，有好几位在儿童时期就花了大量的时间拆卸机械物件。基德尔在描述其中的一位时说："他实际上就像这个发明团队里其他任何人一样，从4岁起就开始成为工程师了。他喜欢玩灯具、钟表和收音机这样的日常用品。大人一不在跟前，他就把这些东西给拆了。"这位未来的工程师在上高中和大学时，学习成绩并不佳，直到他选修了基础电子学的一门课时，一切才发生了改变。他回忆说，"对于这门课程我喜欢极了，我的成绩也非常好。"计算机硬件发明小组的另一位成员在学校里曾经一直很落魄。最后，他发现自己可以把一部电话拆卸下来，说："这可是个了不起的事情，我终于找到了可以忘记自己还有其他社会困难而潜心研究的工作。"这一类传记性的描述表明，在动手操作能力上，组装或拆卸设备以及最终装配出成品的兴趣也许是工程师在发展过程中起重要作用的因素。这一类活动，也可以为那些在其他经验领域中缺乏兴趣或技能的人，提供必要的发展天地。

非西方文化中的身体智能

在我们自己的文化历史中，必须追溯到古希腊时代，去寻找那种"把人体当作美，当作有价值的、令人爱慕的心灵－思想的伙伴"的时刻。然而在非西方文化中，身体表达与身体知识的全部领域一直表现出极大的重要性。从事激烈的舞蹈活动所必需的强壮身体，在尼日利亚的伊博人（Ibo people）中得到了体现。因为他们所有的人，都不得不顶着酷暑长途跋涉去取饮用水，在小河里浆洗衣服，耕耘庄稼，蹲坑排便，用头顶重物从事搬运。儿童在很小的时候，就已开始参加捣碎甘薯、劈柴和运载重物之类的家务劳动。孩子的舞蹈实践，甚至还在母亲肚子里就已经开始。出生后，母亲跳舞的时候，他就在母亲的背上。甚至在孩子还不会走路的时候，大人就鼓励他学习跳舞，经常练习。在尼日利亚的亚拿人当中，每个人都必须能歌善舞，能雕刻和织布。尼日利亚的阿纳昂人虽然认为很少有人能在天资上优于他人，但却坚信在以上审美领域中，人人都具备获取成就的能力。正如人类学家约翰·梅辛杰（John Messenger）所说的："很明显，对于阿纳昂人来说，天赋就意味着具备某种能力，而这种能力，任何人只要愿意努力，都能够发展起来。"

在其他文化中，人们对身体技能的必要性进行了广泛的宣传。玛格丽特·米德①在《新几内亚人的成长》（*Growing Up in New Guinea*）中描述说，每一个马努斯岛（Manus）的婴儿都要被母亲带到小船上去。如果突然出现风暴，小船就会摇晃，甚至把母亲和婴儿都抛到海里去。然而婴儿因此就学会了如何紧紧抓住自己的母亲，从而不至于淹死在海水里。到五六岁的时候，儿童就已经能够在水面上保持平衡并熟练地划船，还能在不大的风浪中单独行船，并能使船在房檐下面准确地通过，而不会碰到水上的支架。在许多船只挤在一起的情况下，他们能划着自己的船从中穿梭而过，还能通过让船头和船尾轮流起降的方式，排出船舱里的存水。另外，游泳、跳水以及在水中潜游，并把水从鼻子和喉咙里排出来，都包括在马努斯岛儿童对海的理解之中。这种在西方只有极少数在海水中泡大的儿童才具备的本领，在新几内亚这个部族的文化中，被认为是每一个儿童都能掌握的。

巴厘文化也许是另一个突出的例子。在巴厘的社会里，人们十分看重自己身体的发展，为了最终使自己成为一个优美、灵活的人。该文化中的每一个人都得学会注重自己的体形特征：

> 学会走路的姿势，在开始学乐器时掌握最合适的身段，学会吃饭和跳舞的姿势，都有老师在背后直接用强制的动作予以指导。他们在传授有关的姿势时，几乎总是尽量不采用口头语言。在这样的训练系统中，儿童只有在完全松弛的状态下，才能学会那些动作。

---

① 玛格丽特·米德（Margaret Mead，1901—1978）：美国人类学家、心理学家。文化心理学派代表人物之一，以研究太平洋无文字民族而闻名，多年任美国国家自然博物馆馆长兼哥伦比亚大学教授。——译者注

实际上，巴厘人从语言的指导中什么也学不到。

从这种动觉的知识中，孩子们最终掌握了熟练的平衡感和控制细微运动的能力：

> 巴厘儿童用大量的时间摆弄他们的手指关节……美国人或新几内亚人要在地上拣拾一根针，差不多要动用全身的每一块肌肉，而巴厘人做同样的事，只动用与该动作直接有关的肌肉，身体其他部分的肌肉动都不动……他们所动用的肌肉，并不需要牵动其他的肌肉，从而达成统一的动作，他们只是平稳地动一动几个小部位——只动用手指、手与前臂，或者像巴厘人习惯不转脑袋只转动眼珠那样，只动用自己眼睛……（巴厘人的）身体，就能够圆满而迅速地从事手头的工作。

在人类的其他群体中，也有这种对身体优美姿势的关注。例如，印度人把身体的笨拙看成是不成熟的表现；日本人的茶道或插花技术反映出对优雅的形式与格局的普遍关注等。即使或仅仅因为当前的科学还无法解释其原理，以上事实都是值得赞叹的。

作为主体与客体的身体

我已经讨论了人类运用自己身体智能的各种不同方式，但本章始终将身体看作客体。我们已经知道舞蹈家与运动员是如何把他们的整个身体当作"单纯的"客体来使用，并且注意到发明家和其他工作者是如何使用自己身体的各部分（尤其是手）操作、排列和改造客观世界中的物体的。经过这条思路，描述身体智能与客体有关的三种智能形式就完整了：逻辑 - 数学智能，来自将物体的图案转换成数字序列的过程；空间智能，重点在使环境中的物体变形的能力以及在物质世界的空间中找到路径的能力；身体智能，涉及身体内部时，局限于对自己身体的使用，面向外部世界时，包括对身体施加在物体上的行为。

然而身体不是一架简单的机器，与客观世界的人造物体完全不同。身体是人的自我感的器皿，是人类最个人的情感和愿望的器皿。由于周围人完全相同的人类本性，身体也以特别的方式成为应答其他人的实体。从一开始，作为人类而存在的个体就影响着他人对待自己的方式。很快，这个人就会认为自己的身体与众不同，他开始形成将要不断修正的自我感。在他对周围环境中的其他人的特点和行为做出反应时，这种自我感会交替着影响他的思想和行为。尽管人们对人的认知智能的理解仍然很肤浅，但它对人类来说，显然是一种极其重要的智能。这种智能是我们人类最为骄傲的成就和最感到震撼的秉性的栖息地。现在我们应该转到关注认知智能这种具有两面性的智能。它的一面陷入内心的情绪与感情之中，另一面向外注视着别人的圈子。

第 10 章

自我认知智能

幼儿时期是一段自我感与羞愧感、主观冲动与负罪感之间相互斗争的
时期。

——埃里克·埃里克森（Erik Erikson）
美国发展心理学家

自我感

1909 年，克拉克大学（Clark University）校长、心理学家斯坦利·霍尔
（Stanley Hall）邀请西格蒙得·弗洛伊德和他的几位同事到美国来讲学，介绍
最新提出的精神分析学理论。这是弗洛伊德第一次，也是唯一一次来到美
国，人们对他的新理论和新治疗方法十分感兴趣。弗洛伊德做了题为"精神
分析学的起源与发展"的深刻的系列讲座，介绍了当时关于人类的个性方面
有争议的理论。当时心理学研究成果的主流，正在转向激进的行为主义，而
弗洛伊德的理论离开了这个主流，所以美国的主流心理学界对此无动于衷。
其中也有一个例外，就是美国心理学家与哲学家的领军人物威廉·詹姆斯。
尽管他当时年事已高，而且尚在病中，却从马萨诸塞州的剑桥市赶了一天
的行程，来到位于伍斯特（Worcester）的克拉克大学，听弗洛伊德的讲座，
会见这位比他年轻的奥地利学者。听完弗洛伊德的讲座之后，詹姆斯走到弗
洛伊德面前，简单地说："心理学的未来将属于你的研究。"社会科学史家斯

图尔特·休斯（Stuart Hughes）评论说："在我们时代的理性史上，再没有比这更富有戏剧性的时刻了。"

弗洛伊德与詹姆斯代表了不同的历史篇章，不同的哲学传统，不同的心理学研究方法。弗洛伊德，这位欧洲的悲观主义知识分子，选择的是关注人的精神发展，是人的精神在知觉家庭内的搏斗，是为独立进行的斗争，以及伴随人类所处环境的多重焦虑和自卫技巧。弗洛伊德认为，人的心理健康的关键，在于自我认识，在于勇于面对人类存在的不可避免的痛苦和矛盾。

詹姆斯非常赞同这种分析，因为他自己的生活具有许多弗洛伊德生动描述的压力和紧张感。然而詹姆斯同时也意识到，他和弗洛伊德在各自世界观的重点上存有差异。他尽管夸奖了弗洛伊德，但他也向自己的一位知己朋友说过："我希望弗洛伊德和他的学生把他们的观念推向极致，这样，我们就会知道这些观念究竟是什么了……它揭示出人性组成中一种确定无疑的怪癖。"实际上，詹姆斯选择的途径，是考虑更有确定方向的心理学形式，这种形式不大受行为生物学规则的限制，对于改变与发展的可能性更加开放。这位美国思想家与他的奥地利同行比起来，更强调与其他人之间关系的重要性，认为这种关系是达到目的、取得进步和认识自己的一种手段。他曾在一段著名的论断中说："一个人有多少人赏识他并在心中保留着他的形象，他就会有多少个社会的自我存在。"也许最重要的是，詹姆斯对下一代社会科学家，其中包括詹姆斯·马克·鲍德温（James Mark Baldwin）与乔治·赫伯特·米德①所给予的重要影响，他们后来都着重关注知识的社会来源和自我感（sense of self）的人际关系特征。

是什么让弗洛伊德与詹姆斯联合了起来？是什么把他们与美国及欧洲大陆的主流心理学界给分开的？答案是一种信念；即他们相信人的自我的重要

---

① 乔治·赫伯特·米德（George Herbert Mead，1863—1931）：美国社会学家、社会心理学家、哲学家。符号互动论的奠基人。他认为人的发展是社会存在通过对个体思维和行为施加影响并引起变化的过程。米德的符号互动论对心理学及社会学有较大的影响。——译者注

性和自我的中心地位。他们坚定地认为，心理学应当围绕着人的概念、人的个性以及人的成长与命运而建立。而且，这两位学者都把自我成长的能力看成是一种重要的能力，认为处理周围环境的可能性就依赖于这种能力的存在。尽管这两人当时都不会使用"人的认知智能"这个词组，但我觉得我们有理由认为，这两位令人尊敬的心理学家，都会赞同这种说法。但同时，他们研究这种智能的方向又是不一样的。弗洛伊德对人心中的自我很有兴趣。作为一名医生，他十分沉迷于有关人的自我的知识。一个人在有了这种见解之后，理所当然地会把对别人的兴趣，当作是进一步理解自己的困难、苦恼以及最终达到自己目的的一种较好的手段。而詹姆斯的兴趣则更多地放在个人与外界群体之间的关系上。詹姆斯之后的美国社会心理学家们更是如此。不仅一个人对自己的认识主要来自对他人看法日益增加的了解上，而且自我认识的目的，与其说是为了提高自己个人的威信，不如说是为了确保在更大群体中和睦相处的可能性。

我在本章中将讨论人在两个方面的发展情况。一种是人内在的发展。这里，起作用的主要能力是通向一个人对自己生活的感受，即人的情感或情绪范畴的能力。这种能力能够直接辨别生活中的感受，并最终用符号化的记号去标记这些感受，利用它们理解与指导自己的行为。这种自我认知智能（intrapersonal intelligence）在最原始的形式中，不过是区分快乐与痛苦感受的能力，然后在这种区分的基础之上进一步发展，成为确定是介入还是离开某种情境的能力。在这种智能的最高水平是监测并符号化自身情结和高度区分情感种类的能力。人们发现那些对这种情感进行描写的小说家，如普鲁斯特，那些对自己生活感受获得深刻认识的患者或治疗者，那些为劝说某群体成员动用自己丰富内心体验的长者，都有着发达的这种形式的智能。

另一种是人的认知智能转向了外部，转向其他的人类个体。这种能力的核心，是发现其他人类个体之间的差异并加以区别的能力，尤其是对他们的情绪、气质、动机与意向进行区分的能力。如果从人际智能（interpersonal intelligence）最基本的形式来看，我们就会发现，这种智能可以使幼儿拥有辨认周围的人物并观察他们各种情绪的能力。如果从最高的形式来看，人际之间的知识，能使成熟的成年人解读他人的意向与欲望，即使当这种意向与欲望是隐藏着的，而且很可能会根据这类知识而做出行动，例如影响一群完全不同的人，使他们都按照一个人希望的路线行动。我们可从政治与宗教领导者圣雄甘地①或林登·约翰逊②身上，从有水平的家长、教师以及从事帮助性职业的人，不论他们是心理医疗专家、顾问还是巫师的身上，看到有这种高度发达的人际智能形式存在。

与其他领域的智能比起来，人们遇到大量不同的人际智能与自我认知智能形式的机会，要多得多。确实，正因为各个文化都有自己的符号系统，有自己解读体验的方式，所以人的认知智能的"原始资料"，很快就受到也许互不相同的含义系统所引导。因此，尽管在各种文化中，空间智能或身体－动觉智能的形式很容易区别，也易于进行比较，但人的认知智能的种类虽然大不相同，却是不好进行比较的，也许甚至还是不同国家社会的人难以理解的。

人的认知智能的符号化和对文化的适应性，虽然表现为多种形式，但同时又有多种各异的障碍和病态现象存在。确实，人的认知智能的障碍必然会根据各种文化内部的"正常融合"，呈现出不同的形式：在某种环境里是病态的现象，到了另外一种环境里可能就被认为是正常的。此外，人的认知智能之所以呈现出不正常的和病态的形式，并非仅仅因为敏锐感觉的减弱，而是由于不恰当的辨认，以及依据这种辨认采取的不恰当的行动。从某种意义上说，人在语言领域中患上不同情况的失语症时，发生的现象与此很相似。这个类比完全成立的前提条件是，失语症的形式在各种不同文化之间必须存在着明显的差异。

---

① 圣雄甘地（Mahatma Gandhi, 1869—1948）：原名莫汉达斯·卡拉姆昌德·甘地（Mohandas Karamchand Gandhi），印度民族领袖，为印度独立提出"非暴力抵抗"口号，影响极大，被尊为"圣雄"，但于 1948 年在教派纷争中被刺杀。——译者注

② 林登·约翰逊（Lyndon Johnson, 1908—1973）：美国第 36 任总统（1963—1969）。1960 年任副总统，时任总统肯尼迪遇刺身亡后先继任，后于 1965 年当选为总统。——译者注

由于人的认知智能与其他形式智能之间存在这样的差别，所以也许提出下面一个问题是恰当的，即自我认知的形式和人际认知的形式与我们前面讨论过的音乐智能、语言智能或空间智能的那些能力，是不是相似的，或者，会不会出现分类方面的错误？

在解决这个问题的时候，重要的是不能忽视人的认知智能与其他智能形式之间的差别。我们已经指出了这些方面的一些差别。由于不同文化的特殊符号系统与解读系统，很快就会对其他智能的信息加工形式构成决定性的影响，所以说人的认知智能的"自然进程"与其他智能的自然进程比较起来，显得不那么明显。而且我已经说过，人的认知智能的发展模式与障碍模式同其他智能的情况大不相同，其"最终状态"的范围也特别宽泛。

我还提到过另一种差别。在讨论各种其他智能的时候，我都是进行独立讨论的。而现在，我却把两种智能形式联系起来加以考虑。当然，各种智能形式都有自己的走向，自我认知智能主要包含人对自身情感的检验与认知，而人际智能看起来向外，朝向他人的行为、感觉和动机。此外，我们将了解到，这两种智能的形式在神经系统中，都有各自独特的表现与障碍模式。所以，把这两种形式放到一起来讨论，主要是为了解释上的方便。这两种智能形式各自的发展进程，在任何文化里都是密切相关的。人对自己的认知不断依靠的通常是通过观察别人而汲取教训的能力。同时他对周围其他人的认知，又依靠对日常生活中自己内心的判断。对于这两种人的认知智能的形式，我们实际上可以分别描述。然而这样做的结果，将造成不必要的重复和人为的分割。在一般情况下，这两种智能形式的任何一种都不可能离开另一种而单独得到发展。

还应当在此提及的是，与人的认知智能有关的其他差别。首先，人在这两种智能范畴内表现出的病态，比起在其他智能形式中显现出来的病态、不良后果要严重得多；其次，凭借特殊的人的认知智能采取的行动所能得到的好处，也要大得多。最后，运用或不运用一个人的音乐智能或空间智能，并不是非常要紧的事，但是否运用人的认知智能，则面临着很大的压力。如果一个人不想通过自己对人的认知领域的理解去改善自己的健康和幸福，或改善自己与周围群体的关系，那他就不是一个正常的人。当然，他拥有的人的认知智能形式并不能确保在完成这一任务时是有效的，或者说并不能确保他达到自己的目的。虽然人的认知智能在这方面可能并不奏效，也可能达不到其目的，但的确比其他的智能形式更重要。know-that 并不那么轻易地或肯定地会转换为 know-how。

既然有这种差别存在，那么我为什么又在这一概述中，把人的认知智能一起考虑呢？这主要因为我感到，这些认知形式在世界许多其他文化中，甚至是所有文化中都有着极大的重要性，然而差不多所有研究认知的学者，几乎都倾向于忽视或贬低这种智能。① 这种现象所产生的原因是什么，与我的研究无关。但不论原因如何，这种忽视都形成了一种过于偏颇的智能观，而且使我们在理解许多文化的目标以及实现这些目标的方式上产生了困难。

此外，根据我们最初提出的智能的判据，人的认知智能是很符合要求的。正如我已经指出的，智能的各种形式都有其可辨别的核心内容，有独特的发展模式，有能够详细列举的许多最终状态，而且在神经学表征和明显的障碍模式方面，也有使人印象深刻的证据。我们已经开始发现了一些进化方面的证据，而且我们完全有理由预期，在这两种智能演化发展的起源方面，我们最终将能够获取大量的正面信息。虽然在杰出人士（超常儿童或在人的认知领域中的优秀者）身上的证据并不那么有说服力，然而也绝非没有说服力。这两种智能与实验心理学和心理学测量领域中的相关性，虽然不如我们所期望得那样高，但产生这个缺陷的原因，与其说是由于在估价这些认知形式方面有着难以逾越的困难，不如说是因为"顽固的"心理学家们不愿意研究这一领域。最后，尽管人们一般并不认为，人格认知的形式在公共符号的系统中被解码，但我却认为符号化是人的认知智能的本质。如果没有文化所提供的符号编码，人们面临的，就仅仅是对自身感受最基本、最非组织化的

---

① 　当然也有例外，如令人尊敬的学者戴维·韦克斯勒（David Wechster）多年前就提出过社会智能（social intelligence）。——作者注

确认。然而如果有了这种解释手段，对自己和群体中他人经历的全部体验，就有了理解的潜在能力。此外，我们似乎有理由把仪式与宗教记号，以及神话与图腾的记号，解释为把握与传达人的认知智能关键部分的符号编码。

正如我们看到的那样，自我感的出现，将被证明是人的认知智能领域中的关键因素，是对于全世界的人来说都至关重要的因素。尽管成熟的自我感一般被视为自我认知智能的典型表现，但我个人的研究却得出了不同的结论。在全世界范围内出现的大量不同的"自我"（selves），使人感到我们最好把这种"感觉"看成是某种混合物，看成是来自人的自我认知与人际认知的结合或融合。全世界各地自我感的最大差别，反映了这样一个事实，即自我感不足的现象发生的方式是十分不一样的，这主要依赖于某个人（或某些人）在各自不同的文化中，恰巧被看重的那些方面。因此，我下文中将用"自我感"这个术语，表示每一个人和每一种文化，在"内在感受"的激励与"他人"的压力之间，所取得的平衡。

在认知领域中，"自我感"这个术语的引用，说明了学者们对解释人的认知智能表示出犹豫的一个原因。发达的自我感似乎常以人类最高成就的形式表现出来。人的认知智能是最高级的一种智能形式，是替代和统领其他智能和仅仅限于在局部发挥作用的智能。它还是人们具有的最强烈的、最熟悉的一种能力。所以，在我们检验各种智能的时候，它是我们觉得最敏感也是最难以捉摸的目标。当然，研究中遇到的困难以及这种智能与人自身的高度相关性，不是逃避认真进行科学研究的正当理由。我希望，通过本章所开始的这种研究，能使人看出尽管自我感是不可思议的，但它仍然是可以研究的。而且，自我感可以追溯到以上两种智能形式中去，这种智能是每一个人都有发展与结合机会的。

在最后的分析中，人的认知智能也就是信息处理的能力，其中有一种指向人的内部，另一种指向人的外部，它们是人类每一个婴儿与生俱来的一种能力。生命的这一事实，控制着对人的认知智能的检验。对他人和自己的认知能力，就像对声音和物体的认知能力一样，是人类认知不可分割的一部分，它们和其他"感情色彩淡薄"的智能形式一样，都值得我们认真研究。人的认知智能与我们已经谈到过的其他智能形式的来源，可能并不相同，但正如我开始时说过的那样，我们没有理由认为任何两种智能是可以进行全面比较的。重要的是，它们都应被看作人类智能宝库中的一部分。而且从它们的起源来看，在全世界各地都是大致相似的。

人的认知智能的发展

人的认知智能的不同形式，首先从婴儿和他的看护者之间的联系之中产生，在大多数情况下，从婴儿和母亲之间的联系中清楚地表现出来。人类的进化史和文化史结合在一起，使这两者之间的依恋与正常生长不可缺少的要素连接起来。婴儿在出生后的第一年就形成了与母亲强有力的联系。这种联系被母亲对子女同样炽热的情感纽带强化。正是从这些牢固的联系以及伴随着的情感中，我们发现了人际知识的起源。

在婴儿一岁左右的时期，母子之间联系的强度达到了最大值。所以一旦婴儿突然与母亲分开，或一旦陌生人被看成是这种联系的威胁时，婴儿就会感到不安。婴儿寻求维持舒适的感觉，寻求躲避痛苦与烦扰的环境。接着慢慢地，这种联系开始变得更加松弛，更加灵活了，因为儿童已经能够大着胆子离开家门，能够确知自己可以回到家里，并在那儿找到自己的母亲，因而获得了一种归属感。这种纽带关系倘若因某种原因而不能恰当地形成，或者它被突然中断而又未能及时恢复，就会导致儿童严重的心理困难。我们从哈利·哈洛（Harry Harlow）对丧母的猴子以及约翰·鲍尔比（John Bowlby）对孤儿院长大的婴儿的研究结果中，可以看出缺乏母子之间的依恋关系，将对儿童自己及其下一代人的正常发展造成破坏性后果。而与我们这里所讨论的目的特别有关的一点是，这种联系的缺乏，最终将使人在认知他人的时候，在抚养后代以及在为了认识自己而利用这一认知的时候，遇到困难。因此，我们可以把婴儿及其照顾者之间最初的纽带关系看成是大自然的功劳，以使人的认知智能能够恰当地形成。

我们可以把人的认知的成长过程，分为好多个步骤或阶段。在各个步骤上都有可能找出某些对自我认知智能的发展来说很重要的特征，也能找到其他一些对人际智能的发展来说十分关键的因素。这里我将描绘的画面集中考虑的，当然是我们这个社会环境中人的认知智能的发展，因为我到目前为止主要研究的正是这一条发展轨迹。只有到后来，我才能谈及其他文化中人的认知智能所可能出现的一些特征。

婴儿

虽然我们无法进入婴儿身体里去了解，但看起来所有正常的婴儿在其生命的最初日子里，都可能经历过一系列的感受和一整套的情感。通过对某种文化中以及不同文化中婴儿的观察，通过把婴儿面部表情与其他灵长类动物的面部表情的比较，我们确信存在一组所有正常婴儿普遍具有的面部表情。最合理的一种推断还认为，与这种面部表情相联系的是身体和大脑的状态。婴儿从表面上看，经历了一系列激动、快乐或痛苦的情感。当然，这种状态在最初是未经解释的，婴儿无法表示他有什么样的感受，或为什么有这样的感受。然而婴儿身体体验到的那些状态（也就是他感觉到的事实），可能在不同情况里会有不同感受，他把自己感受与特殊的体验联系起来的状态，将儿童引导到自我认知的领域。此外，对以上体验的识别同时也是一个必要的出发点。从这一点出发，他最终认识到，自己是个拥有自身体验和独特个性的实体。

当婴儿开始认识到自己身体的反应，并对这些反应加以区别的时候，他同时也开始初步区别其他人的甚至"熟悉的"人表现的情绪。婴儿在两个月的时候，也许甚至刚出生后不久，就已经能够辨别他人的面部表情，并对此进行模仿。这种能力使我们感觉到，婴儿对其他人的异常情感及行为，具有一个"提前适应"的范围。婴儿很快就能区别母亲与父亲，区别父母与陌生人，区别快乐表情与悲哀或愤怒表情。的确，到了 10 个月的时候，婴儿区别不同表情的能力，已经能够产生出不同的脑电波图形。此外，婴儿已开始能够将各种情感与特殊的人、经验与环境联系起来，开始出现了最初的移情①迹象。他在听到别的婴儿哭闹或看见某人很痛苦时，能表现出同情的反应。即使他并不知道对方的感受究竟怎样，但他似乎有一种感觉，在对方世界里一定有什么不合适的地方。在这一段期间，亲近、关爱与利他主义之间的联系已经形成。

幸亏戈登·盖洛普（Gordon Gallup）在灵长类动物研究中发明了一种聪明的实验手段，我们才有了一定的方法，以确定人类的幼儿什么时候开始把自己看成一个分离的实体，看成一个刚出生的人。我们可以在幼儿不知道的情况下，在他鼻子上做一个小记号，例如涂一点口红，然后再观察他在照镜子时的反应。一岁时，幼儿被鼻子上的口红逗乐了，但他显然把这个红点，当作是恰好照镜子的另外一个生物体脸上的有趣装饰。然而到两岁的时候，幼儿在看到异常的着色情况时的反应就开始不一样了。发现并感到自身体的组织上出现了预料之外的红点时，他们就会抚摩自己的鼻子，做出滑稽的动作，或是感到羞怯。当然，对身体之外的物体和自己身体本身的认识，并不是自我认知智能开始出现时仅有的反应。幼儿同时还开始对自己的名字做出反应，开始用自己的名字称呼自己，开始有自己试图完成的明确的方案与计划。当获得成功时就会产生灵验的感觉，当他破坏了别人确定的或自己确定的某些标准时，就会感到失望。所有人的感觉的最原始的反应，在两岁期间都出现了。

2～5岁的幼儿

幼儿在2～5岁期间，经历了一次重要的智能革命，他能够用符号称呼自己（如"我""我的"），称呼别人（如"你""他""妈妈""你怕""你不高兴"），并谈论自己的体验（如"我的生日""我想"）。在他开始用符号的方式认识世界时，凭借的是多种多样的媒介，如语言、图画、手势与数字。而且此时，他还会通过身体行为与感觉来认识并辨别这个世界。即使在没有

---

① 移情（empathy）：在精神分析学说中，指个体将先前对某人或某事的某种情感转移到其他新对象上的潜意识心理过程。——译者注

人称代词的文化里，他也很容易做出同样的符号识别。到这一时期结束的时候，幼儿实际上已经符号化了，也就是在符号运用的层面上，他已经能够单独创造和认识符号的含义。

符号运用能力的出现，对人的认知智能的发展有很深刻的意义。儿童从原来对自己情绪和可能在无媒介基础上对他人情绪的简单识别，不可避免地转变为大大丰富了的、更加详细地阐述了的识别系统，而这个识别系统由他所在的完整的社会术语及其解读系统指引着。幼儿不再依靠预编程序的识别方法和自己特殊的推断方法（如果有的话），文化已经为他准备了一整套符号的解读系统，他可以随心所欲地运用这个系统，把自己经历的体验和他人的体验描述出来。

由这种新出现的符号能力转向人的认知发展的一种方式，就是社区中可以见到的（及可行的）各种角色的常识。幼儿通过交谈、演出活动、手势、画画等实践和场景，尝试扮演母亲与孩子、医生与患者、警察与小偷、老师与学生、宇航员与火星人的角色。幼儿在扮演这些角色的过程中，不仅开始懂得哪些行为与这些角色相联系，而且体会到具有这些独特身份的人的某种感受。同时，他们也开始通过自己个人的体验，把某种行为与别人的状态联系起来。幼儿通过区分正面的还是反面的，区分忧虑、刺激还是轻松，区分强大还是软弱，在确定自己是谁、自己不是谁、自己希望的是什么、不希望的是什么方面，迈出了重要的一步。人的性特征这个形式上特别重要的自我识别，在这一段时间里也明确了。

我们在审查关于这段时期的一些主要理论的描述时，能够发现，有不同的途径及模式与两条人的认知智能发展路线相互联系着。按照那些着重考虑孤立个体的专家们的观点，我们把儿童当作是孤立的人，是处于那种形成自己角色而同时又感到自己与别人不同的过程之中的人。例如，按照弗洛伊德学派的观点，幼儿处于与别人（父母、同胞、其他同龄者甚至还包括童话小说里的主要人物）的争斗状态中，其目的就是要建立起自己独特的存在与力量。埃里克·埃里克森 ① 说过一句很有启发性的话。他说，这是一段自律感与羞愧感、主观冲动与负罪感之间相互斗争的时期。用皮亚杰情感因素较少的话来说，这是一个自我中心主义的阶段。儿童在这一时期，仍然锁在自己个人世界的概念中，他尚不能完全把自己置于别人的位置上，他局限在自己的以自我为中心的观点中。他也许对自己有了认识，然而这种认识仍是僵化凝固的，他能说出自己的名字，也许还能细数自己的身体部位，但他尚不能对心理维度（mental dimension）有感受性，尚不能对希望或需要，对改变角色或改变期待有感受性，他仍是个单维度的人。不论他受侵扰与否，在他这个年龄段的幼儿，都被描述为孤立的个体，他们是试图建立起自律的、对其他人的世界缺乏感受的人。

我们从美国"符号互动主义者"（symbolic interactionist）乔治·赫伯特·米德与查尔斯·库利 ② 以及苏联的列夫·维果茨基与亚历山大·鲁利亚等"媒介主义者"（mediationist）的描述中，可以发现另一种具有指导意义的不同观点。从这些观察者的视角出发，幼儿在这一阶段，只有通过了解其他人才能够认识他自己。实际上，并没有一种与认识他人（他们是什么样子，他们如何看待你）的能力相分离的人的认知和感觉存在。所以，按照这种观点，幼儿天生就是社会的生命体：他从他人的身上寻找解释的模式，并将这种模式当作自己唯一喜欢的手段，去发现与自己相同的人并理解他们。在童年的早期，以自我认知为中心的视野什么时候在逐渐开始了解他人（也许开始关心他人）的孤立的儿童身上出现，对于他人的人际视野就在什么时候逐渐显现。而这种方式，正是儿童最终发现自己人格特征唯一可行的手段。

---

① 埃里克·埃里克森（Erik Erikson, 1902—1994）：美国发展心理学家、精神分析学家、神经病学家。本书作者加德纳读本科一年级时曾主修历史，后来因为受到当时在哈佛学院任教并担任自己导师的埃里克森的影响，开始关注并学习社会学和心理学。——译者注

② 查尔斯·库利（Charles Horton Cooley, 1864—1929）：美国社会学家、社会心理学家。密歇根大学教授，曾任美国社会学学会主席，主要著作有：《人性和社会秩序》《社会组织》《社会过程》等。——译者注

尽管这两种观点中只可能有一种是正确的，但更大的可能性是，这两种不同的研究途径只是强调了人类认知发展的不同方面。以人类个体为中心的途径，看出了这个阶段的儿童被强烈的、又常常相互矛盾的情感所困扰着，这促使他看重自己的条件，并使他逐渐开始发现自己是个分离的个体。这些逐渐显露的见识，对于自我认知核心能力中深入思考的能力，建立了重要的模式。而朝向社会的途径则认识到，儿童并不是孤立发展的，他不可避免地是群体中的一个成员，对于"人究竟是什么"的观念不可能在真空里发展。实际上，他有自己的情感体验，然而正是他所在的群体，为他的那些情感提供了参照点和必要的解读方式。因此，对于一个儿童在群体中地位的认识，只能来自他周围的外在群体。作为了解自己状况的线索，儿童不得不特别关注他人的情况。说得明确一些，如果没有群体提供相关的参照，儿童个体就不可能发现他是"人"这样一个事实。这与由动物养育长大的野孩儿的情况一致。

学龄儿童

在我们这个社会群体中，从学校生活开始以后，自我与他人的分化意识就已经相当牢固了。儿童此时已经获得了第一层次的社会知识。他已经了解到由其他人担任的许多不同角色，而且也日渐清晰地知道自己是个有需要、欲望、活动与目标的独立的人。随着具体心理运算的出现，儿童已经能够以较灵活的方式与其他人建立联系。他对人与人之间的相互关系开始有了一些了解，知道他在别人面前应当采取什么样的行为举止，才能赢得他人的好感。虽然他因为有了自己的视角，能够运用特定的方式看待事物，但他也能通过他人的透镜，按照他们的观点去体会物质与人的状态。当然，不应当过分夸张这种洞察力的突然出现。即使自我中心（egocentrism）的其他方面在整个生命过程中一直都是存在的，但从对学龄前儿童的观察中，我们可以发现自我中心衰减的明显迹象。实际上，似乎在入学的年龄阶段，自我与别人、自己的视角与其他人的视角之间已经存在明显的界线。

当自己的人格特征更为固定的时候（或许正因为如此），儿童就有了成为更加社会化的人的选择自由。他能超越自己家庭的范围，与其他人建立友谊，形成同龄伙伴的关系。这使他知道以什么样的方式对待别人才是恰当的。实际上，如果说他在探索的话，那就是在追求公平地对待缺点，因为他还不能调适不同情境下各种个人的体验。他也能确认别人的简单意图和动机，不会经常犯简单的错误，将自己的主观愿望强加到其他人身上。总的来说，这个年龄段的儿童逐渐成为一个非常社会化的、受规则控制的人，成为一个极想在所生活的群体中扮演模范成员的人，既不想成为一名特别受偏爱的人，也不想成为受到不公正对待的人。

在心理学家定义的这段潜伏期①内，人的情感、欲望与忧虑似乎处在暂时的休眠状态。但自利（self-interest）与自我知识（self-knowledge）的增长，则并非静止的。确切地说，儿童在这段时间里，已经特别关心客观的技能、知识和能力的获取。实际上他自己对自我的定义，虽然并没有关注于心理特征，但已不再仅限于身体的部位了。对于6岁、7岁或8岁的儿童来说，他所能做的事情以及他做这些事情时的成功程度，构成了自我认识的主要基点，这是个获取能力与形成未来职业偏好的年龄。这个时候的儿童很怕有不适感，很怕自己在别人的眼中是个缺乏技能的个体。

儿童中期

入学后到青春期开始的这5年，是儿童的中期阶段。儿童在这个阶段里，社会敏感性的倾向持续增大。他对他人的动机更加敏感，对自己的能力与不足之处的感受，日益全面。这时的儿童开始更多地关注友谊，为保持良好的人际关系，会做出很大的努力。失去一个珍贵的朋友对于他来说，比以往要痛苦得多。这时，他会花大量的精力，巩固自己在朋友圈子里的地位。这些友谊的群体或儿童的小圈子，也许不是正式组成的，但有时候，尤其在男孩当中，这种群体或圈子像灵长类动物一样，存在着主从的正式等级。对

---

① 潜伏期（latency）：在精神分析中，指儿童对两性关系没有或极少感兴趣的性发展阶段，在6～12岁。——译者注

于那些有幸被吸收进去的儿童来说，生活是"令人兴奋"的，而那些在这些圈子里地位低下或完全被排除在圈子之外的儿童则感到生活是枯燥乏味的。

正像儿童花费大量精力去维持友谊的局面，他们同时还要花费大量的时间，考虑人际关系的问题。随着儿童逐渐能够把自己放在特定的他人或者放在不熟悉的"普遍化的他人"的地位上进行思考，在他的大脑中开始出现了人际知识上有趣的递归形式（recursive form）。儿童对于和他人可能发生的相互作用，已经能够执行一套心理操作："他认为我是知道他这样想的……"所以，难怪这种青春期以前的儿童能够理解比较微妙的文学形式，能够说出并听懂比较深奥的笑话。

这个时期的儿童所遇到的危机，是不成熟的和不恰当的判断，或者是功效估计的不准确性。这个年龄的儿童，也许在学习上感到了无助，因此相信某些事情是他们干不了的。例如，许多小姑娘开始感到自己对于解决数学问题无能为力，因此形成了一种恶性循环，使她们对数学成就的预期和实际的成就都逐渐减少。假如儿童不能与其他人形成有效的友谊关系，他就会开始感到孤单。这种与他人无法沟通的现象，在第一次出现的时候也许会被看成是一种明显的失败，这降低了一个人心目中自己的形象。个人的情感并不是转瞬即逝的，倘若这种情感真正造成了烦恼，那么这种情感完全有可能会在儿童的思考活动中起主导作用。

青春期

随着青春期的萌动，人的认知形式发生了许多重要的变化。人类个体此时开始离开早期混乱的甚至有点儿盲目的社会指向。至少在我们的社会里，他们在心理上更加协调了。对于其他人潜在的动机，隐藏的欲望和恐惧，他们更加敏感。他们与其他人的关系，已经不再建立在对方可能提供的物质奖励上，而建立在心理上的支持以及敏感的人所能提供的理解上。由于同样的原因，青春期少年在寻找朋友的时候，注重对方珍视的是自己的洞悉力、知识和敏感性，而不是自己的力量或物质财富。

青春期少年在对社会群体的理解方面，也显得更加成熟。他理解到，任何一个社会要正常运转就必须依靠法律，但又不应当盲目地遵守这些法律，还应该考虑特定情况下的赦免条例；同样，正义在某些特殊的争端或纠纷中是重要的，然而若不考虑区别对待的因素，正义又很难得到伸张；人希望被别人理解或热爱的愿望会持续下去，但同时又逐渐认识到与所有人分享一切是不可能的，有些事情必须或者应该属于个人隐私。

所以我们看到，在青春萌动阶段，儿童对自己和对他人的认识已经成熟。但是同时，许多文化中的儿童在青春期又会发生一件更为关键的事情。青春期这个阶段，是人类个体将以上两种与人有关的知识结合在一起，形成更大范围的、更加系统化的感觉的生命阶段。这种感觉便是认同感，或用我喜欢用的术语，叫"自我感"。如精神分析学家埃里克森所说的那样，正在出现的认同感，承担了对自我的复杂定义。这个定义也许会使弗洛伊德和詹姆斯两个人都感到高兴：这个时期的人类个体已经能够按照自己的情感和建立丰功伟绩的愿望，去看待社会角色，已经能够根据自己所在社区的整体需要，根据这个社区对他本人的特殊期望，设计自我。

这种自我感的形成是个非常重要的计划和过程。它的实施方式将确定该个体能否在自己选择的或必须选择的社会环境里，有效地发挥自己的作用。正在经历青春期的人类个体必须而且也必然会与自己的个人情感、动机和欲望，其中还包括强烈的性的欲望，达成妥协。所以，在生命循环的这个重压阶段，完全可能会产生需要与之进行斗争的压力。而且，同样面临的还有极大压力和欲望，以及自我感的出现。因此，关于自我命题的知识在某些文化情境中就成为一种受到珍视的选项。也许相互矛盾的事情是，在人类个体面临的选择范围较小的文化环境中，围绕着自我感的形成出现的那些压力，就不是那么大。因为在这些文化环境中，外在的社会预期起了主导作用，而个人所怀有的愿望，可能被排挤到次要位置上去。

成熟的自我感

许多研究者都试图描述成熟的自我（maturing self）的后一阶段。有时，这种描述集中在每一个生命过程都必然会遇到做出决定的或紧张的时刻。例如，埃里克森就谈到过随着亲近危机的出现，将会出现的认同危机的问题，谈到过此后出现的一些难以对付的危机，如中年期的生殖问题（将价值、知识及生命的可能性传到下一代去），老年期的综合问题（人的生命是有意义的、连贯的吗？是不是已经准备好面对死亡？）。有些研究者还讨论到中年期重新出现压力的问题（此时，要改变一个人一生的计划已经为时过晚），以及老年期的压力问题（此时，一个人必然会感到力量的日渐衰弱，并心生恐惧，面临不确定感日渐增强的威胁）。而相反，另一些研究者则强调了继续发展的过程。在这个过程中，人类个体只要进行恰当的"迁移"，摆正接受不可变更事实的正确心态，那么他就会拥有逐渐自主的、综合的或自我实现的选择权。这种发展过程的终极目标是高度成熟的而且与其他人充分区别的自我。在这一方面，苏格拉底、耶稣基督、圣雄甘地、埃莉诺·罗斯福[①]都是很好的范例。对自己以及对周围的社会，他们似乎都理解得很深，能成功地与人类社会的条件达成妥协，而同时，他们又能激励自己周围的人投入丰富多彩的生活。

这些有关成熟心理的观点，尽管都以服务他人为指导思想，但都强调了相对自主的自我感，以及对自我认知特征的自我感。但还有另外一种观点，特别强调人在自我感中形成对其他人的角色的认识，因此人们不相信自主的自我感。按照这种观点，人总是而且必然是一组自我，是一个人的群体。他长期不断地反映的，是这一组自我和一个群体碰巧在一个特定的时刻所处的情境。与其认为人有一种主要的"核心自我"（core self）在组织其思想、行为与目标，还不如把他看成是一个由不同面具组成的集合体，其中没有任何一个面具比其他面具更重要。每一个面具都只是在需要的时候，才得到使

---

① 埃莉诺·罗斯福（Anna Eleanor Roosevelt，1884—1962）：美国外交家，女性主义者和人道主义者。美国第32任总统富兰克林·罗斯福的夫人，曾任美国驻联合国代表和联合国人权委员会主席。——译者注

用。当情境不需要和"场景"变更的时候，这个面具就退场了。这里，"自我感"的重点，主要落在人际知识和 know-that 上。

社会心理学和与深层心理学相对而言的社会学研究方法中比较突出的观点，是把一个人遇到的情境或环境，以及随之需要扮演的角色，看成是行为最终的决定性因素。按照这种观点，一个人为实现自己的目标而操作情境的能力，是最重要的。而个性的统一或忠实于自己最深层次价值观与标准的信念，就会退居次要地位。其他一些文化中发展起来的观点承认人类个体也许存在个性化发展的潜力，存在发展自我感的潜力，但是明确地反对与社会责任感相冲突的发展路线，认为这种路线与无私忘我的精神背道而驰。如果考虑到统治西方主流社会的思想，这种观点是缺乏吸引力的，而且也不能全面反映人的本性，但它却绝不是虚假的或者不合理的。无论如何，研究社会科学的目的，不是要证明人的偏见的普遍性，而是为了提出人类行为的一种或多种榜样，这些榜样在不同的时代与文化情境中，都明显地接近事物的真实状况。

人的知识的指导

到目前为止，我只是将有关人的知识的发展看作一种相对自然的过程。在这个过程中，我们区分自己情感的根深蒂固的倾向，或者我们提纯过地对他人的知觉，会沿着某一条或者另外一条路线，受到我们文化中占据主流地位话语权的渐进启发。实际上在许多情况下，对人的知识的发展，在没有接受明确指导的时候，也可以进行。人不必向某一个体公开指明如何识别这些知识，只要表现出这些知识就行了。

然而在某些情况下，似乎又必须或有必要在人的知识领域中，给予人们十分明确的指导。有时候这种指导是按照社会的指令进行的。文化通过正规的辅导，或通过文学、仪式及其他符号的形式，帮助成长中的个体对自己的情感或对环境中的其他人加以区别。正如艾略特曾经指出的那样："（诗人）在发展语言、丰富文字方面，为其他人创造出了更广泛的情绪与知觉范围的可能性，因为他向其他人提供了能表达更多内涵的语言。"在另一些时候，因为人非常想在有关人自身的领域中获得更多的技巧，以提高自己正确地识别能力。在西方，人们求助于心理治疗的做法，被认为是一种努力，力图在人的知觉领域中，训练更细微、更准确地识别能力，训练"解读"其他人发出信号的能力。同样，长期流行的自助丛书（不包括那种经常出现的畅销书，如《如何结交朋友，如何影响别人》）就代表了在"其他指向"社会中的需要，说明对于能使人正确解读社会情境并引发恰当行为的技能，存在着广泛需要。

那么在人的领域中进行指导的理想方式是什么呢？这一点我们还不知道。而且我们对成功人士的认知智能的训练程度，也没有什么可靠的衡量标准。然而有必要强调的，是对于这种情绪的辨别所进行的教育，显然包含着一种认识过程。对一种特定的感受，如妄想的、嫉妒的、快乐的，就是以一种特定的方式去分析某一情境，把某种情况看作是对自己或其他人可能产生的效应。一个人也许能发展起恰当的评估能力，发展起细微的辨别、准确的分类及区分情境的能力。或者也许很不幸，他的辨别能力极其粗糙，他的分类很不恰当，推断也是不正确的，因此他就会对情境做出错误的解读。一个人对自己的情感理解得越少，他就越容易做自己情感的俘虏。一个人对别人的情感、反应以及行为理解得越少，他就越容易和他们发生错误的相互作用，也就不能在较大范围的群体中确保自己恰当的地位。

当然，在人类成长的多种观点和最终状态之中，不同社会强调的重点是不同的。这种不同体现在个体自我与社会自我的对立上，体现在对明晰的人的认知智能训练模式的赞同程度上。关于不同文化背景下人的知识，我在后面将会对这样的差异做更详细的研究。而现在，必须强调的一点是：人们能够辨别出每一个正常人身上以下两个方面发展的主要特征，一方面是对他人的关注和对社会角色的把握；另一方面是对自我的关注以及对自己个人生活的把握。重点可以有所不同，但人是统一的个体，是有情感与努力目标的个体，他要在社会环境中成长，就必须依靠他人的协助来达到自己的目标，判断自己的成就。以上这个事实是人类生存条件中不可避免的，是牢固植根于我们这个物种之中的。

人性的生物学基础

进化的思考

比较心理学家们都认为存在着这样的可能性，即人类本性中最珍贵的部分都可以在动物身上找到其简单的形式。我们知道，黑猩猩除了已经具备某种语言能力以外，还能看出镜子里所出现的那个红点是在自己鼻子上的，而猴子却不能。而且，人们越来越相信，在高等哺乳动物中，如果说它们还没有自我意识的话，至少能发现早期意识存在。然而除了最狂热的动物爱好者，几乎所有的人都认为，我们这里所讨论的人的认知形式，仍然只是人类才拥有的。但无论如何都会出现以下问题：究竟是哪些因素，在我们这个物种的进化过程中，导致了人类所独有的对自己和对他人的特别关注呢？

在形成人类特性方面起作用的诸多因素之中，人们已经引证的两种因素似乎与人的认知（既认知个体的变化与认知社会的变化）的出现，联系得尤为紧密。第一个因素是灵长类动物延长了的儿童期，特别是它们与母体之间的密切联系。我们都知道，黑猩猩在 5 岁以前，一直与其母体密切地生活在一起，大量的学习过程也发生在这个时期。母体给出榜样，后代观察、模仿并把它们存留在记忆中，以供将来使用。同样重要的是，母体通过自己的行为，指明了哪些事物与事件是幼年动物必须注意的，因而使幼小的动物懂得什么是有意义的活动以及个体的世界。黑猩猩母亲是最初的而且始终是主要的教师，她甚至能够指导自己的孩子从事人们最近才在该物种中发现的复杂行为，如搜寻马铃薯。在生命开始的阶段，像母亲这样"意义重大的其他个体"是如此之重要，以至于如果她受了伤害，或者被从幼体身边强行转移之后，幼小生命的正常发展就处于危险状态中。在动物个体对自己幼体关注如此漫长的阶段里，幼体能从母体身上学到许多东西，而且最终又能将所学到的知识传授给自己的下一代。对于在人类身上发现的对人的问题特别关注的现象，以上的事实可能就是最有说服力的根源。

在物种进化史中的第二个因素就是几百万年以前文化的出现。在我们的假设中，狩猎活动极为重要。虽然对小动物的搜寻、捕捉或宰杀活动，是单独进行的，或只是由一两个人非正式地联合起来进行的，但对于较大动物的狩猎、捕捉、宰杀、分配以及加工等活动，则必然需要有许多人的参与及合作。成群的人或史前人类（假定是男性）必须学会如何一起工作，如何计划、交流与协作。所有这一切，都是为了诱捕动物和分享动物的肉。年幼的男性必须受到训练，以便能够参加这种狩猎活动。例如，男孩子必须学会如何追踪动物，如何辨别动物的气味与声音、控制自己的姿势并使之与特定的伙伴同步。他必须锻炼自己的肌肉，必须学会准确地击中目标，在陌生地方寻找其路径，并在预定的时间回到指定的地点。更普遍地说，人类群体的生存与其周围动物的生命之间有着密切的联系，他们正是从这些动物身上获得食物、住所、衣服，甚至还有宗教活动所需要的物品的。

若按照这种对有效狩猎的需求来思考，对于群体的结合、领导、组织以及群体的团结，就比较易于理解了。至于为什么又会出现核心家庭，也就是存在着前面提到的母亲与孩子之间强有力的纽带，存在着父亲与孩子（尤其与男性幼体）之间的其他形式纽带的家庭，可能还不是一个很容易回答的问题。当然，可以想象，和这种父母与子女密切联系的核心家庭不同的其他社会组织也有可能在以狩猎为主要活动的社会中得到发展。在这个极为不确定的领域中，我们也许有足够的理由指出，核心家庭的存在可以非常有效地解决许多个问题。它能建立起牢固的人与人之间的联结，这种联结转而又促进了较大群体的团结；它还有利于对男性幼体的训练，使之成为成熟的狩猎者；它也有利于对女性幼体进行训练，使之成为家务的操持者和未来的母亲；核心家庭能确保性关系的某种稳定性，防止可能出现的有害的乱伦现象；它还能保留并传播各种形式的知识与智慧。

对于人的自我认知智能的起源，寻找进化的线索是比较困难的。其中的部分原因是，这种认知形式不容易被科学研究人员识别和证明。有一种因素，能够提高一个人对自己的认知，把自己看成是一个独立的统一体，那就是超越单纯满足本能驱动力的能力。在那些并不需要持续为生存而斗争的、生命期较长并定期从事探索性活动的动物中，这种选择的自由逐渐成为可能。当然，任何一种符号系统的运用，包括卓越的语言符号系统的运用，也都会提高这种人的认知智能。而在那些具备最原始符号能力的动物中，更可能出现"人性"的迹象。

在人的认知智能进化的起源问题上，某些研究人类史前历史的重要学者可以说是煞费苦心，进行了大量的探索。古生物学家哈利·杰里森（Harry Jerison）在对其他个体的知觉和自我知觉之间，清楚地划出了一条分界线。按照他的观点，"对社会角色中他人的知觉常能在固定行为模式的组织层次上进行操作"。换句话说，这种知觉能成为生物体内所有技能中高层次的自发行为。实际上，在许多动物群体中，都存在着对于同种生物，包括有特殊亲缘关系者的辨认。而杰里森的看法则形成了对照，他将自我知觉看成是在"真实的世界中，为创造'物体'的目的而形成的人类特有能力的发展"。杰瑞森进一步认为，"有关自我的知识建立在我们的想象和想象能力的基础上，这种能力使我们能够创造出关于我们自己的榜样。"

英国心理学家汉弗莱（N. K. Humphrey）着重强调的是包含在社会世界知识中的创造能力。实际上，他大胆地宣称，人类智能主要的创造性运用并不表现在传统的艺术与科学领域中，而表现在将社会群体凝聚在一起的活动中。他指出，群居的灵长类动物必须是精明的生物，必须能够考虑到自己行为产生的后果，能预料到其他个体可能发生的行为，能够计算出效益与损失——在缺乏相关证据而且很容易发生变化的环境中，所有这些都是它们自己行为的结果。只有拥有高度发达认知能力的生命体，才能在这样的环境中生存。人类在过去几千年中，已经形成了这些必要的能力，而且十分娴熟地将这种能力真正一代一代地传下去：

> 这样的结果，使人类成员拥有出色的社会预见能力和社会理解能力。这种从最初处理狭隘的人际关系的能力发展起来的人类智能，最终在"野蛮心理"（savage mind）的风俗形成过程中，也即原始社会所特有的非常合理的家族关系、图腾制度、神话及宗教的形成中，得到了表现。

动物的情感

尽管人的认知智能的知觉基础是难以捉摸的，但动物能否体验并区分不同的情感状态则是一个更神秘的问题。我认为，约翰·弗林（John Flynn）的著作向我们提供了有力的证据，证明不同的情感状态存在于固定的神经形式之中。这位研究者证明，我们可通过对猫的大脑进行直接电刺激的方法，使之激发起有情感的复杂的行为模式。例如，当猫不处在攻击老鼠的正常环境下时，只要刺激一下它大脑的某个区域，就可使之产生成熟的攻击性行为，并伴之以相关的面部表情。这说明"攻击系统"作为一个单位已经进化完全，所以全面而恰到好处的攻击，不需要任何经验、训练或学习过程，就能实现。在这里，我们看到了一整套行为模式存在的证据。这些行为模式也许伴随着特别的情感状态，或由这些情感状态所激发，或者因内源的或内在的刺激和传统的环境因素的刺激形成。另外还有一种经验就是向老鼠的大脑里注射化学物质，能够引发或压制它的抑郁情绪，这种研究也向我们提供了支持性的证据。也许，在更高等的生物种属中，这种"预设的"反应程序能以更加多样化的方式，在更广泛的情境中得到运用。

人们能从与人类相近的物种那里，看出有关特殊情绪的起源的证据。唐纳德·赫布（Donald Hebb）证实，黑猩猩并不需要任何训练或先前的经验，就能表现出成熟的恐惧状态。我们只要简单地在它的面前，展示与它原来的知觉完全不同的景象就可以办到。这样，当黑猩猩看到另一只黑猩猩呆滞、残废、断肢的身体时，就会变得异常恐惧、亢奋或焦虑。这个突然出现的目标引起注意力的程度一定与某种动物的其他成员引起的注意程度相去甚远。同时，在知觉的方面，它却足以表现出相同种属的成员的特征。按照赫布的描述，恐惧通常由属于知觉的大脑活动的崩溃造成。由于恐惧所伴随的心理反应，以及它倾向于恢复大脑平衡的过程，恐惧有别于其他种类的情绪。从具有威胁性的目标前逃走就是明显的例证。因此，一方面，人类的幼儿能够产生与特定的突发事件相联系的情绪反应；另一方面，我们同样也可以从邻近物种之中，发现一组与事件相联系的、标志着对该个体所属物种的成熟的认识反应。由于认出了该目标是另外一个"人"，由于这个"人"引起的反应如此"激烈"，这就向我们提供了进一步的证据，说明人的认知智能的源头，可以同时从我们自己的物种和其他生物物种中发现。

这里有必要强调一下，在确定的环境控制之下，这种有组织的反应程序可能会受到破坏。例如，猴子围绕着母婴情感联系的发展，存在着一套复杂的情感系统，这些系统在正常的养育条件下，会毫无障碍地发展。然而，由于哈洛对丧母的猴子进行了开拓性研究，所以我们现在知道，如果缺乏一定的刺激条件，在"人的认知"的领域中，猴子一般会表现得反常。这种猴子面对其他猴子时，不能做出恰当的反应；它们不能在等级森严的群体中扮演合适自己的角色；它们在面临恐惧时退缩，或在不恰当的形势下发起攻击；更突出的是，它们虽然能够怀孕，但却不能养育自己的后代。从某种程度上说，失去母亲抚养的效果是可逆的。例如，如果允许年幼的生物个体与替代母亲的角色在一起生活，情况就是如此。但连这种替代都会遇到"规则的局限性"。超越了这个规则之后，这只猴子关于如何与其同类进行联系的知识，就被永远摧毁了。这里值得强调的是，尽管失去母亲抚养的现象，会对猴子的认知智能造成不可挽回的损失，却不会对猴子的其他认知能力，如解决日常问题的活动所衡量的那些能力，产生相应的效应。很显然，即使在类似人的动物中，智能也有某种相对的独立性。

我们通过外科介入的方法，也同样能导致猴子的异常社会反应。通过罗纳德·迈尔斯（Ronald Myers）及其同事在美国国家卫生院（National Institute of Health）所做出的研究，我们知道，在灵长类动物的神经系统中，有许多部位在作为人际智能表现的重要部分，也就是恰当的社会行为中，起着关键的作用。特别是当幼年灵长类动物前额叶皮层被切除之后，将会造成它们在与同类交流时，面部与声音运用的减少，还会导致挑衅性行为的发生，清理毛发模式的改变以及游戏活动的减少。在前额叶切除之后，有意义的社会成熟过程产生了相反的感觉效果。这个发现表明，在哈洛及其同事揭示的社会成长阶段中，必不可少的组织调节逐渐得到了发展。

前额叶皮层损伤所造成的许多效应，在脑皮层前颞叶区域受损的情况下，也会同样发生。动物在前颞叶区域受损之后，就不能重新回到自己家庭群体之中，也不会试图去重新建立其先前的主导地位。而且它们在面部表情、手势及发声方面，也出现了模式减少的现象。那些颞叶受损的猴子和额叶受损的猴子不同，它们常常表现出不恰当的侵犯行为。迈尔斯下结论说，总的看起来，前额叶或前颞叶的损伤使动物的行为最易出现的明显变化，就是保持群体黏合在一起的活动减少。

迈尔斯提出了这样一个引起争议的看法，他认为也许有两种不同的机制，分别管理着猴子的"实际内在感受"和它们面部表现或传达这些情绪的能力，而无论它们是否实际有这样的感受。按照迈尔斯的看法，大脑主要部位的损伤会使按照意志运用面部表情的能力瘫痪，对于面部表达自发性的情绪却没有影响。这一发现使我们感到，也许能从类似人的生物体中，发现初步的、建立在生物学基础上的迹象，来说明情感——人的内心状态的自我认知通道，与自如地向其他人表达这些情感的能力之间是存在着差别的。罗斯·巴克（Ross Buck）进行的对人的研究确认，对于自发情绪的表现和与之相对立的意志控制的情绪处理，人类存在着不同的神经系统。显然，我们人类就像其他灵长类动物一样，蓄意向他人传达情绪的能力，沿着与自发的、非蓄意的情绪体验及情绪表现相分离的途径进行着。

人格病理学

从以上叙述中我们就明白了，在对于"自我"和其他对人的认识这样人类专有的领域中，我们都有可能从灵长类的兄弟中找到历史的线索。在人类与其他灵长类动物表现出来的"人际知识"之间，无疑是可以进行比较的。尽管人的自我认识的发展似乎是人类所专有的，但人们对黑猩猩的研究，则为这种最为人类专有的能力的起源，提供了有益的视角。虽然如此，如果认定对人的认识形式在人类身上得到的极大发展，与动物不具有可比性之后，研究者们很自然就会关心，当人类的大脑受到各种不同的损伤时，对人的认识能力，包括内在的与社会的能力，将会发生什么变化。

所有的线索再次说明，大脑额叶在对人的认识的各种形式中是最重要的结构。大脑额叶的缺陷会影响到对人的认识形式的发展，而且能导致在自我的与人际的知识上，各种不同病理形式的出现。人们在一个多世纪以前就已经知道，成人大脑额叶的损坏对他解决问题（如标准测验中给出的问题）的能力只有较小的影响，但对他的性格则会产生严重的伤害。简单地说，有主要额叶病状的人，尤其是当这种病症在双侧同时出现时，在认识他的人看来，这与原先的那个人已经不是"同一个人"了。

大脑额叶受损之后，很可能会出现不止一种性格变化的症状。弗兰克·本森（Frank Benson）和迪特里希·布卢默（Dietrich Blumer）认为，大脑额叶边较低的区域受到损伤后，容易出现极度活跃、极易发怒的症状，还可能对任何事情都漫不经心，患上欣快症。而额叶凸面上端若受到损伤，容易出现冷淡、倦怠、迟缓、漠然的症状，这是一种压抑的性格，与精神病态相反。实际上，从不同的人中，我们能发现这些症状的不同组合，但它们都与大脑损伤部位之间有明确的联系。这里应当强调的是，在信息处理的意义上，即使他们能够保留认知表现（其他方面的智能），但在他人的眼中已不再是同一个人了。这个人已经不能表现出先前的目的感、动机感、目标感，已经没有与别人接触的欲望了。这个人对于他人的反应，已经起了极大的变化，他的自我感似乎也凝固了。

然而由于大面积的脑损伤（不一定是某一特定区域的损伤）也可能产生这样的病状，所以要确定某个人在大面积其他脑伤的情况下，是否仍然能够维持原先的性格，是否仍然有持续的自我感，就是很重要的。苏联神经心理学家亚历山大·鲁利亚在几年以前报告了一个有趣的病历。一名叫扎谢茨基的年轻士兵，在二次大战期间头部的左颅侧枕区域（left parietal-occipital area）严重受损，这使他在所有的概念与符号领域中，失去了活动的能力。他最基本的语言表达能力已经降到最低点，连一个字，甚至一个字母都写不出来。他失去了右侧视野的知觉，不能钉钉子，不能做简单的家务，不能玩游戏，在外边找不到路，说不出季节的顺序，不能做两位数字的加法，甚至连描述一幅图画都做不到。

然而按照鲁利亚的看法，扎谢茨基仍然保留着比这些标准智能更珍贵的东西，那就是与大脑额叶相关联的人际的功能和自我认知的功能。他仍然保留着意志、欲望、对经验的感受以及制定并记忆计划的可贵能力，在条件允许的范围内尽量有效地实施计划的能力。这样，扎谢茨基在 25 年的时间里，扎扎实实地改进着自己的实际表现。在鲁利亚的指导下，他已经能够重新开始自学，进而掌握读书写字的能力。他每天写日记，艰难地把自己每一天的进步记录下来。他甚至能对自己的情况做出深刻的思考：

　　　　文字对于我来说已失去意义，或者说已经是不完整的、不成形的。我听到的每一个单词，似乎之前都曾模模糊糊听到过。就我的记忆所及，我知道有这个特殊的单词存在，只是它已经失去了固有的含义。所以我不得不把自己限定在那些我"感到"熟悉的有某些确定含义的词语之中。

　　扎谢茨基的情况与本森和布卢默二人描述的额叶受损患者的情况，形成了鲜明的对照，人们会觉得他基本上还是原来的那个人，他能够以正常的方式，继续维持与其他人的关系。

　　为什么大脑额叶对人的感觉有这样特殊的地位，以至于大脑受伤而额叶幸存的人能够继续保持其对自己的看法，而另一些脑部受伤面积较小的人，却反而完全失去理智了呢？按照神经解剖学的领军人物、长期从事大脑额叶研究的学者瓦勒·瑙塔（Walle Nauta）的看法，对于大脑两个最主要功能区域的信息来说，额叶是最出色的交汇地点。这两个最主要的功能区域，是处理所有感觉信息（包括对他人的知觉信息）的后侧部位（posterior region）和管理人的动机和情绪功能的边缘系统（limbic system，一个人内心状态由此而发生）。额叶的脑皮层，此时转变为代表人的内在环境（包括他的个人感受、动机和主观意识）的神经网络，与代表外部环境（包括视觉、声音、味觉以及通过不同感觉形态传播的外界习俗）的神经系统相聚合的区域。因此，凭借在解剖学上的战略位置与联系的优势，额叶具备起主要的整合作用的潜力，而且实际情况也正是如此。

大脑尤其是额叶部分所表现的对人的认识的核心，似乎有两种信息。一种是我们认识其他人的能力，认出他们的面孔，听出他们的声音，看出他们的性格，对他们做出恰当的反应，与他们一起参与活动等；另一种是我们对自己情感的敏感度，即对我们自己的希望、恐惧以及对个人历史的敏感度。正如我们已经知道的，在动物世界中，这里指灵长类动物，已有这种能力出现。辨认面孔、识别声音的能力，与其他生物体形成亲密关系的能力，以及体验一系列情感的能力等，都不是人类所独有的。而且通过实验外科的方法，又能使这些形式的能力遇到障碍。然而，将这些认知形式与符号联系起来，使生物将自我的直觉认知和对其他个体较公开的认知加以概念化的能力，则是人类独有的能力。这种能力使我们能够形成自己关于其他人的理论和观点，发展对我们、对自己本性建设性的说明，也就是我在其他地方曾称之为"自我比喻"（metaphor of the self）的说明。大脑的许多区域，如皮层和下皮层区域，也许会都参与人的认知智能形式的发展与完善之中，但由于额叶部分在整合结构方面的独特作用，由于它们在人的物种进化历史上发展得相对较晚，所以它们在我们此处所讨论的这种智能形式中，起到的是独特的且不可替代的作用。

　　人们在其他病理现象的研究中，也对人的认知所处的地位进行了研究，发现有些疾病会阻碍自我认知和人际认知的发展。我们在儿童之中，有时会发现一些孤独症患者，他们可能有极好的运算能力，尤其在音乐或数学领域中并无障碍，但在实践中，疾病却使他们缺乏与其他人交流的能力以及形成自我感的能力，他们的自我感受到严重损害，甚至连主格的我（I）与宾格的我（me）这两个词都不会使用。无论使孤独症患儿形成障碍的问题是什么，它都明显地反映出对他人的认知和对自己的认知中出现的困难。这种疾病特别强烈的症状，就是从其他人眼中看出地对自己的厌恶情绪。

　　就我所知，人们很难发现相反类型的"学者症候群"，即自我感过分发达的人。这种自我认识与成熟的过程，似乎需要有一个正常人所具有的其他能力实现广泛同化。然而也许值得说明一下，在某些特定滞后的形式中，如唐氏综合征患者，与他人建立有效关系的能力似乎仍然完好地保留着，至少与更"直接"的认知能力，如语言或逻辑能力比较起来，情况是这样的。这种人与人之间的"了解"形式，是否会转化为一个人对自己状况的洞悉力，是否会转化成一种对于自我的知识，似乎是很值得怀疑的。另外，在某些病例中，如精神变态的人格患者，可能对他人的目的和动机十分敏感，而对自己的情感与动机，却没有表现出相应的敏感性。最后，还有另外一种可能性存在，有些人也许会对自己的情感有过度早熟的或极其敏锐的认知，但他们却不能在他人面前表达这种情感，或根据自己情感行事。如果要给这种现象定义，那真是研究人员很难做到的事！

我们可审查以下人类个体有关"人的认知"的情况，他们因为持久性的脑损伤而导致各种病症症状。例如，他们曾经是正常的，但由于主导的大脑半球受伤而患上失语症。在这种情况下语言似乎是自我认知的关键。如果缺乏语言的符号形式，想象自己的能力或与其他个体合作的能力就会受到严重的甚至是完全的损害。然而实际上，严重失语症现象的存在，并不一定伴随着和人的认知受损相同的现象。我们从那些曾经患过失语症，但后来恢复到能够描述自己经历的人当中，找到了同样的证据：尽管他们一般的机敏性降低了，而且对于自己的状况也存在着相当明显的沮丧感，但他们绝对没有感到自己变成另外一个人。他们能够认识到自己的需求、愿望、欲望，而且尽自己最大的努力去实现这些目标。他们的家庭成员和内科医生一般都承认，尽管病症很严重，但失语症患者与其他人建立关系的能力，对自己的存在状况进行思考的能力，都令人吃惊地被保存了下来。

我们从右脑单侧（非主导部分或次要部分）发生持久性损伤的人中，发现了一种不同而具有指导意义的症状画面，这种情况仿佛是上述观点的补充说明。在这些患者中，语言能力显然保持完好，因此可以指望他们在有关对自身和他人的认识方面，具有完好的识别能力。实际上，这类患者纯粹善意开玩笑的能力，也许与未患病前在表面上是一致的。但只要和他谈上几分钟，人们就会确信，他与其他人建立关系的能力，完全表现在语言层面上，在他过去的性格与他现在同别人进行联系的模式之间，横亘着一条巨大的也许是难以逾越的鸿沟。他与其他人之间的联系，似乎是非常表面化的，他在大脑受伤以前曾经非常活跃的、对他人加以评论的情景似乎都消失了。另外，他已没有什么动机的意识，没有什么康复的计划，建立与加强人际关系的欲望也消失了。这些患者也许会不承认自己有病（这反映了拒绝承认与自己状况相联系的病症），并说自己第二天就要去上班。然而他会一动不动地坐在门口，待上好几个小时。实际上，也许右脑半球损伤的患者普遍恢复得不好的一个主要原因，是对自己的实际病症缺乏认识。失语症患者常常表现出惊人的技能恢复的现象，反映了他们伴随着对自己病症的认识，保留了自我感和主动性。

从对其他患者的研究中，我们还能获得关于人的知识的更深入一步的观点。阿尔茨海默病（一种早老性痴呆症）患者，常有严重的信息处理能力障碍，尤其是在空间、逻辑与语言方面。但与此同时，这类疾病患者会将自己打理的很整洁，有恰当的社会表现，会对自己所犯的错误频频道歉。这种患者似乎能感觉到自己力量的减弱，会为不能避免这种局面而心烦意乱，但又不愿以公开的方式发泄自己的苦闷。我认为这种忧虑不安的症状应当这样解释：在患上这种早老性痴呆症的初期阶段，患者的额叶是相对保留了的，阿尔茨海默病实际上在猛烈地损害着患者大脑的后侧区域。而患有另一种早老性痴呆症的人，即皮克病患者，其额叶受到的损害要大得多，他们会迅速地失去恰当的社会行为。这种病症的表现更容易使人想到额叶病理造成的情绪暴躁的后果。

人的知识的转变

我前面讨论的，是有关人的知识在某种程度上受损的病理现象。我们同样还可能看到这样一些人，他们有关人的知识因神经紊乱改变了而不是降低了。颞叶癫痫症患者在这一方面的表现，就特别能说明问题。这种患者表现出不同的性格，他们关于世界的观点发生了变化，而且这个变化常常是非常大的。无论原来的性格取向如何，他们后来都变得倾向于思考自己，喜欢撰写深入探讨问题的文章，研究哲学的兴趣逐渐增强，努力去思索一些深奥的问题。他变得易怒，随时都会爆发出来。但就是同一个人，还会表现出对伦理方面的强烈情感。这种情感促使他希望自己成为一个好人，严肃认真的人。另外，这种患者的身上可能还有一种黏滞性，他们寻求与其他人建立非常密切的联系，而且在与人偶然相遇时难舍难分。将癫痫症与大脑组织的损伤直接进行比较是危险的，因为这种状况造成的是神经组织的异常激发，而不是神经元的大量损毁。然而这些人的个性①以及他与其他人相处方式会受到这种病症的严重影响，即使在语言表达与其他标准认识方式的表现上仍与原来一样。这一事实向我们提供了具有启发性的证据，说明人的认知智能是一种独立的智能。

人的认知智能甚至还包括两种分离的智能。戴维·贝尔（David Bear）根据他对颞叶癫痫患者的深入研究，对于两种行为障碍的表现及其神经元构造的基础，提出了一些有趣的观点：处于大脑皮层背侧区域（顶部）里的一组皮层区域，似乎是监视、注意与激励的关键部位。如果这个部位受到损伤，就会导致性格冷漠，使患者丧失照顾自己本人的意识。与此相对比的是，处于脑皮层腹侧区域（颞部）的一组皮层区域，似乎对于刺激的辨别，对于学习新的东西和表现恰当的情绪反应，是关键的部位。这个区域受到损伤，会使人缺乏对外在刺激的关注，因而会对其他人表现出不恰当的挑衅性的反应，而且考虑不到这类公开的行为曾经造成的后果。尽管贝尔的目的并不是为了处理我们在这里讨论的人的认知智能的不同情况，但一个人很容易从这些损伤的形式与我们这两个人的认知智能之间，发现有启发意义的可比性。

上一代人在神经科学方面最富戏剧性的发现，可能也与我这里讨论的问题有关。每一位《星期日增刊》（*Sunday Supplements*）的读者和读过本书第3章的读者都知道，人们现在已经能够通过外科手术分离大脑的两个半球，从而分别测试它们。通过对这种患者的研究，除了进一步证实左脑主管语言功能和右脑主管空间功能以外，还向人们提供了很有启发性的证据，证明一

---

① 个性（personality）：指个人的品质、行为、脾气、情绪和精神的性格模式。——译者注

个人具备（至少潜在地具备）不止一种意识。的确，人可以有两种或甚至更多的意识或自我，通过手术的干预之后，可使这些意识或自我相互脱离。

这些意识形式的特征是什么？它们是同等主观的还是同等客观的？它们中的一种对于另一种是否有经验主义的或者认识论方面的优势？人们对于这些问题正在进行大量的研究。这两种意识的形式完全可能都包含在情绪信息的处理过程中。其中左脑比较倾向于兴高采烈、幸福感与乐观主义，右脑则指向悲观主义、反抗、敌意。所以任何一个大脑半球受到损伤后，都会出现"幸存的"另一个大脑半球的特征。另外，以下情况也可能发生，即大脑左半球的意识更加侧重文字以及其他分离的符号和分析范畴，而右大脑半球则与情绪、空间以及人际的领域有关。我们也许能从正常人身上发现这两种认知风格的迹象：使用右脑处理有关信息的人似乎更讲人情，而喜爱使用左脑的人则似乎更加冷静、科学或者"直截了当"。即使这些画面是漫画式的，而且大脑也远不仅仅是两个"小的自我"，但对于从研究"裂脑实验"获得的有关人的认知智能的信息，人们还是不应当低估其价值。

正像我在其他地方曾经批判过那些很想为大脑的两个半球分别命名的人一样，这里我同样要强调这样做的一种危险，即仅靠这些不同患者的症状表现出来的少量线索，就提出过多的主张是危险的。直率地说，我们关于人的认知智能所能得到的知识，比对于其他更传统的处理信息的智能形式（即不那么容易受文化导向影响的智能形式）所得到的知识量，要少得多。当然也不如那些智能形式的知识那么令人信服。对于不同脑损伤患者所表现出来的症状，我们可做多种不同方式的解释。而且左右脑不同的损伤之间、皮层与下皮层不同的损伤之间、背侧与腹侧的不同损伤之间的对比，会不会正好在恰当的结合点阻断人的认知智能？这一点是我们完全无法确定的。但我们的讨论显然仍然暗示着这样一种现象，即人的认知智能形式可在不影响其他各种不同认知形式的情况下，单独被破坏或单独幸存下来。我们从进化论的文献和病理学的文献上，能够发现有极大启发意义的迹象，说明自我认知智能和人际智能是能够相互区别的。如果想获得更加明确的线索，那还须等到人们发明出更敏锐的测试手段，等到人们对人的认知智能形式有了更令人满意的描述才行。

非西方文化中的人

人的认知智能的根源也许来自生物学，然而它在构造上大量的具有指标意义的差异，却可以在不同文化的表现上得到体现。人类学在研究某些选择方面，在表明不同"自我"拥有的自我认知和人际知识之间的各类平衡怎样才能实现方面，一直是非常重要的。为了表述以上差异性的基本信息，我认为回顾一下克利福德·格尔茨①经过几十年的实地考察，对比三种人后所做出的描述，是再好不过的做法。

格尔茨20世纪50年代在爪哇做过多年的研究工作。在那儿，他发现人们对于自我的关心，就像人们在一群欧洲知识分子中所遇到的情况那样活跃而持久。作为对哲学问题的一种普遍关心，即使爪哇的普通民众，都表现出对"是什么形成了人"这个问题的兴趣。按照爪哇人的观点，一个人身上存在两种对比关系。第一种是"内在"与"外在"的对比。爪哇人以西方人熟悉的方式，将人经验的内在"感受的王国"或称为"直接知觉到的主观感受的溪流"孤立起来。他们将这种现象的直观性与"外部世界"（外在的行为、运动、手势和语言）进行对比。而后者，是我们这个文化中令严格的行为主义者感兴趣的东西。这些内在与外在的各种活动，与其说具有彼此相互作用的功能，不如说被看成是应该独立排列的领域。

在第二种对比中，一方是"纯洁的"或"文明的"，而另一方就是"粗糙的""不文明的"或"粗俗的"。爪哇人通过恰当的礼仪，在内在领域和外在领域内努力的同时，成就自我纯洁的或文明的形式。最终的结果，就是产生了关于自我概念的分裂："一半是无表情的感受，一半是无感受的表情。"感情平静的内在世界与行为规范的外在世界这两者，就作为两种不同的领域而发生对抗。爪哇人必须在同一个身体与同一个生命体之内，成功地协调着

---

① 克利福德·格尔茨（Clifford Geertz，1926—2006）：美国文化人类学家。他主要对摩洛哥以及印尼爪哇和巴厘岛等地的社会做了深入的调查研究，在重要著作之一《文化的诠释》中，对于文化概念的深入探讨和诠释，影响了社会学、文化史、文化研究等多方面。——译者注

内在世界和外在世界。当然，爪哇人在自己的生存环境中，直接面临着有关人的认识的两个"面"之间的对立。

在巴厘，人们用戏剧的术语表现爪哇人带有哲学意味的现象。人们从这种不朽的印度教文化中，能观察到一种持久的努力。人们试图对人存在的所有方面，都进行风格化，目的是削弱任何带有独特个性的东西，使一个人在巴厘的生活戏剧中占有被分配好的位置。人人都被想象成戴着面具的人物，被看成在持续不断的表演中他们所扮演的角色。人与人的区分和辨认，依靠的是他们在这戏班里的长久性角色，以及为了突出永久性的身份，对偶发因素的抑制。如果一个人的公开表演失败了，而他自己的人性（我们所命名的）又顽强地表现出来，那么这种"自我表演"就是危险的和可怕的。正如格尔茨所描述的那样，"当这种现象发生的时候（有时是会发生的），那么这一时刻的直接后果是极为痛苦的，男人们就突然地、不情愿地成为动物"。人们尽一切努力，使风格化的自我不受直接性、自发性与兽性的威胁。在这一文化中，人们显然是决心突出人际自我的形式，而削弱自我认知的形式。

格尔茨在 20 世纪 60 年代中期结识的摩洛哥人，住在一个叫塞夫鲁（Sefrou）的小城里，它距离非斯（Fez）以南约 30 公里。在这座小城里，生活着大量来自不同文化背景的人，如阿拉伯人、柏柏尔人、犹太人；也生活着很多从事不同职业的人，如裁缝、养马人和士兵。他们在财富、现代性和移民身份方面，都表现出很大的差异，这使人联想起中世纪舞台上的情景。也许是为了避免在不同肤色人群中无法相识的缘故，摩洛哥人在实践中采用了一种符号的手段，进行彼此之间的区分。这种符号被称作"尼斯巴"（Nisba），一个人的尼斯巴就是他的原籍。这是附在一个人姓名后面的简短的标记，说明他来自哪个地区、哪个群体。通过这样的区分模式，实现布加都部落的乌马尔人（Umar of the Bugadu tribe）和休区的穆罕默德人（Muhammed from the Sue region）的相互认识。这种标记的任何一次使用都要视当时的情境而定。当时接触的群体越小，那么这种标记就会分得越细致。这种区分个体的方式，是塞夫鲁居民普遍使用的一种方式。

尼斯巴是摩洛哥人整个生活画面的一部分。摩洛哥社会中一个最突出的特征就是，在公开的人性和隐秘的人性之间，存在着严格的界线。卡斯巴①人活跃与流动的各色生活，与个人私生活的隐秘性和关切是严格区分开的。摩洛哥人并没有将不同的群体严格地划分为不同的社会等级，而是区分为隔离的环境（婚姻、信仰、法律与教育），以及将人联系在一起的、各种各样更加开放的环境（工作、友谊、交易）。人们按照其含义与地理位置有关的公共语言相互联系，而将生活中更加个人的经验的形式，留到他们帐篷中和庙宇里去做私下的品味。这样，尼斯巴系统就制造出一种框架，按照这个框架，人们在划分人的时候，依靠的是不同人的内在特征（语言、血统、信仰），他们在公共场合的实际关系中，表现数量相当可观的不同特征。反过来，在公共关系中的极端个人主义是被允许的。几乎每一种特殊情况的关系，都可由相互关系的过程补充。同时，人们又不会冒着失去自我的危险。人们在更为隐秘和隔离的生殖与祷告活动中，小心谨慎地表现这个自我。所以说，在摩洛哥人生活的环境里，虽然存在着培育自我认知智能和人际智能的土壤，但这两者绝不会融为单独统一的自我。

虽然格尔茨这段审慎细致的描述，目的是为了说明人类学家怎样通过对符号进行研究，了解其他的种族，但他所描述的画面，却证明我在本章介绍的差异的合理性。这里我们看到了三种迥然各异的文化，它们跨越了半个世界，跨越了千百年历史的进化，每种文化都在应付着相同的一套约束：一方面，要懂得如何面对每个人的情感、迫切需要及个性；另一方面，又要在与群体中其他人的联系中，顺利而有效地发挥自己的作用。各种文化都以自己独特的方式，应对以上的紧张状态。爪哇人明确地提出两种不同的存在场合，每个人都必须在两者之间维持某种程度的平衡；巴厘人则明显地朝向公开的一边倒，也许除了在比较仪式化的斗鸡环境以外，都竭尽全力地阻止人性中"自然状态"的出现；摩洛哥人则将生活中的某些内容，专门的划为表现个人隐私的领地，使人在其他公开场合与人的相互关系中，保存大量的自由空间。

---

① 卡斯巴（casbah）：非洲北部或中东部城市的旧城区，多为堡垒。——译者注

这三种文化各自通过不同的路线，最终都形成了一种人性，一种自我感，产生出一种性质独特但适应性强的混合物。这种混合物既体现了最纯净的个性与内在体验，又体现了一个人控制和维持与外部社区关系的经验。如何表现自我？如何实现以上平衡？这就取决于一系列的因素。在这些因素中，包括历史的因素、文化的价值，而且很可能还包括生态学和经济学的特征。对于人性与自我的概念在世界各个角落呈现出来的特殊形式，人们很难做出预期。然而，人们却可以预料到，每一种文化都必须以某种方式确定上述广为关切的主题。而且人际的与自我认知的问题之间，也必然会形成某种联结。这样，在某个确定的文化发源地内发展起来的自我感，将会反映出在这一文化环境中形成并存在的自我认知和人际认知的综合体。

当人们概览世界各地的文化时，在人际智能的形式与自我认知智能的形式中，他就会发现迷人的变化。人们还会发现，对人的认知智能形式本身的强调，各地也存在着很大的差异。例如在西方的文化情境中，数学－逻辑智能和语言智能是重点；而在传统社会中，甚至在当代西方世界以外的发达地区，情形则有所不同。例如在日本，相对更加重视人的认知智能。如果不浏览一下世界各地的文化，我们就无法充分地描述那些与人的认知智能形式和自我感有关的、经过反复思考得出的一系列答案。然而，按照一定数量的不同尺度对这些不同的答案进行分类并说明各自的特征，却是可以办到的。

借用我的同事哈里·拉斯克采用的区分法，我能够通过对两种理想社会形式的区别，开始调查工作。在我们自己这样的粒子社会（particle society）里，自我的位置主要存在于特定个体的心中。每个人都被认为是具有高度独立性的个体，被认为是基本上掌握着自己命运的人。人的命运可以是令人愉快的胜利，也可以是令人痛苦的失败。人们对孤立的个体保持相关的兴趣，甚至有浓厚的兴趣。在人们的眼里，外在环境仅为个人提供支持或干预。西方人那种与充满敌意的环境、与周围的敌对者进行斗争的个人英雄主义的观念，象征着一种粒子的存在，它在法国文学传统中生动地体现了出来：

> 伟大的民族文学工程……这项工作向人们说明，自我就是一切

可能性、一切热望与无畏（没有什么东西可以失去，而一切都有可能得到）的容身之所，而且还说明，对于意志的掌握是生命的最高目标，因为只有当一个人在有自己意志的情况下，他才能得到自由。

如果借用物理学上的类推法，我们可以把粒子社会与场社会（field society）进行对比。在后一种社会里，注意力、权力与控制力都掌握在他人或甚至作为一个整体的社会手中。场社会的重点，不仅仅落实在拥有自己的目标、愿望和恐惧的人身上，而是几乎全部落实在人所处的环境之中。在人的生活中，周围的情境被视为具有决定性的力量，是实际上为所有人做出决定的地方。即使一个人取得了非常突出的成就，他也被看成是环境"选拔"出来的，或是被"移入"合适环境之中的。他对于自己的特殊命运，没有自己特别的意志，甚至不必怀有说出自己意志的愿望。对于法国文学传统的鼓吹者萨特来说，"他人就是地狱"，而对于在场社会中生活的人来说，"人的自我就是其他人"。一个人切断了与自己伙伴的联系之后，几乎留不下不可削减的"自我"内核。

差不多在所有的传统社会里，甚至包括发达的非西方社会中，都非常强调"场"的因素，都极少存在着某种可能性，赋予单独的"粒子"有意义的决定权或自由意志。例如，在新西兰的毛利人（Maori）中，一个人的身份要依靠他继承的地位以及他与群体的关系来确定。毛利人如果离开了他所属的群体，将会一文不值。无论是痛苦还是快乐，都不会起源于他的内心，这些情绪都被看成是外在力量的产物。同样，在苏丹南部的丁卡（Dinka）人中，没有任何储存自己体验的心灵的概念。与此相反，人总是当作被作用的物体，比如受到某个地点的作用。在他们心目中，世界并不是被研究的对象，而是活跃的主体。被动的人的个体所受到的，只是世界这个主题的作用。这种场社会的视角，与西方粒子社会所表现出来的习惯视角差距极大。强调把自我看做单个的、原子化的粒子，是西方政治、哲学与文学传统的特殊遗产，也许可以追溯到古希腊时代去，这显然是世界其他地方无法与之相比的。我们必须尽量小心，别把"我们"对人性的判断，与其他文化相混淆。

我们必须认识到，即使在西方社会，对于"场独立"和控制力所及区域的判断上，人与人之间都存在着巨大的差异。

在他们对人的王国的关切中，人们可以沿着其他有指导意义的尺度，对世界的多种文化进行排列。第一个要思考的是这些文化发展中有关人性的理论。有些社会，比如新西兰的毛利人社会，仅仅在日常的语言中对此加以区别。而其他一些群体，如印度的瑜伽修炼者则有一种比任何西方社会的理论都更复杂的、更细致区分的自我发展理论。另外，人性王国发展的不同途径，也可进行有益的比较。在中国传统社会中，心灵与物质对象并不是分开的。住在苏必利尔湖区的奥吉布韦人①则把人性的王国延伸到范围更广泛的实体中去，包括动物、岩石及他们自己的祖母。各种文化在所选中认为有价值的人的标准上，也存在着有指导意义的差异。日本人培养"最小信息量"的交流风格，他们放弃口头语言"最大信息量"的交流，而依靠微妙的非语言的手段，提供通向一个人的情感、动机与信息的钥匙。日本人还珍视"实感"（jikkan），即"真实而直接"的情感，尊重那些通过调整体会到自己"实感"的人。美国的纳瓦霍人（Navajos）则沿一条完全不同的途径，对听话的能力特别看重。敏锐的听力被看成是做出恰当决定的关键。听得准确的人被认为是有特别天才的人。

尽管在强调自我认知智能或人际智能的程度上，不同的文化存在着可以察觉到的差异，但社会所需要的，都是这两种智能得到最大限度发展的角色。我们从危地马拉的伊克希尔人（Ixil）中，能找到特别有说服力的例子。伊克希尔人向巫师或"守日人"寻求建议和咨询。正如本杰明·科尔比（Benjamin N. Colby）与洛尔·科尔比（Lore M. Colby）描述的那样，守日人的角色体现了两种人的认知智能形式的深入发展：

> 他必须评估患者的情况，评估他们的行为以及他们的关切。他

---

① 奥吉布韦人（Ojibwa）：北美印第安人的一个种族。下文中的纳瓦霍人也是印第安人中的一个种族。——译者注

本人过着对于其他人起示范作用的生活，或者至少要努力去过这种示范性的生活。要做到这一点，他必须能够进行自我分析，并能使别人理解"移情"的观点。他还需要有适应能力，即更正和修补自我形象的能力；他需要具有对新加入的和改进的其他人进行归纳的能力，这种归纳首先需要了解委托人的家庭、朋友之间保持着的关系和特征；还需要具有理解激发人们的目标和价值观的能力，以及有理解人们所处环境或情境，修正这些目标与意图的能力。

对不同社会珍视的各种角色进行充分的思考之后，必然能够明白不同的人际智能和自我认知智能形式的重点。正如在我们这个文化中，精神疾病医师、艺术家们，运用的各种对于人的理解的形式。在西方社会中，我们有卢梭①，有普鲁斯特②，他们都具备发达的自我认知智能。我们还有莎士比亚、巴尔扎克或济慈这样的艺术家，他们所拥有的关于他人的知识，他们的"逆向能力"（negative capacity），一直具有示范性。他们设身处地的体验他人的能力，也是很激动人心的。我们有理由相信，在其他任何地方同样也能发现类似的技能与角色。无论如何，我们可以简单地这样总结：在那些社会联系比我们这种文化显得更重要的文化中，理解他人并发现他人动机的能力，是极受重视的一种能力。

文化在认知智能中的作用

在考虑与他人有关的知识形式时，我们进入了一个特别突出与普遍的领域，这个领域的重要性，已经被文化的作用以及历史力量的作用证明了。思考某些形式的智能是有意义的，例如那些包含在空间信息处理过程中的智能

---

① 让 - 雅克·卢梭（Jean-Jacques Rousseau, 1712—1778）：法国启蒙思想家、哲学家、教育家、作家、音乐家，主要作品有《忏悔录》《爱弥儿》等。他的思想成为法国大革命的有力支柱，他还是简谱记谱法的发明人。——译者注

② 普鲁斯特（Proust）：估计作者此处指的是马塞尔·普鲁斯特（Marcel Proust, 1871—1922），法国小说家，主要作品《追忆似水年华》共7卷，描写主人公的"潜意识"活动，反映法国贵族沙龙生活，艺术上达到很高境界。——译者注

形式。它们既可以看成是在不同文化中基本相同的信息处理方式，也可以看成是与文化模式相对抗的智能形式。然而很明显的是，一旦谈到人的认知智能，情况就不同了。对于这种智能，文化特别表现出一种决定性的作用。确实，人的认知智能正是通过对人所处文化中符号系统的学习和使用，才会表现它的独特形式。

这里，我们遇到的是悠久进化历史的因素。通过进化，作为一个生物物种，我们人类的个性化达到了独一无二的程度，也就是人的认同感的可能性达到了极致。正如社会学家托马斯·勒克曼（Thomas Luckmann）指出的，人的认同意识的出现，仅仅是因为我们能够超脱某时某地的情境之上，超脱对直观经验的完全汲取。由于这种强化了的透视感，我们变得能够通过丰富的、相当稳定的客观世界和事件，体验我们存在的环境。我们还可以继续将一系列身边的情境，与典型事件的历史结合。我们还可以观察其他人，并从他们的行为与活动中，认识到我们自己的影子。最后，人的认同意识的出现，在人类存在的发展演化的确认与人类祖先形成的特殊历史格局之间，起到了中介的作用。因为各个文化都有自己的历史，所以一种文化的自我感和有关他人的意识必然是独特的。

根据这些特殊情况，提出这样一个问题是比较恰当的：人的认知智能（包括自我认识与对他人的认识）与我们前面几章所讨论过的那些智能相比较，在特殊性与普遍性方面是否处于相同层面上呢？也许以下看法要更合理些：对自我及对他人的认识，处于较高的层面上，它们是更融合的智能形式，是受文化及历史因素影响更深的智能形式，的确是最新出现的、最终控制并能调节智能更"原始秩序"的一种智能形式。

我怀疑人的认知智能的"特殊性"会引起尖锐的、明确无误的反应。人的认知智能在某些方面，与本书所讨论的任何一种智能一样，都是基本的智能，是生物的智能。从人直接体验到的情感中，在自我认知的案例中，在对重要的其他人的直接知觉中，在人际变化的案例中，都能够看出人的认知智能的来源。从以上意义来说，人的认知智能与我们关于基本智能通行的观点是一致的。然而毫无疑问，人的认知智能最终表现出的不同形式，都在它们最突出的特征之中。尤其是在西方，人们似乎有理由认为，人的自我感是一种第二层次的调节机制，是人性其余部分内容的全部比喻。它们"职责"的一部分是理解并调节人的其他方面的能力。因而，人的认知智能与我在前面几章讨论的那些智能可能并不是相当的。

但是需要强调说明的是，这种"自我赞赏"是一种文化的选项，是当代西方世界推崇的理念，然而却绝不是一个人类必须接受的选项。作为进行分析的一个基本内容，文化面临着的选择，是人的自我、家庭或者大得多的实体，如社区，甚至国家。通过这种选择，文化确定（而且指定）了人向内探索自己以及向外关注他人的程度。我们西方人之所以倾向于甚至摆脱不掉对个人自我的重视，其一是由于历史的原因，这种存在方式在我们自己的社会中，已经达到了日益突出的地步。如果我们生活在一种主要重视自己以外的他人，重视人际关系、群体，甚至重视超自然因素的文化环境中，那么我们就不会受这种"自我特殊"心态的折磨了。因为我们已经看到，任何"自我特殊"的思考，都不可能脱离对价值观以及特定社会解释方法的分析。

虽然如此，假如对于"自我"必须提出"跨文化的"陈述，我将提出以下这样一些看法。我认为，自我感是一种逐渐显现的能力，按照肯定的说法，它是自我认识能力进化产生的自然结果。但是，这种进化必然在一种可以解释的文化背景中发生，正像它必然由人类所有范畴智能的表现引导一样。换句话说，我认为在每一个社会中，至少都会存在一种人的意识或者自我感。这两种感觉都来源于个人的知识与情感，然而自我感不可避免地，由人与周围人的关系和人对他人的认识来解释，并且可能被这种关系和认识所改造。更普遍地说，自我感可能被文化环境提供的解释方法所改造。每一种文化甚至还会形成成熟的人性感，包含着自我认知与人际因素之间的平衡。在某些文化中，如我们所属的文化，对个体自我的强调也许会走向极端，以致造成第二等级能力的出现。这种能力在其他智能的形式与智能的范围内，起着引导和中介的作用。因此，这是文化发展可能的结果。但应当强调指出，这也是我们难以判定的结果。也许是（至少部分是）建立在我们对自己力量之强大、对我们自己独立性程度的认识基础之上，而这些认识可能是虚幻的。

十分深入地考察了我们身上的七种智能之后，也许能够以如下的方式大略地给它们下个定义了：第一类是"与实物①相关的"智能形式——空间智能、逻辑－数学智能、身体－动觉智能。这些智能都受到特定实物的结构和功能的某种控制，而且上述相关的实物必定与人发生接触。如果我们的物质世界的结构不同，这些智能就会呈现出不同的形式。第二类是"与实物无关的"智能形式——语言智能与音乐智能。他们不由物质世界控制或支配，但反映了特殊的语言结构和音乐结构，反映出听觉系统和发声系统的特征。但正如我们知道的，至少在某种程度上，语言与音乐可能在没有听觉和发声器官的情况下分别发展。第三类是人的认知智能，反映了一组强有力的、具有竞争性的约束性因素：人自己的存在，其他的人的存在，以及自我在文化中的表现与解释。任何一种人的意识或自我感都有自己普遍化的特征，但也存在大量细微的文化差异，它们反映着众多的历史因素及个性化因素。

思考人的认知智能在以上一组智能中的地位时，我提出的有关理论的地位问题是一个科学的事业。在需要研究的这些问题中，有关于特殊智能的问题，有关于这项科学事业作为一个整体的生命力的问题。尽管最终的评论应该留给别人去做，但在这里，我似乎有必要说明一下该理论遇到的最突出的困难，以及我自己关于如何解决这些困难的一些想法。

---

① 实物（object）：此处指用一种或多种感官，尤指用视觉或触觉可以感觉到的东西。——译者注

第 11 章

对多元智能理论的评论

中心处理器能干些什么呢？

——奥尔波特（Allport）
实验社会心理学家

名为"智能"的认知形式

在本书的第二部分，我提出了一种新的智能理论，目的是展示出人类的不同智力强项，构思一种新的理论。我在开始表述这个理论的大部分内容过程中，也就是我介绍每一种智能的时候，都是通过实例进行说明的。我试图通过考察这些智能在各种不同文化情境中被运用的不同方式，说明它们的作用。关于这些智能及其运作方式的许多细节，还有待于进一步研究并充实。此外，这种理论的许多局限性被掩盖或完全忽略了。

在本章里，我将开始采用更加批判的眼光，来检验这一新的理论。思考如下这样一些问题是很重要的：这种理论同其他人类认知理论比较的结果如何？它是过于极端还是相对折中？它能达到什么目的？它忽略了什么？这一理论如何才能进一步扩展，以便与我们关于人类其他方面的认识结合起来？它如何才能对相关的实践者和政策制定者们更加有用？虽然我从第 12 章开始将构筑起一架桥梁，以便将这一理论的主要内容与占据本书最后几章主要部分的教育和实践内容联系起来，但由于我试图把多元智能理论置于一种更为广泛的情境之中，因此本书下面的部分将讨论以上问题。本章与下一章的内容主要是开展批评。如果读者对这一理论的应用更感兴趣，可以直接阅读本书第 13 章的内容。

多元智能理论在其形式上，牢固地设置了一组人类的智力潜能，也许只有 7 种。所有的人，只要他是人类种属的成员，都拥有这些智能。由于遗传的作用和早期训练的原因，由于这些因素之间不断的相互作用，某些人在某一种智能方面的发展可能比其他人好得多。然而每一个正常的人，只要给予一定的机会，他的每一种智能都能得到某种程度的发展。

在正常的发展过程中，这些智能实际上从生命的开始就相互作用、相互促进。而且，它们最终都将被调动起来，以适应各种不同社会角色及社会功能的需要。这一点，我在本书第 12 章将进行详细的论证。然而我相信，在每种智能的内核中，肯定存在着一种计算能力或信息处理装置，是那种特定的智能所独有的，而且那种智能的更复杂的体现与具体化，就建立在这种能力之上。我一直试图提出关于这些"内核"的组分：在语言方面可能是语音的处理和语法的处理，在音乐方面可能就是音调的处理和节奏的处理。然而从本章的目的出发，每种智能都有一个或更多"原始"计算核心（"raw" computational core）的观念，比对这些核心进行精确的描述更为重要。

对于我在谈论智能时使用的计算装置或计算机的比喻，我不希望本书的读者太认真。我当然没有理由认为，大脑的神经机制等同于计算机中的电子机械元件。我也并不是想说，我的这些计算装置从事着复杂的决定性的信息处理工作，以确定某种信号是或者不是音乐的信号，是或不是语法的信号、人的认知信号。确切地说，我想表达的是正常人的身体结构就决定了他对某种信息内容很敏感，也就是当某种特定形式的信息出现在面前时，他的神经系统内各种不同的机制就被激发起来，对出现的信息进行特定的处理。通过这些不同信息处理设备的反复运用与精心调试，通过它们之间的相互作用，最终形成了我们欣然命名为"智能"的认知形式。

令人感到奇怪的是，像"智能"这样受人崇敬的字眼，竟然会被认为是由"难以表达的"机制组成的。换句话来说，它是由对于多种意图并不敏感的、受到一定信息的输入激发时以准自动发生的方式做简单计算的机制组成的。哲学家罗伯特·诺奇克（Robert Nozick）关于这个问题的看法，对我们很有帮助：

> 如果认为我们所拥有的特质，归因于我们身体内的小矮人[①]，认为我们拥有执行那一倾向的心理学上的小矮人，这并不是一种高明的解释。如果想说明我们的智能是如何运作的，就需要分别考虑那些"没有生命"的因素，也就是根据机器也能操作的简单运算来实现。要对创造力做心理学的解释，就要利用那些本身并无创造性的心理部分或过程来进行……如要对我们任何有价值的倾向、特征或功能进行解释，就要依靠某种其他的倾向，依靠并无特定价值或也许并无价值的其他倾向……所以说并不奇怪，这些解释是归纳式的，它们提供了一幅关于我们的不那么有价值的画面。

虽然如此，本书下列各章必须要完成的艰难任务，就是说明我们是怎样在"无生气"的计算能力的基础上，最终实现智慧的甚至有高度创造力的行为。

因此最好的办法是，我们把这里所介绍的各种不同的智能，看成是一组"'自然类'的积木"。创造性的思维和行动就由这些积木构建而成。为防止这种类推法走得太远，我们还可以将智能看成是化学系统中的众多元素，看成是可以组成各种化合物的基本成分，是表达化学过程和产品的反应方程中的基本组分。这些智能尽管最初是原始的、非中介的，但它们具有融入符号系统中的潜力，具有通过在文化活动中的运用而适应这种文化的潜力。在这

---

① 小矮人（little person）：与 homonculus 同义，见本书第 3 章有关脚注。——译者注

方面，它们与动物表现出来的智能完全不同。我们能够看到它们以孤立的方式，在异常的人群与非典型的环境中进行计算。系统地审查这些特殊环境的机会，使我们能够区分在各个智能领域中的核心操作。然而在与正常人的交往中，人们一般都会遇到为完成复杂的人类活动而协同作用的、甚至难以区分的智能的"络合物"①。

相关的理论

正如我在本书前几章中所说的，多元智能理论并不是个新理论。关于智能的不同方面，甚至在古希腊时代，就已经为人们所认识了。19 世纪早期，早在科学心理学尚未出现之前，"官能心理学"（faculty psychology）就已经达到了自己的全盛时期。然而，官能心理学是在何时几乎被全盘否定的，有待进一步考证。对官能心理学的否定是如此之彻底，以至于我们现在从心理学教科书上已经找不到答案，只能去古董中寻找它的踪迹。然而最近，这种研究的方法又卷土重来，有许多理论家都提出了与目前的表述至少相近的观点。在讨论此类死灰复燃的能力理论之前，我们应该先思考一下造成这种智能"组合"观点复兴的一些原因。

心理学在仿照物理科学的热情驱使下，一直在试图探索最普遍的法则与过程，也就是能够横跨任何内容样式，因而也就能够被视为真正基本的能力。上一代最著名的一些心理学家，如克拉克·赫尔（Clark Hull）、肯尼思·斯彭斯（Kenneth Spence）、斯金纳（B. F. Skinner）的研究，都集中体现了这一倾向。典型的是，他们都探索感觉、知觉、记忆、注意力与学习的基本法则。而一旦发现了这些基本法则，就证明它们在横跨语言与音乐、横跨视觉与听觉的刺激、横跨基本的与复杂的格局和问题的范围内，发挥相同的作用。这类探索竭力追求的目标，是单独的一组法则，一般是联合的法则。他们一般都认为，这些法则是前面所说的那些能力的基础。在这样的分

---

① 络合物（complexes）：即配位化合物。一类含配位键的化合物。由一定数量的配位体（负离子或分子）通过配位键结合于中心离子（或中心原子）的周围而形成复杂的、与原来组分的性质不同的分子或离子。——译者注

析下，记忆就是微弱的知觉，学习就是强化了的或划分了的知觉，等等。

人们现在一般都赞同这样的看法，即这种心理学方案，虽然它的动机也许是好的，但并没有取得明显的成功。现在，人们很少听到探索某种基本的、包罗万象的心理学法则的说法。虽然如此，人们仍然可以从认知心理学的某些主流学派中，也就是主要依赖通用串行计算机模式的学派中，发现这些法则的踪迹。这里，人们能看到由一组相关概念表达的信仰。在这些相关的概念中，有通用的问题解决技巧，这些技巧能够在遇到任何可以明确表述的问题时被动员起来。这些概念还有框架、原始痕迹或图示分析它们是通过观察体系背景内表面上似乎不同的要素，如一套熟悉的事件的"原始痕迹"，从而使这些要素富有意义的方法。这些概念还有整体规划或者"测试－操作－检验－出口"（TOTE）[①]单元，利用反馈来确定所执行的活动是否已经完成。还有限定的短期记忆能力，它可为任何需要的记忆内容消耗殆尽。还有中心处理器，它是最初接受所有输入信息的装置。另外还有执行程序，它确定生物体应该如何为达到某个目标调动自身的各种能力。我个人认为，以上研究方法比起学习理论的理论家前辈们采用过的方法，要更成功一些。但是，这些研究方法在关键的心理过程的分析中，也常常被证明是不恰当的，而且容易加固自己的错误。

许多理论家对此也存在同样的疑虑。他们提出了一些观点，对于设置普遍性地服务于"所有目的"的智能机制模式的中心性，或者至少对这种模式的霸权地位，提出了质疑。实验社会心理学家奥尔波特提出，人类的智能和人类的大脑一样，最好被看成是大量独立的创造性系统，这些计算单元平行地而非有序列地操作，它们各自都为某种信息而特别调整过，并为此种信息所激发。正如他所说的："现在已经积累了大量的证据，可以证明特殊神经元的存在。作为中心神经系统的主要功能特征，它们分别对感官输入的特定不变的、常常是很抽象的性质做出反应。"奥尔波特的陈述，主要表示每一种创造系统都是"取决于内容的"，也就是我们的认知活动并非与需要处理

---

① TOTE: test-operation-test-exit 的缩写。——译者注

的信息数量有关，而是与特别神经元结构必须（而且的确已经）与之发生共鸣的特定模式有关。

奥尔波特认为，没有不需要管理这些单元的中心处理器。就像他看到的那样，这些创造性系统只是平行地工作，谁被激发得最明显，谁就占据主导地位。他用比喻的手法写道："这些系统轮流控制事态，就好像专家们（指各种不同的高度敏感化的创造性系统）进行学术讨论的活动一样。"他认为，并不需要确定一个处于中心位置的小矮人，甚至没有必要对其进行理性的描述。正如他所说的："中心处理器能干些什么呢？"

在大多数情况下，奥尔波特的专门化创造系统及其相关的神经元所处理的信息单元，比我所认定的特定智能处理的信息单元要微小得多。然而奥尔波特赞同我的观点，指出功能上分离的次级系统的模块原则，似乎在分析的模块层面上，即与语言或视觉知觉这样相关的行为匹配的系统内，同样是适用的。实际上，奥尔波特说明大脑受伤后造成的心智能力崩溃的示例，对于我提出的智能模块，是有力的证据。所以，尽管奥尔波特以完全不同的理由提出自己的理论，但在主要的细节上，与我的观点是完全一致的。

麻省理工学院的哲学家、心理学家杰里·福多尔在一次范围更广的讨论中，坚定地捍卫了"心理的模块性"（modularity of mind）。福多尔在论证时，引用最近在语言能力与视觉过程方面的大量实验研究成果，其中有些是受他的同事诺姆·乔姆斯基启发得来的。福多尔认为，最好把心理过程看成是一些独立的或"密封的"模块，每个模块又按自己的规则展示各自的操作过程。福多尔明显地站在弗朗茨·约瑟夫·加尔（参见第 2 章）的官能心理学观点一边，反对更现代的理论家的观点。他反对诸如普遍的知觉、记忆与判断这样的"横向过程"的观点，赞同存在语言、视觉分析或音乐信息处理这些"纵向过程"的观点，认为它们有各自独特的操作模式。福多尔并不特别关心每个模块的精确辨认，他认为那只是个经验的问题。然而他提出了一个预感，就是在语言构成其自身独立的模块的同时，这种模块倾向于反映的是不同的感官系统。

我迄今尚未与福多尔有什么根本的分歧，实际上，他在与我们这里讨论的分析方法相近的分析层面上，设定了智能的模块。但福多尔又进一步主张说，用这种相对密封的模块理论，也只能说明认知的某些部分。他认为有必要设定一种主要的"非密封的"心理区域，这些区域关切的是"固定信仰"（fixing of beliefs）。中心处理器可通向来自不同模块的信息，对各种不同的输入信息进行比较，并且能够灵活地利用这些有价值的数据做出决定、解决问题，并能够从事许多人类熟练的其他事情。中心处理器进行的比较，使人们能够对"世界是什么"做出最佳的假设。

福多尔在采纳这一观点的时候，偏离了纯粹的模块观念。的确，他指出，模块的观念与神经系统的定位观念（localized view）是相一致的，该观念认为存在中心处理器的观点，反映的是认为大脑各点位具有同等潜力的观点，也就是认为神经系统的各个不同区域，都介入了广泛的活动中，而且它们至少潜在地不断地进行着相互之间的交流。然而福多尔最终得出的结论，虽然从科学观点上看是悲观的，但却将自己的说法调整得与我的观点比较接近。福多尔下结论说，科学研究应当能够说明模块问题，因为它们相互之间是有明显区别的，因此是可以由实验控制的。但是这种研究对于中心处理器的问题，可能就无效了，原因是它的信息线索在某一时刻是无限的，而且相互之间是全面联系着的。那样一来，作为一门实践学科的认知科学，就成为对单个模块的研究了。福多尔说，即使中心处理观（central-processing view）是正确的，从实际意义上说，我们也不可能将它合并到我们的认知科学中去。

是否有必要确定某种中心处理机制的问题，是个复杂的问题。大家都同意，我们目前尚不能恰当地解决这个问题。有些赞同模块观念的专家们，如泽农·皮利辛（Zenon Pylyshyn）认为，在难以穿透的过程（不受其他系统的信息影响的过程）与可穿透的过程（受目标、信仰、推理及其他知识与信息影响的过程）之间，进行原则性区分是重要的。其他一些研究者们，如杰弗里·欣顿（Geoffrey Hinton）和詹姆斯·安德森（James Anderson），受神经系统操作"平行"模式（parallel model）的影响，认为既无理由也无必要假设存在着一个中心处理器。另外还有一些研究者模棱两可。如迈克尔·加扎尼加①及其同事们坚持认为："大脑里有多种心理系统，每个系统都有产生行为的能力，都有产生自己行动的推动力，这些心理系统之间，不一定必然存在着内在的密切联系。"但他们同时又提出，自然的语言系统最终会对其他模块施以某种控制。按照我将要详细讨论的自己的观点，更可取的研究方法是：首先将人类的活动看成是数种智能的发展过程，看成是这些智能之间相互作用的结果，然后确定以上发展的程度和相互作用达到的程度如何。这样做的结果，可能就转化为用以下两种方法中的任何一种来解释高层次过程（high-lever processes）。一种方法是通过复杂的智能组合，另一种是通过设定某种有自己起源与历史的超模块能力（supramodular capacity）。然而这两种普遍性的解决方法，似乎都还不成熟。

我从事这项研究的动力来源在于，类似多元智能理论的观点都是"悬而未决"的。关于智能问题，还有许多相互竞争的理论。在本书的第 12 章中，我将在回顾当前的理论之后，对那些智能理论加以讨论。同时更加重要的是，证明我在提出自己的理论时所采取的一些特殊步骤是合理的。例如，候选模块的大小，可以有很大的差异。从受到严格限制的创造性系统（如对某个音素的知觉，或对某个线条的监测），到更为普遍的模块（如在语言知觉或空间知觉中包含的模块），都是这些智能的模块。我自己感到，虽然设定极小与极大模块的努力，各自服务的目的不同，但同样都是正确的，也同样都是合理的。

如果想忠实地模拟神经系统的活动，那么从一定程度上说，着重关切那些尽可能微小的、与特定行为相联系的模块，就是有意义的。在这里，奥尔波特或者欣顿与安德森所采用的方式最为合理。假如要在人的发展的领域中，寻找一种对教育者或教育政策制定者有用的框架，重要的就是在日常讨论使用的分析层面上，设定智能的模块。在这种情况里，福多尔或加扎尼

---

① 加扎尼加的著作《谁说了算》中文简体字版已由湛庐引进，浙江人民出版社 2013 年出版。——编者注

加的观点似乎更加可取。然而，只有当这种常识性的分类法在研究过程中以"自然类的"、合理的、更细小的模块群的方式实际出现时，才会被人们采纳。否则，把最小的模块武断地合并到最大的模块中去，很明显是不合理的。所以，极其重要的是，奥尔波特或欣顿等人研究的各种不同的最小模块，实际上似乎按照更为广泛的领域结合在一起了。换一句话说，各种不同的特定的知觉能力，的确像是更为广阔的空间系统的一部分，就像各种专门的语言分析器，可以被看成是更普遍的语言系统的一部分。以下说法似乎是有道理的，就是人类经过千百万年的进化过程之后，这种个别的创造性系统，已经发展成为范围广泛得多的、高度相互交织在一起的模块。在我们这些人中，如果谁有兴趣将心理学领域的研究成果应用于教育实践，完全可以利用这一令人愉快的、十分有益的发现。

那么我为什么要使用"智能"这一"负重的术语"（loaded term）呢？正像我曾经暗示过的，我使用这一术语的部分原因，是想提出一种有关智能更可行的模式。我试图取代当前流行的却已经受到广泛怀疑的观点，即将智能仅仅看成是单一的遗传的属性（或者一组遗传的属性），认为可以通过一小时的对话或者纸笔测验评估出来。但是在这里还应当说明的是，我并不特别坚持必须使用这一术语。如果用"智力能力"（intellectual competences），"思维过程"（thought processes），"认知能力"（cognitive capacities），"认知技能"（cognitive skills），"认识的形式"（forms of knowledge）等词组或其他类似的心理主义术语（mentalistic terminology），我同样都是赞同的。这里的关键不是智能的标记，而是智能的概念：如果是正常的人，如果环境提供恰当的刺激，那么他们都应该具备若干可以发展的潜在智能领域。作为正常的人，在应付情境提供并赋予含义的素材及客观世界时，我们开发并运用了自己身上的这些潜力。在我的同事伊斯雷尔·舍夫勒提出的结构中，如果环境条件许可，如果具备一系列恰当的经验，如果还有追求这种发展路线的决心，那么这些智力潜能是能够得到开发的。

应当指出，我在前面的几章里，一直倾向于以体现智力潜能最高层次的形式为例。因此，我集中关注的焦点，是那些某个领域中的创造潜能，而且认真研究了高层次的创造形式，如音乐作曲或诗歌创作。然而，这种分析很容易扩展到知觉与欣赏，扩展到创作，扩展到各种艺术形式的、科学的或推理的活动中去，而无论它们是传统的还是创新的，是民间文化的还是高层次文化的。我敢肯定，虽然在日常的一般活动中，在非专业人士的身上都能观察到这些智能，但它们更多地体现在那些具备艺术与科学创造天赋的人身上。

尚待研究的心理学结构

在我开始讨论多元智能理论引发的一些问题之前，还有最后一点需要说明：虽然这一理论是有根据的，但它仍然没有能够将许多人类心理学的领域包括进去。这些领域还应该包括如下内容的一些章节（甚至其中一项本身就能构成一本完整的教科书）：社会心理学、个性心理学、气质心理学、情感心理学、性格的发展等。多元智能理论绝不意味着取消或者替代这些学科。

但是，如果认为多元智能理论在完全脱离了传统心理学所关注的以上领域，孤立地自我发展，那么这同样是一种误解。实际上，这一理论至少在两个方面穿越了这些领域。首先，多元智能理论试图强调认识方式（认识形式）呈现在每一种人类存在领域中的程度。因此，我们与他人相互作用的能力、欣赏艺术品的能力或参与体育运动和舞蹈活动的能力，绝不是和认知相互分离的能力，它们各自都包含着高度发达的认知形式。多元智能理论的目的，就是试图在迄今为止常被排除在认知范围以外的领域中，建立起智力活动的模式。

多元智能理论做出的一个贡献，就是提出传统心理学的某些方面，完全可以包含在某个特定的智能范围之内。按照我的分析方法，社会发展与社会行为的许多方面，都可归入人际智能的范围内。这正如个性、性格与情感发展的各个不同方面，可以包含在自我认知智能的范围内运作一样。而如何重新勾画这些传统领域的轮廓，也就是它们的哪些方面继续存在于多元智能理论之外，则是可以留待以后去完成的任务。

我的叙述避开了另外两个心理学常常关注的问题，即动机和注意力的问题。我毫不怀疑，它们对于人类的存在来说，是极为关键的问题。而且如果没有恰当的动机，缺乏足够集中的注意力，那么培育任何一种智能或全部智能的努力均将化为泡影。另外我自己猜想，动机与注意力的机制终将变得相当普遍。换句话说，就是关于动机与注意力的正确理论，最终将能够适用于多个智能的范畴之内。然而我们即使随意观察一下就会很清楚，对一种或另一种智能的运用，都伴随强烈的动机和高度的注意力，而在其他领域内，则没有这种类似的现象。一个少年也许具有成为音乐家的强烈动机，在乐器演奏上展现出极佳的注意力，但他在生活的其他方面，却可能既无动机又无注意力。因此即使关于动机与注意力的普遍性理论即将出现，也应该在代表不同智能领域的活动中，说明这种"自夸能力"（vaunted capacity）表现出受到调动的程度。

"更高层次"的认知操作

到目前为止，我在对心理学其他领域的纵览中，关心的是概念和解释的分界线。它们也许不一定适合进入智能的领域，但在本质上一般不被看成是认知的领域。综合讨论这些问题，而又不将多元智能理论置于严重危险的境地，似乎是完全可能的。然而当我们思考人类行为的某些其他方面，更确切地说是思考认知的本质，也就是猛然看去似乎脱离了我的分析框架的问题时，更加不确定的疑问就出现了。人类行为的其他能力，似乎都是"更高层次"的认知能力，如判断力、独立行动或独立思考的能力、比喻的能力，它们明显地运用的是心理技能。但由于它们具有更加广泛而普遍的特征，所以在人的智能术语之内，似乎就是无法解释清楚的。多元智能理论应该如何解释以上术语中的每一个呢，如果无法解释却想正确地说明它们，那么应该如何修正这一理论都不是容易回答的问题。但在这个问题的研究上，至少应该展现自己对这些关键的智力功能的直觉，是作者义不容辞的责任。在这里，我这样描述自己的直觉：进一步地分析很可能会导致完全不同的研究方向。

判断力

也许最不容易引起争论的"普遍的"认知术语就是"判断力"。我所说的判断力，就是以直觉的、快速的，也许是预料不到的精确方式解决问题的能力。我在分析判断力这一术语时感觉到的，是我们一般在讨论以下两种人时，就会联想到这种能力：一种是在人际领域中挥洒自如的人，另一种是在机械领域（用我的术语说就是指身体的领域和空间的领域）中颇有天赋的人。与此相反，讨论那些在音乐、数学或只与空间有关的领域中技巧熟练的人时，则似乎很少或者根本就联想不到这种能力。所以判断力的特点，就是它绝不是一种通用的能力，也不能反映人的全面的能力，它似乎特别表现在某一项或两项智能中拥有高度发达技巧的人身上。换句话说，"判断力"似乎与少部分智能的实践应用能力相类似。

除此之外，我承认这个术语同样适合形容以下这些人：他们是似乎能事先做出计划、能够抓住机会、能够把握自己的命运的人。这个术语还可以谨慎地用在另外一些人身上：他们是不受任何行业规范、意识形态或高明而无关的理论束缚的人。将这种能力当作高度发达的机械能力或社会能力加以说明，似乎简单，却也不那么容易。以上提到的那些人，似乎有一种独特的能力，能把大量的信息收集到一起，使之成为普遍而有效的行动计划的一部分。

为了说明这种高度引人注意的能力形式，我们有必要思考许多其他方面的问题。首先，事先对多种活动路线的正确秩序与安排进行的计算，就包含着逻辑 - 数学智能；其次，如果一个人要对自己的生活或别人的生活进行相应的思考，就需有高度发达的自我认知智能，或者更简单地说，需要有成熟的自我感。最后，从对某条行动路线的计划能力，转化为实际上完成这一行动（从梦想到行动）的能力，从严格意义上说我们就离开了认知的领域，转到实践的或有效行为的领域中去了。这里，我们的讨论涉及意志的范畴。虽然这一范畴的确是我们实际生活中的一个关键部分，但我也用它为人类智能的研究服务。

原创能力

我们的智能理论也许忽略了第二种认知能力，即原创能力，或者叫做创新能力。这是在独特的领域中，制造出前所未有的、然而极具价值的产品的能力。无论是创作的一篇小说，编导的一组舞蹈，还是解决人际冲突的办法，发现数学悖论的答案，都是上述极具价值的产品。按照我自己的思考方式，实际上原创能力的确主要发生（若不是仅仅发生）在单一的领域中。尽管有些人显然在不止一个领域中拥有高度创造力的技巧，如列奥纳多现象①，但是人们很少（如果能够的话）遇到在所有的智能领域内都具有原创能力的人。所以，解释这种能力的必要性，就转化为解释特殊领域内出现的创新能力的必要性，转化为解释少数人在不止一个领域内取得成功的原因的必要性。

正像在这项研究工作的其他方面一样，我感到在创新能力上秉持发展的观点是有益的。在生命的早期，多数幼儿都表现出独立行动或独立思考的行为。我认为他们之所以这样做，是因为以下两种相关的因素在起作用。首先，幼儿不太清楚各领域之间的界限，所以更容易跨越它们之间的鸿沟，在头脑中经常产生与众不同的、令人神往的并列与联想；其次，幼儿在对某种情境或问题加以解释时，不存在任何情感方面的利害关系，他不会为自己不连贯的思想，不会为自己与传统的偏离以及不准确而苦恼。虽然不能确保幼儿的创新作品会被他人所珍视，甚至也不能确保他人对这些作品的解释是否恰如其分，但是幼儿这种漫不经心、无忧无虑的态度，同样也是促进属于较高层次创新作品诞生的因素。

不论幼儿早期的创新能力在专家或父母眼里有多强，它们都与真正的独力思考和创新能力相去甚远。我们从在某一领域中具备高度技能的实践者那里，可以（虽然不一定必然）发现这种独立思考和创新的能力。值得指出的是，尽管在当代西方社会里，这种能力被看成是纯粹的优点，但在许多其他社会中，则被认为是一种不可取的倾向。因为在这些社会中，固守既定的传统是人们确

---

① 列奥纳多现象（Leonardo phenomenon）：指意大利文艺复兴时期达·芬奇在众多科学和艺术领域中都取得成就的现象。——译者注

定无疑的努力目标。然而，我自己认为，只有当人完全掌握自己所从事的领域技能的情况下，他才能真正进行原创性活动。也只有这样的人，才能在自己领域的框架内，具有必要的技能与足够的理解，才能意识到什么地方需要真正的发明，清楚如何去完成这种发明。

现在，我们并不知道这种创新能力在发展过程中的什么时刻出现，也不知道它们是否就是通过智能活动，达到某个领域最高层次的个人选择。如果一个人做出了这样的选择，那么确定他究竟是创作了原创性的作品，还是仅仅满足于对过去传统的延续，就取决于熟练的实践者自己了。然而，也许原创能力的根源可以追溯到更早的时期，并反映出一个人的基本气质、个性或者认知风格。按照这样的分析，在人类幼年的早期，就可以为他打上潜在的、具有原创能力的创造者的标记。这些特殊的、贴上标签的人，长大后即使不能成为各自领域中的顶尖人物，也很可能成为原创性作品的候选创作者。而其他缺乏以上个人属性的人，即使拥有极高的技能和技巧，也绝不会成为原创者。

几年前，我和我的同事们进行的一项非正式研究，为上文的后一种观点提供了经验证据。我们拜访了几位具备高度原创能力的作曲家，发现他们有一个共同的特点，即在 10 岁或 11 岁的时候，这些未来的作曲家们就已经不满足于弹奏别人的作品了。他们在那时就开始尝试各种方法，寻找更能吸引人的乐曲的变奏。换句话说，正如在伊戈尔·斯特拉文斯基那样，某些有天赋的音乐家，在少年时期就已经开始作曲和分解作品了。据我所知，那些拥有高超的技巧却无创作规律的演奏家们，一般在幼年时期不进行这类尝试活动。一个人不会在开始的时候是梅纽因[①]，而最后却成了莫扎特。另外，对"创造"个性进行的大量研究，又为这一观点提供了进一步的证据。这些研

[①] 耶胡迪·梅纽因（Yehudi Menuhins, 1916—1999）：美国著名小提琴演奏家、指挥家、音乐教育家，犹太人。9 岁在帕辛格指挥的旧金山交响乐队伴奏下，演出拉罗的《西班牙交响曲》，被誉为音乐神童。他的演奏具有辉煌的技巧、独特的气质和动人的魅力，1985 年成为英国公民，两年后被授予爵士称号，1993 年成为英国上院终身议员。——译者注

究表明，有些个性特征，如自我强化与挑战传统的愿望，是在特定的领域内杰出的创造者的特征。这些研究还帮助我们解释了以下一种现象：衡量创造性的分数与更传统的智力测验的分数是没有任何关系的，它至少在超越某个智商的层次之上。

比喻能力

在用多元智能的理论术语更难解释的能力当中，包括比喻能力、感知类推的能力，以及在阐明智能之间联系的过程中，横跨各种智能领域的能力。实际上这些能力的家族，与相互完全分离的智能概念似乎是矛盾的。因为这种比喻智能（假如我们可以暂时这样称呼这一组能力的话）是由不同的智能组合而成的能力所确定的。显然正是这种能力，使得杰里·福多尔设想出能将不同模块的输入信息结合起来的中心处理器。多元智能理论的支持者，同样不会因为知道亚里士多德曾把创造比喻的能力单独挑选出来作为天才的标志，而对自己的主张更有信心。的确，如果在我分析过的人物中遗漏了"天才"这类角色，多元智能理论就不是个可信的认知理论了。

但是，多元智能理论确实提供了一些说明比喻能力的途径。首先，对图形（无论它们出现在什么地方）的知觉能力，也许就是逻辑 – 数学智能的独特标记。所以，逻辑数学能力强的人，也许在识别比喻方面居于优势，尽管他们在判断图形的价值时不一定如此。被广泛应用的米勒类推测验①的得分，与其他逻辑能力的测量结果存在着密切的关系，这一事实为以上思路提供了某种支持。而且区别比喻与类推的能力，也有可能（实际上很有可能）存在于特殊的领域之中。正如我已经说过的，设计空间意象的能力或者比喻的能力，对于那些试图发现新的事实或状态之间的关系，或向更多的读者和听众介绍他们已经发现的新的事实与状态之间关系的科学家们来说，是非常

---

① 米勒类推测验（Miller Analogies Test，MAT）：美国各大学用来甄选研究生的一种学术能力考试。考试的内容选自各学科的知识，编成类比式的题目 100 个，在编排上由易而难，故而在性质上属于难度测验。——译者注

有用的能力。另外，实践者在自己选定的领域中，很有可能成为发现以上新关系的熟练工作者。因此，诗人在语言领域中跨越语义的范畴，寻找到了许多类推与比喻的方式；而画家、建筑师或工程师，也在各自领域的独特符号系统中，发现了许多比喻和类推的方法。所以，那些有高超技能的人，至少能在自己独特的领域中成为有效比喻的创造者。

但是，这样的解释仍然避开了能力横跨各种不同领域的天才们。天才的标志，就是在发现语言与音乐领域、舞蹈与社交领域、空间与人的认知领域之间的联系方面，具备突出才能。人们可以认为，这些人在某一种领域，如逻辑－数学领域或空间领域，有高度发达的比喻能力，他们只不过将这个能力引入到其他领域中。但我个人认为，这种解释不能令人信服。尽管我感到，任何一个领域似乎都可能在产生比喻的时候起主要媒介（从技能意义上说）的作用，但是这还不能全面解释高度发达的比喻能力。

很幸运，有充分的证据表明比喻能力的普遍发展是存在的。其中的许多证据都来自哈佛大学"零点项目"实验。从正常儿童的身上，我们至少发现了三种形式的类推或比喻能力。第一种也可能是最突出的比喻能力，是幼儿似乎生来就具有注意不同感觉范围（例如强度与节奏）之间相似性的能力。所以，6个月大的婴儿，能把听觉感受到的节奏，与一组表现相同节奏的斑点或无声电影正确地联系起来。幼儿在寻找不同领域之间的联系方面，有一种原始而又准确的能力。这种能力似乎脱离了本书前面几章描述的那些特定智能的发展。

在学前阶段，当儿童开始使用符号之后，我们就发现他们具有了第二种比喻能力。这时，儿童很容易（也许还很愿意）就能找出不同领域之间的联系：发现感觉特征或跨越各类感觉特征不同形式的相似性；捕捉词汇或者其他符号中的相似之处；将语言或色彩或舞蹈动作不同寻常地联系在一起，并且从中获得快乐。3岁或4岁的儿童，就能发现并描述一杯姜汁啤酒和一只麻木的脚之间的相似性，或能发现在钢琴上演奏的一首乐曲与一组色彩之间的关系，发现一套舞蹈动作与一架飞机的飞行之间的相似性。正如我们在讨论创新能力时提出的那样，这种比喻的癖性催生了原创能力的雏形。但正如我的同事们所证明的，这种原创能力也许是儿童完全没有意识到的，却绝不能说它的出现是完全偶然的。

到了学龄期之后，儿童使用比喻能力的情况就不太容易见到。在这段时间里，儿童努力理解各个领域的结构，掌握与领域相关的技巧，因此任何关于比喻或类推的行为，都处于不稳定的状态。然而一旦儿童在这些领域里的地位巩固之后，在中意的领域内获得了必要的技能之后，他们运用比喻联系事物的可能性就会重新出现。然而此时，会出现不同儿童之间的巨大差异。有些儿童很少在领域之间进行大胆的甚至一般性的联系，而另外一些儿童则更经常进行这种联系，且不论这些联系出现在什么地方。

我个人认为，这些早期的比喻形式代表的是一种普遍的现象，一种处于特定智能发展以外的现象，然而这种现象组成了自然发展过程的部分。幼儿的行为是如此规范，以至于像他们能够模仿成人的某些行为模式一样，他们也能够进行交叉形态的联系。学前儿童同样注重发现事物的相似性与差异性，将它们当作认识世界的手段。这些都是发展过程中的简单事实，因此任何对人类发展的综合性说明，都必须保留它们的位置。但是，它们是否直接包括在后来出现的较高的智能层次之中？如果是的话，是否各种不同的"儿童"的比喻形式，都包含在内呢？这是远未得到明确回答的问题。所以说，如果分析者没有设定一种可能是短期行为的比喻智能，或者没有设定能在生命早期看到的一组智能，他也会得到人们的谅解。

然而，考虑到成熟的比喻行为形式的时候，一个关键的问题出现了：是否存在一种与各自独立存在的智能无关的、为成年人所具有的比喻能力？有些人的这种比喻能力，已经发展到很高的程度，这是否能够使之成为一种独特的智能领域？如果答案是肯定的，那么这种备受珍视的成人行为发展的源头又在哪里？现在，我还没有找到足够的证据，判定比喻能力是一种单独的智能形式。除了无可争议地存在着发展的最终状态以外，比喻能力还没有表现出其他智能在证明自己身份时所必需的那些迹象。我自己"退一步的观点"是：善于熟练运用比喻手法的人，在一个或更多的领域中已经发展出这种能力，原本是他们日常学习过程的一部分，但是现在他们对自己拥有这种能力感到十分欣慰，因为可以将它还运用到自己正好从事的那一领域的活动中。善于比喻者处在最佳状态的时候，能够判断任何事物之间的联系，能够删除那些看起来无创造价值或者无沟通必要的事物。不过，人的比喻能力仍然会有各自偏好的场合，那就是这个人最熟悉的、他的比喻能力能得到最充分发挥的领域。因此，像科学散文作家刘易斯·托马斯这样的比喻专家（metaphorizer），能发现并运用音乐或舞蹈领域中的相似之处。但是他的主要操作模式，仍然属于逻辑－数学范畴。同样，令人尊敬的诗人奥登——另一位深具洞悉力的、比喻已成为习惯的比喻专家，能用诗歌把整个世界梳理一遍，但他主要的比喻的出发点，仍然在语言领域之内。换句话说，比喻可以应用于许多领域，但是它总存在于自己最为偏爱的"家庭智能"（home intelligence）中。

智慧

还有另一种更加普遍的智能形式与比喻能力相近，但又比它分布得更广泛，这种智能形式被称作"综合能力"或"智慧"（wisdom）。它是在较为年长的人身上发现的一种智能现象。这是因为年长的人在早年的生活中，已经积累了大量的批判性经验，所以能在合适的条件下正确而明智地运用它们。

从表面上看，将任何能力从一种甚至两种智能的应用中分离出去，是无法实现的。智慧或综合能力通过自己的本质，给了人们更加广义的视角，但从其狭隘的或独特的领域上看，定义为"智慧"似乎并不恰当。我自己有一种感觉，这个术语可用来形容我已考察过的那些多个能力结合的人。他们在某一个或多个领域中具有高度的判断力、独创能力，还有熟练的比喻或类推的能力。至少在给定的条件下，他们能够利用这些能力，发表聪明的评论或提出好的行动计划。如果我的这一感觉是正确的，那么任何能说明判断力、原创能力与比喻能力的解释，都应当能够说明最高智慧的组成部分。很遗憾，要实现人们的这个愿望，确实需要一位非常聪明的人！

前面的讨论表明，至少在较高的层次上，多元智能理论可能提供了一种解释。以上操作有时可以仅仅归结为在某一个单独领域中的能力，如人际关系的判断力或雕塑艺术的原创能力；有时则可以被看成是人的个性特征的结合，以及在给定智能领域中的突出的能力，如擅长原创的小说家的例子；有时最好把它看成是起始于某个领域，后来又扩展分散到这个领域之外的能力，如某些比喻能力。而有的时候，最好视为不同智能强项的混合物，如智慧。

所有以上这些步骤显然都是简化的。如果想支持多元智能理论的话，这些步骤都是可以理解的，可能也是可行的，但却不是必要的，也许还是不聪明的。多元智能理论不能解释一切事实这一点，并不会使全部理论都失去作用。在这一理论向前发展的未来某个时候，也许会有更普遍的能力或者才能被添加进去（就像福多尔所做的那样），并利用它们点缀那些从人的能力中产生的特长。

经过修正的自我感

对于已经给多元智能的理论造成很大压力的认知能力，现在有必要增加几点补充性的说明。我这里要谈的是自我感，即主管各自独立存在智能的"第二等级能力"的主要候选者。在前面的几章里，我将"自我发展"置于人的认知智能中去研究。按照我的分析方法，人对自己的感受进行的探索，人按照所在文化赋予的解读模式和符号系统，去观察自己的感受和经验时逐渐出现的能力，就是自我感的核心。有些文化倾向于尽量减少对自我的关注，因此被这种文化包围的人，不会努力专注于自己的奋斗目标，而是更加重视他人的行为与需要。但在另一些文化中，如在我们的文化中，人们则过分地强调自我的作用，将自我看成独立做出积极决定的手段。这种做出决定的能力，包括对自己未来的存在做出关键决策。当然，每一种文化都必须在人际认知与自我认知两个方面，达成一定的平衡。而终极自我感则调节了这种平衡。然而那些偏重于自我认知的社会，并因此倾向过分自我的文化，对任何在同等因素之间简单对话的智能观都是非常严重的威胁。

正如前面几章已经提到过的，对于这个问题，人们可以采用不同的战略方案加以解决。第一种，就是简单地宣称，自我感的发展是一个独立的智能领域，来自我们在讨论人的认知智能的时候遇到的人对自己进行知觉的核心能力，但又与我们这里所讨论的其他智能形式是同等的。按照这种分析，自我感要不就成为一种新的（第八种）智能，要不就是自我认知智能的成熟的形式。第二种，也是比较激进的一种策略，是宣称自我智能是一种独立的智能，认为它是自我感的中心处理器或反光镜，所以也是人与生俱来特有的智能。对于许多研究自我发展的发展心理学家，这种方法是经常被采用的一种研究方式。第三种，也是我目前赞同的策略，是把人的自我感看成是自然出现的能力。这种能力最初来源于自我认知智能和人际智能，但在某种社会环境中，当应用其他智能作为达到新目标的手段时，自我感有选择的自由。这里所说的新目标，是对特殊解读模式的设计。需要解读的问题，包括人是什么、人在干什么，以及一切与存在有关的问题。

让我尽量更加细致地说明一下我的想法。由于人类有可以按照自己的意志使用的一系列符号系统，如语言、手势、数学等，所以能够理解自我认知智能的核心部分，并将这种理解公之于众，使自己和对此感兴趣的人易于理解。这些表象系统能使人最终创造出基本属于虚构的形象化比喻——虚构的心灵实体，也就是那个人像什么、他干了些什么、他的强项和弱项在哪里、他对自己的感觉如何等模式。这个人能在这一模式的基础上进行操作，正如他能根据其他符号系统中表现出来的模式进行操作一样。这种模式与他生活中最神圣的存在物有关，这使该模式具有特别的意味和感受。但是，这个人建立在那一模式基础上的智能操作，与一个人强加于太阳系的、生物有机体的或另一个社会生命的那些操作模式，在性质上是完全一样的，不过感觉存在差异，而感觉到得更加重要。

我不认为自我感是独立的领域，或者对于其他智能领域来说，是拥有遗传本体论优先权的第二等级智能。我在此连接点上宁可认为，多元智能存在的理论是可以解释自我感的。自我感在我看来，是文化背景中自我认知智能自然进化的结果，是外加在其他智能形式中出现的代表能力。最后，人能够提供关于自己的说明，这个说明在逻辑上是可以接受的，是值得关注的他自己的所有特征，也是可以用语言（少数情况用其他符号系统）表达的。即使事件发生在多年以前，即使他的"自我定义"现在已经改变，他还是能修正关于自己的说明。他所提供的说明也许是正确的，也许是不正确的，但这并不是问题的本质所在。关键的一点，是通过人自己智能的组合，通过人自己所属的文化提供的解读模式，就有可能给出自我的描述，并对人存在的剩余部分进行总结和整理。各种智能的协同作用产生出的作用似乎大于所有智能之和。

多元智能理论的不确定性

在结束对多元智能理论的评论之前，似乎有必要说明在什么样的条件下，这个理论存在着局限性。无论如何，假设多元智能理论能够解释或通过解释而消除所有潜在的相互矛盾的证据，那么从科学术语的意义说，它就不是一个正确的理论。人们可以分别对待这一理论的两种转换。一种令人愉快的结果是，这一理论从总体上继续为人们所接受，只在涉及特殊的需要时，进行或大或小的修正。举例来说，也许某些候选智能不符合这个理论的主要判据，所以对它就不再考虑；或者反过来，那些被忽略或被排除在外的候选智能本身，在入选的智能中占有一席之地。另一种情况是，对多元智能理论进行了更本质上的修正之后，它最终能够描述大部分人类的智能，但是最好添加上目前尚未包括进去的其他组分。如果某些横向组分，如知觉或记忆，能够得到令人信服的论证，或者如果其他一些组分，如比喻、智慧或自我感，可能被证明存在于多元智能理论设置之外，它们完全可以被加进去。

我很乐意接受这种修正。但是，这一理论在更加基本的方面，还可能会被发现存在着不足之处。假如出现以下情况，即多元智能理论不能解释某些最重要的人类智能活动，或者用其他的理论解释会更准确，那么这个理论当然就会被抛弃。如果反过来，主要的证据，例如神经心理学研究和跨文化研究的发现，存在着重要的缺陷，那么我们就应该重新评价本书采用的一整套研究方法。另外，如果对神经系统或其他文化做进一步的研究，也有可能为人类的智力过程，提出一种大相径庭的画面，那样的话，就需要对多元智能的理论做较大的修改。最后，西方人倾向于把智能（或所有智能）看成是"自然类的"，也许这并不是分析人类精神和行为的最佳方法，甚至不是正确的方法。在这种情况下，这个理论就会像它想要取代的那些理论一样，重蹈燃素理论①的覆辙。如果受到这样的冷遇，我当然不会高兴。但是如果我所提出的是一种从本质上不能驳斥的理论，那我将会更加失望。

智能的实际意义

即使我开始提出了智能名单，并可以由上述步骤加以完善，显然我们也不能把智能仅仅看成是一组原始能力。世界是有实际意义的，智能只有在一定程度上具有这些意义，才能发生效力。这样它们才能使人在他所在的社区中发展，成为一个正确使用符号的成员。正如早先罗伯特·诺奇克用引文提醒我们的，在智能的核心部分，也许存在着"愚蠢的"能力。但是同样存在的事实是，只要一个人能成功地与周围的社会相互作用，那么这些能力就会变得"更聪明"一些。

本书下一章将开始一项艰难的工作，那就是从原始智能中，构建在复杂而充满意义的世界里发挥功能的智能群。因为幼儿最初的知觉与行为以及所有随之而来的一切都具有重要的意义，所以世界的含义从生命的早期就开始起作用。开始时，伴随着幼儿的快乐和疼痛的含义，是强加给他们的。更重要的是，人类智能的特征与其他生物物种不同的地方，就是参与一切形式符号活动的潜能——对符号的知觉与创造力以及生活在所有富于意义的符号系

---

① 燃素理论（phlogiston）：也称燃素说，是 18 世纪关于燃烧的一种错误学说，认为物质含有"燃素"，燃烧是由于释放燃素引起的。18 世纪末法国化学家拉瓦锡用氧化学说，正确地解释了物质的燃烧现象，从而取代了燃素说。——译者注

统之中的能力。这是人类在富有意义的世界中发展的另一个、也许是最关键的一个条件。最后，随着年龄与经验的增长，每个人不仅了解到人的行为和符号带来的特定后果，还了解到文化最普遍的释义方案，即在他所处的特殊文化中，人和物的世界、体力和人工制品被释义的方式。由文化所决定的世界观的影响构成了人类生命中最后一个决定性的要素，即确定了人以组合的方式运用数种智能的竞技舞台。

一旦超出这个分析层面，再谈什么特殊的分析专家、计算专家，谈论特殊的生产系统甚至模块，就不够了。我们必须通过包容性更大的因素来考虑，而这些因素包括人的经验、他的参照框架、他的理解手段和他的总体世界观。如果没有特定智能的计算能力，所有这些都是不可能实现的。但是，如果没有人类的符号活动，这些因素也是不可能存在的。因此，如果要在智能与教育实践之间搭建一座桥梁，人类的符号系统以及符号化能力的发展，就成了我们这个议题的下一个基本部分。

第 12 章

人类智能通过符号社会化

符号为从原始智能到完美文化，铺设了一条康庄大道。

——霍华德·加德纳（Howard Gardner）

符号的重要作用

在任何关于人类认知的理论中，生物学和人类学的研究发现都处在两个极端上。从神经系统的结构和功能的研究中，我们最终一定能够详细说明人类认知活动的某些局限性。通过研究所有已知的人类文化，我们最终也应该对人类能力的范围，其中包括在人类历史上发展起来的思维过程，有尽可能全面的看法。从这些领域中选择得到的洞察力，将使我们看到关于人类智能的本质、范围以及局限性的综合画面。

然而从各学科综合的视角来看，生物学与人类学之间的距离，的确太遥远了。换句话说，本书中的这两个主要的学科视角，并没有共同语言。生物学所描绘的，是一幅人类遗传潜力的画面，同时也说明大脑的细胞结构、突触之间联系以及有关的整体区域；人类学则探索在各类社会中存在着的不同角色，人们拥有的各种功能，使这些功能发挥作用的环境，人们设定的目标以及他们提出并试图去解决的问题。就我所知，在这两种信息的载体之间，并不存在一个搭建桥梁的现成方法。它们的词汇、它们所参照的框架都相距太远。就仿佛要将羽管键琴①的结构与巴赫的音乐联系在一起一样，这两个学科是无法比较的。

还是让我们进入符号、符号产品和符号系统中去。学者们制定的符号系统，非常适合帮助我们跨越上述两个学科（神经系统及其结构，与功能和文化及其角色与活动）之间的鸿沟。在处理文字或绘画这样的符号时，在处理数学或语言这样的符号系统时，在处理科学理论或文学叙述这样的符号产品时，我们就是在与这些实体和分析层次打交道，而它们能够同时与生物学和人类学这两个学科"对话"。特别应该指出的是，神经系统的结构是如此严密，以至于只要提供特定的经验，人们就能够学会并处理单词、句子和小说这样的符号实体。因为虽然神经系统对文化一无所知，但是它的各个区域的组成结构，却对语言十分了解。文化在这里是作为居民的集合体来看的，确实能够检验其成员所发表的文章、小说、理论等。因此，这种人性化了的文化能够评价以上作品，确定它们是否恰当，还能够评论并提出相关的修改意见，判断这些作品是维护传统还是倡导变革。那些最直接传承了文化知识和与文化传统的人，也许对大脑细胞的状况一无所知，甚至对大脑在认知上的作用也一无所知，但他们却具有充足的知识，去了解和评价舞蹈、戏剧及社会成员创作的其他形式的艺术。符号王国确实提供了一种不可缺少的分析手段，在生物学的约束与文化范畴之间，或者如果愿意，也可以说在生物学的范畴与文化的约束之间，提供了相互连接的基本中介。

正是借助于符号与符号系统，我们提出的植根于智能心理学的框架，才能有效地和文化的关注相联系。这个联系包括对儿童的抚养，以及对他们最终的责任与能力的正确定位。符号为从原始智能到完美文化，铺设了一条康庄大道。因此，我们有必要评论一下人是如何想象符号这一领域的。

---

① 羽管键琴（harpsichord）：又译为拨弦古钢琴，主要流行于巴洛克时期，主要原理是利用键盘的机械装置连接琴弦拨弦发声，而不是像后来的钢琴以琴槌敲击琴弦发声。该琴音色纤细、轻盈，与钢琴雄浑有力的风格有很大的不同。——译者注

我看待符号的观点是广义的。遵循我的指导老师纳尔逊·古德曼及其他一些专家的看法，我认为符号可以是任何实体（entity，不论是物质的还是抽象的），可以被设想为或看作是另外的实体。按照这个定义，单词、绘画、图表、数字以及其他的实体，就都很自然地被看成是符号。因此，任何一个实体，如一根线条、一块岩石，只要它被用来体现和用来解释某种信息，同样也都是符号。

　　除了署名和表现以外，符号在传达一定含义的时候，还以另一种同样重要却又不常为人理解的方式进行。一个符号可传达某种情绪、情感或气氛，同样，只有相关的群体会以特殊的方式解释某个特殊的符号。因此，一幅画不论它是抽象的还是再现的，都能传达出悲哀、胜利、愤怒或"蓝色"（即使绘画本身是红色的！）的情绪。如果符号的武器库收集了这些重要的表达功能之后，我们就能对所有的艺术符号进行讨论了——从交响曲到方块舞①，从雕塑到花体字，所有这些形式都有表达含蓄意义的潜力。

　　符号可以单独作为富有意义的实体起作用，但更加普遍的情况是，它们作为组分或元素，进入更精心设计的系统之中。所以，文字代表了口头语言或书面语言，数字及其他抽象符号代表数学语言，手势及其他动作则是舞蹈系统的成分，等等。人们运用完整的符号系统时，就能有效地传达大量不同意义的信息。掌握符号系统的使用及其解读（阅读与书写），就成了每一个成长中儿童的主要任务。

　　最后，经过完整的符号产品制作之后，符号和符号系统就有了最大的用途。小说与十四行诗，戏剧与诗歌，数学证明与问题的解决，还有礼仪及评论——所有各种符号的实体，都是人们为传达一组意义而创造出来的，都是受过同样文化熏陶的其他人能够理解、解读、欣赏、批评或改造的。这些符号的产品，就是符号系统最主要的存在目的或理由，是它们得以发展的原因，也是人类费尽心力地掌握各种不同符号系统的原因。

---

①　方块舞（square dance）：每四对男女构成一个方形的一种舞蹈。——译者注

符号系统有没有什么限制呢？是不是任何可以想象出来的元素都能组织到系统中去，从而产生可以解读的符号产品呢？这是个很难解答的问题。如果主观地为符号系统设定一个不可改变的固定数目，那就等于自己骗自己。这种限制所构成的，是非常吸引人的挑战。无疑，一个聪明的人（或富有进取精神的文化），是能够发明出有效的新符号系统的。另外，如果有人持相反的看法，即主张符号系统的数量是无限制的，那他就是在冒险打开潘多拉神盒 [①]。这样一来，人们就必须解释，为什么全世界的各种文化，都设计并习惯使用类似的符号系统，为什么当新的有效的符号系统问世时，就会受到人类学研究群体的极大关注。

　　如果人们一方面详细地阐明了人类智能的本质——认识的原始材料，另一方面详细地阐明了全部人类文化的角色与功能，那就应该能列出一个可能存在的所有符号系统的清单。如果你愿意的话，还可以编出一个人类智能可以介入的领域清单。这将是一个很长的清单，因为文化角色的数量确实很大，而且随着新技术的发明，这个数字还将不断地扩大。但至少从原则上看，应该能够为符号系统列出完整的清单。这样一个清单，即使是清单的草稿，对于教育家来说也是有启发作用的。因为它能指明可能存在着的有意义的系统中的某些内容，而这些内容又可能是在文化中成长的人需要掌握的。

　　当然，符号系统的介绍与掌握，不仅仅是需要进行理论思考的问题，还是童年的一个主要任务，甚至可能是当代教育体系的一项重要使命。正因为如此，思考已知的人类在符号领域取得成就的方法，是很重要的，所以我将综述符号发展的有关问题。就我现在所看到的资料，有关符号发展的部分内容，是建立在其他研究者的发现基础上的。另外的部分，来源于丹尼·沃尔夫（Dennie Wolf）以及哈佛"零点项目"研究所我的其他合作者们十多年来的研究。这样的考察将有双重功能。从理论的层面上看，它为我们指明了

---

① 　潘多拉神盒（Pandoras box）：希腊神话中女神潘多拉下凡时，宙斯送给她的盒子。当她违禁打开时，所有的灾害与罪恶就都从盒子里飞散到了世上，唯有希望还留在里面。——译者注

一条途径。通过这个途径，可以把生物学的智能观点和人类学的各种文化角色的清单结合起来。从实践的角度看，对于符号发展正常过程的讨论，会提出教育家面临的某些问题。这些步骤对于我们思考在本书结尾章节中提出的各种教学法的建议，是非常有益的。

符号能力的出现

导言

按照我的分析方法，符号系统（symbol system）能力的发展过程，可以划分为四个不同的阶段，这样更有利于研究。在婴儿阶段，儿童就已经对符号有所理解，这为后来的符号应用打下基础，而且表现出一定的应用某些世俗符号的活动能力。在童年的早期，也就是从 2 岁到 5 岁这个让人惊叹的快速发展阶段里，儿童在一系列符号系统中获得了基本的能力，这同时也是符号发展两个平行的方面同时起作用的阶段。我和我的同事们将它们分别命名为发展的"浪潮"（waves）与"溪流"（streams）。在学龄期间，儿童具备了符号化（symbolization）方面的基本能力后，将继续在受到某种文化珍视的领域里或符号化的"渠道"（channels）中，获取较高层次的技能。这同时也是他们掌握各种记号的或"第二等级"的符号系统，掌握在执行复杂文化活动中极其有用的符号系统的时期。最后，到了青春期和成人期，该个体就具有充分的能力去使用符号，把符号知识传递给年幼的个体，也具备制作独创性符号产品的潜力了。

婴儿期。由于我的研究工作中众多成果的支持，我能够比较仔细地审查符号发展的这些步骤，并开始思考如何将它们与本章的主要议题联系起来。我们知道，从婴儿时期开始，新生儿就已经具备了相对局限的技能与能力，如吮吸和注视。他通过这些技能与能力的"试验图式"①开始认识世界。最

---

① 试验图式（schemas）：一种强加的复杂现实或体验，用以帮助对其进行解释，促成感知或引导回答的模式。——译者注

初，这些能力都被用到每一个可以触及的物体上，但很快这个孩子就学会了针对特定物体的活动，如吸吮奶嘴，摇动响铃，同时又避免介入他们无力参加的活动。在这里，我们看到了"意义"附属于行为上的第一组例证。这名儿童热衷于那些与他已经有过的快乐经验相联系的活动，也热衷于那些导致他实现自己目的的活动。在这方面，他一般都受助于成年人对他的行为给予的解释，受助于成年人给他指引的（或使他离开的）那些情境。

在生命的第一年里，婴儿就在一定程度上实现了基本形式的理解。他了解到，人能够完成与行为相联系的某种任务（如购物或喂奶），了解到事件是会产生后果的（如果把瓶子扔掉，瓶子就会掉到地板上去）；他还认识到物体的分类，如布娃娃和花儿是不能相互混淆的，等等。这些理解对于成功地应对人的世界和物质的世界，是很重要的。此外，对于最终用不同符号手段表现人生的经验，这些理解还是最初的入门向导。

我们还可以用特定智能的最初操作，描述生命第一年的历史。我们已经知道，1岁的婴儿能够完成各智能领域内许多独特的操作。例如他能够辨别不同音高和音调系列的差别，能够辨别相同音素类型的记号之间的共同点，知道物体分类的多样性。他开始了解自己周围空间的结构，懂得运用自己的身体获取所需要的物体，知道其他人的独特的行为模式，以及自己习惯的反应与感觉。的确，在1岁之内，在这些各自独立的智能领域里，婴儿已经表现出很大的进步。

重要的问题是，这些智能是如何相互作用的呢？想要顺利地抓取物体，需要空间能力与身体活动的介入；想要寻找隐藏起来的东西，需要逻辑－数学智能、空间智能与身体智能的结合；母亲不在了或一个陌生人出现了，由此产生的困惑就包含着人际智能形式与自我认知智能形式的结合。

最后，在婴儿满1岁的时候，我们在他们身上就能发现，智能的组合以主要符号行为的原始形式在起作用：婴儿此时已经能够理解单个词语的含义，已能"阅读"对真实世界的物体所做出的图画式描述。1岁的婴儿已经能够对"妈妈""饼干"或"小狗"之类的词语做正确的反应，这是因为他已经有了正确识别语言的能力，能够将这些声音特征和在外部世界知觉到的对象联系起来，能够把声音特征与那些和对象可能联系在一起的独特行为或感受联系起来。由于同样的原因，1 岁的婴儿还能够理解被描绘的形式与真实世界中物体之间的联系，理解它们与重新体现全部知觉、运动及情感联想的特征之间的联系。婴儿依靠这些能力，将第一次进入到公众意识的世界中去——他以这次洗礼为基础，在未来出现的许多其他运用符号活动中，建立起自己的符号王国。

2～5 岁的儿童。 在 1 岁之后的几年中，儿童的符号发展有了质的飞跃。2～5 岁的这个年龄段，是基本符号化能力发展的时期。儿童此时已经能够理解与创造语言实例（句子与故事），已经能够参与两维符号化（绘画）、三维符号化（黏土与积木）和普遍符号化（舞蹈）的活动，能够理解并创作音乐（歌曲）、戏剧（化妆表演）作品，并且具备了某种数学－逻辑理解能力，包括基本数字运算的能力和对因果关系加以简单解释的能力。到这一阶段即将结束时，也就是在我们这个文化中上学的年龄时，儿童就具备了最初的或者"草稿式"的符号化知识。他们将在随后几年中继续发展，更充分地实现对符号的掌握。

我们可以从下面儿童玩积木的一个事例中，了解儿童获得"草稿式"符号化知识的几个步骤。如果给一名 1 岁婴儿一块积木，他可能就会将这块积木放进嘴里，或者用这块积木击打物体的表面，或者干脆把它扔到地上去，这都没有什么符号行为。当这名儿童能够将这块积木与有关积木的图画联系起来时，或者当他在听到要求（"把那块积木给妈妈"）而传递积木时，知觉领域中常见的符号活动就开始了。到 2 岁左右的时候，就出现了积木使用上的第二个重要阶段。这时的儿童，就能够挑选两块积木，并声称一块是"妈妈"，一块是"宝宝"，然后再让两块积木一起去"散步"。3 岁的时候，儿童就能挑选好多块积木，把小的放在大的上面，并声明："这是个雪人"，或者"这是个金字塔"。4 岁的时候，儿童就能够用多种准确的方法玩积木了。例如他能用积木搭成一个楼梯，让每一层都比邻近的一层要多一块（或少一块）积木。最后，到 5 岁或 6 岁的时候，儿童就能初次利用积木边上的各种曲线构成简单的词汇，如 cat（猫）；或者拼成简单的数字加和，如 2+4=6。

符号化溪流

我们对这种儿童期早期必然发生的事件所做出的分析，使诸种因素都起了作用，这些因素分别是符号化溪流（streams of symbolization）、符号化浪潮（waves of symbolization）及符号化渠道（channels of symbolization）。而学前期儿童符号发展的关键，也正在这些因素的运算方式之中。

首先，对于每个独特的符号系统，都出现了一个独一无二的发展过程。例如对语言来说，存在着句法能力的漫长进化过程：从组合两个单词的能力（在婴儿 18 个月大的时候），到用复杂句子说话的能力，再到提出"为什么"之类的问句的能力，最后到能够在说话时使用动词的被动语态（四五岁时）语句。这一过程仅仅发生在语言发展之中，在其他符号系统中，则很少出现甚至没有类似的衍生物。因此可将这一过程，看成是儿童能力家族进化中的一个单独的"溪流"。在音乐领域中，许多活动都需要找出音阶中音高之间的基本关系；在搭积木的活动中，解决类似基本的"溪流"问题，需要理解进入并调整房间结构及其他建筑结构的范围、轮廓与连续性的维数；在数字方面，核心活动包含着对加 1 和减 1 的运算的理解，还包含将这类运算与关于基本数字的知识相结合的日益增长的能力。剩余的其他符号系统照样也是如此。

只要一种单一智能为某种文化所包含，或在这种文化的符号系统中占有一席之地，把这种溪流式的发展看成是这个智能的表达，似乎是合理的。因此，音乐智能的核心部分（音高与节奏）就由音乐符号来体现。举例来说，就是表情术语（这是一首令人愉快的乐曲）与反复术语（暗指重复前面的乐句）。对于语言来说，关键的句法和语音部分开始表达一定的意思（例如一长串单词描述了一个行为造成的后果），并产生了某种效应（例如某个情节的传达了引起恐慌的先兆）。在绘画中，表现两维和三维的空间关系时，就进入了描绘世界上的某个物体或一组物体的活动，其中包括与另一个物体相距很远的，或相互重叠的，或比它更小的物体的描绘。在以上每一种情况中，曾经是"原始的"、非中介的智能，已由可以运用的符号手段所汇集，目的是使那种特定能力的符号潜力得以体现。儿童在一岁以后发展起来的智能，必然会日益与各种符号的功能和符号的系统相互交织。的确，只有在大脑受损的人或孤独症患者身上，智能才会继续以"纯粹"或"原始"的形式，以没有与符号接触过的形式表现出来。

符号化浪潮

然而符号发展还有另一个同样有趣的情况，一个与溪流式或封闭式发展并存的情况。这里我所说的，是我们称作符号化"浪潮"的心理过程。这些分散的过程一般都起始于特定的符号领域，但它们的本质使得它们迅速地分散，有时甚至不恰当地进入到其他符号的领域中去。

第一种浪潮，是角色或事件形成的"浪潮"。这是 2 岁的幼儿表达某个任务已被完成或某个角色已经有人扮演的能力。表达此类含义的正常符号手段是语言，如"妈妈睡觉""硬币跳舞"等；或者采用"装扮"游戏的方法，如幼儿哄一个布娃娃睡觉，把玩具听诊器挂在自己的脖子上等方式。在这里，语言与"装扮"游戏就是事件构成知识的"恰当场所"。然而我们发现，这种心理过程并不只是简单地存在于正确的符号领域之中，确切地说，不论给定的活动是哪种符号领域的，处于这一年龄段的幼儿，都可能会采用事件形成的方法。因此，如果给他一支笔，要他画一辆卡车，他就会抓起笔在纸上摩擦起来，同时一边嘴里还模仿卡车开动的声音："轰隆隆，轰隆隆。"他已经把笔改造成一辆卡车了，而且他通过自己的行为，再现了运动中卡车的声音。或者，要求幼儿选取一块样子类似牙刷的积木，那么他几乎并不注意那些长圆柱形的积木块，而是随手捡取一块最容易到手的积木（不论其形状如何），将它假想为牙刷放入口中。在这里，角色与事件的结构再一次出现。

第二种浪潮，我们称为类比的或拓扑学的映像①，这种浪潮大约在一年以后，也就是在幼儿 3 岁的时候出现。在类比和映像的活动中，在实际符号媒介之内，幼儿对符号的使用，使他掌握了早先在他符号化的参照系中观察到的某些关系。所以，幼儿在画画的时候，第一次能够在一个圆形的基础上，延伸出两个附着物，并把画出的图形称作"人"。或者这名幼儿可能把几块积木一块一块地摞起来，然后把自己搭起来的物体称作是"雪人"。这些符号都与参照物有着可类比的相似性。在可能与音乐领域有关的发展过程中，幼儿能够掌握这样一些类比关系，如某个指定的歌曲的旋律是升高还是下降，速度是变快还是变慢，然而他却不能掌握准确的音高或节拍之间的关系。除了表现出符号化浪潮的分散特征以外，幼儿还使用符号化的相关形式，即使在不合适的场合也是如此。如果要求他搭配一定数量的一系列器件，他就会注意究竟是许多个还是只有几个，而不会准确地确定搭配的数量。或者要求他复述一个包含着几个人物的故事，他就会把故事中的主人公减少到两个：一个代表好人，另一个代表坏人。这种把握相关物体和事件的大小、形状或抗体效价②的倾向证明了这一时期环绕一切的浪潮。

接下来，幼儿在 4 岁左右的时候，就出现了探索硬币另一面的后续浪潮。处于这种数字的或数量影像浪潮中的幼儿，现在一心一意要准确地计算一系列元素的数字。他不再以粗略的数字来计算脚趾的数目、故事中人物的数目或歌曲中音高的数目，他现在要求自己把数目弄准确。但即使目的是取得这类有益的进展，也是要付出代价的：这名幼儿也许十分专注于非常准确地描绘运动的形式，却不想了解特定行为的感情和情绪，如贯穿某个舞蹈或某幅绘画中的人性意识。这样一来，他就放弃了对更加重要的色彩和细微差别的观察。无论如何，有时候事物的质量比数量更加重要，尤其从审美目的出发更是如此。

---

① 映像（mapping）：指一种集合间一一对应关系的规则，即一个集合中的每个元素与同一或另一集合中的一个元素相对应。拓扑学，见本书第 7 章有关的页下注。
　　——译者注
② 抗体效价（valences）：一个人对某一特殊物体或事件感觉到的吸引或反感。
　　——译者注

另外还有一些重要的东西，与这些浪潮式能力（wavelike capacities）的表象和增殖相关联。首先，它们当中的个别浪潮会继续发展下去，因为事件的形成、类比映像及数字映像的能力，都渗透到以后的生活中去了。我们可以将小说家、雕塑家和数学家，看成是代表上面描述的三种浪潮式能力的成年人"大师"。但也许更符合我现在议题的是，这些浪潮广阔的范围表明某些特定的符号过程不论其来源如何，并非都是不可改变地与特定的符号领域相关联着的。相反，它们就像常见的硬币那样随手可得，而被广泛得多的符号系统正确地（或不正确地）使用着。

在这里，我涉及了人类智能的重要方面。尽管多数动物都拥有某些高度发达的计算能力，这只要想一下鸟类的鸣叫或蜜蜂的舞蹈，就明白了。但这些能力又几乎无一例外地是封闭的。也就是说，它们都僵硬地被限定在确定的表达手段中。与此形成鲜明对比的，是人类的智能要灵活得多。人类在拥有一种新的有价值的能力之后，就同时拥有在更广的范围内使用那种能力的倾向。人类还会在符号领域中试一试这种能力，看看它是不是会"奏效"。确实，我们人类都免不了对某些新发展起来的能力进行试验，即使在不一定合适的场所也会这么做。最后，由于我们能够调动在某个符号领域所需要的特殊计算能力，也能调动在一系列符号领域可以使用的多种计算能力，因此我们就成了灵活的符号使用者。

符号化浪潮与独立的智能之间的关系问题是很难解答的。尽管符号化的溪流，能够顺畅地列入我们最初提出的智能表中去，但符号化的浪潮由于本身的特征，并不限制在智能领域的界限之内。我个人的看法是，符号化的每个浪潮都来源于某种智能，所以事件形成的浪潮与语言智能有着非常密切的联系，类比映像与空间智能，数字映像与逻辑－数学智能，都有着密切的联系。然而由于某种我们尚不清楚的原因，某种强大的力量在引导着这些符号浪潮，使之朝向更加细微的智能领域。

单一溪流的发展在几个符号领域展开之后，5 岁的儿童协调了以上三个浪潮，就能获取多种符号产品的初步知识。他将懂得什么是故事，而且自己也能编上一段合情合理的小故事。他在歌曲、游戏、舞蹈、设计以及许多其他符号产品方面，也表现出类似的能力。确实，5 岁这个年龄常被描写为符号活动的开花时期，因为这个年龄的儿童能够热情地、毫不费力地在各个智能领域中创造出具体的实例。此外，这些实例常使观察者（至少在我们对审美持宽容态度的时代里）感到新颖、迷人，有创造力和原创性。儿童能够自由自在地表达自己，不担心遭到任何过分的批评，而且他没有受到任何束缚，不会制造别人已经创造过的东西。他热衷于超越极限，在领域之间建立联系，喜欢超常规地将不同种类的事物并列在一起。总之，他喜欢进行一些让我们常联想到成熟艺术家的那些实验，并乐于表现出他们的情趣。这是一段任性的时期。

符号化渠道

然而与此同时，符号过程的一种新的集合就开始了。当儿童在玩游戏过程中，开始在纸上做出小小的"记数"符号时，这个过程就自发地（至少在我们这个社会环境中）出现了。或者当他被要求到商店去买一打物品时，这名儿童会试图发明一种简单的记号，帮助自己完成数数的任务。儿童在五六岁或者七岁的时候，就能使记号符号化。这是发明和使用各种记号系统的能力，这些记号系统本身，又以"第二等级"的方式，与基本的符号系统相联系。记号系统中有参照口头语言的书面语言，有参照口头记数（或符号化的记数）的书面数字系统，还有多样记号混合的地图、图表、代码、音乐或舞蹈记号系统，将它们设计出来的目的，是为了长久保存符号展现出来的显著特征。我们可以将这些新的发展，看成是最后的也是最具决定意义的符号化浪潮。

记号符号化浪潮与在它之前的浪潮不同。首先，创造记号的能力是第二等级的能力：它所表现的符号系统特征，是来自其他符号系统的。所以记号化就创造了一种最愉快的、但又最出人意料的可能性：儿童现在能够以先前掌握的记号系统作为参照，继续发明更高级、更复杂等级的符号系统。数学与科学中的许多东西，都建立在这种递进式的可能性基础之上。其中符号第三等级的系统，可以参照符号第二等级的系统，如此而已。

也许最重要的，是人们能在符号发展的这一阶段，清晰地看到文化的作用。尽管早期符号的溪流和浪潮都有一种内源的^①本质，因而在世界上各类文化中，观察到的形式都大致类似。但是，多种记号却明显地主要来自其周围的文化。因此，它们就构成了符号化渠道，也就是在给定文化中发展起来，现在又直接为更年幼的学习者提供信息的符号化手段。即使生活在没有什么记号实践社会中的人，都完全可能具有发明记号的倾向。但尽管如此，似乎只有那些生活在存在许多记号渠道的社会中的人，才有可能在自己的生活中继续正式地使用记号。在有正规学校教育与无正规学校教育的社会之间，也许存在着原则上的差异，因此在这些社会中生活的典型的人之间，也存在着特征的主要差别。

一旦儿童被记号的世界所包围，他们就会尽力地掌握新的系统，并按照准确的、指定的方式去使用它们。这时，儿童开始认真地学习自己文化中的符号技能，因此从某种意义上说，玩耍的阶段已经过去。儿童这时特别关注自己文化所偏爱的符号渠道，无论是仪式中的舞蹈，还是历史教科书中的语言，都是如此。而且相应地，他会忽略那些在自身的文化社会中不受重视的潜在的符号。到这时候为止，尽管许多符号都是以非正式的、几乎看不见的方式获得的，但对这种明晰的符号系统的学习，却典型地出现在正式的情境之中，通常是在学校里。我们如果下这样一个断言，似乎并不算夸张：所谓教育（按照现在人们所用的这一术语来说），就是儿童被引导到文化的主渠道中去，并逐渐掌握这些记号的过程。

至少在我们这个社会里，对于记号符号化的出现，存在着一种有趣的（如果说有点儿令人沮丧的话）认知的必然结果。儿童处于掌握特定符号系统的热情中，常常会变得缺乏想象力。他只想以正确的方式去使用符号系统，而不容忍任何偏离或试验。实际上，比喻语言、超越常规的并列以及

---

① 内源的（endogenous）：在一生物体、组织或细胞的内部起源或产生的。——译者注

其他与传统方式背离的现象已经少见了。这种现象使儿童的作品开始显得单调、乏味，这与他们幼年时期自由的、更具特色的作品，形成了鲜明的对照。

　　但这种缺乏想象力的阶段，却又完全可能构建了符号发展的基础。如果谁企图千方百计地完全避免或消除这个阶段，那么谁就真是个地道的激进派教育家。人也许必须先掌握符号系统（因为应当掌握），然后才有可能进一步地利用这些符号系统。确实，许多成年人似乎只满足于在自身文化的主要符号系统中，获得某种能力，并且当确信自己的孩子也已获得了同样的（也许更强的）能力时，似乎就感到满足了。也许大多数人对于符号系统的创造性应用，都很少有兴趣，他们对偏离现状的做法，也很少产生兴趣。在大多数文化中，只有少数人才有资格达到符号能力的顶点，从而转移到一般人无法涉足的方向上去。只有他们，才能对符号系统进行实验，制造超常规的有创造性的符号产品，甚至还能设计出新的符号系统。

总结

　　通过对符号发展的重点进行回顾，根据我们在哈佛"零点项目"研究中发现的情况，我曾试图找出在设计与解释符号产品时，原始智能被使用与被吸收的方式。也许在幼儿期就有原始智能的实例存在，但是作为智能情感效应的后果，按照周围环境的文化提供的知觉的解读，这些智能几乎立即就被有意义的活动包围了。然后到了学前阶段，各种智能又逐渐包含在对不同符号系统的掌握与使用之中。这一期间，符号能力发展在某些方面尊重智能的界限，沿着相对受到限制的溪流发展；而在其他方面，则更容易以广阔的浪潮形式，超越智能领域之间的界限发展。最后，到了记号符号化的阶段，文化本身开始介入。此时文化提供的各种渠道，开始对儿童的符号实践与符号成就，施加了极大的影响。到这时为止，每一种智能内部的心理动力（dynamic），必须与所处文化设定的规程相结合，以免让并非明显的儿童孤独症患者，从事在该文化的角度上看来是非建设性的活动。肯定地说，由于大多数人都倾心于掌握由其文化所限定的符号系统，所以只在少部分人的心里，保留着原创性的创造火花。

现在对于人类符号化发展进程的研究，才刚刚开始，基本上所有的研究，都是从行为科学的角度来进行的。然而，由于我对认知的生物学基础感兴趣，所以冒昧地进行推测性的评论。首先，参与符号过程，似乎很显然是人类认知的一部分。正如同松鼠天生会埋藏松果一样，人类天生就能参与符号过程（从语言到做梦）。要阻止在文化情境中培养出来的生物体成为符号的创造者，需要承担极大的压力。其次，人类介入的符号化形式和种类，也可能是生物学过程引导的。尽管明显存在着大范围的符号途径，而且文化能够形成迷人的、预想不到的符号的"络合物"，但符号化的主要路线，符号运用的主要形式，以及我们的溪流、浪潮和渠道，似乎都是我们这个物种的成员所独有的。

最后一点涉及符号发展的节奏问题。我认为，在符号发展的最初几年中，存在一个具有较大灵活性与可塑性的时期。在这个阶段，人在探索特殊符号系统时，在探索异常符号的组合设计时，或者对于超越实际的符号边界，有很大的选择范围。这一阶段也许与在某些生物体系内发现的早期可塑性阶段相似。同时，可能还存在敏感与批判的阶段。在这个时期，特别关键的一点是与特殊符号系统材料的结合。如果不能与之相结合，就要付出特别大的代价。与此相关联的，是在各类文化中，特别引发的事件与明朗化体验，可以将人导向特殊的符号路径。在童年的晚期，他们逐渐不愿再对符号系统进行实验，这反映了灵活性与可塑性的消退。与此同时，在生物学发展过程的其他方面，又出现了与之平行的日益增长的僵化现象。为什么选定的一群人能够保持或重新获得童年早期的灵活性呢？这是生物学领域所有问题中最难解的一个。

在符号化出现的阶段，尽管人们有可能表明每种智能继续发展的特定方式，但再次强调以下一点是很重要的：那就是发展的特定形式并不会很轻易地陷入分析的"纯智能"模式（pure intelligence mode）中去。我这里所指的（举例说），是各种变形的形态（amodal form）或交叉形态（cross-modal）

的再现，它们也许并不服从智能边界的限制。从出生后的头几个月开始（人们能回忆得到），婴儿就能在识别那些像连续性、强度、高度等在不同智能领域中遇到抽象属性时，表现出联系不同感觉形态的能力。对于类似变形的形态的敏感度，很可能使处于基本符号化阶段的儿童，产生横跨不同系统的有效映像（effect mapping）。到了童年的后期，这种超形态的敏感度，也许激发了更普遍的类比或综合能力的发展。这种能力对于创造产品来说，已经被证明是非常重要的。我在前面几章详述理由的时候，一直竭力避免把这些能力标示为智能形式一种分离的"变形"或"交叉形态"。然而考虑到人类符号发展的轨迹问题时，就不应将它们忽略掉。这一点是很重要的。

当然，我们应该承认符号发展有可能包含着类似溪流和浪潮的能力，但在我们的心目中，也必须承认每一种智能的威力。我们从前面几章可以看出的，正像生来就是盲人的个体也拥有空间智能一样，即使丧失正常听觉和口头交流能力的人，也拥有语言的能力。这些发现向人们提供了有力的证据，表明从生物学的意义上说，智能是被充分开凿出来的运河，即使在成长中缺乏正常刺激的情况下，它们都能表现出来。当然，智能完全可能经过文化这个"漏斗"的过滤，最后实现完全不同的目的，然而人类的基本潜能，最终是不可能完全被歪曲或抹杀的。

符号发展的问题

我曾经明确表示，在符号发展的问题上，在发展心理学家的群体内，存在着共同的看法。从某个方面来说，这样的说法并无不妥，因为探索这一领域的人数很少，而且在最初提出需要完成的任务时，已经消耗了我们大部分的精力。此外公平地说，许多研究者都受到了皮亚杰的深刻影响，所以很自然地采纳按阶段发生的发展学观点。而且，在研究符号发展问题的学者之间开展的任何讨论，也可能出现很大的分歧和紧张状态。为了继续开展对于我提出来的多元智能理论的讨论与评价，我认为有必要说明一下这些紧张状态出现在什么地方。

第一个有争议的问题，许多专家把学习看成是随年龄的增长而日益渠道化（canalized）与僵化的过程，从而当儿童稍微长大一些以后，他们的灵活性就更少了。然而也有些研究者提出了不同的看法，他们认为，幼儿是自身能力与天赋的囚犯，这些能力与天赋也许以异常的形式存在，但彼此又是孤立的，相互之间很难发生有创造性的联系。而成熟的个体，则能够有意识地寻找组合各种能力的途径，并调动起组合的能力去实现不同的目的。按照两位深刻地思考这一问题的心理学家安·布朗（Ann Brown）与保罗·罗金的观点，一旦某种新的能力进入意识之中，就可以被运用到各种不同的方案与目的中去。这样一种导致意识产生的涌流现象，显然更容易发生在 20 岁的时候，而不易于发生在两岁的时候。因此，这种观点有可能解释只在某些成年人身上才会发现的杰出的原创性与灵活性。

就我的看法，这两种立场不一定相互冲突。也许在幼年时期，人们比较容易顺畅地、毫不费力地完成某个特定的任务。但调动这种能力，并运用它完成新的使命的能力，则很可能是发育成熟的个体所独有的。但无论怎样，与渠道化的以及（或）不能进入意识的能力正相反，什么年龄段的能力是灵活的以及（或者）是可以进入意识中的，对于任何关心将教育介入符号系统的人来说，都是关键的问题。

第二个有争议的问题，是发展阶段的存在以及这个阶段与特定年龄段相联系的程度。正像皮亚杰详尽表述过的那样，在这个问题上最具强势的观点认为，的确存在着不同的发展阶段，它们在质的方面相互不同，而且还表现出一定的世界观。此外，作为这一观点的一个部分，还有一个常出现的附加条款，即认为这些阶段是与年龄相联系的。如果儿童不能在恰当的年龄顺利地通过某一个发展阶段，那么他以后的发展就会永远步入歧途。

过去这十年的研究进展，对曾经强势的阶段假设来说是不利的。人们发现当儿童被剥夺了许多操作之后，仍然能够执行这些运算。而且在某些情况下，成人也必须通过与儿童所经历过的那些阶段相类似的学习阶段。按照这些发现来看，人们就难再坚持僵硬的阶段发展理论。尽管如此，按照我的观点，认识到与不同理解层次相联系着的不同心理组织，如在我曾经描述过的符号发展画面中的那些心理组织，仍然是有用处的。谁如果因为深信成年人能够轻而易举地掌握某些符号技能，并因此而忽视儿童的重要的符号经验，谁就是一位盲目的乐观主义者。的确，成人能够掌握许多方面的技能，有时甚至比儿童掌握得更快，成熟的个体可能会很好地运用不同的能力和策略，其中包括有意识地运用的能力和策略。但成年人完全可能在语言的重音和含义方面，无法达到天真儿童那样的水平。

现在回顾一下前几章的观点，我感到表面上看起来，各个智能领域以及扩展之后的各个符号领域，都包含着它们自己的、人类从中得以前进的系列步骤。我们没有理由认为这些智能或符号系统，以完整的连贯性平行地发展。这种普遍阶段论的观点，几乎可以肯定是没有市场的。同样，如果假定成年人学习的界限与可能性，在不同的符号系统中都是一样的，也不合理。确切地说，在这个问题上，如果到每一种单独的智能中去寻找类似于阶段的序列，寻找与年龄相联系的限制，去看一看能否观察到任何系统化的模式，似乎更有成效一些。如果在不同的文化中，查验那些公认的阶段序列，看一看（比如说）绘画或舞蹈的发展阶段，是否因其所处的文化情境不同而存在明显的差异，同样也是重要的。只有认真地进行了这类实验研究之后，才能正确地回到更普遍的问题上来，如整体上阶段概念的用途，成年人的学习和儿童学习之间的关系等。

最后一个有争议的问题，是关于在某个人类群体中人的能力或潜力的范畴，以及环境的操纵能够影响这个范畴的程度。这是个传统的难题。坚信遗传论的学者们，一般都相信人类个体之间存在着很大的差异，受环境操控的影响并不大。而那些持经验主义或环境主义信念的学者们，则倾向于尽量低估人类个体之间的差异，倾向于认为无论存在着多大的差异，都很容易被弱化（或者强化）。当然，也可能会有些遗传论者只相信人类个体之间存在少量的差异，也可能有些经验论者深感人类个体之间存在着巨大的与生俱来的或文化形成的差异。

但突出的问题是，随着时间的流逝和资料的日积月累，大多数争论者又都回到了他们原来的观点。虽然事实已经表明：正常的大学生可以将短期记忆能力提高 10 倍，学生在学校活动中的大部分差异，都能通过接受指导而消除，中等才智的日本儿童似乎都能成为真正的小提琴家，但这都不足以使那些遗传论者们相信，明智的干预是能够充分消除人与人之间差异的。确实，连我都很难被说服，相信人类个体之间不存在天生的差异。有时这种差异还会很大，而且有些差异也是无法根除的。

最近的研究不容置疑地表明，无论最初有什么样的差异，早期的干预与连续不断的训练，都能在确定人的最高操作水平方面起决定性的作用。如果某个特定的行为在所处的文化中被认为是重要的，如果人为这种行为付出了极大的努力，如果人自身拥有在这方面取得成就的动力，如果具备了实施与训练的正确手段，那么几乎每一个正常的人，都能在某个智能领域内或符号领域里获得突出的能力。与此相反，即使在某个领域最具天赋的人，在没有环境积极支持的情况下，也会失败。所以我认为，发现人的遗传智能轮廓是有可能做到的，但这不应该因此作为将人分类排队的理由，也不应因此将他列入智能低下者的行列。相反，这种发现应该能够提供一种手段，以确定每一个人都有尽可能多的选择自由，而且每一个人都有在他和他的社会重视的任何领域中获得能力的潜力。

智能之间的相互作用

当谈到被社会珍视的角色的时候，我提到了应用智能的方式问题。很明显，也可以说是毫无例外的是，社会对"纯"智能并不感兴趣。对于语言、逻辑或身体智能方面的学者症候群来说，并没有适合他们的社会职业角色。确切地说，差不多在社会里全部有用的角色中，人们都能看到智能与符号能力组合在一起，为有价值的目标的顺利实现而发挥作用。

那么，从某种意义上说，我关于人的智能的描述，甚至还有对符号发展早期阶段的描述，就是一种想象，主要为了有益于科学的目的。所说的这几种智能和各种各样的溪流，都不是以原始孤立的形式存在着的。说得确切一些，这种"理想的系统"，最后总是在对这些系统的发展过程产生决定性影响的文化情境中出现。因此，在目前的研究中，我已经越过了概念上的卢比孔河①，从现在开始，基本上无例外地，我将关注人类的倾向和技能，是如何在受到支持的文化情境中展开的。

特别是在复杂的社会中，在众多智能强项与社会角色之间，显然不存在一一对应的关系。首先，具备某一种智能强项的人，可以用这种能力去实现多种目的。所以，在我们这个社会中拥有发达空间智能的人，也许最终成为工程师、建筑师、艺术家或雕塑家。同样，有发达人际智能的人，最终会成为教师、社会福利人员、牧师或魔术师。一方面的智能强项意味着多种可能性、多种智能强项的组合，就产生了更多种可能性。

从相反的角度来看，同样明显的是，有不同独特智能轮廓的人可以充当同一种重要的社会角色，例如我们社会中的律师就是如此。拥有独特语言技能的人，可以在法律职业（甚至在法律职业的最高层）中找到发挥才能的地方。这类人在撰写起诉书、发表有分量的辩护词以及在对成百上千个案例进行归纳时，具有突出的才能。拥有高度发达人际智能的人，也能在这些场所发挥自己的才能：他们在法庭上能够雄辩众人，熟练地与证人以及未来陪审团成员交流，并展示出魅力十足的性格——这就是被称为社会律师的角色。最后，对于拥有高度发达逻辑智能的人，也有在这个行业发挥才能的空间。他能分析出某种情境，剥离出隐含着的因素，追踪曲折的推理链条，从而得出最后的结论。

另外，在司法推理方面，对于同一种能力的形式，也可以以不同的方式进行分类。法律职业的分析家，如保罗·弗罗因德（Paul Freund）和爱德华·利瓦伊（Edward Levi），指出了律师使用的不同推理能力，其中包括类

① 卢比孔河（Rubicon）：发源于意大利中北部的河流，公元前 49 年，朱利斯·凯撒及其军队渡过此河，从此开始了内战。这里指越过或经过就无可挽回的界线，进而承担不可改变的责任。——译者注

比推理的能力，追踪演绎性的长链、进行辩证思维、找出最佳判例①、检查旁证的细节和检验假设的能力（用的是科学家的方法）。律师可从基本原则出发，也可以从早期案例或者从委托人希望得到的结果出发。他们可能会依赖于思考、证据或者直觉，也就是通过瞬间的非思考手段得出结论。从事法律工作的人在以下几个方面也是存在差别的：是否依赖于直接的逻辑推理，是否注意自身的仪表，以及是注重伦理问题还是注重自己与委托人之间的关系。

　　我们即使从以上的简单摘选中都能明显地看出仅仅运用逻辑－数学推理解释在律师工作中培养起来的推理技能的组合，是过于简单了。毫无疑问，类似的差异分析也可应用到复杂社会中的各种角色身上：从演员到物理学家，从科学家到商人。此外，一旦人们开始考虑智能的组合时，甚至会遇到更广泛的一组人所能胜任的职业。因此假如一个人有高度发达的语言智能、逻辑智能和人际智能，显然律师对他是个很合适的职业，尽管音乐智能或动觉智能对律师的实践有什么用途，还不那么明显。而在有效的法律实践中，语言智能、逻辑智能与人际智能结合方式的数量，我们只要稍加思索就会感到是十分惊人的。

　　当我们在谈论这些智能组合时，很容易看出各种智能的结合在我们这个文化和其他文化中是如何以不同方式为实践者所利用的。我们将律师这个职业作为逻辑智能和语言智能结合的范例，就有可能把这种智能组合与数种其他智能组合进行对照。高明政治家的语言智能与社会智能也许结合到了很高的程度，因此相对不那么需要逻辑能力，包含在身体－动觉智能中的优美风度也是他的宝贵资产。对其他不那么重视法律的社会里的公众人物，也许社会因素会比逻辑因素更重要。例如，按照斯坦利·坦比亚（Stanley Tambain）的观点，非洲社会里的政治家，并不担心他们的主张是否被证明是错误的，而更关注的是这些主张的煽动力。对于戏剧演员，语言智能和身体智能具有极高的价值。虽然人际智能对于导演来说也许是重要的，因为他

---

① 　判例（precedent）：在今后类似案件中可作为判决标准的司法案例。——译者注

必须指挥许多人，但我并不相信人际智能对于熟练塑造戏剧角色的演员来说，是特别重要的。

其他的一些智能组合导向了不同的方向。逻辑－数学智能与空间智能很发达的人，具有成为物理科学家的天赋；逻辑智能对于从事理论工作的人相对更重要，而空间智能则是实验科学家所必需的。具备这些智能的人，再加上逻辑智能与社会智能的结合，可以成为大规模科学实验室的管理者。但荒谬的是，传统社会中的巫师也需要具备上述智能的组合。虽然也许这些智能组合的方式有所不同，但他同样需要拥有语言、人际关系和逻辑方面的智能。

将特定的智能看成是心灵主义①的化学仓库中的元素，就像在鸡尾酒会上实习一样，按照自己偏爱的智能组合分析不同的社会角色，是很有诱惑力的。我本人就受到过这种诱惑。但是在下面这个重要的问题上，我并不含糊，那就是在某种文化所珍视的角色和功能同在该文化中生活的人拥有的智能之间，永远存在着辩证的关系。职业介绍中心或人事部门管理人员的目标，是在对各种角色的要求与特定人类个体的智能轮廓之间，找出一个最有建设性的匹配方案。人们甚至可能会预期，正常平稳运转的社会，已经为实现自身的一致性而找到了正确的机制。或者可以说，这个社会拥有适合任何人的角色。而在功能紊乱的社会里，则到处可见智能轮廓与重要角色不匹配的人。我怀疑这种错误搭配的现象，极容易发生在社会大变革时期。在这个时期，新的角色重新定位，例如在科学和技术领域里的角色，需要有人去充当。然而传统上对人才的训练，忽略或抛弃了智能与符号技巧的结合。这个结合对于这些新出现的角色的胜任，是非常有效的，也是非常必要的。

在本章中，我通过表明我们的原始智能是怎样形成自己基础的，拓宽了我在本书前面章节中的分析。人类对各种符号使用能力正是建立在这个基础

---

① 心灵主义（mentalism）：认为一些精神现象是不能用物理法则加以解释的观点。——译者注

之上，然后服务于不同的社会目的。按照我的观点，通过对于人是如何获得各种符号系统能力的理解，通过对人是如何学会制作不同符号产品的理解，我们就很容易明白，人是怎样成为或不能成为自身所在群体中有造诣成员的原因。为了说明我的这个立场，我提出了一种理论，这种理论讨论符号是怎样发生的，涉及有关符号发展的形式等许多仍处于争议中的问题。

人类智能的其他研究途径

在本书的最后几章里，我转向讨论这个理论在教育上的应用。我所关心的，是如何利用多元智能理论，帮助在教育领域、儿童培养及人的发展方面负有责任的人，落实政策，甚至改变政策。但是现在，在我结束这一理论的基本特征的描述之后，在我从学者的角度进行教育方针的探索之前，我想重新讨论智能研究的一些方法，并指明它们在哪些方面与我的研究方法不同。但这样一种简单的浏览绝不是关于这一理论如何与现存的其他理论之间关系的全面讨论，那是另外一本书的任务。实际上，我引用若干学者的名字，完全是为了说明我的目的。然而，现在对这类评论文献可能的表现形式做一点说明，并非是不合适的。

重谈刺猬派与狐狸派

我首先开始介绍的，是那些与心理学一般所使用的智能概念有直接联系的观点。正如我在第 2 章所提到的，从传统上看，关于智能的结构问题，存在两种主要的观点。有一群"刺猬派"的学者，如查尔斯·斯皮尔曼和阿瑟·詹森（Arthur Jensen），他们认为存在一般智能（general intelligence，即"g"）。而持对立的观点的学者，如那些采用多因子智能研究法的"狐狸派"，如瑟斯通和 J. P. 吉尔福德，他们则持多元智能因子的观点。显然多元智能理论的结论与"狐狸派"的结论十分相近，而与那些持"g"智能观点的人是对立的。

我自己的分析认为，人们之所以持"g"观点，显然是因为大多数智力测验都是纸笔练习，这种测验主要依靠语言与逻辑－数学能力。所以这两种能力强的人，就能在一般智能的测验中表现出色，这就与那些在其他方面拥有强项的人形成了对照，学校珍视这种"心理操作"的能力，这就是为什么"g"能比较准确地预言学生在学校的学习是否会取得成功的原因。

那么，多元智能理论与多因子智能观点又有什么分歧呢？首先，后者并不怀疑通用横向能力，如知觉和记忆的存在，认为这种能力可以穿越不同的学科领域。确实，多因子智能的观点对这个问题的研究并不热心，因为有些智能因子确实反映了知觉和记忆的横向形式，而其他一些因子又反映了定义严格的领域内的能力，如空间能力。其次，多因子智能的观点不但没有将智能与生物学的成果联系起来，而且局限于分析多种测验分数之间的相关性得出的结果，如此而已。最后，也许是最为关键的一点，是多因子智能的研究途径，不允许从我在本书中提出的智能种类中取样。只要满足于使用纸笔测验的或者简单的口头问答的测验方法（这种口头测验的时间以分钟而非以小时来计算），就不可能在那些像身体表达、音乐能力或人的认知智能形式的领域中，对人的能力进行抽样检验。因此，尽管多因子的观点比"g"学派的观点更加多元化，值得赞许，但它所反映的，仅仅是西方科学价值观极为偏颇的智能观念。

皮亚杰理论与信息处理的理论

我认为，接踵而来的两个学派，即皮亚杰与信息处理方法给我的印象，在科学的权威性上向前跨越了一步，然而在对智能轮廓的分析上，未必取得多大的进展。皮亚杰学派的研究，与儿童日常的活动及技能的联系更加密切，所以能够对儿童的智能提出更加全面的、真实的概念。人们对于策略，对于描述时出现的错误，对于知识的结构的兴趣，受到了皮亚杰理论的肯定。而且皮亚杰完善了的临床问答的方法，是研究智能发育的学者们感到特别有用的发明。

然而传统的智能结构观念，甚至比智力测验发明者的观念更加狭窄，实际上几乎完全局限于逻辑－数学思维。也许正因为如此，它才故意无视内容。这种观念明确地假设，心理操作对于不同的材料是以同样的方式展开的。皮亚杰的追随者库尔特·费希尔在自己的著作中认识到，在不同领域里的发展，也许并非以相同的速率进行。也就是在不同领域中，用皮亚杰的术语来说，"滞差"（décalage，宽松地形容就是"变化"）是一个规则，而不是例外。然而仍然有人深信，在所有领域中的发展，都以类似的序列进行。对于在各种内容范围的发展过程也许会有截然不同的可能性，他们缺乏足够的敏感度。令人难以理解的是，皮亚杰作为一名受过训练的、研究认知生物学的生物学家，竟然对认知领域中的不同生物学倾向如此不敏感。

信息处理心理学，更加关注实际过程，也即更加关注人从一个时刻到另一时刻解决问题的过程，它比皮亚杰更进了一步。极端注意细节的活动分析法，作为信息处理研究方法的基本组成，让我们认识到，皮亚杰提出的许多明显的阶段与序列都是特殊任务形成的典型产物，而年幼的儿童拥有许多皮亚杰错误地断定为不可能具备的能力。但因为信息处理与其说是一种理论，不如说是一种研究方法，所以它对于人类智能条理分明的画面的成型，并无法提供多大帮助。从这种研究方法之中，人们能够找到理由，帮助那些所有问题都能以基本相同的方式解决的观点。事实上，对于"每一种任务都需要独特能力"的看法，这种研究方法也同样有益，而且也不存在有趣的转移现象。同样，认为"儿童处理信息的方法与成年人相同，只不过需要的知识少一些"的观点，也同样能够得到支持。但最后，以下的看法也得到了同样的支持：儿童拥有较少顽强的短期记忆能力，较弱的解读符号能力，他们与成年人的信息处理系统之间，还存在着质量上的差别。

仅仅根据信息处理心理学就能得出如此不同结论的事实，意味着该方法还不成熟。然而我认为，也许它还表现出更深一层的缺陷：对研究目标的本质，缺乏生物学的视角；对组成所研究的领域的成分，也缺乏理论支持。与此相反，人们将儿童含糊不清的发展模式当作计算设备。这种模式虽然有某些优越性，但如所有其他的模式一般，都存在片面性。正如奥尔波特所说的那样，一个人依靠自己选定的计算机类型，以及一个人信任的计算机的分析方法，将确保产生完全不同的信息处理器的类似物。

乔姆斯基的观点

我们到目前为止回顾的所有研究途径，都以单个的人为中心，采用笛卡尔式的方法几乎完全孤立地看待被研究的个人，也就是在对他的技能、态度和终极表现很少关注的环境中，从事解决复杂问题的人。这种观点在诺姆·乔姆斯基的著作中，并且从某种程度上说也在他的同事杰里·福多尔的著作中，被引向了极端。在他们那里，儿童被看作是各自独立的计算设备的集合，其中每个设备都按自己预定的（此前形成的）法则展开，而且很少接受来自环境的任何影响（除了控制性的影响以外）。的确，乔姆斯基抛弃了传统的对于学习与发展的看法，转而提供了一种主要来自胚胎学的智能展开模式。

很明显，我赞同乔姆斯基的观点。我感觉到在知识获取方面，对于早期形成的未经检验的经验主义解释，他的观点给予了必要的纠正。虽然我从乔姆斯基的著作中，并没有发现说明领域是如何以系统化的方式定义和分类的，但他和福多尔对于领域的描述，与我的描述完全一致。然而，乔姆斯基的观点似乎存在不可弥补的弱点，即它没有支持智能必须在富有意义的环境中展开的研究方法，也就是对于各种符号能力如何发展与相互作用，对于人的生物学基础如何被用来实现不同的目的（取决于被研究社会的特殊价值观与功能）等问题，基本毫无认识。由于乔姆斯基否认文化的角色，或者至少不承认它是重要的，导致创建的理论只有一副空架子。我们从他的理论中无法理解，一个社会是怎样行使自己的职能的？教育是怎样产生的或者因为什么产生的？幼年的儿童为什么各不相同？为什么在不同的社会中与成人之间的差别更大？换句话说，尽管通过高明的直觉，也许能推断出它的基础结构，但它的上层结构被完全遗漏了。

对文化的关注

另外一些分析家，即关心文化对人的发展造成的影响的分析家们，极为关注智能的上层结构。这一传统的主要代表，有迈克尔·科尔、西尔维娅·斯克里布纳（Sylvia Scribner）、简·拉夫（Jean Lave）以及他们专攻心理学的同事们。除此而外，还有对符号系统感兴趣的人类学家克里福德·格尔茨。这些学者们几乎把他们所有的注意力，都集中在周围文化的组成。他们认为，通过对具有不同形式和力量的文化进行认真分析之后，才有可能发现对于认知能力的正确解释。格尔茨引用了吉尔伯特·赖尔（Gilbert Ryle）的观点并表示赞同："即使从隐喻的意义上说，心理也不能算是智能存在的'地方'。相反，棋盘、讲台、学者的书桌、法官的板凳、卡车司机的驾驶座、画家的画室以及足球场地，都是智能存在的地方。"他自己又补充说："没有文化，人就是个怪物，就是虽然拥有可用的本能和少量可以辨别的情感，却没有智能的怪物。"毫无疑问，这些人类学取向的评论家们，对感觉到的传统哲学方法的心灵主义，即认为所有的大脑能力均直接来自人的理论，做出了回应，也向当代乔姆斯基这样的理论家（他最多只在口头上承认文化的作用）做出回应。他们强调了人从所属的周围环境中，更广泛地说，是从文化的集合性智慧中，获得符号、观念、思维方法的程度。

这种人类学的观点，对于认知的理解，以多种方式介绍了重要的新元素。例如，科尔及其同事们通过标准智力测验和推理测验，研究了来自数种文化的人类个体的表现，得出结论说，这些表现中最明显的差别，可以通过接受测验者过去经历的差别来解释。如果将他们过去的经验考虑进去，并对测验做适当的改变之后，大多数明显的差异就消失了。确实，来自被认为属于不发达文化地区的人，也可能会有高水平的表现。当然，这里没有必要介绍任何关于不同种族遗传产生差异的观点。

这些研究者们所提出的普遍的论点是：尽管推理的结果以及人对于信息类型的敏感度在不同的文化中有很大的差别，但思维的过程到处都是一样的。文化调动了这些基本的信息处理能力，即核心智能，并使这些能力适应自己要实现的目标。作为进一步修订认知理论的一部分，科尔这样的学者们强调每一个人从外界汲取心智能力的程度——首先由他人的知识和行为构成，然后渐渐地内化成为一个人自己表现出来能力。我们记数、写字，并非因为我们自己以某种方式发展了这种能力，而是因为我们看到其他人在使用这些记号。无论生活在什么样的社会里，这一过程是永远不会完成的，人总是需要依赖他人的智能成就，以实现自己日常活动的正常进行、达到自己生存的目的。即使从认知的意义上看，世界上究竟有多少人是真正自我完善的呢？对这个问题的回答突出地说明了一个人的心理程度必须依赖于周围许多其他人的心理程度。

当然，这种人类学取向的研究方法，并没有表现出许多对内源性发展轨迹的赞同，也没有必要设定一系列相对自我管理的心理计算机，人的表现服从自身生活于其中的文化的需要。相信存在自我管理的心理组分至少会受到两种观点的批判。首先，自我管理的理论似乎认为，原始的发展曾受到生物体的内在因素的调节。而实际上文化及其解读的机制，从一开始就是存在着的。其次，自我管理的理论倾向做出假设，认为如果不是实际上预先人为设定的话，可能出现的发展结果是严格定向的。有一种更加注重文化作用的研究方法强调了以下可能性，即某些尚未发现的文化，也许会执行我们甚至无法预见的操作，或者将来发展起来的文化，也会从预料到的方向上去塑造我们的智能。

人类学视角下的多元智能

所有以上的这些顿悟似乎都值得列入对人类认知的全面说明中去。然而通过人类学视角所做出的这些分析，即使处理的方法是最恰当的、最一致的，也没有看出为什么在同一文化中生活的人之间，仍然存在着很大的差别。这些差别就是在智能和学习的能力上的差别，在能力的最终应用以及原创、创造性方面的差别。除了采用更偏向心理学和与生物学的研究方法，我看不出在操作上还有什么处理这些差别的途径。这种注重环境因素的研究方法，忽略了人在很少依靠环境帮助的情况下，在某一领域取得进步的事实，忽略了少数孤独的人类个体取得巨大成就的事实。从某种意义上说，这些具有人类学倾向学者的研究途径，最适合于解释普通人在一般情境中的智力功能，但对于我们所有普通人的真实情况，也许会使人产生误解。

乔姆斯基强调人的心智能力是分别展现的，皮亚杰则认为发展中的生命体必然经过统一的序列阶段。它们与关注文化环境产生的效应的人类学之间，应当说有可能形成一个富有建设性的中间地带，即认真思考儿童与生俱来智能倾向的本质和完全不同的发展过程的立场，认真思考这些智能倾向与发展过程受特定实践与文化价值观影响和改造的途径。我写本书的目的正是为了进行这方面努力。因此必须强调的是，我的观点主要来自上述这些作者们，来自对教育问题感兴趣的其他发展心理学家们。我在前面的一章中曾声明过，我自己关于符号系统中心性①的观点，关于主要依靠文化领域的情况进行分析的观点，来自加夫列尔·萨洛蒙、戴维·奥尔森等人，特别是大卫·费尔德曼的共同努力。我应当再次重申自己对这些当代从事发展心理学与教育学研究的学者们的感谢。在这些人的名单中，还应该加上杰罗姆·布鲁纳的名字，他比当代任何发展心理学家对教育的兴趣都浓厚。他对本书后半部分讨论的问题，包括儿童的生物学遗传、偏好的发展路线、文化的成型效应以及工具、符号系统、媒介和知识的创造与传播中其他人工产品的作用，更为敏感。我非常感谢杰罗姆·布鲁纳，正如他对许多其他人起到的作用一样，他使我将这一系列相关的问题协调起来。

　　现在，我已经提出了多元智能理论的主要原则，并说明了我看到它存在的某些主要弱点，而且还将这一理论的现状，与其他有关智能的竞争性的观点联系起来。那么这一理论的框架，能否帮助我们更好地理解过去的教育过程，能否帮助我们更好地理解将来可能出现的教育改革呢？现在是我们关注这个问题的时候了。进行这一项研究工作，首先需要思考的是，知识在整个人类历史过程中实际传播的各种不同方式。下面，我将讨论这个诱人的，然而又是人们很少关注的问题。

---

① 中心性（centrality）：居于中心的状态或属性。——译者注

Frames of Mind

The Theory of
Multiple Intelligences

第三部分

意义与应用

第 13 章

智能的培育

智人在整个人类历史进程中，都是地位的追求者，他被迫遵循的方式一直是教育。

——朱尔斯·亨利（Jules Henry）
人类学家

引言

现在是召唤我在本书开头讨论过的那三个人物回到中心舞台的时候了。他们之中的一位是普卢瓦特少年，他是我在讨论空间智能时举的例证，曾获得高超航海技能；另一位宗教少年学者，他拥有我在讨论语言智能时谈到的记忆能力；第三位是法国巴黎即将进入青春期的少女，她坐在计算机面前正计划创作一首乐曲，正在以之前人们难以想象的方式，将逻辑－数学智能与音乐智能结合了起来。

我最初进行以上探索的目的就是希望能更好地理解这些不同技能中所包含的能力，希望能够提供一种说明、评估发展这些能力的教育过程，并考虑如何才能采用正确的方法，去评估这些能力。我对以上问题进行了初步的探索。在前面的章节中，我已经比较详细地检验了各个候选智能的情况，而且也对这个理论加以评论。接着，在第 12 章中，我开始根据较大社会范围的关心与实践，把"原始"智能与相对独立的智能联系起来。我描述了正常人应用符号的发展方式，分析了人类智能如何配置，才能服务于由符号系统、代码和更广泛文化的解读框架决定的社会角色。

这一画面虽然是可以论证的，但它的焦点仍然集中在发展中的单独个人。与心理学家们的偏见一致，文化基本上被看成是一种背景。文化的产品和系统，被认为是促进人的发展的一种手段。然而人们可从一种极为不同的视角，即一般社会的视角，去检验类似的遭遇与类似的环境。无论怎么说，从文化的观点来看，大量的人类个体不断地出生，他们各自都需要按照流行的规范、价值观和实践使自己社会化。当我在这里考虑关于智能的培育问题时，我们所关心的是社会使用的手段，尤其是教育及训练的各种不同模式。

人类学家朱尔斯·亨利（Jules Henry）说过的话，使我们想起了在所有的社会中，人类早期以来教育起到的关键作用：

> 智人[①]在整个人类历史进程中，都是地位的追求者。他被迫遵循的方式一直是教育。此外，他总是依靠知识和地位高于自己的人，以提高自己的地位……按照部落的方式去教育儿童，就像呼吸一样自然。成年人对于他们教育的儿童，抱有极大的兴趣，前者对于作为整体部落的存在，也似乎有着更大的兴趣。

当然，在着重讨论教育的过程时，我们的焦点，是一切文化中最为重要的领域，是可以从中观察到智能起作用的最理想的领域。然而，随着我们把视角从单独的个人，转向整体的教育情境之后，我们就进入了一个没有航标指引的水域。在描述教育系统的时候，出现的变数多得惊人，它足以使任何开展受控条件下实验或提出科学模式的希望最终落空。

---

① 智人（homo sapiens）：人类进化序列中处于猿人与现代人之间的人。通常分为早期智人（或古人）和晚期智人（或新人）。——译者注

因此，我的表达方式越来越变为描述性的，并且以间接引用为特征。而且在本书的最后部分，当我考虑教育实践者可能有的选择自由时，当我试图列出教育实践者所遇到的问题时，甚至在我提出某些实践的建议时，我的表达方式更加成为推测性的了。向读者说明这种视角和语气上的大变化是应该的。我相信，解决全世界在教育领域遇到困难的迫切性，以及从比单独个人更广泛的视角去考虑这些问题的必要性，都将证明我的这种转变是合理的。

当我试图阐述在当今世界中看到的特殊训练形式时，将按照如下的程序进行：首先，简要地概述一下任何教育情境的主要组成部分——包括那些涉及的智能种类、主要的传播媒介，以及知识传播发生的背景或环境。把这些组成部分都集中起来之后，就构成了能够运用到任何教育情境中去的、能表明各种教育情境之间相同点与不同点的框架。

在介绍了这一框架之后，我将开始思考在三类典型的学习者身上体现的三种教育情境。这三类学习者，就是上文提到的少年航海家、学习古兰经的学生和编制计算机程序的少女。当然，把这三个事例的任何一个孤立起来看，都会大大地缩小当今世界上可能见到的教育变化的氛围。因此强调以下这一点是很重要的，那就是我们在这里引用这三个事例的目的，仅仅是为了说明问题。我实际上将引用多种可以比较的教育情境的信息，作为达到对如下三种典型学习环境进行概括的手段。这三种典型的学习形式是：①在无文化的社会中学习特定的技能，以水手为例；②在传统的宗教学校中学习读写能力，以学习古兰经的学生为例；③在现代的非宗教学校中传授所有的科学课程，以上述的计算机程序编制者为例。

我之所以构建一种分析的框架，主要原因是为了解释为什么有些当代的教育努力取得了成功，而其他一些则不那么成功。我在为本书做总结的一章中会谈到这一问题。为了实现这一目的，在本章的最后部分，我将提及在现代非宗教的教育中，同时存在的三种典型的学习形式——进入学校学习，各种读写能力的获得，科学方法的运用。无论如何，这些独立形式之间的巧合，给当代西方教育体制带来了清新的气息。正是通过对这些形式的审视，我们才得以更好地理解与我们完全不同的教育过程的运作，理解试图把"我们的"学习形式强加于其他文化时所遇到的困难。

分析教育过程的框架

作为本章的开头，我现在列出对任何教育形式进行分析应当考虑的各种因素。如果我们肯定一个或更多的人类个体在担负起向另一群人传授知识责任时，遇到的情况都是复杂的，那么根本的问题就是要思考多种学习形式。很遗憾，我们因此受到了许多限制，只好对多种形式进行总结性的介绍。在有关这一部分的结论中，我列出了一个表格，说明我提出的分析框架可以应用到三种学习情况中的方式。只有当人们分清了现存的各种教育体制之后，该表格的详细内容才有可能变得清楚起来。然而，在以下各段落介绍特别的学习形式时，在介绍各种现存教育形式的过程中，读者如果对照一下那个表格，将会有助于他们的理解。

为那些可能对此感到困惑的读者写下了以上简要说明之后，我将首先介绍本书引入的一个特殊概念——用于某项教育实践的特定智能。这种智能具有的多重性的一个方面，就是获取信息的能力。因此，人类个体的学习，可能通过对语言编码、动觉的或空间的示范，或通过对人际的束缚来进行。即使各种智能都可作为传播的媒介而得到利用，但需要掌握的实际内容本身，也许会完全落在某个特定的领域之中。如果一个人要学习一种乐器，那么对于他来说必要的知识是音乐知识。如果一个人要学习计算，那么他必须要掌握的知识就是逻辑－数学的知识，即使学习手段在性质上是语言手段也不例外。因此我们拥有的各种智能，对于学习来说，既是手段，又是信息，不但是形式，也是内容。

与有关智能既相互联系又相互分离的，是在一种或另一背景下实际应用的学习方法。直接的或无媒介的学习，也许是最基本的学习形式。正像普卢瓦特儿童观看年长者建造船只或者准备启航一样，在这种学习形式中，年幼的学习者快乐地观察成年人的活动。他们做出的各种形式的模仿，都与直接的观察密切相关，但同时也包含着学习者明显的参与。在模仿的活动中，儿童首先观察，然后模仿。模仿的活动要么马上开始，要么随后进行。

在以上观察类的学习形式中，空间的、身体的和人际形式的知识，常常显得极其重要。其中也可能包含着语言知识，但其作用的发挥具有偶然性。例如在呼吁人们重视成果展示的时候，就是如此。有时提出警示或普遍适用的建议，也需要调动语言知识。此时，know that 就和 know how[①] 联系起来了。

但是特定技能的教学，也可能发生在该技能习惯应用的情境之外。有的时候，一些小规模的模仿形式的建立，也可使学习者获得实践的机会。例如通过在小船的甲板上摆放石子的方法，普卢瓦特的少年水手可以学习天空中有关星斗位置的知识。有时在举行的仪式或典礼上，也向学习者传授一些秘密，或者传授一些在日后"恰当的情境"中可以应用的特殊的实践知识。随着社会变得越来越复杂，随着需要人完成的任务变得越来越微妙、越来越多样性，学习过程越来越发生在与社会实践相去甚远的情境之中。举例来说，就发生在那些特定的、被称作"学校"的建筑物之中了。当我讨论教育问题的时候，我将审视以下精心安排的学习形式：从非正式的丛林学校，传统的宗教学校，以及大多数读者都十分熟悉的当代非宗教的学校。

在回顾这些不同的学习方式或学习环境的时候，我们遇到了在任何学习的方程中，都会出现的三个变量。首先，是学习时使用的各种手段或媒介。直接的学习形式主要是非媒体的，最多只包含一种简单的文字描述，或者"在沙滩上"画出的线条图形。正式的学习形式，则极大地依赖于个别的传播媒介。这些媒介也许包括连接在一起的符号系统，如语言或数学，以及不断扩大着的媒介家族，包括书籍、手册、图表、地图、电视机、计算机以及它们与其他传播模式的结合。当然，正确地使用这些媒介，分别需要不同的智能，而且这些媒介提供的信息种类也是各不相同的。

---

①   know that 和 know how 的含义请见本书第 4 章作者正文中的说明。——译者注

另外，学习活动有自己的特定场合或地点。许多教育，尤其是传统社会的教育，都是在现场进行的，学习者被安置在教学者的身边，或者被吸引到教学者的身边，而后者正在从事他自己的工作。这种现场学习的活动也可以在家里进行。家庭是日常的活动场所，无论是学习做饭，还是模仿父母，都可能存在这种现场学习的机会。我已经说过，随着社会变得更加复杂，有可能为学习设立专门的机构。学校是这方面最突出的例子，画室、商店，或可以带徒弟的实验场所，也是这方面的突出例子。有时特殊的场合，如用于成年的仪式或典礼，也有利于将重要的知识（经常还有强烈的情感）迅速而有效的传授出去。也许差不多所有的信息，都能够在任何场合被教授。但正如我说过的，对于与语言和逻辑 - 数学认知有关的形式来说，最有可能的学习场所，就是专为传授知识而设计的环境。

知识方程的第三个变量，是担任这项任务的特定被委托方。从传统上看，担任教师的通常是与学习者性别相同的父母或祖父母。一个种姓或部族中的其他亲戚或成员，也可作为特殊智慧的来源。同胞兄弟姐妹或同龄人，同样也会成为知识的传授者。实际上，在某些方面，儿童从比他们大的同胞兄姐那里，要比从非亲戚的教师那里更容易学到东西。在某种文化中，经常会出现人类个体配对的现象。儿童的训练，由具备对他们来说十分重要技能的成年人来进行。这种配对现象也许是因为血缘关系、亲戚关系，或者偶然也会因为这个群体认识到被模仿者的才能与某儿童的天赋之间具备的相合性，才会发生。这种配对的现象，更易于发生在只有非正式教育的社会中。最后，在某些社会中，出现了完全独立的教师阶层与领导阶层，最初是宗教的，后来是世俗取向的。他们的工作，是向给定群体中的某些儿童——也许甚至是所有的儿童，传授一整套确定的知识。虽然在世俗背景下，技能和专门知识的获取，已经成为对教育最为重要的要求，但有的时候，教师仍然必须具有可以成为学习者榜样的道德特征。儿童与成人之间重要的亲属关系很可能第一次不再是教育者与被教育者关系的前提条件。取而代之的，是在一种契约式的环境之中，只要是某个地理区域的居民或某个宗教团体的成员，就都可能成为教育链条中的成员。

最后一点，谈一下学习活动发生的普遍情境。我们以上三个典型的学习事例中的任何一个，都倾向于发生在某种特殊的文化情境之中。在传统的、无文化的社会里，每一种学习都被看成是生存的需要。因此，所有的或大多数的居民都拥有类似的知识形式。那种通过明确的规范而学到的知识相对很少，因为大多数必要的知识，都只有通过观察那些在日常环境中从事实践活动的人才能获得。由于这些知识形式都是相对比较直接显现的，所以我在这里不准备进一步讨论它们。我想讨论的，是在需较长学习过程的传统社会中出现的那些知识形式，例如普卢瓦特少年水手，或在无文化的南斯拉夫艺人中，将成为吟游诗人的少年所实践的知识形式。

在读写能力的传授活动发生在传统宗教环境中的社会里，情况有所不同。那种社会中的某个成员，通常是年轻的男性，将会获得一种技能，这种技能使他与那些缺乏这种技能的社会成员分离。这里存在着一种逐渐发生的筛选过程，最后的结果是某些人只有一点这类特殊的知识，而多数有学识的人则成为这个群体的宗教领袖或世俗领袖。在学校环境以外的地方，还存在着进一步的劳动分工。然而社会相对比较简单的技术结构与经济结构，使多数人能够拥有相同的一般知识和一般技能。

现代技术社会以其范围广阔的角色和技能的特征，代表着相反的另一个极端。由于没有哪个人能够掌握所有的技能，所以就涌现出大量的社会分工，出现了制度化的传授知识的形式，以及明确地对成功进行评估的标准。差不多所有的技能学习活动都在特殊的环境里进行：从技术学校到画室，从工厂到公司。在传统的社会里，几乎每一个人对他人拥有的知识都有所了解，但在技术社会里，则有了专家这类角色。这些专家们拥有的知识，就如读写知识在无文化社会的公众心目中那样，在一般公民眼中是很神秘的。

在以上不同的学习情境中，受到重视的智能种类是非常不同的。传统的无文化的社会，将人际知识看得很重，空间与身体的知识形式一般也得到了广泛的应用。同时在某些特定的环境中，语言的和音乐的知识形式也受到重视。在有传统宗教学校的社会里，语言知识受到人们的重视，人际知识也和在无文化社会里的情形一样，继续得到培育。与此相伴随着的，是逻辑－数学知识形式最高水平的教育。最后，在现代的非宗教的教育情境中，逻辑－数学知识更是备受重视，某种语言能力的知识形式也同样受到重视。在这里形成对照的是，当自我认知的理解形式也许显得更加珍贵的时候，人际知识的作用却被看低了。

我已经简要地概述了一种分析的框架，以及可以应用于一系列教育情境和体验中的范围。当然，对这一框架的任何应用，都必然是初步的、尝试性的，同时还必须根据对特定社会近距离的观察，根据用明确可靠的方式应用于以上范围的方法。将这一框架应用于我们提出的以上三个例子的环境中，人们可以获得自己的感受。至于其他可以相比较的实例，则可以参照表13-1。当然，这个表格只选取了三种可能的文化环境。如果考虑到其他的教育情境，无疑将会产生许多其他特征的组合，同时也会让我们这里没有考虑到的教育传授者、教育场所、传授媒介或智能形式显得更重要。确实，这样一个框架的功能之一（当然，远不是强求一致的功能），就是能够帮助我们认识框架显示的教学公式之外的更深层次的内涵。

表 13-1　应用于三种文化背景下分析教育过程的框架

	学习类型		
教育的组成	无文化社会中的特殊技能	传统宗教学校中的读写能力	现代非宗教学校中的科学课程
本书第 13 章举例	普卢瓦特水手，南斯拉夫的口头传唱的诗文	古兰经学校，印度讲习学校，希伯来儿童宗教学校，中世纪天主教学校	欧洲、北美和日本的小学、中学在计算机上的项目
智能	语言、音乐（口头传唱的诗文）、空间（航海）、身体－动觉，人际	语言、人际、逻辑－数学（在学习成绩优秀的学生中）	逻辑－数学、自我认知、语言（不大强调）
传播媒介	绝大多数情况下无媒介（直接观察），辅助口头语言指导	口头或书籍	种类齐全，包括书籍、图表、计算机、电影等
学习地点	现场	单独的建筑或者宗教建筑内	单独的建筑，有些在私人家中或书房内

	学习类型		
传播知识的人	熟练的长者，一般是亲属	受过读写和辩论训练的人，希望具有较高的道德修养，除教初学者外，要求较高的地位	接受过一般教育训练的人，接受过高等专业训练的人，与道德水平无关
普遍接受教育的状况	大多数人具备一些基本技能，包括航海、少数人可能成为行家	大多数男性都进入宗教学校学习，存在逐步遴选过程，优秀的学生常会加入牧师队伍或参加社区的竞选	所有人都接受初等、中等教育，很多人接受专业化的高等教育，也有可能接受终生教育

无文化社会中的技能

直到数千年以前，几乎人类的全体都生活在能力仅仅用来获取基本需求的社会里。这些基本需求一般通过狩猎、采摘、农作物耕耘和食物的储备来满足。在这样的社会里，大多数知识形式都是普遍拥有的。因为社会中的人，至少对于某一种性别的所有成员来说，都必须能够为自己和自己负有责任的其他人，提供生存的必需。所以大体上说，人们在相对较早的儿童时期，就已学到了这些知识形式。他们一般通过对自己家庭成员的简单观察与模仿，学到这些知识。这个时期，不需要准确的记号、特殊的训练和分等级的技能。

然而即使在尚无文化的社会里，人们都会发现复杂的、高度精细化的、仅限于有特殊专长者才具备的技能。他们具有的这些技能，对我们来说恰恰是特别重要的研究对象。在密克罗尼西亚的加罗林群岛中的普卢瓦特岛屿之间的航行，就是说明这种技能最好的例证。在当地人的群体中，只有少数（6个左右）男性能获得"航海师傅"的称号。因为难度的确很大，许多男性甚至放弃去学习高于普通水平的航海知识。即使在那些尽全力争取的人当中，实际上也只有不足半数者才能完成这一困难的学习过程，最后成为熟练的航海家。同样，船只的建造也是一种高级技能，需要大量的训练，最后只有极少数人成功。

从本书第 8 章介绍过的托马斯·格拉德温的研究中，我们对成为普卢瓦特水手的过程，已经有所了解。格拉德温描述的，是最终学会两种航海本领所必要的不同学习过程。一种学习是口头上的，是在"非现场"进行的，包含着对大量实际信息的记忆，如航海者必须掌握的岛屿的名称与位置，所有星星的名称与运行路线等。格拉德温指出，人们认为没有必要为这些知识保密，因为：

> 若不经过艰苦的、长期的指导，任何人都是学不会的……经过无数次的重复与测试之后，才能学会和记住这种本领。当学生在指导者的要求下，能从已知海域的任何一个岛屿出发，在该岛屿和其他应当直接到达的各岛屿之间来回航行时，口中能够不断地说出星星的具体位置时，学习过程才算结束。

普卢瓦特人在学习航海的过程中，对于语言智能的依赖是必要的，然而对于一位有抱负的航海家来说却是不够的。航海本领中更重要的部分，只能在航行的大量实践中去学习。他必须掌握海潮的第一手资料，熟悉在不同的岛群之间航行的特定条件。他还必须掌握远距离航行时保持正确航线需要的系统知识，如解读海浪传达的信息以及在风暴中航行时，在黑夜中寻觅航线、预报气象、对付海洋生物、利用众多星斗导航时，航海家必须熟悉的那些程序。这个过程的许多部分，都需要建立若干"心理模式"。只有这样，航行者才能意识到自己正沿着正确的路线航行，正在穿越途中的全部海域，保持不动的只是高悬在空中的、默默无言的星斗。学习这些航行核心知识，语言并没有多大帮助，而敏锐的知觉能力以及空间和身体 – 动觉知识的应用，才是最重要的。

与上述普卢瓦特航海家的培养过程形成鲜明对照的，是南斯拉夫乡村中口头诗歌传唱者的学习过程。按照米尔曼·帕里和艾伯特·洛德的看法，要成为一名传唱史诗的歌手，例如想成为能够在伊斯兰教斋月的 40 个夜晚中，每一夜都唱一首不同歌曲的人，并不需要经过什么正规训练。相反地，对于未来的歌手来说，整夜听别人吟唱，掌握其中的故事情节才是关键。更重要的是，掌握构成那些新歌曲的各种语言与音乐的规则。经过多年的听和学之后，未来的歌手就开始实践这些规则，进而学会如何扩展或修饰自己听到的歌曲，甚至还学会了如何创作新的歌曲。按照洛德的看法，"这是倾听与亲自实践、模仿与吸收的过程"。最后，在欣赏与挑剔的观众面前，这名歌手获得了表演的机会。这时，他终于有了这样一种机会，能通过观察与独立完成的实践，了解自己所掌握的技艺是否能够产生群落其他成员所希望看到的效果。

普卢瓦特水手与南斯拉夫乡村歌手学会的高水平技能，将他们与社会中的其他人分离开。在这两种活动中，通过广泛练习才能拥有的很强的语言记忆能力，都是将要成为专家的重要的能力。然而水手主要依靠的是空间与身体能力，歌手依靠的则是音乐能力以及与观众进行交流的人际技巧。几乎所有的南斯拉夫歌手都是在"现场"学习的，并没有经过正规的指导。从严格意义上来说，他是自学成才的。形成鲜明对照的是，在普卢瓦特水手们的培养过程中，可以看到明显的教学过程。这些过程中至少有一部分，发生在"现场以外"。例如，可能发生在船舱里，指导者用石子代替星星，表示它们在天空的位置。在学习造船的过程中，儿孙们几乎无一例外地与自己的父辈一起劳动。然而在航海或口头传唱史诗的学习过程中，仅仅拥有亲缘关系是不够的。在一个家庭中，可能有许多成员缺乏成功的实践者必备的能力或兴趣。所以假如这个家庭中的某个成员具备某种天赋，即使他的亲属并没有从事过上述需要特定技能的活动，他也有可能获得成功。然而正如传统社会中的其他大多数活动一样，一个人非常有可能在家族许多代人都从事的某个行业里继续工作，而且能学到高水平的专业技能。

正如我曾经说过的，在传统社会中，只有一小部分人能掌握以上专业技能的现象，是一种不正常的现象。这是因为社会中的大多数活动，都是在正常成年人的范围内开展的。例如普卢瓦特岛屿上的所有成年人，都具备基本的航海能力；南斯拉夫社会中的所有成年人，也都具有某种传唱口头诗歌的能力。当我们开始考虑有学校的社会时，我们就会遇到将特殊的能力变成平淡无奇的环境。我们简单地思考传统社会中的三种教育模式，会有利于我们进一步理解学校社会中的教育。因为传统社会中的以下三种教育模式，各自与观察式学习的正常过程都不相同，这预示了与有学校的社会相联系得更加正规的教育过程。

教育的三种传授形式

启蒙仪式（Initiation Rites）。我们首先介绍一种更正规的、经过组织的学习形式，也就是"启蒙仪式"。根据多种书面资料的记载，这种仪式可能延续几个小时或几年的时间。在一般情况下，某种文化中的儿童必须面对严峻的挑战，必须掌握特定的行为或信息，作为其从童年向成年过渡的一步，通常也是决定性的一步。这种仪式有时是很残忍的：也许儿童必须承受肉体上的痛苦，如非洲的聪加人（Thonga）所做的那样；或者被迫长期单独生活在荒野里，像美洲的印第安人所做的那样。有时候，这种仪式相对仁慈一些，如在波利尼西亚的提科皮亚人（Tikopia）之中，因为这些仪式由亲属来执行，所以带有感情色彩，更像庆典，并附有礼品与食物的交换。

人们可能会问，通过这种遭遇或多或少创伤的过渡仪式，儿童究竟学到了些什么？这种仪式究竟能否被认为是学习的形式呢？如果根据直接观察得来的信息回答这个问题，就有可能言不及义。总的来说，与其把这种仪式看成是掌握技能与专门学问的形式，还不如把它看成是身份变化的标志更恰当。虽然在某些情形下，如在塞内冈比亚人持续三个月的割礼仪式中，的确包含着学习的过程。除此之外，理解自己现在已经是成年人社会中的一员，理解自己将会拥有与这种角色相联系的特定前景与权利，这一事实本身在传统的社会里就是一种关键的知识形式：人对自己的自信心，产生了有力量的因素，反映出对自己能否以既定的方式表现做出评估的能力。这对自我认知智能与自我感的发展来说，是至关重要的活动。此外，启蒙仪式也意味着强烈的情感学习——了解自己的情感，了解自己与群体中其他人的关系。围绕这些体验所出现的紧张、激动与恐惧的感觉，也许就是需要学习的情感的范例。这些情感与少年必须学会掌握的重要的生活经验，比如狩猎、结婚、繁殖与死亡，紧密联系着。当少年经过了这些仪式之后，他与自己群体之间的关系就得到了确认。如果这些仪式因某种原因打了折扣，那么这种关系就会受到影响。人们也许可以把这种启蒙仪式，看成是在人际领域中的明朗化体验——儿童向成年人过渡的关键时刻。这时儿童必须把握的，是他作为一个独立自主的人和大范围社会中一名成员所拥有的情感。

丛林学校（Bush Schools）。 尽管以上这种情感的学习形式与人的认知学习形式，也许可以缩短为几天和几个月的时间，但传统社会中对其他技能的掌握，却需要较长的时间。这种情况就导致另外两类机构的产生。这两类机构都不是充分的机构化意义上的学校，然而它们都延续比较长的时间，并且具备正规教育机构的某些特征。第一类机构就是所谓的丛林学校——这是儿童能够学会如何从事艺术、手工艺和生活中其他重要技能的一个独立的场所。在传统的西部非洲的丛林学校里，男孩和女孩们要学习好几年的时间，被作为神秘社会的一部分来加以训练。学校的"大师"是拥有很高社会地位的人。儿童们按照不同的年龄与才能分组，接受当地自然生活需要的各种门类知识的指导。在丛林学校中也有考试，目的是确定每个人的才能。这些考试包括模拟战场和小规模的战斗，用于确定一个人的作战能力。作为这种丛林学校活动的一部分，还有一种启蒙仪式。儿童在这个仪式中，得到了一个新的名字。对于那些承受不了丛林学校教育的儿童，只好任其自然死亡。在某些这样的学校里，作为一种教育手段，特别强调儿童来自的群体的历史背景，以激发儿童的群体意识、政治诡辩技巧和更大的勇气。

学徒体系（Apprenticeship Systems）。 对于那些不易由单纯的模仿或通过启蒙仪式掌握的技能，还有另外一种训练方式，那就是学徒体系。人们最熟悉的学徒形式，就是中世纪晚期的行会表现出的形式：处于前青春期或青春期的孩子离开自己的家，在有特殊技艺的师傅家里住上好几年。他在那里首先要成为一名家庭成员，听候差遣、干杂活，观看师傅工作，与其他学徒和已经成为临时工匠的人，形成固定的联系。当学徒身份明确之后，他才能慢慢地通过完成难度更大的任务，通过师傅的持续不断地评价，以及有效地分享到手工艺的秘诀，开始学习某项手艺的技巧。如果学得好，又能保持良好的人际关系，那么这名学徒就能进入这个特殊行业更高的阶层。如果想得到同行师傅们的承认，就必须能完成一个特殊行业认可的某项任务或一件作品。这种"出师之作"实际上就是学徒的结业考试。到最后，这位临时工匠就进入了师傅的行列，就能掌握该行业的所有秘密，并在其自己的作坊里带徒弟了。

似乎在世界的不同区域里，学徒体系都卓有成效地发展了起来，也许还是独立地发展起来的。甚至在许多没有文字或学校的地方，情况也是如此。例如在尼日利亚的阿纳昂人内部，就有一种雕刻技艺方面的学徒系统。尽管孩子们常向他们的父亲学习这种技艺，但一个年轻人也可以付出一大笔学费，或者为雕刻师傅当一年学徒，以换取学习雕刻手艺的机会。甚至还有一种名为"雕刻村"的地方，在那里许多人都专门从事雕刻技艺的教学与实践工作。在古代印度，人们把技术性的技能和其他的手艺技能，都组织成行业协会，这实际上可能是产生世袭的等级的实践。在埃及，早就有了一种需要很长时间的复杂的木匠学徒体系，从而使该行业的秘密慢慢地传授给最有前途的年轻人。的确，尽管一般不这么说，但是普卢瓦特青少年获得航海技能过程中的经历，也可以被看作是一种学徒体系。其中能力差一些的学生，在最需要严格记忆的阶段，或在早期海上"试航"的阶段，就被淘汰了。只有最成功的学生才能最终加入航海师傅的队伍中。

我在这里所说的发展过程值得重视。直接的与无媒介的学习形式，适合比较简单的活动。但是当学习过程较长，而且当没有受过训练的眼睛难以观察与理解组成学习过程的要素时，这种学习形式就存在着明显的不足之处。一旦某个领域中的技能达到了特殊的复杂程度，那么即使通过单纯的观察，甚至通过与指导者进行富有指导性的相互交流，也很难生产出高质量的产品。因此，社会就有必要建立正规的机制，以保证有才华的青年能得到培养，进入较高的能力层面上去。丛林学校与手工艺行业协会这两种机制的建立，都是为提高实现这一目的的可能性，也就是至少使社会中那些有天赋的男子，能够获得必要的能力，达到较高的水平。社会内部的劳动力分工，是使这一教育机制得以产生的根本原因。

在这些知识传授的形式中，技术性技能，无论是身体技能、音乐技能还是空间技能，很难与文化内部的人际生活相脱离。在丛林学校中，这种结合现象表现得最突出的，就是启蒙仪式。而行业协会本身，则可以被看作一种高级的启蒙仪式。完成了这种仪式，就获得了那些被作为机密而保守的技能。但有时情况并非如此，师傅们不把技术秘密传授给徒弟，只是为了延长合同的期限。没有足够人际智能的学徒，就不可能成功地穿越这些障碍。实际上，人际关系的敏感度也许与人的勇气或手艺的灵巧同等重要。而学习者参与学习过程的机会，常常依赖于家庭之中，或者家庭与家庭之间过去的人际关系。

丛林学校与手艺行会的出现，同时标志着从许多传统社会重视的直接教育方式，向正规教育模式的转移。这里所说的正规教育模式，在过去一千年中出现在世界的许多地方。正规学校的出现有许多原因，其中最主要的原因，也许是因为社会需要更有效的方式，以便教会年轻人读书写字。随着学校的出现，我们就看到了从无声的观察到清晰的知识形式，从典礼仪式到技术的要求，从口头知识的保留到书面知识的交流，从宗教文化的倾向到世俗的文化——最终完成了科学知识获取形式的转变。以上所有这些教育形式都有多种极其复杂的倾向，没有任何一种与另一种是相同的，但都没有被人们充分理解。然而，如果我们想探讨世界许多地方现在面临的教育难题，就有必要了解各种不同目标指引下的教育的本质，了解教育利用或发展人类个体不同智力潜能的方式。

学校教育的种类

传统学校中的传统模式

宗教学校的教育体制，重点在于学生对教科书的死记硬背，而教科书的语言却是学生们不熟悉的。这一事实，可能使现代的读者们感到难以理解甚至会感到奇怪。因此有必要强调，这种教育的方式与过程，正是过去一千多年以来许多学校的特征。这些学校包括中世纪基督教占统治地位的欧洲许多学校，以及小语种世界某些地区的一些学校，例如，希伯来语犹太儿童宗教学校和犹太初等学校（或中学）等。我将根据迈克尔·费希尔（Michael Fischer）和我的同事罗伯特·莱文和苏珊·波拉克（Susan Polak）的研究，说明这些传统学校的特征。尽管在这些典型的学校中，明显存在有指导意义的差异，但是从主要的部分来看，世界不同地区各个角落的学校虽然没有什么持续性的相互接触，却有着非常类似的特征。

正如我所说过的，这些传统学校几乎无一例外的都是宗教学校，都由宗教人士创建。这些学校的教师，不仅仅是宗教界的人物，而且应当是具有高尚道德品质的人。他们拥有极大的权利，在必要的时候惩罚不服管教的学生，不过他自己在所属的社区应当是道德的典范，否则就不称职。

这些学校中的主要课程很简单，对一年级的学生更是如此：学生必须学会按照宗教教科书中的语言读和写。由于这些语言一般都不是本地语言，所以学生必须学习数年的外国语言。学校并不想方设法让使用者熟悉这种语言，也不必让使用者对这些语言发生兴趣，因为学习是通过对句型的死记硬背来进行的。学生一般都从字母开始，首先临摹和记忆这些字母的笔画，然后再抄写单词和句子。这样，他很快就能写出或记住长段的经文。儿童自己必须花费很大的力气，完全依靠自己去发现语言的语法要素和声音的结构。非常明显，语言智能此时是关键的智能。拥有这种天赋的儿童，就像前面列举的那位神秘的伊朗少年一样，很容易就能在这种"解码"活动中取得成功。这种教育的顺序一般是先掌握字母系统，然后解读语言，再到理解课文。达到最高的水平后，学生的能力就能应用到宗教课本以外的教科书之中。最后，他就能针对某些课文的含义，进行公开的解释和争论。但要达到这一目标，需要花许多年的时间。而对于大多数学生来说，最多也只能达到记忆较为熟悉的经文的水平。

在这些传统学校里学习的学生，主要是男孩儿。在有些社区里，早期的这类教育是义务的；而在另外一些社区里，这种教育局限于（或很快就仅仅限于）少数特权阶层。上学的第一天是个特殊的日子，儿童们知道能够学会诵读经文，是个难得的机会，是件值得庆祝的事。然而随着每日的句型训练和背诵活动开始之后，这种快乐的时光就过去了。具备以上读写技能的儿童，很快就与那些缺乏天赋的儿童拉开了距离。敏锐的语言记忆，也许就是取得进步的重要因素，因此记忆的天赋或记忆的技巧，才是最为关键的才能。尽管从表面上看，记忆能力并不是这类教育体制要达到的目标，但似乎是一个必要的步骤。无论如何，最终的解释和争论，都必须以对教科书的记忆为前提。其中的原因，在于教科书里包含着与生命中的磨难相关的答案。而这些答案的存在，在这类学校存在的理由中占据第一的位置。主要的学习阶段过去之后，还将举行阶段性的庆祝活动。那些在学习上成功的人，例如我们说过的那位伊朗少年，以及为所在社区推崇的人，就被允许进入最高层次的犹太高等学校、中世纪大学等学校去学习。这些人可以选择学者为自己终身的职业。即使他们不可能像他们的某些同辈那样博学，但也会同样受到自身所在群体的尊重。

尽管在这一训练模式中，语言和逻辑能力显然起着核心的作用，但多少世纪以来，传统教育中的人际智能也没有被忽视。除了那些被分去教幼儿的教师以外，一般的教师都受到人们极大的尊敬。过去，许多教育的过程都以有吸引力的人为中心，如印度的宗教领袖与犹太教拉比等，他们把有前途的学生搜罗在自己的羽翼之下，帮助他们攀登学问的高峰。此外，这些学校的一个基本目标，就是在所属的社区中保持社会凝聚力，而这个社区又支持这些学校，并因学校中最好的学生的成功而感到骄傲。尽管天赋常常得到承认，常常受到嘉奖，但这种情况并不发生在超脱个人爱好、缺乏人与人之间的接触和联系的环境中。教育的世俗化和非人格化也还有待于去实现（也许永远不会完全实现）。

必须强调，这些学校并不是凭空产生的。中世纪时期，居住在中东一带的宗教群体之间，接触频繁。甚至在这些传统学校之间，也存在着明显的互相借鉴某些特征的现象。我还应当说明这些系统之间一些明确的差异。虽然为了叙述方便我过去没有谈过这些差异，但它们却是在研究任何传统学校的时候都必须考虑的。宗教学校的本身，建立在早期的传统教育基础之上。这里说的传统教育，包括古埃及和美索不达米亚对抄写员的训练，三千年以前中国与印度的学术机构和古代雅典的传统学院的教育。在后者中学习的中心内容，虽然是伊利亚特和奥德赛①，但音乐、身体的发展、算术、几何、天文、哲学等学识以及政治领导能力，都是雅典传统学院重视的教学内容。确实，当传统的世界分崩离析之后，多种多样的学习课程就被丢弃，以至许多古代的知识失传，这导致中世纪早期出现的那种教育形式，明显地存在着很大的局限性。

的确，在中世纪的欧洲人们有一种普遍的感觉，就是所要学习的信息量是有限的。理查德·麦基翁（Richard Mckeon）评论说："你如果想了解12世纪的文化，那么你可以列出3 000条每一个知识分子都知道的语录……你可以为此制出一个表格。"当时的教育方法，甚至在最高层次的教学过程中，主要就是记忆。教师通过问答的方式，通过规范定义的办法，甚至全部用讲课的方式，训练学生的记忆能力。确实，只有少数人才有资格参加比较自由的辩论。即使在大学里，学生也都买不起书籍，所以必须记忆教师在课堂上的演讲。这种现象一直延续到文艺复兴时期，延续到大规模的印刷术成为可能的时期。这一点，我们从一篇描写意大利文艺复兴时期的大学的文章中可以看得出来：

> 学生们得不到注释、语法书、古代词典或字典以及神话选集的帮助，所以讲课者必须口述被引用的文句，全部重复类似的段落，解释地理与历史的隐喻，详细地分析句子的结构……无论是年老的还是年轻的学生，他们只有纸和笔，他们耐心地坐着，记录着老师讲的话。讲课结束的时候……他们每人都带走一本草稿，其中包括教科书的手抄本和大量的笔记，含有批评的、解释的、伦理的、美学的、历史和传记方面的内容。换句话说，他们记录了一整本书的内容，做出了专心听讲的学生所能做的最完整的笔记。

正如迈克尔·费希尔对这类传统学校进行的有指导意义的讨论中指出的，

---

① 奥德赛（Odyssey）：古希腊史诗。——译者注

一直到 19 世纪，伊朗的学校都是这样的。

　　导致出现各类传统学校的因素是不同的，我们不能离开特定的历史、文化与宗教的条件去研究它们。虽然如此，长期以来在世界许多地方教育形式惊人的相似性，使人感到我们讨论的这些多种多样的教育，与许多人的认识方式非常适应，而且这些教育也的确启发了那些认识方式。由于这些学校建立的基础，都是无文化社会中起十分重要的作用的记忆能力，所以这些学校就持续不断地开发记忆术，以增加文字记忆技巧的教学，从而使学生能够阅读（最后能够写出）自己也不懂的教科书。由于认识到知识传授者这类中心人物的重要性，这些学校一般都有一位受人敬重的、常有超凡魅力的"大师"。他与学生的前途密切相关：大师对学生进展的评价，将确定他们能否达到更高的成就。尽管这种学习机构所在的地点，远离所属社区的经济生活，但它们很难与所属的社区隔离。这些学习机构都植根于宗教的实践。因此从某种意义上说，这种学习可被看成是在"现场"或"情境中"的学习过程。因为除了书籍以外，没有其他传授的媒介，所以只有最成功的学生，才能在参加辩论的时候开发出自己的逻辑智能。而一般的学生所应用的智能，则是语言的智能形式以及在传统社会中起支配作用的人际的智能形式。这种教育不大关注空间智能和身体智能，这是与传统的、无文化社会的教育模式有所不同的地方。因此尽管与南斯拉夫培养乡村歌手或普卢瓦特人培养水手的直接现场教学相比，这种传统学校不能相提并论，但它们与不正规学习机构的联系，仍然是很明显的。

　　在中世纪传统学校的全盛时期过去几百年以后，法国作家拉伯雷①嘲笑了这种教育形式的局限性。他描述了神学博士图巴尔·霍勒弗内斯（Tubal Holofernes）的情况，说后者：

---

① 　弗朗索瓦·拉伯雷（Francois Rabelais, 1483—1553）：法国医生、作家、人文主义者，早年接受僧侣教授，曾受神职，后改学医并颇有造诣，1530 年涉足文坛，在传世之作《巨人传》中提出了人文主义的政治、教育、道德主张。——译者注

强迫自己学生花 5 年的时间背诵字母表，直到能够倒背如流为止。然后让他的学生花 13 年 6 个月零 2 个星期的时间，去诵读中世纪最糟糕的教科书，也要求能够倒背如流。接着学生必须再用 16 年的时间，研读罗马时代晚期劣等编辑的作品。这些作品曾经是早期巴比伦人都能看到的东西。

弗朗西斯·培根在 17 世纪初期写道：“发现与证明的方法，也即按照这种方法首次建立起最普遍的原则，然后再用这些原则去证明和检验其中的公理，是错误之母，也是一切科学的祸根。”这个批判是片面的，因为中世纪学校的教育，对于当时社会的结构与目标来说，在许多方面都是恰当的，它使得当时的重要技能和知识都得以有效地流传下来。

传统学校的解体与现代非宗教学校的兴起，首先发生在西方，尤其是在英国和德国。现代科学的发展以及整个欧洲和北美对现代科学的逐渐接受，在其中起着至关重要的作用。14—16 世纪许多其他重要的宗教、政治、经济与社会的变化，都是众所周知的，而且都被人引证过，因此我这里就不一一赘述。此后随之而来的，是人们比以往更加需要正规的教育，更愿意花钱让自己的孩子去接受教育。这种正规的教育更加向科学与技术倾斜，不再垂青于宗教教材的学习及经典文献的解读。由于发生了各种工业革命，例如，18 世纪纺织机械与重型机械的革命、化工工业的革命、电机工程的革命、19 世纪钢铁工业的革命和 20 世纪计算机及信息技术的革命，教育系统也相应发生了很大的变化。欧洲、美国、苏联、以色列或埃及、印度或日本的现代教育，与上文简单介绍过的传统教育类型都没有什么共同之处。

现代的非宗教学校

典型特征。那么辨别非宗教学校或世俗学校（也就是本书读者最熟悉却并非理所当然的传授知识的模式）的独有特征是什么呢？首先，在非宗教学校中学习的主要内容，已经不再是宗教的课本。它实际上开始把所有能够收集到的知识，都当成学校学术范围内同等重要的内容。其次，这些学校的工作人员，已经不再完全是或基本上是宗教人士，取而代之的是为普通民众服务的人员和国家聘用的教师。这些担任学生指导者角色的教师，是依靠自己的智力证书而不是依靠自己的道德光环获得聘任的。教育在童年的早期就开始了。伊拉斯谟①曾建议从三岁开始，但现代有些专家认为还可以更早一些。家长们寻求各种方法去达到教育的目的，因此本国语言的、各种简单而直接的表达方式、游戏、迷宫及专门写给儿童的书籍等教育手段的应用，逐渐为人们所采纳，并最终广为传播。女子逐渐加入学习的行列，然后加入教师的行列。最后，教育的所有目标都改变了。这类学校教育的目的，是为国家培养合格的劳动者与合格的公民，因为它能促成人性的发展，并且无论学生想成为什么样的人，学校都可以提供相关的技能。

当然，在非宗教社会中，人们的目标也是各不相同的，而且这些目标所能充分实现的程度，也是有疑问的。此外，传统学校与非宗教学校之间的界限，不应该过分区别。严格地说，并不是所有的传统学校都是宗教的，许多非宗教的学校，也有着某种与宗教的联系或宗教的支持。但毫无疑问，工业化国家的大多数学校，都有非宗教学校的特征。

随着学校类型的转变，智能的组合也出现了决定性的转变。要确定这些组合以哪些智能为特征，又以何种方式出现，这是未来的研究任务。而无论怎样做，都必须把这样一个事实考虑进去：智能组合的转变所影响的，是智能的相对重要性，而不是一种特定智能的绝对存在或绝对不存在。虽然如此，如果基于以上情况，再审视多少世纪以来发生的变化，是有益的。

首先，人际智能的相对重要性在现代教育的情境中减弱了。现在，一个人作为个体，对于周围其他人的敏感度，人与自己师长形成密切关系的能力，人与他人相处及解读他人的信号并做出正确反应的能力，已经没有几百

---

① 德西迪里厄斯·伊拉斯谟（Desiderius Erasmus，1466—1536）：荷兰基督教人文主义者、作家。曾在欧洲各地研究和讲学，信仰理性至上，反对宗教偏见，支持路德的宗教改革。——译者注

年以前那么重要了。而形成对照的是，由于人必须监督自己的反应，计划自己余生中的学习进程，所以自我认知智能仍然是有用的，甚至可以说与以上规划关系越来越密切了。某种纯粹的语言技能并不十分重要：这是因为很容易获得书籍，所以快速阅读的能力和记笔记的能力很重要，而纯粹的记忆能力以及不加批判的"复述"能力，就不重要了，甚至受到怀疑。说得确切一些，就是语言智能与逻辑智能组合的地位突出了。这是因为人需要对自己阅读的课文进行归纳、综合与批判，应该提出新的论点和论据去替代现有的知识。随着计算机和现代技术的出现，甚至文字本身都显得不重要了，人现在已经能够单纯依靠应用逻辑和数字的符号，从事自己做的许多工作。传统学校替代了空间智能与身体智能的"直接教学法"，将重点放在培养语言能力上，同时又保持了人际智能的许多要素。现代学校逐渐将教育的重点放在逻辑－数学的能力上，放在语言智能的某些特定层面上，以及放在新近发现的自我认知智能上。在大多数地方，其他智能如果被人注意到的话，就留给课余的活动或娱乐活动。因此曾经居住在只有传统学校的社会中的人，一旦被要求迅速转移到以计算机为中心的教育系统时，将会表现出极大的不适应，是不足为奇的。

青少年程序编制者。让我们到此暂停，分析一下那位假想的巴黎学生：她正在自己家的微型计算机上编写一首乐曲的程序。从事这项活动有一个前提条件，那就是高度工业化和技术化社会的进化，而且必须富裕到有足够的财力，去购买一部在一代人或两代人以前被认为是科学幻想的设备。无论如何，谁都不可能在一切为零的基础上，建立起计算机社会，甚至制造计算机。

然而令人感到惊讶的是，她能在与自己文化中其他成员基本上没有什么交流的情况下，完全依靠自己的智慧从事这项工作。通过阅读使用说明书和简单的课程学习，在懂得了编制程序的基本原理之后，她就能自如地实现自己的目标。她自己上街去购买各种必需的软件，编制出适合自己需要和要求的作品。她能同样自如地修改、放弃或改编自己的音乐作品，能够与他人分享这些作品或仅仅留给自己欣赏。由于这些大多依靠她自己的计划，依靠她对自己的需要以及如何才能满足自己需要的认识，所以在她选择和评价这些活动的时候，自我认知智能就起着重要的作用。同样，在做出生活中的重大决定时，在选择角色、配偶、居住地点时，这位巴黎的少年与传统宗教文化中的其他同龄人相比，有了更大的优势。在从事计算机工作的时候，她应用逻辑－数学智能的程度，与社会中大多数人相比都更加广泛和深入。计算机化社会里的生活，同样也包含着逻辑－数学智能与其他智能形式的组合，最典型的就是与语言智能的组合。然而我们这位巴黎学生的事例也表明，逻辑－数学智能还能与音乐思维联系在一起。在以上社会中，人们可以继续应用其他的智能形式，比如空间智能、身体－动觉智能或人际智能的形式，但这是个人的选择自由，不受社会强制。

这位在自己的私人计算机前面工作的少女，与在传统社会中学习狩猎、种植和制作简单工具的少女，处在教育链条的两个极端上。她与犹太儿童宗教学校中掌握宗教课本的学生也是大不相同的。然而，对于不同学校环境偏重的智能轮廓之间的差别，我们不应该过分夸大，这一点仍是很重要的。当然，在某些现代教育情境中，人际关系依然很重要。例如无论在艺术领域还是科学领域，研究生的教育基础，都建立在导师与他的有培养前途的学生之间的密切关系之上。尽管在这种联系形成之前，人的认知智能也许就已经起了作用，但长时间保持这种联系，却是这名学生最终在自己的领域中获得成功的重要因素。还值得注意的是，每个存在着非宗教学校的现代社会，一直都在以某种方式保持着传统教育的一些做法。在社会上，也许存在着课外的宗教教育或周末的主日学校①。儿童除了在非宗教学校的日常学习以外，经常在特定的学校学习希伯来语。在日本，教师们经常在正规课堂里，培养某些传统的价值观。而他们的学生，则参加以非宗教的方式设计出来的名为"宿"②的学校的学习，以便为将来通过严格的大学升学考试做准备。在印度的"帕塔夏拉"学校里会进行许多学科的非宗教教育。同时，在印度的"古鲁库拉"学校里则返回到实行早期的宗教传统的教育。即使在现代的西方，

---

① 主日学校（Sunday schools）：西方星期日对儿童进行宗教教育的学校。——译者注
② 宿：日语"私塾"的意思，日本从小学一直到高中的补习学校的总称。——译者注

大家都能感觉到，为了使早期传统教育的古典主义倾向与现代非宗教教育更加科学化的倾向并存，人们正在努力实践中。这样一来，我们拥有的艺术和拉丁文高级中学，对应着技术高中。与大学的人文预科对应着的，就是大学的技术预科。我们还可以进行对比的，一方是为了在每个普通体力劳动者和农民进入各自的岗位之前，确保他们具备基本文化水平而设立的"终端"初级学校；而另一方，则是为培养精英的私立学校。在这类私立学校中，即使其中一部分学生已经掌握了一定的学问和科学方法，但学校仍然继续强调传统教育的作用。最后，发达国家学校里的许多自选活动或课外活动，在学生有时间、有兴趣并具备一定经济条件的情况下，是能够开发他们各种不同的智能的。

对学校教育的批评。大部分西方社会的现代非宗教学校出现多年之后，我们这个社会已经有了充分的机会，深入研究这类学校并权衡它的利弊。我们现在应该能够意识到，在总体上毫无批判地接受这种教育的同时，我们可能也失去了一些东西。这是因为这类非宗教学校的教育重点，在对于某些智能的应用，缺乏的是人类的智能与社区长期精神生活与道德生活的结合。在最近的几十年中，这类深思使许多研究教育的学者，对当代教育展开了猛烈的攻击。伊万·伊利奇（Ivan Illich）号召成立一个"否定学校协会"；保罗·弗莱雷（Paolo Freire）反对社会精英分子把学校当成工具，用来操纵被压迫者；罗纳德·多尔（Ronald Dore）指责学校教育的发证功能，认为这使得学生进入学校的重要目的，只是为了获得一纸文凭，而社会上供持有文凭的人从事的职业却寥寥无几；乌尔里克·奈塞尔（Ulric Neisser）批评课堂教学涉及的学术技能过于狭窄；克里斯托弗·詹克斯（Christopher Jencks）以及其他各类美国评论家则认为，学校作为一个整体，就连它所声明的目标，即帮助人登上成功的阶梯，都没有能够做到。他们认为社会的阶级背景和个人的运气，实际对于事业的成功更加重要一些。而像迈克尔·麦科比（Michael Maccoby）和南希·莫迪亚诺（Nancy Modiano）这样怀旧的评论家们则声称：

如果农民的孩子没有因为乡村的生活变得愚钝，那么他能体验到事件、物质和人的独特性。但是城市儿童长大之后，也许最后会把自己与外界之间自发产生的并不陌生的关系，转变成更加世故的、注重于实用的、交换或分类的世界观。一名工业化了的城市居民在逐渐得到对所获信息进行描述、推理与解码能力的同时，也许渐渐失去了对人和事件的感受能力。

这些批评家的意见，不一定就能占上风。伦敦的迈克尔·拉特（Michael Rutter）及其同事，最近进行了一项很有影响的研究。他们的研究表明，学校为孩子生活带来的，是积极的结果。如果一所学校有充足的资源，有一名能干的校长，有重视教学、时间观念强、富有责任心的教师，有明确而公正的奖惩系统，那么儿童就能学到更多的东西，会更加热爱学校。这样的学校还有利于避免少年的犯罪行为。类似的报告，还来自面临挑战性环境的纽约市。对于学校来说，重要的是校长和办学的原则！对于弱势群体来说，在生命的早期开始推行发展儿童智能的、实实在在的教育计划，将会对学生将来的为人和成就产生深远的影响。

然而我在这里的目的，并不是要和学校的维护者或批判者进行争论，也不站在谁一边。更确切地说，我提出的分析框架，可能有益于识别作为现代学校特征一部分的教学计划，有益于发现这种教育无意中产生的副作用。在那些偏爱空间、身体与音乐认识形式和注重生活中人际关系的观察家当中，存在着反对当代教育的倾向，这是可以理解的。当代的非宗教学校已经完全（虽然并不一定必然如此）忽视以上这些智能。而相反地，那些偏重逻辑-数学智能和自我认知智能的培养，偏重于培养社会精英，忽视对个人综合素质评价的评论家们，则感到现代学校教育有许多优越性。然而值得注意的是，校长与教师的个人素质，是促进学校教育产生效果的因素之一。尽管有可能在每一张课桌上（或其他合适的地方）安装一台微型计算机，但高素质的校长和教师的位置是无可替代的，至少现在是如此。

对于现代学校的实际作用和效果，现在可能（将来还会继续）存在争议。但是学校对社会产生的全面影响与没有学校教育的社会相比，则是个没有争议的问题。几乎所有的评论家似乎都明显地感到，接受至少几年的学校教育，会使人类个体（最终使群体）与缺乏正规学校教育的社会的成员之间，表现出重要的（如果并不总是容易察觉的话）的差异。当然，传统学校与现代非宗教学校是有差别的：按照我们的整个分析框架来看，以传统学校为特征的社会，是没有正规学校教育的社会和现代非宗教学校占据教育主导地位的社会之间的一个过渡。

现代教育的三个特征

在当代世界中，几乎每一个社会，无论偏重什么样的知识传授模式，都不得不面对现代"工业化"世界或"发达"世界的成就。任何一个社会，无论对欧洲、美国或日本的教育事例持怎样的怀疑态度，都不可能无视这些国家的教育系统，而仅仅满足于自己传统的知识传授模式。

任何社会的教育政策制定者们，为了确定哪些教育途径应该继续，哪些应该放弃，以便做出卓有见识的教育规划，会力图更准确地理解发达世界的教育效果和主要特征，如非宗教学校的入学要求、读写能力的教学以及科学方法的掌握。以上领域中的每一个范围都很广，至今没有任何一个得到了很好地理解。另外，它们都有相互关联的倾向，就是发达世界的大多数当代学校，都有多种训练读写能力和培养科学思维的方法。因此要确定不同方法的效果，确定这些方法相互作用的途径，不是一个简单而易于完成的任务。然而在任何当代的教育方式中，在确定了这些因素的重要性之后，需要做的就是思考已经知道的不同特征是什么，何时可能分别对待，并且看一看不同形式教育的特征，能否应用我在本章前面介绍的框架给以说明。

学校教育

在我们头脑里有了这些意识之后，就可以思考被一般公众相信的三种因素的特征。学校教育的效果，可能是最常见到的问题。专家们一般都认为，在学校环境以外，儿童通过观察以及参与到经常需要某些技能的情境之中，从而获取这些技能。而在标准的课堂上，则由教师讲授这些技能。教师们常常提供以抽象符号为形式的材料，并依赖于课本、图表等无生命的媒介，作为传达信息的手段。学校的教育，一般都传授人们不容易看到或接触到的内容，就如同接受信息的感觉模式，似乎令人难以理解地不适合大多数学校任务一样（视觉的阅读行为除外）。熟悉了学校教学方式的孩子，都习惯于面对常常在现实情境之外的问题或家庭作业。他们学习解答这些布置给他的问题，原因是他们只能如此。孩子们学会了寻找解答问题的线索，确定解题的步骤和策略，并拼命地寻求还不知道的答案。在学校教育中学到的某些技能是普遍性的，例如：一旦掌握了阅读能力，就能阅读任何题材的书籍；一旦能够写字，他就能写任何内容的东西。计算、图表解读等技能，同样也都是通用的。的确，学会对所有记号系统的应用，就是学校反复灌输的、生存必需的主要技能。

迈克尔·科尔和罗伊·德安德拉德（Roy D'Andrade）在进行了广泛的研究之后，指明了人在学校教育之后所能表现出的普遍效果。受过正规学校教育的人，在如下几个方面的活动中，要比没有受过这种教育的人强。一种是必须关注语言本身的那些活动，另一种是特别需要信息加工策略（如信息群加工）的活动，或必须在现场自发应用特定的分类系统（如把属于同类高等级的物体放到一起去）的活动。相反地，在材料熟悉的情况下，如果需要寻求的关系是适应某种功能或实用的，或者需要解答的分类模式，已经在人们熟悉的和非强迫性的情境中成为范例时，在受过学校教育与未受过学校教育的人之间，就看不出多少差别或者根本看不出差别了。这些研究成果突出地说明了，教育在呼吁学生对语言的关注，在教会学生以特定的方法进行分类，以及教会学生应用特定的信息来源时，是有效的。即使在未受过学校教育的儿童中，也可以针对他们缺少的以上技能进行训练。然而重要的是必须强调，在一般情况下，通过实验研究者们所设计的那些活动，这些技能是无法自然获取的。

那么根据我们的分析框架，学校教育包含着新的学习场所，存在于为生产劳动技能服务的情境之外。学校有专门的知识传授者，有非学校环境没有的许多传授知识的媒介。反过来，知识传授者和传授知识媒介的结合，能够培养出当知识的传授仅仅发生在单一场合，发生在无媒介的情境中难以获得的心理技能。就像新的读写能力和逻辑思维能力的形成，常常与这类学校教育共生一样，人类更高级、更具有自我感地应用语言的能力，完全可能是大多数学校教育的副产品。有关人的认知的知识形式，将依照学校的不同而各异。而一般来说，空间认识的形式、身体－动觉和音乐认识形式的学习，在这些学校中的存在是偶然的，或者只拥有自由选择的地位。学校教育的不同，主要取决于是倾向传统宗教学校的模式（其中语言知识和人际知识的形式处于中心地位），还是倾向于现代非宗教学校的模式（逻辑－数学的智能形式和自我认知的智能的形式与这种教育体系的目标有关）。应当指出的是，在某些国家，比如日本，人们花费了大量的力气，在正规的学校环境中培养人际知识。此外，对于某些严格的传统学校来说，如在那些只注重读写能力的宗教学校里，也许不会出现与非宗教学校有关的、某些认知的革命。

读写能力

让我们把话题转到读写能力的效益。我们发现在这方面有过许多议论，涉及表面上似乎相互分离、但肯定是相互关联着的众多技能。读写能力就像学校教育一样，常在许多方面重新引起人们对语言更加深入的关注。在没有读写能力的社会中，语言是看不见的，人们见到的只是说过话以后的效果。而在有读写能力的社会里，人们知道还有像单词这样的语言要素存在，知道这些单词以某种可行的方式（语法）结合在一起，知道这些语言要素之间的联系。人因此懂得，自己有可能准确无误地表达自己的意思，有可能完全准确地记录别人说的话，有可能明白说话的含义（如"把盐递过来"）和实际上说出来的话（"请把盐递过来，好吗？"）之间的区别。有读写能力的人，能够很容易地通过非面对面的方式，进行相互之间的联系，甚至能够了解一个他们从未谋面的人。假如有可能通信的话，他们还能与那个人建立起一种联系。因此人际关系可能呈现出一种新的、迄今为止几乎难以想象的乐趣。

读写能力至少在某些情况下，完全可能帮助人们进行抽象的思维。因为人们有了这种能力后，现在能够准确地定义一个术语，能够追溯过去发生的事件或者给出的定义，并且能够衡量某个论点的逻辑要素和说服力。使用各种符号化记号的能力，使人们能够补充自己的记忆，组织自己未来的活动，并在某个时刻，与无数的人（如潜在的读者群）进行交流。

掌握了不同类型的读写能力，如阅读音乐曲谱、数学证明过程或复杂的图表，就能使人进入过去无法涉及的知识领域，并为该领域的传统贡献新的知识。读写能力还会产生深刻的社会效果：能够读写的人与同时代没有读写能力的人相比，不但使自己处于极其有利的地位，而且还能以某种身份建立起自己的声誉。例如，假如他能够保持在公共交往中的诚实的记录，并能够明智地利用这些记录，那么他就能当一名"诚实的经纪人"，或者取得评价他人行为的资格。难怪那些没有读写能力的社会的领导人，一旦发现存在读写能力的社会之后，便假装自己有这种实践能力呢！

这就是具备读写能力的结果。正像迈克尔·科尔和他的同事们帮助我们了解接受学校教育多年后的效果和缺陷一样，他们最近的研究资料，又补充了我们对读写能力含义的理解。科尔、西尔维娅·斯克里布纳及其同事，利用文化中的独特实验方法，耗费数年的时间，研究了利比里亚的瓦伊人（Vai）。瓦伊人的特别之处是有些居民仅仅具备英语的读写能力，而有些居民仅仅具备阿拉伯语的读写能力。有大约 20% 的成年瓦伊男性掌握当地专用的特殊文字。这是一种 19 世纪发明的、基本上用于写信和个人记录用的字母表。虽然瓦伊人的上述文字仅用于某些重要的目的，但它并不能帮助使用者接触新的知识，也不能帮助他们记录科学、哲学或文学方面的信息。

科尔小组的研究者们揭示出一个惊人的事实：在这几个文字系统中，即使有任何一个具备高水平的读写能力，那个系统也不能产生广泛的认知效果。实际上，人类在多数前文所述对问题的解决、分类和分析等技能之间存在差别，甚至在语言感受能力（似乎就是读写能力的一部分）方面存在差别，都不是读写能力本身所造成的，而是学校教育带来的。然而掌握各种读写方式，可以提高这种特殊读写能力必要的某些技巧。因此，在把音节组合为富含意义的语言单位时，瓦伊人的读写能力比其他群体更强一些。阿拉伯人在读写的时候，有一种选择性地记忆连串单词的能力，但在读写的其他方面并不特别出色。照此看来，读写能力不应被认为是救治各类认知弱项的灵丹妙药，而应被看成是一组特定的认知技巧。这些技巧也许带有某种普遍性，但绝不是改变世界观的一种手段。正是学校教育情境中的读写能力，改变了语言和认知操作的大家族。

这样一来我们可以发现，一种特殊的技能如语言技能，不一定能产生学校情境中通常会出现的革命性效应，这与本书阐述的理论是一致的。对语言智能的特殊应用，并不一定牵扯到其他的智能。对读写能力与记号系统的普遍关注，可能会使人既知道了记录信息的可能性，又容易学会其他的读写方式（如计算机新的程序语言），这是没有错的。此外，正如在学校教育情境中普遍出现的情况那样，获得读写能力之后，人们能够掌握现场以外的新的信息。阅读从某种意义上说，为人类打开了另一个世界的大门。然而斯克里布纳与科尔的研究，使我们想到，在做出任何新的教育形式必然会产生广泛效果的假定之前，必须谨慎一些。确实，当一个人思考在丛林学校与传统宗教学校之间，或传统宗教学校与现代非宗教学校之间的巨大差别时，学校的种类产生的智能差别，似乎明显地与学校本身之间的差别一样大。

科学

在我们这个时代，一个主要改变我们世界观的潜在力量，是我们的第三个因素——科学。这是文艺复兴时期及其随后历史进程的结果，科学给我们这个时代带来了许多重大发明。科学与技术手段的运用，为人类带来了前所未有的财富，导致了许多预想不到的物质的和社会的巨大变化，整个世界都被它影响、吸引。

在科学方法上，至少有两个方面是协同作用的。一方面，必须有搜集事实的兴趣，有对客观经验的渴望，有对某项研究课题尽可能透彻地了解，而且有勇于或渴望按照新发现的事实改变自己的想法。除了以上描述性的研究方法以外，科学还要建立起自己的上层建筑——能解释物体及其所受力的本质和它们之间关系的理论框架，解释它们是怎样出现的，如何才能使它们发生变化，以及在什么条件下才能发生这种变化。这种理论框架所依靠的，是推理。其中的演绎推理，就是从普遍性的假设中推导出个别事物的规则；其中的归纳推理，就是从对个别事物的考察推导出普遍的原则。从某种程度上说，这些因素在古典时期，这里指的是亚里士多德时代，就已经存在，而且在世界的其他地方，也已经存在了许多年。然而正是中世纪以后欧洲文化的特殊创造力，把这些方法组合到了一起，形成了"科学综合"。这种综合的结果是戏剧性的，而且最终产生的巨大效益也是难以估量的。

人们对于现代思想与"传统"的、"前文化"的或"原始的"心理之间的差别的讨论，大多围绕着科学思维的作用进行。克洛德·列维－斯特劳斯这样的权威人士们认为，传统思想与现代思想之间并无本质上的差别，它们的思维操作方式是相同的，只不过使用的材料不同而已。实际上，最好把原始科学看成是一种有形的科学。当人们对物体进行分类并对其神秘性进行解释时，就能看到原始科学的操作在起作用。其他一些同情前现代的思维方法的研究者，则对西方科学大加批评。他们认为西方科学对于我们认识世界的方式，造成了西方民族的优越感。他们认为这种对于世界的认识，只不过是众多世界观中的一种而已。

另一方面，罗宾·霍顿（Robin Horton）等专家曾认为（在我心目中是很有说服力的），尽管科学的、非科学的或前科学的思维方式，目的都是解释这个世界，但它们之间存在着基本的差别。特别在解释世界的努力中，科学思维包含着一种信念，就是必须做出假设，并且设定某个假设可能被排除的条件。必须勇于放弃最初的假设，也就是当原先的假设遭到否定之后，勇于做出新的假设。因此，科学思想的系统从本质上说，对于改变是持开放态度的。前现代思维或非科学的思维与科学思维相比，虽然有着相同的思维过程，但前者思考的那个系统基本上是封闭的，所有的前提条件都已经预先声明过，所有的推断都必须从这些前提条件出发，而且不会因为获得新的信息，就改变自己的解释系统。确切地说，按照本书所描述的传统宗教教育的培养方式，人调动自己修辞能力的目的，只是为了说明已知的、永远正确的结论与世界观的合理性。

即使承认科学思维与非科学思维之间的差别（许多人仍然不承认），重要的仍然是不应过分夸张这种差别的普遍性或结论性。当触及宇宙科学的问题时，非科学社会中的人，可能以封闭的方式进行推理。但在日常生活中，他们似乎不大可能采用这种推理的模式。如果他们在日常生活中不采用基本上是实验的方法（例如，拒绝有害健康的食物），那么他们将无法生存。由于同样的原因，即使西方科学家们采用的推理方法使他们的研究真正建立在不断变化着的科学结构基础之上，他们也很难在自己的余生中避免封闭式的思考。除了我们当中的许多人都与各种迷信的、神秘的或宗教的信念有着密切的联系以外，对科学的全部信念可以看作一种神话，看作是科学家不情愿放弃的神话，就像非科学社会的同胞们，不愿意放弃自己神话般的诗篇系统一样。

虽然科学思维完全可能产生不同的世界观，但如果本质上与非科学世界观背道而驰，或者与之互不相容，也不一定能导致新的智能形式出现。我认为，科学家的特征，就是愿意在从未使用过语言和逻辑－数学思维模式的地方，应用这两种思维模式。例如设计新的符号系统，或者确定可以测定的理论，并通过仔细观察，采用一般人没有采用过的方式，将它们结合起来。换句话说，科学方法的不同组成要素，从古代中国到古代希腊，再到中世纪的西方社会，在许多不同的社会中已经存在了几千年。采用新的方式，把感官的、逻辑的和语言的研究方法结合起来，进而将科学从它源于其中的人的认知形式和宗教的认知形式中分离，是现代科学成功的原因。

正如没有学校教育也能掌握读写能力一样，没有科学的影响同样也会有学校教育。的确，无文化社会的非正规学校和有文化社会的传统学校，在没有进入科学世界的年代，就已经存在了很长的时间。甚至在传统学校的环境中，也可能出现逻辑－数学思维的特征。在这个例子中，调用复杂的语言能力和逻辑－数学能力的目的，是为了说明某种给定结论的合理性。不论当代科学是否实践于学校教育之中，它的一个突出特征，就是对逻辑－数学思维的特殊应用，以便系统地研究新的可能性，发展新的解释框架，然后检验这种框架，再根据检验结果来确定修改或抛弃它们。为了掌握科学的研究方法，人际关系完全可能是重要的。这对于想与他人合作的科学家来说，尤其如此。然而在实践中，许多科学活动需要科学家沉浸在自己的思维过程和目标当中。这些科学活动从思考特殊的计算机程序，到做出全新的科学解释，应用的是自我认知的而不是人际理解形式的智能。总的来说，尽管科学思维本身并不会导致任何新智能形式的产生，但它代表了智能形式的某种组合——迄今为止还没有被人以特殊的方式应用过的智能组合。只有在特定目标和价值观的环境中，才有可能出现这样的思维形式。伽利略与教会的斗争、极权主义国家中当代科学家的遭遇，就是例证。科学就如同学校教育和读写能力一样，是社会的发明，因此对于科学来说，只有在社会愿意接受的情况下，人类的智能才有可能汇集在一起。

再谈三名少年

在本章中，我用图解方法考察了众多的教育倾向。我认为，当某种倾向造成的结果，是直接知识形式向非正规学校教育的过渡，非正规学校教育向传统学校的过渡，记忆从传统学校向现代非宗教学校的过渡时，身体的、空间的和人际知识形式的重要性，就会逐渐减小。最初转向偏重语言的思维形式，继而日益偏重逻辑－数学的思维形式和自我认知的思维形式。

只要回过头来思考本章前面假设的三名学生使用的技能，就可以明显地看出这种思维形式重点转移的现象。普卢瓦特水手主要依赖的是身体的与空间的能力。语言能力的重要性，只在学习过程中的某一段时间表现出来，而逻辑－数学能力则并不重要。普卢瓦特少年与那位伊朗儿童都处于需要人际知识的环境之中。他们和指导自己的长者之间的关系，对于所学内容的成就来说，都是至关重要的。只不过普卢瓦特水手基本上在"自然"航海的情境中学习，而伊朗少年则在远离日常活动的环境中，试图掌握根本看不见的知识，所以他不得不全凭自己的语言能力。这种语言能力不仅包括了死记硬背书面文字的能力，还包括最终能"破译"阿拉伯语言"密码"的能力。

这位伊朗少年与坐在计算机前面作曲的巴黎女孩之间，同样也横亘着一条巨大的鸿沟。尽管学会音乐及计算所需要的技能，完全可以在人际交往的环境中获得，但这位巴黎少女却基本上是自学成才的。像干些什么，如何去干大量的这类规划工作，都必须由她自己单独完成。这样一来，自我认知智能和独立自主的自我感的培育，就是十分重要的。此外，她同时需要应用的逻辑－数学智能，则极大地超过了世界其他地方的儿童。因为要编好程序，需要依靠发达的数字与推理能力。当然，作为一名作曲者，她还必须考虑音乐的要素，这些要素对于她的工作的确也是十分重要的。如果她从事录像片的制作或空间推理的工作，那就会依靠另外一些形式的智能。由于这名女孩需要使用计算机工作，所以她必然还要处理语言的符号。但因为很容易得到各种说明书，所以她不必凭借伊朗少年和普卢瓦特少年珍视的那种很强的记忆力。她一旦学会了阅读之后，就可以将阅读能力作为获得必要逻辑－数学知识的辅助手段。

当然，这些人在各自特殊的学习环境以外，仍然有选择应用众多其他智能的自由，我们没有理由认为她们不会这样做。生活中包含着的，不仅仅是为特殊教育目的应用的特殊智能组合。我还应当指出的一点，就是以上智能并不是相互排斥的。对某人开发一种智能，并不意味着这个人就无法具备其他智能。有些人和有些文化也许能把数种智能都发展到很高的程度，而其他一些人则可能只注重发展一到两种智能。人们不应认为多种智能处在"零和"情境①之中，也不应当把多元智能的理论看成是一个液压装置，不应认为一种智能的提升，必然会使其他智能降低。但根据统计学的规律，如下看法似乎是合理的：不同的人和不同的文化在应用智能时下赌注的地方是各不相同的。

有人可能会将从普卢瓦特的水手到计算机程序编制者之间的过渡，看成是一种进步的过程。的确，从西方的经验来看，在计算机上创作艺术作品的

---

① "零和"情境（zero-sum situation）：在冲突当事各方都想达成的目标之间，存在着"负相关"（negative correlation）的状态。——译者注

能力，可以被视为一种非常杰出的才能。然而我们同样可能把这种事件的后果，看成是某些智能形式（如人际智能、空间智能或身体智能）系统化贬值的过程，看成是某些重要语言能力的毁灭过程。至少在这一方面堪称权威的苏格拉底曾经就文字写作的产生说过：

> 你们的这项发明，将使学会它的人不再发挥他们的记忆力，从而培养出健忘的习惯。因为相信书写，所以他们将会借助外在的陌生符号的帮助，而不靠自己内在能力的运用从事记忆活动。

多种多样技术性辅助手段的出现，可能会荒谬地使人不再准备依靠自己的能力。西方世界见证的这个后果，当然并不是唯一可以想象到的科技进步的后果，很可能也不是人们愿意接受的后果。

从前科学思维的方法到科学思维的方法，从依靠观察的学习到学校教育，从没有读写能力到有读写能力，这在西方和世界某些地区的发展，也许是比较顺利的。然而西方世界的历史，并不是世界历史的全部。如果谁认为是的话，那他就犯了大错。我认为现代化最令人苦恼的地方，都来自以下努力，即不加批判地把西方的事例和历史照搬，或应用到那些历史不同、教育传统不同以及智能组合的倾向不同的非西方国家传统中。怎样平衡以上这些不同的因素，以形成有效的教育系统呢？这是一个让人十分头痛的问题。对于这个问题的答案，我不能假装自己已经知道。然而，在为本书收尾的下一章，我想说明为什么我的理论框架与回答这个问题的努力相关。

第 14 章

智能的应用

学会激发我们处于休眠状态的潜能，并从现在开始，目的明确地、明智地去运用它们。

——奥雷利奥·佩切伊（Aurelio Peccei）
国际智库罗马俱乐部主任

尚未确定的智能

1980 年 4 月，我参观了位于日本松山的铃木天才教育中心。在那里，我会见了教育计划的发起者，聆听了该教育中心不同班级儿童演奏的音乐会，那些儿童的演奏简直令人难以置信。一些七八岁的儿童，演奏了音乐会节目单中小提琴协奏曲的几个乐章。一名 10 岁左右的儿童，演奏了浪漫主义时期音乐大师的一部作品。还有一群非常年幼的儿童，几乎连小提琴都拿不住，却以惊人的水平合奏了许多乐曲。任何一名西方儿童如果能达到这样的水平，一定会感到非常骄傲。那些孩子们在独具风格的、生气勃勃的、准确无误的演奏中，显然都沉浸到乐曲的氛围之中，显然也给观众带来了愉快——这些观众大多是孩子的母亲。这些母亲们热切地俯下身子倾听，生怕漏掉一个音符。当时唯一感到难堪的是一位很有天赋的大提琴演奏者，他大约十一岁，正因为自己演奏中的失误，受到一位来自欧洲的教师的严厉批评——虽然这是善意的批评。

很明显，如果铃木中心的学前儿童在幕后演奏，那我绝不会想到演奏者的年龄竟然会那么小。如果有人告诉我那些演奏小提琴的孩子只有三四岁，那我也许会以为他是个神童，或者认为他所说的年龄是不真实的。我用神童这个术语，也许会被人认为他们的才能来自遗传，而实际上，他们却是高明的教育培养出来的。另外，如果就此推断出过去音乐方面的才能存在早熟的其他事例中肯定没有遗传因素的作用，那同样也是错误的。假如我有机会听到幼年的莫扎特的演奏，或者听到能够唱几百首歌曲的孤独症患儿的演唱，那我很可能成为遗传产生巨大作用的见证人。

在本书中，我一直竭力避免将遗传因素与文化因素对立起来。社会科学家需要的框架，是在考虑到遗传的作用和神经生物学因素的同时，承认环境在儿童成长过程中扮演的重要角色。即使参加铃木训练班的儿童，也是曾经经过一定程序的选择，是有音乐天赋的家庭的后代，但他们能在很小的时候就演奏得这么好，与该中心的教学计划和孩子们父母的努力分不开，以后我还要进一步讨论这个问题。本章要讨论的内容，是多元智能理论怎样帮助我们更好地理解，那些为帮助每个人实现自己潜能而设计的多种教育计划，为什么有的有效而有的无效。最后，我将根据本书第 13 章介绍的理论框架，设定几个原则，以帮助教育策划者和政策的制定者，对各种有计划地干预教育的目标和手段进行更加有效的思考。

与 100 年前甚至 30 年前比较起来，现在对于智能的发展问题、人类潜能的挖掘问题和教育的作用问题，已经开展了大规模的国际性讨论。目前不仅仅是少数游说议员的团体，一些意想不到的庞大机构，如银行和国家政府，都在为了经济的发展探索以上问题。无论正确与否，国际发展和国家政权的当权者们都已经相信，人类的发展、成就与幸福，都与他们的下属，特别是年轻人——受到较好教育的机会密切相关。我感到目前的这种现象，为科学地证明心理科学和教学法的实用性，提供了难得的机会。如果现在不利用这个机会，今后的一段时间内，可能不会再有了。

像世界银行这样的组织，曾明智地对农业与技术企业专项贷款的政策提出了质疑，却呼吁向人类的发展和教育提供投资。世界银行行长罗伯特·麦克纳马拉（Robert S. McNamara）在 1980 年的讲话中说："发展显然不是一种用国内生产总值所能衡量的经济进展，它是更基本的东西。从根本上说，发展就是人的发展，就是人对自己内在潜能的不断挖掘。"他继续说，"人的发展与物质计划方面的资金投资一样，都能够促进经济的增长。"他认为发展的定义，就是对于当地的水平来说，具有良好的教育、健康、营养及计划生育。原法国总理埃德加·富尔 [①] 在 1972 年标题为《学习成才》（Learning to be）的给联合国教科文组织的著名报告中，和他的同事们一起做出了如下大胆的判断："人类大脑中很大一部分潜能没有得到应用，有些专家们或多或少有些武断地估计这部分的数量达到了 90%。"教育的任务，是挖掘这些没有得到应用的潜能。

因为与以上观点一致，国际智库罗马俱乐部委托起草了一份报告，讨论在当今与未来的世界中，教育和学习的正确角色是什么。正如该俱乐部主任奥雷利奥·佩切伊所说的：

> 要寻找任何解决人类隔阂的答案以及任何人类前途的保证，唯一正确的地方就在我们自己的身上。我们大家都需要的，就是学会激发我们处于休眠状态的潜能，并从现在开始，目的明确地、明智地去运用它们。

该俱乐部学术会议的论文集题目为"学习无界"。作者们一致认为，对于所有实用目的来说，学习实际上是没有边界的。他们提出以一种创新的学习方法为手段，在各种隔阂之间搭建桥梁，解决困扰当代社会的那些令人烦恼的问题。他们推荐创新学习：一种第二等级的学习方法。人们在这种学习过程中，一致为将来世界可能的发展制定规划，并采取共同行动，利用机会避免灾难。正如他们描述的：

---

① 埃德加·富尔（Edgar Faure, 1908—1988）：法国政治家，两任总理（1952 年和 1955 年上任）、国民议会议长（1973 年上任）。——译者注

创新学习就是问题的提出和汇集，其主要的副产品就是视野的结合、演绎和开阔。它在开放的情境或开放的系统中操作，它的意义在于环境中的不和谐。创新学习导致了对传统思想和行为的背后那些常规设想的质疑，它关注必要的变化。创新学习的价值观不是恒定的，而是时时处在变化之中。创新学习通过重新构建整体的事实，而不是通过分解它，提高我们的思维能力。

这一段话的口气，准确地反映了整体学习的含义。罗马俱乐部的报告的热情是值得称道的，其中的论述以激励和劝告为原则，目的是希望个人和集体都能发展具有极大用途的能力。然而这篇报告的问题是，对于这种预想的学习方式并没有提出什么具体的建议。在对特定问题表达启发性的、无私的、有远见的倾向时，可能会出现什么生物学和文化方面的限制，它同样也没有提出具体的看法。这份报告仅仅停留在口号的层面上。

然而，语出惊人的委内瑞拉政治家路易斯·阿尔贝托·马查多（Luis Alberto Machado），却没有这么小心谨慎。就目前所知，他是世界上第一位也是仅有的一位政府的人类智能发展部部长。马查多部长纵览了全世界的哲学思想家和人文科学领域后，得出结论说，每一个人都有成为聪明人的潜能。让我们思考他的一些说法吧：

> 我们全体终生都拥有相同的潜能，这种潜能按照每个人存在的不同方式体现出来。
>
> 人有无限的可能性，这些可能性通过教与学而具体化。
>
> 爱因斯坦获得智能的方式，与常人"通过耳朵听"学弹钢琴的方式是一样的。
>
> 因此，政府应该实施智能的教育。
>
> 人类智能的发展，使人类能够合理地引导自己物种的生物学进化，并在进化的过程中清除偶然性与贫困。
>
> 每一个人的自由智能（free intelligence），也是上帝智能的影像和类似物。

用马查多的话说，他和他的同事们以人人都能成为天才的乐观主义理论为基础，雄心勃勃地开始着手一项提高委内瑞拉人口素质的计划：

> 我们（委内瑞拉人）将全面改革我们的教育体系。我们将教会人们，如何在从托儿所到大学时期的日常生活中，发展自己的智能。我们还要教育家长们，尤其是母亲们，懂得如何在孩子刚出生的时候，甚至出生以前，就教会他们怎样发展自己的所有能力。这样，我们就能向我们的民族和全世界所有民族，展示一个真正崭新的前景。

在世界各国科学家（以西方科学家为主）的合作下，马查多工程被分成14个不同的方案。这些方案最初是从其他地方发展起来的，而现在全都被应用到委内瑞拉。而应用的地点，则从托儿所和小学，一直到工作现场和军训场所。

马查多工程的宏伟性我们都看到了，但对于当今世界上那些喜欢嘲讽的评论家来说，也许是个诱人的讽刺目标。对这些雄心勃勃的，也许考虑并非万全的方案发起攻击，并且指出为什么它不可能达到既定的目标，是件容易的事。不论怎样，对于智能究竟是什么，或者多种智能各是什么，这些能力如何才能得到较好的开发，怎样将在一种历史文化环境中发展起来的一组能力移植到新的环境中去等问题，我们确实知之甚少。而对其他的当代宏伟计划，如费城人类潜能发展研究所（Institute for the Achievement of Human potential of Philadelphia）发起的那些计划，人们同样也很容易向它们发起类似的批判。这个偏执的研究所声称，它能够教会刚学走路的孩子甚至大脑受到损伤的人，学会所有的"学校技能"。不仅如此，它在自己"基本事实"的手册中说："我们的遗传潜能，就是达·芬奇、莎士比亚、莫扎特、米开朗琪罗、爱迪生与爱因斯坦的遗传潜能。"然而很遗憾，据我所知，该组织并没有邀请客观的评估专家，去评估他们的教育干预取得的成就。

但这种批评只能给批评家以短暂的愉快，而对于那些迫切希望帮助人民提高技能和知识基础的实践者，这种批评并不能给予任何真正的帮助。具有实用取向的社会科学家的任务，是拿出一组较好的方法，并说明在使用了这些方法之后，能够取得好的结果，而不至于产生另一种令人失望的前景。下面，我想在这一方面做一些探索。

用多元智能理论说明教育实例

导言

如果要思考有关人类智能的问题，首先遇到的就是"人类是什么"的问题。还应该思考在特定的资源和适时的干预条件下，人类倾向于进行有效操作的领域是什么。从这些视角出发，关于"学习无界"的祷文①就没有什么用处了。这不仅仅是因为它错误地认为人类什么都能干，而且认为在什么地方都能够如此，却没有告诉我们应该努力做什么、不应该做什么。我提出的7种核心智能的形式，是为了说明在这7种智能的领域内，大多数人的潜在能力都能够得到实际的发展。我还想说明，天才个体和虽然完全正常但显然在特定领域中缺乏天赋的人，在这些智能的形成阶段必然会经过的一些里程碑是什么。

然而我们已经知道，除了也许是某些特殊的情况以外，这些智能绝不会在真空里发展出来。它们是在自身拥有实际含义和切实后果地发展着的文化中，被符号化的活动调动出来的。例如，为了实现语言（在许多背景下是通过文字）交流，人类以某种方式处理特定的语言声音的能力，就得到了应用。而最后，这些培养起来的能力，将成为某些社会角色十分看重的能力。这些社会角色的范围很广，从当代西方文明社会中的律师或诗人，到传统社会里的说书人或政治领导人。

---

① 祷文（invocation）：乞灵时所用的祈祷文或其他程式，如在宗教活动开始时所用的祈祷用语等。——译者注

在原始的智力潜能，如语言智能、音乐智能或逻辑－数学智能，在成熟的社会角色形成过程中被展现出来之前，必须经过一个较长的教育过程。这一过程的一部分，只是发展的自然过程。这与某种能力在成熟和被识别的过程中，必定经过一系列可以预想的阶段是一致的。我在前面已经说过，语言领域中存在的某些发展的里程碑，在其他的智能领域范围内，也能提供"溪流式"发展的类似画面。然而对于特殊技能与特定知识的传授，人们就会发现其中包含着复杂的、不那么"自然的"过程。在上一章，我通过传授知识种类的讨论，初步地分析了这种传授过程、传授者、知识借以传授的模式或媒介，以及传授地点。我认为，只要政策制定者建议实行一定的教育课程，那么进行类比式分析就是必要的。

通过以上分析我们就会很清楚，人类的智能可以通过各种不同的方式被调动起来。如前所述，人类的语言能力，可以作为学习其他技能的手段。在对人类的个体进行某种信息的处理，如身体（舞蹈）或数学（数学证明）的教学时，语言常常可以作为一种辅助手段。语言本身也可以构成一个主题。例如，当一个人学习自己的本国语言、外国语言，或掌握一个本身的内容就高度语言化的科目（如历史或政治）时，就是这样的。最后，围绕着语言能力的那些发展因素，也是很有关系的，例如，人在 10 岁以前，表现出很强的语言学习能力，但到了 20 岁以后，这种能力就下降了；如果进一步分析，幼儿特别擅长通过死记硬背的方法掌握有关材料，也同样应该包括到任何关于知识传授的描述中。

我希望这段简要的旁白，能说明采用多元智能理论这类视角之后，在对各种教育目标的看法与追求上，可以进行更加细致的、准确的分析。同时必须指出的是，即使一个人的认知机制状态良好，在教育过程中也不一定会取得进步。多数当代心理学的分析，都假设人类个体是迫切希望学习的。但实际上，恰当的动机、导致学习的情感状态、专注特定学习内容的价值观以及支持这种学习的文化情境，虽然难以捉摸，但却都是教育过程中不可或缺的因素。的确，委内瑞拉政府支持的研究项目得出的一项结论认为，是否有正确的学习动机，可能是造就是否成功的教育方案和学习者最主要的原因。不管怎样，对教育实验的分析，必须把动机、个性与价值观的因素都考虑在内。我的分析过分集中于"纯认知成分"，这一事实应被看成是当前研究中的一个缺陷。

铃木天才教育法

让我们再回到本章开头所举的例子上来。如果用我们这个关于人类智能的框架，去解释铃木音乐教育方案的成就，那应当是可能的，当然也是很有趣的。在这样做之前，对于这个非同寻常且异常有效的实验，有必要再向读者提供一点情况。以下情况的细节，来自我的观察和我自己作为铃木教育中心孩子家长的经验，也来自哈佛大学的洛伊丝·谷内对铃木教学方案的珍贵研究资料。

这个天才教育方案，是在第二次世界大战爆发前不久，由日本极具灵感的小提琴家铃木镇一发明的。实际上，它是为从婴儿一出生就开始的音乐教育认真设计的教育技术，主要目标是帮助幼儿培养出色的音乐演奏能力。该教育方案成功的关键人物，是孩子的母亲。孩子学习的地点（尤其在学习开始的时候），就在自己母亲的身边，母亲始终是孩子学习与进步的主要推动者。

按照这个在日本得以推广，而且已为其他国家所接受的方案的一般要求，从幼儿一岁开始，就让他每天聆听著名音乐作品。到一岁末的时候，幼儿就开始有规律地听他将来学习乐器时需要练习的 20 首短小乐曲。

大约在两岁的时候，也就是在幼儿正式上音乐课以前 6 个月的时期，他就开始旁听大课。每节课一般要上一个到一个半小时，不同年龄和不同演奏水平的孩子们聚集在一起，他们的年龄大小相差约两三岁。上课时，孩子和他们的母亲一起参与教师组织的游戏和练习。这类课程分成两个部分：一部分是普遍性的练习，所有的儿童都参加，而且所有的儿童也都应该能够从中获益；另一部分是让每一个学生演奏自己练习的一小段乐曲。

听课的学前幼儿认真地听着，尽量地让自己加入这些活动。通过这些课程的观察，他对于自己将来开始学习后要参加的活动，就有了初步地了解。课堂内容的重点，是让学生了解自己一个星期以来取得的进步，而非同学之间的竞赛。

　　与此同时，回到家里以后，孩子们学习乐器的兴趣，就被极大地激发了起来。母亲领到了一把很小的小提琴，与孩子有一天将要演奏的小提琴一样大，并且自己开始每天练琴。如果她自己不会拉，那么就学习自己的孩子将要学习的练习曲。这样一来，孩子就会越来越兴奋地关注母亲的举动。终于有一天，母亲开始允许孩子自己去使用这把提琴了，这对孩子来说，是个十分兴奋的日子。从此，当母亲和教师确定孩子对于小提琴的兴趣，已经达到极度兴奋的状态，就可让他加入他曾经观摩过的班级中去，并用他的乐器对他进行单独授课。这样，幼儿就跨越了另外一个里程碑。然后，母亲和孩子回到家中非常努力地练习，目的是在下周上课之前能够取得明显的进步，让老师大吃一惊。在随后的几个月里，母亲和孩子都一起上课并练习。渐渐地，母亲作为一名积极的学生和提琴学习者的角色终止了，她将自己的全部的注意力，都集中到了孩子的身上。

　　在随后几年中，孩子忠实地、循序渐进地学习铃木及其同事精心设计出来的全部课程。传授者、传授地点和传授的媒介都是他们的教育方案特有的。课程的每一步，都经过了精心的策划，目的是不但能够促成儿童学习的进步，而且不会使他感到沮丧或者面临太大的困难。孩子们通过持续不断地模仿录音、模仿母亲和教师的示范，实现正确地演奏。如果没有完全掌握旧的练习曲，他就不能学习新的练习曲。在学习新曲目的同时，他还必须不断地复习旧曲目，以保证自己能够正确地掌握课程上的示范。孩子们必须进行大量的、反复的练习，并且努力模仿录音中听到的声音。这样做的结果，虽然不可能培养孩子们的变奏能力，却容易培养他们的合奏能力（也许这个事实正好能够解释，为什么前面提到的那名拉大提琴的学生，不习惯接受非铃木中心的教师对他的严厉批评）。这个方案公开宣布的一个目标，就是演奏令人着迷的音乐，所以教师常常明确地要求孩子们，将一段乐曲演奏得优美动听。在铃木中心的高级班里，孩子们的一个最困难的任务，就是要求能够完全掌握单个音符的演奏。按照佛教禅宗那样的方式，孩子们被要求集中练习一个音符，一个星期练习上千遍，直到最后真正完美无缺为止。

在接下去的几年中，儿童每天坚持这种练习，继续每周上他的个别辅导课和集体课。当然，孩子们的进步速度是不同的，但即使那些进步较慢的儿童的演奏水平，也使来自西方国家的参观者感到吃惊。在 30 名从两三岁开始接受训练的儿童当中，有一名儿童 6 岁就能演奏维瓦尔第[①]的小提琴协奏曲，9 ～ 10 岁时就能演奏莫扎特的小提琴协奏曲。其他所有的学生也都能达到这个水平，只不过年龄要稍大一些。不需要甜言蜜语哄着或用手推车推着强迫孩子去上课，这与西方国家的情况形成了鲜明的对比。实际上，是孩子们自己要求练习。如果孩子不想练习，那就说明是母亲的过错，教师将会与她商量如何恢复孩子的积极性与主动性。

有必要强调的是，学生突出的演奏才能，似乎是旁观者心目中该教育中心的全部目标，但实际上并不是铃木最终要达到的目的。他感兴趣的，是培养坚强的、积极进取的、富有人格魅力的人。优美的音乐演奏，只不过是实现这一目的的手段，也就是他认为任何强烈的艺术体验，都能成为实现这个目的的手段。正因为如此，他的天才教育中心培养的许多学生，到了青春期就中止学习的现象，并不说明什么问题。然而值得指出的是，大约 5% 在铃木中心学习的学生，最终的确成为职业音乐家。而且在西方著名的音乐学院，例如茱莉音乐学院里，由铃木中心培养的学生占比正在不断地上升。

对于铃木教学法的评论

如果按智能的框架分析，我们怎样理解这样一个惊人的实验呢？当然，

[①] 安东尼奥·维瓦尔第（Antonio Vivaldi, 1678—1741）：意大利作曲家、小提琴家、乐队指挥，巴洛克音乐的代表人物，其著名小提琴协奏曲《四季》(Four Seasons)，至今仍然是在音乐会上经常演奏、深受各国听众欢迎的曲目。——译者注

从这个视角来看，关键是铃木着重培养了一种智能，即音乐智能，并帮助数量庞大的、被推测拥有天赋的儿童，在这一领域中得到迅速的发展。的确，以下说法似乎并不夸张：感谢铃木具有独创精神的教学方案，使得戴维·费尔德曼在神童身上看到的精通某个领域的成就，在更多的人身上成为可能。按照我的看法，这一方案的成功，与我们依靠知觉理解的幼儿音乐发展过程中自然的里程碑，存在着本质上的联系。因为这些里程碑可能是极其有效地、平稳地相连接的，所以方案的成功，可能也与它持续不断地提供难度渐进的乐曲的教学方法有关。

然而这一教育方案之所以有效，依靠的不仅仅是对音乐能力怎样才能表现出来的敏锐理解。在我看来，铃木对获得熟练演奏能力的全部要素，从教学的手段到智能的种类，都做了敏锐的分析。在训练的开始阶段，他意识到幼儿一两岁这个时期的特殊重要性和很高的敏感度，所以不仅让儿童在3岁左右就开始接受正规指导，而且在一岁时就让他们大量接触未来将要接受训练的音乐素材。这样，幼儿就如同和自己母语的关系一样，被"浸泡在"这些音乐作品之中了。

在一定程度上，音乐能力的获得存在着关键期。在这个时期，幼儿的大脑对音乐能力的训练具有特别的可塑性。从这个意义上说，铃木当然受益于以上重要的神经生物学因素。另外，也许更重要的一点是，铃木出色地利用了母子（女）关系，并利用这种关系激发了孩子学习小提琴的原始动机，使之成为获得演奏这种乐器能力的关键因素。由于铃木对于人际知识——母亲对孩子的知识和孩子对母亲的知识——的敏感，由于他对母子（女）之间强烈的情感纽带的理解，为实现儿童掌握小提琴技巧的目的，他在两代人身上都做足了文章。小提琴这种乐器，成了孩子与父母形成亲密关系的特殊媒介。周围其他参加学习儿童的角色，也是不应当忽略的。这么多铃木式的指导和演奏，都发生在有许多儿童参与的丰富的"学习情境"之中，这一事实在儿童中造成了模仿周围其他儿童的行为倾向。如果人们必须把复杂的铃木教学法归纳为一个公式，就会将发达的人际智能，看成是在受到有力的文化支持的环境下，铺平崎岖音乐道路的一种手段。这种明显建立在母亲对孩子全面干预基础之上，同时又利用了其他同伴支持的教学方案，在日本设计出来，并非出自偶然。

所有的强化训练法都要付出代价，同样，铃木教学法的代价也应该被注意到。这种教学法主要依靠耳朵听来进行训练。由于参加学习的孩子年龄都很小，所以只好用这种方法。为了使学龄前儿童掌握识谱能力，常常不得不浪费大量时间。许多家庭，在坚持让孩子们开始根据乐谱练习时，还会使许多有潜在音乐天才的儿童因此厌恶音乐教程。但是，由于铃木教学法忽视读谱的学习，所以孩子们没有读谱的能力。到六七岁的时候，如果孩子们手耳传递的演奏习惯还没有完全牢固地形成，这种向读谱演奏的转化，才会成为一种快乐的源泉。否则最初形成的快速进步的可塑性，也许就会衰减下去，而代之以僵化的、难以改变的演奏风格。

铃木教学法更严重的问题是，这种教学法培养的音乐技巧、音乐知识都缺乏个性。首先，孩子们练习的一律都是西方音乐作品，是从巴洛克时期到浪漫时期的作品。而且教学法选择的西方音乐的作品范围很有限，选择的世界音乐的作品范围就更小。另外，由于儿童在音乐训练最易出成果的关键时期，都深深地沉浸在（或脑子里"铭刻"着）相同风格的音乐之中，铃木教育方案可能会造成不必要的狭隘趣味。

铃木教学法的重点，是让孩子毫无批判地盲目模仿对音乐作品的某种特定诠释，例如，严格模仿弗里茨·克莱斯勒①古典奏鸣曲的录音。孩子们很可能会产生一种看法，认为一首乐曲只有一种正确的诠释方式，而不是有许多同样可取的诠释方式。更严重的是，孩子们因此得出一个印象，认为在音乐活动中最重要的，是复制自己听到的音乐，而不是设法对这些音乐做任何改变。所以在铃木中心培养的学生中，只有极少数（如果说有的话）人表现

---

① 弗里茨·克莱斯勒（Fritz Kreisler, 1875—1962）：奥地利小提琴家、作曲家。4岁学琴，7岁登台并进入维也纳音乐学院。曾做过医生，后在世界各国巡回举办音乐会，1843 年加入美国国籍。创作的《爱之欢乐》《中国花鼓》及为贝多芬、塔尔蒂尼、舒曼等人作品写的华彩乐段，至今脍炙人口。——译者注

出对作曲的兴趣。用其他方法参与音乐活动并解析乐曲，使之成为自己喜爱的变奏的概念，在这样高度模仿式的训练中被回避了。从这一方面来看，单一的教学模式付出的代价是昂贵的。

最后，这种训练还会给个人带来明显的损失。从孩子的角度来说，他每个星期花费了许多个小时，追求一个单一的目标，开发一种智能，他付出的代价是失去了调动和开发其他智能溪流的机会。另外，富有戏剧性的是，这种教学方案对孩子母亲的要求很高，她必须慷慨地把大量时间用于发展自己孩子的音乐能力。如果她成功了，荣誉将归于孩子，如果她失败了，她就会受到指责。有一位母亲曾向铃木抱怨说，为了教育孩子，她花费了太多的时间，但铃木却立即反问道："那你为什么要生他？"最后，无论孩子在音乐方面的学习是否成功，他最终都要离开自己的家，那时母亲自己的个人技能与素质没有明显的提高，这个结果至少在西方人看来，是令人十分惋惜的。

也许以上弊端与铃木教学法给人带来的愉快相比较，显得微不足道。因为这个教学法使许多儿童，包括他们的母亲，都学到了熟练的演奏技巧。然而，怎样才能减少这些弊端，同时又保持该教学法的主要优点呢，这确实是个值得深入思考的问题。按照我的分析，孩子们完全能够学到更广泛的一些技能，他们没有什么理由不在记号系统的领域中获得更高水平的能力。孩子有可能接触到的媒介，当然还应该更宽泛一些。更大的问题是，另外一个人理想的演奏版本，与儿童按照自己的方式演奏的乐曲风格之间，存在着的一定的矛盾。从熟练地演奏别人的作品到创作自己的音乐作品，是音乐史上常见的传统。这个过程在任何条件下，都不是一件容易的事。在我看来，铃木教学法几乎使这种过渡变得不可能发生。至于在人际关系上造成的损失，似乎也是这个教育方案固有的。在母亲不愿为子女花费过多时间的社会里，铃木的教育方案几乎无法获得成功。实际上在这些社会里，他的教学法就和"标准"的音乐训练方式没有什么区别了。

铃木注重音乐能力的培养，也许是正确的。因为儿童不需要具备许多有关世界的一般知识，就能在音乐智能领域中取得很大的进展。然而正如我指出的，对于铃木来说，音乐这个领域并非是独一无二的选项，因为其他的一些艺术形式，从插花到绘画，都能形成类似的人格倾向。当儿童以同样严格的、具有活力的与坚定的信念努力时，尤其如此。日本松本①有一个学龄前儿童的学校或幼儿园，使用了知识范围更加广泛的学习材料，而且明显地取得了成功。在当今的日本，学龄前的儿童如果具备参与一系列活动，包括阅读、数学与书写的潜能，都会得到很高的评价。索尼公司的创始人之一井深大②甚至还写了一部名为《幼儿园开始已经太晚！》（*Kindergarten Is Too Late!*）的畅销书，它表达了日本人对生命头 5 年的重要性是有深刻认识的。

对日本案例的正面和反面观点

成功之父的数目可以有上千个，所以日本在二战后年代取得的非凡成就，当然也就有了许多候选的"主要原因"。在学习其他地区的榜样，然后从那里的人或群体身上最大限度地汲取经验方面，日本人是十分能干的，这一点似乎毫无疑问。日本人还非常重视纪律、教育和技术专长。他们在过去的 30 年里，竭尽全力地追求这些目标。确实，他们在这方面的成功，实际上已经波及每一个实践领域了。如果需要证据的话，现在日本青年的身高与智商，已经大大超过了 30 年前他们的同龄人，这是早期教育与营养实验造成巨大差异最有力的证据。然而单纯模仿是不够的。因为在大量发展中国家里，人们看到许多模仿西方的做法，都远没有取得像日本这样的成功。从所有的现象来看，向其他文化学习的能力，加上保留日本传统文化中适用的和独特的能力，就是他们成功的原因。

按照我自己的和"人类潜能项目"同事们的分析看来，日本人一方面在群体的情感和团结上，另一方面又在个人能力与技巧的获得上，成功地取得了有效的平衡。这里，似乎两种人的认知智能的形式，都得到了恰当

---

① 松本（Matsumoto）：日本中部长野县所属的城市名。——译者注

② 井深大（Masuru Ibuka）：Sony 公司的创始人之一，主管技术工作。该公司最重要的一名创建者是盛田昭夫（Akio Morita，1921—1999）。——译者注

的应用。这种平衡可从不同层次的成就上看出来。例如，在小学的课堂上，要求儿童学会算术。这种算术的基础知识，在世界的大多数地方，主要都通过死记硬背的方式进行教学，人们几乎不会关注常常使孩子们感到困惑、也使老师感到困惑的基本概念。然而按照杰克（Jack）与伊丽莎白·伊斯利（Elizabeth Easley）最近的报告，在日本小学的所有课堂上，都不停地向学生提出具有挑战性的问题，然后让孩子们接连好几天在一起解决这些问题。老师鼓励学生们在解决这些问题时相互交流、相互帮助，也允许他们犯错误。有时候高年级的学生，来到低年级学生的教室里，帮助比自己年龄幼小的学生。这样，原来紧张与压抑的学习环境，通过孩子们为理解问题的共同努力，变得轻松了。教师积极支持学生通力合作，并且尽力使学生意识到，即使不能立即得出问题的答案，也不要紧，只要不停地努力，最终就能够解决它们。一个荒谬的现象是，在我们这个竞争更加公开的社会里，课堂结束时得不出答案的危险，似乎是普遍存在的，教师和学生很难消除因此产生的压力，所以宝贵的、潜在的学习机会，就从我们眼皮底下消失了。

即使在日本著名的大公司里，人们也会遇到类似的微妙平衡。当然，现在有些这样的公司已经将竞争对象转向了国际社会，而且已经取得了极大的成功。这些著名公司迎接的挑战，已经是对未来市场趋势的预测。在这一方面，日本人又显示出比其他主要竞争者更有远见。另外，在日本的公司中，不同的人对提出问题和解决问题做出不同的贡献，被认为是正确的。员工对于自己长期供职的公司，往往有强烈的认同感。员工和自己的同事相处，也没有直接竞争的感觉。同样，对于单个员工尤其是单个年轻的员工来说，即使拥有公司需要的所有能力，也不会获得额外的奖赏。如果谁掌握了所有能力，人们反而会认为这种早熟的博学者对公司并不合适，似乎是个时代的错误。所以，我们甚至可以说，日本的公司已直觉地意识到人类智能有各自不同的轮廓，意识到具备不同智能轮廓的人，都能够对公司的成功做出自己独特的贡献。

铃木的天才教育方案的推广，给日本的协作体系造成了损失。随着这个方案取得的成功日益为人们知晓，这个损失也就更加明显。在公司里工作的机会，取决于学术体系的成功。回过头来看，这种成功又极大地取决于日本儿童培养和教育系统的特色和独到之处。儿童最终取得成功的早期关键，被认为是幼儿（尤其是男孩）与母亲之间的关系。母亲与孩子的密切关系，有助于儿童早期取得成就。但同时，当孩子觉察到进入了母亲为自己的成功设置的圈套之后，就会产生相反的效果：如果他们不能成功，就会产生严重的失落感、承受很大的压力，甚至会对母亲表现出公开的敌意。公立学校的教育体系，试图在学生之间创造友好的气氛和协作的精神，可是这种使大家都快乐的意图却忽略了一个现实，那就是大学的录取名额，与想上大学的人数比较起来，要少很多。因此，到处都有可供选择的学校，专门训练年轻人在那里准备大学的入学考试。从所有的报告来看，在这些辅导学校里充满了竞争的气氛。同样，在那些大学入学考试成绩不理想的年轻人当中，也出现了严重的心理疾病，有人甚至会自杀。人们现在认为，日本人向其他环境学习模式的能力受到了限制，这是因为可以学习的模式越来越少，这使得日本人不得不更加依靠自己的创新能力。许多日本评论家都指责说，这种只重视人际取向的文化，造成了原创科学家的缺乏。他们更是悲痛地指出，日本最具原创性的科学家和艺术家，都移居到西方国家去了。

其他教育实验

我曾在日本住过相当长一段时间，因为日本的例子是当今世界上最突出的，也因为我感到本书所说的这种分析框架，应当首先应用到成功的教育实验中去。然而必须指出，日本铃木天才教育方案这类成功的事例，并非仅仅简单地反映了专家的发明。假如它是一种专门的教育发明，那么在任何地方，在各个训练领域内，它都应该能够同样获得成功，但实际的情况却并非如此。铃木方案在日本获得成功的原因，主要是因为作为教育对象的幼儿拥有的能力和倾向，与他们成长的社会环境的特殊价值观、创造的机会非常协调。如果把这样一个教育方案成功地介绍到其他国家去，那么该"东道主"国家必须有类似的支持系统才行。或者反过来，将该教育方案做一些改动，使之适合东道主国家的主要价值观、秩序和智能取向。

的确，在这方面也许还存在一些其他教育干预的成功线索。例如，在训练读写基本能力方面，最近几年有两个突出的成功事例，都极其有效地利用了它们所在的特殊国度。一个是保罗·弗莱雷对巴西农民中成人文盲的训练。弗莱雷设计的方法，是让成年人学习者学习的词汇，不但明显地体现个人的价值观，并与将来要学习的单词之间，具有语音上的和形态上的联系。虽然弗莱雷教学方案只是一种灵活的语言教学方法，但是却包含在范围更大的政治教育方案之中。这种政治教育对于学生来说有着深刻的含义，有助于激发他们的英雄行为。在这里，学习的环境形成了关键性的差异。另外，从电视节目，例如，在基本阅读能力方面教会了一代美国儿童的《芝麻街》（*Sesame Street*）和《电力公司》（*Electric Company*）等电视节目中，我们发现了一种完全不同但却非常成功的指导阅读的方式。这两种教育程序，同样建立在尝试性阅读训练基础之上。然而，当这种教学法通过商业的形式，并且适应了电视媒体的节奏之后，就抓住了观众的眼球。巴西和美国的这两种情况，都试图训练完全不同的人的阅读能力。我想，如果在新的环境中也能遇到或创造同样的特定条件，那么这样的努力就会获得成功。如果按照我的解释方法，就是在进行任何有目的的教育干预之前，必须对要培养的智能形式和某个社会珍视的智能形式，进行深入细致的分析。

　　让人感叹的是，当今世界没有获得成功的教育实验实在是太多了。只要想一下伊朗人在过去 30 年中，试图使自己教育体制西方化的努力就明白了。在这种情况中，人们都企图在上文所说的以传统教育模式为主的社会里，生硬地强行塞进更加西方化的全部教育课程，也就是完全围绕科学思维而组织起来的课程。这样做造成的结果，就是在主要进行一种读写形式教学的学校里，当要求启发学生"开放性思维"的方法，要求学生比较相互对立的理论，并思考逻辑－数学推导的基本原理的时候，遇到了极大的困难，承受着很大的压力。对于社会联系的相对轻视，对于使用语言方式的激烈转变，以及始终坚持把逻辑－数学思维的方式应用到不同领域中去的做法，在这些已牢固建立了本土文化的环境里，显得实在难以为人们所接受。

　　显然，如果脱离了与自己过去文化和传统的延续性，在教育方面的任何发明都是不可能持久和有效的。

告教育政策制定者

一般性思考

如果不论成功与否，对以上教育学实验都做一番回顾，我们就必须对传统上存在于文化中的教育过程，进行严密的分析。对于为适应变化着的世界的需要，怎样调动这些教育过程的问题，也必须加以认真的思考。我坦率地承认，作为一个教育政策方面的新手，我在异常复杂和不断变化的当今环境下，提出特别的教育行动路线，内心多少有些忐忑不安。尽管如此，在我最后对本书做总结的时候，似乎有必要说一下，政策制定者在确定如何对自己负有责任的受教育者进行教育时，应该思考的一些问题。从某种意义上说，教育将决定受教育者未来的生存状态。

最为明智的做法就是，首先研究特定教育干预的目标和整个教育计划。如果能够说明得越具体，所用的词语或宽泛的议论越少，这个目标和计划就越好。所以，"教育人发挥自己的潜能"或"使人成为有学问的公民"这类说法，是无济于事的。如果说教育干预的目的，是为了"使受教育者具备阅读报纸或讨论当前政治问题的读写能力"，就是简短而实用的。对于后一种特定的目标类型来说，人们就能对其中所需要的智能进行分析，并设计出评估成绩或成功与失败的程度的方式。而前一种宏大的目标，则没有一个衡量的标准。明确目标的陈述，也可能突出了潜在的对立和矛盾。以下一些目标，如达到某种水平的读写能力，获得某种科学思考的技巧或具备讨论政治问题的能力，很可能与保持传统的宗教价值观、政治态度或某个民族相同的世界观发生冲突。虽然出现这种冲突是不幸的，但还是让它公开为好，不要忽视它、否认它或仅仅在口头上承认它。

对教育目标进行考察之后，下一步就是思考为了达到这一目标，当前能够采取的合理评估手段。这类分析应当着重研究可以利用的传统学习方法：

观察型的学习、非正式的相互作用、学徒系统、普遍使用的媒介、学校的多样性，以及当前学校的全部课程（明确的或不明确的）。但也有必要扩大撒网的范围，思考知识的传授者是谁，传授的地点在哪里，思考价值观、社会角色和行事途径代代相传的方式。

为了实现当前追求着的每一个教育目标，大概都应该既有一组比较容易被调动起来的智能，又有一组调动起来难度极大的智能。另外，对于不同的文化来说，似乎都有一组多年惯用的独特智能组合。虽然确定这个组合是什么，并不是一件容易的事情，但可以描绘它在不同文化情境中比较突出的表征。因此在传统的农业国家中，可以估计出人际智能形式、身体－动觉智能和语言智能的形式，在以现场进行和主要依靠观察与模仿的非正式教育情境中，会得到重点应用。此外，人们可以估计出，在早期工业阶段的社会中，传统学校的教育模式，主要依靠死记硬背的语言训练。但同时，逻辑－数学的智能形式，也已经开始得到了应用。在高度发达的后工业化社会中，人们可以预期到语言智能、逻辑－数学智能和自我认知智能形式的应用，也就是说在现代的非宗教学校，教学很可能会让位给计算机化的个别辅导。任何一种教育形式向"下一种"教育形式的转变，显然都要付出代价。从农业社会教育的传授模式，转变到后工业化社会的传授模式，如上文所引用的伊朗的事例那样，出现严重的紧张关系是完全可以预料的。

在资源有限的社会里，似乎有必要直接从对教育目标和手段的评估，转向对整个群体最佳教育方式的确定。然而，本项研究的一个主要前提是，人在认知潜力和智能风格上，并不都是一样的。只有针对特定受教育者能力和需求的教育，才能够得以有效地实施。的确，如果企图同样地对待所有的人，或企图用并不适合个人喜好的统一学习模式，向所有受教育者传授知识，那么付出的代价就会很大。假如以上做法是可行的，最好先设计出评估每个人智能轮廓的方法。

然而，目前尚不存在准确地测定每个人智能轮廓的技术。我不敢肯定，企图建立这样一种明确的测试方案的做法，尤其是当这种测试方案已倾向于标准化与商业化的时候，是否明智。但是按照我的分析，某些评估每个人智能轮廓的方法，显然比另一些方法好。下面，我想说明在给定了充足资金的情况下，如何去评估每个人的智能轮廓。

智能轮廓的评估

评估智能的轮廓，首先需要注意的一点是，对于不同年龄的人，不能用相同的方法去评估。对婴儿或学龄前儿童的评估方式，必须适合这些孩子独有的特定认知方式，与对年龄较大者所用的方式是不相同的。我相信，我们能够在孩子很小的时候，就评估出他的智力潜能，也许在婴儿时期就能做到。在这个年龄阶段，假如为儿童提供学习认知某些图形的机会，并每隔一天测试他们对这些图形的记忆能力，他的智能强项和弱项就会表现出来。因此，在空间领域上有很强能力的儿童，应该能够很快就学会认出眼前出现的需要辨认的图形。即使这个图形的空间排列被改变了，他也能将它辨认出来。下一次或第二天重新将这个改变了排列的图形拿出来，他也仍然能够将其识别出来。同样，人们还能在其他智能领域，如语言或数字领域内，评估对"图形"的这种识别能力，评估辨认活动的"图形"的能力以及依照合适的方法改造这些活动"图形"的能力。说到智能的强有力，我自己有一种预感，就是具备某个方面能力强项的人，不仅能够轻松地学会识别新的"图形"，而且这个过程是如此轻松，以致他一旦学会之后，就不可能忘记。对于音乐智能来说，就是某些简单的旋律在他心中回响着；对于语言智能来说，就是某些语句在他头脑中回味无穷；对于空间智能来说，就是空间的或人体姿势的外形轮廓随时都能出现在他的记忆中。即使旋律、语句、空间和人体姿势的轮廓并没有出现，情况也是如此。

即使在幼儿一两岁的时候，我们也能够描绘出他的智能轮廓。但是我毫不怀疑，智能在这么小的幼儿身上，是会随时转移的。实际上，这就是早期神经与功能可塑性的全部含义。所以要进行早期评估的主要的原因，就是我们可通过评估，促使儿童尽快在已经被证明具备天赋的智能方向上发展，而同时又能提供机会，促进儿童在似乎较为薄弱的智能领域中的发展。

由于这类评估可在学龄前阶段一直不断地进行下去，因此当儿童稍大一些之后，对于他们的智能轮廓，就能进行富含情境的可靠评估了。对于这个年龄段儿童智能最好的评估方法，就是让儿童参加他们可能会喜欢的活动，这样，他们就有可能在很少直接指导的情况下，一步一步地解决特定的问题或执行特殊的任务。需要某一种单独的智能或两种智能的活动，如猜谜、游戏，或具有挑战性的符号系统的表述，都是评估有关智能特别有效的手段。

儿童与如此引人入胜的材料互动，为人们提供了一个理想的机会，因此能够观察他们正在应用中的智能，能够监测这些智能在有限时间阶段里的发展情况。如果人们注意一个儿童学会搭积木的过程，那么他就能觉察到这名儿童在空间与动觉智能领域中的技能状况。同样，儿童将一组故事联系起来的能力，揭示了他的语言天赋。而操作简单机器的能力，则能使我们看出这名儿童在动觉方面和逻辑－数学方面的技能。儿童在这类情境丰富的、极具启发性环境中的行为，很可能诱发出"标记"，也就是在特定的智能领域中，成年专家们易于发现的儿童早期天赋的迹象。未来音乐家的标记，就是能够准确地辨别音高；有人际认知方面天赋的儿童，标记就是能感知到贪污者的动机；而科学家幼苗的标记，则是提出许多具有争议的问题，并能沿着适当的问题追踪答案。

请注意一下这种评估方法与传统智力测验的不同之处。在传统的智力测验中，成年人坐在儿童的面前，快速地提出一连串的问题，并且要求儿童只能为每个问题给出一种答案。如果儿童稍为大一点，还要求他们写出答案，或在选择题的一组答案中选择唯一正确者。这类测验重视的是语言能力、逻辑－数学能力，重视的是成年人在场的条件下，儿童与他们协调需要的某种社会技能。如果人们试图评估另外一种智能的时候，比如说音乐智能、身体－动觉智能或空间智能的时候，这些因素同样也都存在。如果把实验者及其随身携带的设备从评估的环境中移走，或者至少将实验者及其设备牢牢地固定在实验的背景中，而且替换要评估的特定智能领域中的实际要素和符号，应该就能够得出这名儿童当前智能和智力潜能更加纵向的画面。

如果按照苏联心理学家列夫·维果茨基最早提出的某些看法，继续深入思考下去，对那些在特定的素材或符号元素面前经验很少或根本没有经验的人，我们就能够找到测试他们的适当方法，而且也能够看出他们在限定的时间内，在给定的领域中进步的程度如何。这种任务向测试者提出了一个特别苛刻的要求，要求他们提出的问题，必须有内在的吸引力，而且这个问题又能够成为虽然幼小天真却有可能是天才儿童的"明朗化体验"。在当前的智能研究中，我已经注意到在特定的领域内，存在着对特殊儿童具有催化作用的某些经历。对于未来的舞蹈家来说，就是观看某些露天演出的经历；对于年幼的数学家来说，就是观看反复变换的视觉图形的经历；而对于将要成为诗人的儿童来说，就是学会较长的复杂语言节奏的经历。

当然，在确定了年龄、成熟程度以及所处的文化背景的条件下，评估智力潜能所偏重的特定经历是不相同的。因此，为测试空间领域的智力潜能，人们可以对一岁幼儿藏起一个物体，让他去找；对于六岁的儿童，就让他玩拼板游戏，或要求接近青春期的儿童玩魔方。同样，在音乐领域中，人们也许会让两岁的幼儿听不同的摇篮曲，给八岁儿童提供一台计算机，让他在计算机上作曲，或这让青春期儿童去分析一首赋格的结构。在任何情况下，寻找有趣的答案并让孩子们的能力"自由驰骋"的方法，比当前世界上流行的方法，即半小时内用纸笔去回答标准测验题的方法，在评估人的智能时似乎要有效得多。

我自己猜测，对于 3～13 岁的儿童，即使他们继续参加学校的正常学习活动，我们也可能在一个月左右的时间内，得出他们每个人智能轮廓的一幅准确的、合理的画面来。这样做需要花费的时间，加起来也许要 5～10 个小时，与当前标准智力测验所花费的时间比较起来，虽然是很长的，但与那名儿童的一生比较起来，却是非常短暂的。这样评估得到的智能轮廓，能向人们表明儿童的哪些智能已经开始开发出来了，哪些智能未来有着明显的发展潜力，哪些智能较差或者存在什么真正的障碍，如五音不全，缺乏甚至没有视觉想象能力。

智能的培育

讨论到这里，应该谈谈在制订教育计划的过程中，一个具有决定性意义的却又十分微妙的步骤有关的问题。对于确定的儿童群体及其智能轮廓，当人们头脑中有了课程的目标之后，就应该决定将要实行的教育体制。首先，必须有一个普遍性的战略计划，决定是依靠强化训练的方法，还是依靠帮助弱者提高的方法，或者沿着两条道路同时前进。当然，做出这个决定必须是有依据的，是资源的条件以及与此直接相关的社会和人们的全部目标。

假如沿着单一途径的做法，存在着能够发展不止一种能力的空间，那就应当做出更加突出重点的决定。对于每一个受教育者，教育计划的制订者都必须确定运用哪些手段，才能最有效地调动他获得希望拥有的能力、技能，或者使他成为特定行业中的角色。对于特别有天赋的儿童，也许有必要为他提供充分的师徒制教育，直接获得有学问导师的指导。另外还应当向这些儿童提供的，是依靠他们自己的力量就能探索的素材，以使他们通过探索这些素材取得长足的进步。对于那些在一定程度上能力不足的受教育者，也许有必要为他们设计特定的弥补方法、途径或其他手段，以使他们通过这些弥补措施所提供的信息或技能，开发他们自己现有的智能，而同时尽可能地避免他们智能的弱项。对于不处于这种钟形曲线两个极端的受教育者，我们可以应用的程序与课程的范围也许要广一些，需要主要考虑的是资源的限制以及教师和学生的时间条件。

在确定对智能领域中的进展加以控制的普遍原则的研究方面，教育心理学家所做出的工作实在是太少了。产生这种状况的原因，也许部分是人们对与一般性学习相对的特殊领域，缺乏足够的关注；部分却是因为人们对如何掌握特定的活动能力，过于关注。在这一方面的努力之中，我觉得苏联心理学派列夫·维果茨基的追随者，如达维多夫（V. V. Davydov）、埃尔柯宁（D. Elkonin）以及马尔科娃（A. K. Markova）等人的工作，是极具启发性的。以上研究者们相信，儿童在每一个年龄阶段，都表现出不同的一组兴趣。他们认为，儿童在婴儿期内的主要活动，是情感上的接触；2岁的时候，就开始摆弄物体；3～7岁时突出的表现就是角色表演和其他符号活动；到了7～11岁的阶段，特点就是正规学校的学习活动；而到了青春期阶段，少年人就力图兼顾亲密的人际关系和职业取向的探索。虽然不同文化之间特定的以上兴趣的轮廓，可能不大相同，但任何一种教育方案，都应当考虑到这些倾向。

面对以上这些众多起决定性作用的因素，教育者正在寻找遗传的原始范例。虽然这是可以由新手处理的问题或课题，但是同时又包含着该领域中最抽象的概念。掌握了遗传的原始范例之后，就可以表明在该领域中，儿童能够顺利通过随后的步骤。对于教育家来说，困难就在于这些步骤的计划安排上，要确定儿童为了在该领域中获得满意的进步，进入下一个阶段和下一个遗传的原始范例内之前，必须越过的障碍是什么。如果苏联心理学家所提出的这种分析，能与本书所设想的这一方法相融合，那么我在本书谈到的每一种智能领域的发展，也许都有可能找到一个理想的教育途径。通过这样的分析，就能揭示出正常的儿童以及有特殊天赋或特殊困难的儿童发展所经过的路径。

在确定了范围广阔的文化目标以及具有更大差异的智能轮廓之后，最困难的事就是在学生和学习方法之间，找到合适的配置。然而实际上，即使在课程不合适的情况下，学生也已经学会了寻找这种配置。据推测，这也许是因为多数课程都是多余的，因为学生都有一套他们自己可以利用的智能强项和策略。"因材施教"的体系一定能够确保学生迅速地、顺利地掌握必须掌握的东西，因此能够自由地沿着自己选择的理想发展途径向前。

当然，在学习者和特定的学习内容以及教学风格之间，实现因材施教的想法，是人们所熟悉的，而且自古典时期以来，就一直或明或暗地指导着人类的教育。所以如果人们发现，采用正确的教学方法实行因材施教的成果，并没有取得多么显著的成就时，难免会感到失望。

虽然如此，研究教育的学者们仍然坚持认为，学生与学习的素材之间，应该有理想的匹配关系，我觉得这种看法是合理的。无论如何，教育心理科学毕竟还很年轻，随着高度概念化的和更加精细测量方法的出现，人们还将证明，针对学习者的不同智能轮廓采用不同教材和教学模式的实践，是完全正确的。此外，如果人们采用多元智能理论，那么因材施教的选择范围就会扩大。因为我已经说过，多种智能本身既可以是发展的主题，也有可能成为在反复灌输不同的主题时，人们所偏爱的手段。

对此进行的有关研究，那还有待于将来去做。我这里所能提出的，只不过是一些预想的蓝图。例如，在学习编制计算机程序的时候，似乎有好几种智能在起作用。其中逻辑－数学智能似乎是主要的，因为程序的编制需按照严格的顺序进行，才能解决有关的问题；或者在有限的步骤内，实现某个目标。书写程序的方案时，必须把每一个步骤都写得明晰、准确，并严格地按照逻辑顺序加以组织。只要程序的说明书和计算机语言使用普通的语言，那么语言智能也是此时不可缺少的智能。作为由次要情节完成的故事的程序，也可能对某些有语言爱好的、初露才华的编程者有帮助。人们对特定领域的直觉，很可能也有助于他们去学习程序的编制。因此，对于有强烈音乐爱好的人，也许最好是引导他们通过作曲的方式，学习程序的编制，或学会掌握作曲程序的使用方法。对于有很强空间能力的人，则可以引导他们通过学习某些计算机图表的方式学习程序的编制。通过运用流动图表或一些其他空间图表，也可以帮助他从事编制程序的活动。人的认知智能也可能起重要的作用。当人们从事编制程序的活动时，对自己的目标与步骤首先需要进行的广泛规划，就依赖于自我认知的思维形式。而在从事复杂的程序编制工作以及学习新的计算机技能时的必要合作，则要依赖个人与小组其他成员一道工作的能力。动觉智能在计算机的操作方面也起着作用，它促进了终端技能操作的发展，而且能够运用于包含着身体作用的主题的程序编制过程。例如编制一套舞蹈或足球运动的程序时，就是如此。

分析一下学习阅读的活动，也会使我们得出相同的推理线索。特别对于那些一开始就遇到文字阅读困难的儿童来说，首先将他们引向其他符号系统，例如音乐符号、制图符号或者数学符号，也许会有帮助。此外，对于那些朗读困难的儿童，求助于不同寻常的学习方法，如触觉－动觉的实验方式，以掌握字母的阅读，也可能会有效果。在提高阅读理解方面，特殊的阅读内容也能够起重要的作用。一位对某个领域有所了解的或希望增加自己有关方面知识基础的儿童，也可能会感到这方面内容的阅读要容易一些，而且也容易产生强烈的阅读欲望。实际的阅读过程，是否包含着大量的语言智能以外的智能呢？这是一个值得思考的问题。然而回顾人类已经发明的各种阅读系统（如象形文字系统），以及将来有可能发明的系统（如计算机需要的逻辑－数学系统），似乎很清楚地表明，人类的阅读水平所依靠的并不仅仅是语言能力。

正如对于我们在思考如何引导智能实现教育目标的时候，计算机提供了有效的方法一样，在使受教育者与教学模式相匹配的过程中，计算机的潜在作用也是不可忽视的。尽管使学生智能的大致情况与教学目标之间相匹配的工作，即使对于最有天赋的教育家来说，都是很难做到的，但计算机对有关信息进行处理却不是难事，它能在顷刻之间显示出可供选择的教学计划或教学方法。更重要的是，计算机可以在实际教学过程中成为关键的促进因素，可以通过对各种教育技巧的使用，帮助学习者以自己喜爱的速度调节学习的顺序。然而我必须指出，计算机并不能表现出人际智能。它和某些智能领域（如动觉智能）的关系，似乎不像和另一些智能（如逻辑－数学智能）的关系那么密切。目前存在的危险，是电子计算机这个西方思维与西方技术的产物，可能最有助于证明当初导致这项发明的智能形式的重要性。然而，计算机技术的延伸（包括机器人），也有可能最终促进在全部智能领域内的学习与掌握过程。

尽管有必要考虑学习过程的细节，但是对于教育计划或教育政策的制定者来说，重要的还是必须防止忽略整体的教育规划。最后，有必要由社会上不同的利益集团，参与协调制订并执行教育计划，这样，他们就能共同协作，从而帮助社会实现更长远的目标。看待人的智能轮廓，必须按照更广泛的社会所追求的目标。有些时候，在某方面具有天赋的人，实际却被引导到他不喜欢的其他领域中，这仅仅是因为社会在一段时间内，迫切需要某一方面人才的缘故。在做出这种决定时的综合能力，如果不是一种特殊的智能形式，就包括有关智能的组合。重要的是，一个社会应该找到某种训练的方法，然后利用它训练出使人能够看出复杂的整体能力，然后再去利用这些能力。

教育与政策方面的推论

就我自己的感觉而言，以上这些零散的看法很适合从本书所介绍的框架中引申出某些教育与政策方面的推论。本书介绍的框架基本上来自生物科学和认知科学的研究成果，首先必须在这些科学领域内开展广泛的讨论，而且在它为实践者提供一个说明书、一个红皮书或白皮书之前，还必须接受这些学科的检验。即使是很好的想法，也会由于不成熟的实践而被搞得声名狼藉，何况我们至今尚不能确定多元智能的观点好在哪里。

自从 20 世纪 60 年代和 70 年代早期的那一阵兴高采烈之后，在教育计划者们感到他们很快就能治愈世界的病症时，我们沉痛地意识到，许多问题妨碍了我们的理解、我们获得知识和我们谨慎行事的能力。我们更加认识到，在限制或破坏我们雄心勃勃的计划以及引导这些计划沿着难以预期的途径运行的方面，历史、政治与文化所起到的重要作用。我们还更加清醒地认识到，特殊的历史事件以及技术的发展，都能够对未来产生影响。这种影响的方式甚至在 10 年以前，都是难以预见的。对于每一位成功的教育规划者或实践者来说，对于每一个正在实施的《芝麻街》教学法或铃木教学法的人来说，都有可能存在着几十种，甚至几千种失败的方案。事实上这种失败的计划实在太多了，以至于我们甚至无法弄明白，少数计划的成功究竟是愉快的事件还是个别天才的果实。

然而，困难和潜在的可能性是不会自动消除的，而且无论是学龄前儿童的教师还是教育部部长，在开发他人智能的工作上，同样持续地负有重大责任。可以肯定，他们不是在高明地、卓有成效地工作，就是在糟糕地、毫无成效地履行自己的职责。因此他们应当在自己的工作中，认识到不同方法可能造成的不同后果，这似乎比全凭直觉或理念去行事的做法要好。我在本书中竭力建议教育部工作者们，要密切注意人的生物学和心理学倾向，密切注意自己所居住地区的历史和文化环境。当然，这种工作说起来容易，做起来却难。但是，对于人究竟是什么的问题，无论将人置于相对孤立环境中的思考，还是将人当成是运转中的文化统一体的成员来思考，我们的知识都在自然地增长着，而且我希望将继续增长下去。由于有些人将继续对他人生活的规划负有责任，所以他们的努力，就应当受到我们对人类智能不断增长着的知识的指引，这似乎才算是较好的做法。

附录 1

20 周年纪念版导言^①

常常有人问我，最初头脑中是怎样产生有关多元智能理论的思想的。最诚实的回答可能就是："我不知道。"然而，这样一个答案既不能让提问者满意，坦率地说，也不能让我自己满意。根据事后的回忆，我可以介绍让我发现多元智能理论的以下因素。这些因素有些是间接的，有些是直接的。

少年时代，我曾经是一个认真而执着的钢琴演奏者，同时还热情地投身于其他形式的艺术。当我开始学习发展心理学和认知心理学的时候，我发现它们基本上不涉及艺术，这使我感到非常困惑。因此我早期的学术目标，就是想在心理学的研究领域中，为艺术寻找一席之地。时至今日，我仍然在尽力这样做！1967 年，由于对艺术长期的兴趣，我成了"零点项目"创建伊始最早的一名成员。这个属于基础研究的课题组隶属于哈佛大学教育研究生院，由著名的艺术哲学家纳尔逊·古德曼创建。我担任"零点项目"两名负责人之一的时间长达 28 年（1972—2000）。我很高兴地告诉大家，这个研究机构至今生机勃勃。

---

① 本文是作者 2003 年 4 月 21 日应邀参加美国教育研究协会（American Educational Research Association）芝加哥年会的发言稿。——译者注

在我即将结束博士研究的时候，第一次进入诺曼·格施温德的神经学研究领域，就被他的研究内容深深地吸引住了。他研究那些正常的或者具有特殊天赋的人，研究他们的大脑一旦遭受不幸的撞击、出现肿瘤或其他的脑损伤后，会发生什么现象。其结果往往出乎人们的意料。例如失去阅读能力之后的人不能读单词，却仍然能够数数，能说出物体的名称，并能正常地写作。我改变了原定的计划，开始了 20 年在神经心理学领域的研究工作，试图理解人类的能力反映在大脑中是怎样组合的。

因为我很喜欢写作，所以在 1971 年开始与格施温德及其同事共同开展博士后研究的时候，我就已经出过 3 本书了。我的第 4 本书是《受损的智能》（Shattered Mind），出版于 1975 年，记述了遭遇脑损伤后的人身上发生的变化。我记录了大脑的不同部位是怎样承担不同的认知功能的。当我写完《受损的智能》后，打算再写一本书，描述人类不同能力的心理学，就是颅相学的现代版本。1976 年，我列出了书的提纲，暂定名为《智能的种类》（Kinds of Minds）。人们可以说这本书最终没写成，的确，我忘记它已经很多年了。但是人们同样可以说，它最终由草稿变成了《智能的结构》一书。

以上是多元智能理论产生的最初原因。

1979 年，哈佛大学教育研究生院所属的一个研究小组，从荷兰的伯纳德·范·利尔基金会获得相当大的一笔资金，用来实施一项宏伟的研究。这项研究要求"人类潜能项目"组的成员，研究人类潜能的本质，以及这些潜能如何才能得到最大程度的开发。当我们这个项目内部开始分工的时候，我接到了一个有趣的任务：写一本书，运用生物学和行为科学的新发现，建立人类认知本质的理论。这样一来，让多元智能理论诞生的研究课题从此开始。

伯纳德·范·利尔基金会的支持使我能够在许多年轻同事的帮助下，开展广泛的研究。我将它看成人生的一个机遇，把我过去和其他人对于不同群体认知能力的观察发现与研究成果加以总结和归纳。其中包括对正常儿童和超常儿童认知能力发展的研究，以及对脑损伤患者认知能力受损情况的调查。我曾经每天上午研究脑损伤患者，下午研究认知发展。按照当时的日记，我试图将这两种研究的结果综合起来。下午的这些研究实际上考察了幼儿是如何在唱歌、绘画和讲故事等 7 个不同领域掌握符号使用的。我和我的同事还搜集了脑科学、遗传学、人类学、心理学与其他相关领域的文献资料，努力寻求最理想的人类能力的分类法。

我现在可以确认这项调查的几个关键转折点。虽然记不得具体时间，但肯定在某一个确定时刻，我决定将人类的这些能力命名为"多元智能"（multiple intelligences），而不是"多样能力"（assorted abilities）或者"多种天赋"（sundry gifts）。表面上看起来这只是一个无足轻重的词语替代，但它却非常重要。我坚信，如果我写一本名为"7 种天赋"的书，它不可能像《智能的结构》一样得到如此广泛的关注。就像我的同事戴维·费尔德曼指出的那样，选择这个词语，我就把自己置身于心理学界所珍爱的智力测验的对立面去了。但他认为我的动机是"消灭"智商，我却不敢苟同。无论从文献记载上看，还是从记忆法证据上看，都不能说明我有意与智力测验唱对台戏。

第二个关键点是提出智能的定义，并且创建一组判据，用于判断人类的某种能力是或者不是智能。我不能假称所有判据都是先天成立的。相反，我试图通过极致描述进而应用最终形成的 8 项独立判据，不断调整和修正对人类能力的认识。我感到，本书开篇提出的定义和判据是此项研究最具原创性的部分。有意思的是，文献中没有太多关于这两者的讨论，无论是肯定的还是批评的。

当我开始写《智能的结构》一书时，是从心理学家的立场出发的。时至今日，心理学仍然是我最主要的学术领域。但因为接受了伯纳德·范·利尔基金会的任务并供职于哈佛大学教育研究生院，我显然必须说明多元智能理论对教育的意义。因此，我进行了关于学校和更广义的教育的背景研究，在最后一章探讨了这一理论对教育的几点意义。这种对教育的转向成为第三个关键点，因为对这一理论最感兴趣的是教育家而非心理学家。

到 1981 年年底，书的草稿已经完成。在此后的修改过程中，争论的主线逐渐明朗化。我声明所有的人都不止拥有一种智能，即人们通常用 "g" 表示一般智能。准确地说，作为一个物种，我们人类拥有一组相对独立的智能。我认为大多数行业和学术著作关于智能的概念，都集中于语言智能和逻辑－数学智能的结合，也就是法学教授的智能强项，以及大多数智力测验涵盖的领域。然而，只有我们考虑到空间的、身体－动觉的、音乐的、人际的和自我认知的智能，才能实现对人类个体的完整评价。我们所有的人都拥有这些智能，从认知的意义上说，这些智能使我们成为人。由于遗传和生活经历上的差异，人类个体智能的强项和弱项各不相同。没有一种智能是艺术的或者非艺术的，更确切地说，如果人有这个愿望，几种智能都能用于美学的目的。我的这个心理学理论，并不能直接引申出对教育的意义。在此，我运用了我的语言智能，但并不是以小说家或诗人的方式。但是如果人类个体的智能轮廓不同，利用此理论设计一种教育体系，还是有意义的。

在 1983 年《智能的结构》出版之前，我已经出版了 6 本书。每一本都受到了谨慎的欢迎，销售情况都还可以。我并没有期待《智能的结构》会有什么不同，因为这本书篇幅较大，对普通读者来说，又具一定的学术性。但是出版后不过几个月，我体会到这本书的确大不相同。无论是评论者的热情，还是销售的火爆，都是空前的。确切地说，书的出版真正获得了轰动效应，我因此多次被请去做报告。当我一口气讲完多元智能理论之后，听众迫切地想知道更多内容。我有时模仿艺术家安迪·沃霍尔开玩笑地说，多元智能理论使我成名了 15 分钟。当我在自己的职业生涯中从事过多项研究之后，才体会到我大约永远只能以 "多元智能之父" 或者 "多元智能领袖" 的称谓而为人知晓了。

《智能的结构》出版后的头 10 年，我主要同多元智能理论产生了两个联系。第一个联系是作为一名困惑的观察者。我感到非常吃惊，因为很多人都说他们想按照多元智能理论修改自己的教育实践。在大约一年以后，我见到了来自印第安纳波利斯市的 8 名教师，然后他们很快就建立了进行多元智能实验的"重点学校"〔Key School，现在叫"重点学习社区"（Key Learning Community）〕，也就是世界上第一所明确地按照多元智能理论组建的学校。我从此开始收到潮水般涌来的信件。这些信件向我求教，或者告诉我，怎样在各种各样的学校和人群（包括天才青少年和存在严重学习障碍者）中应用多元智能理论。当我试图回答这些来信的时候，我总保持着心理学家而不是教育家的身份，我并不认为自己知道怎样更好地教孩子们，也不知道怎样管理一所小学或中学。

我与多元智能理论的第二个联系是在源于该理论的诸研究项目做一名负责人。最雄心勃勃的努力是与陈杰琦（Jie-Qi Chen）、费尔德曼、玛拉·克列切夫斯基（Mara Krechevsky）、珍妮特·斯托克（Janet Stock）、朱莉·维安（Julie Viens）等人合作的"多彩光谱"项目（Project Spectrum）。"多彩光谱"项目的目标是创建一套测试方法，用它确定学龄前儿童或者小学低年级学生的智能轮廓。我们最终设计出 15 种不同的活动，以尽可能自然的方式来评估几种智能。在设计"多彩光谱"项目中的活动并发现也能用于其他群体时，我们感受到了极大的快乐。同时我们也体会到，因为需要大量的资金和时间，创造性地对智能进行评估不是一件容易的事。如果有人愿意努力创建评估各种智能的手段，虽然我会很高兴，但我已经决定不介入智能评估的领域。

就此而论，我有必要补充一下，旨在评估智能的工具，假定是针对一个或多个智能的，需要关注被试者实际能够完成的项目。许多"智力测验"实际上评估的是偏好，并依赖于自我报告。这两者都不一定是"智能实力"的可靠指标。但我并不是要否定这种"智力测验"。通过了解人们如何想象自身，以及比较不同群体之间的反应模式，我们可以学到很多。

在多元智能理论的第一次热潮之中，还出现了其他一些研究项目。同另外一个对标准智能观持批评态度的心理学家罗伯特·斯滕伯格一起，我和我的同事设计了一套初中课程，称为"学校实用智能"（Practical Intelligences for School）。与美国教育考试服务中心（Educational Testing Service）的同行一起，我和我的同事还创建了一套课程与评估工具，用来记录三种艺术形式（绘画、音乐和文学）的学习过程。此外，还有将计算机应用于教育的合作项目。

使我感到吃惊和高兴的是，公众对于多元智能理论的兴趣一直持续到 20 世纪 90 年代。在那之前，我已经准备好开展几项新的工作。

第一项工作是纯学术的研究。根据不同种类的智能概念，我完成了一些个案研究。按照对这些人的智能的独特层面的分析，他们都是非常杰出的人物。这些研究使我写出关于创造性、领导能力和更加广泛的突出成就的书，它们分别是《大师的创造力》（Creating Minds）、《领导智慧》（Leading Minds）和《杰出的头脑》（Extraordinary Minds）。你们可以发现，我在许多书的标题中，都使用了"mind"这个词。

第二项工作是多元智能理论研究的延续。1994—1995 年，我利用休假的一段时间来思考，是否像有些人提出的那样，有令人信服的证据证明新的智能确实存在。我的结论是，有充分的证据表明，还存在"博物学家智能"（naturalist intelligence，对自然界中的实体存在做出相应区分的能力）；同时还有部分证据提示，可能存在"存在智能"（existential intelligence，思考大问题的智能）。我还探讨了智能同各领域和各学科之间的关系。在此，我将智能理解为生物心理学潜能，而各领域和各学科则存在于不同的文化之中。虽然智能与文化活动可能具有相同的名称，但两者不是一回事：例如，音乐表演需要几种智能，其中包括身体智能和人际智能；再例如，空间智能强的个体可以在一系列职业和爱好上有所追求，无论是外科手术还是雕塑。关于世界，我们知道些什么又如何分析它，很可能部分反映了我们这个物种被赋予的智能。我还介绍了"智能"这一术语的三个截然不同的用法。

1. 所有人的特性（我们每个人都拥有 8 种或 9 种智能）。
2. 区分人类个体的尺度（即使是同卵双胞胎，也无法拥有完全一样的智能轮廓）。

3. 一个人为实现自己目标而完成任务的方式（乔可能掌握诸多音乐技巧，但是他对巴赫组曲的演绎反映出他缺乏音乐智能）。

第三项工作主要与对我的理论的应用和阐释有关。提出多元智能理论后的头10年，我只是简单地满足于观察其他人在做什么，并以多元智能理论的名义发言。但到20世纪90年代中期，我发现了对这个理论的诸多误解。如将智能和学习风格混淆；实际上，智能与风格完全不同，前者是一个人在音乐、空间、人际方面的处理能力，后者是一个人所谓完成任务的方式。再如，将人的智能和社会范围内的角色混淆（例如认为音乐智能等同于对某一音乐流派或角色的掌握）。我同样注意到多元智能理论在实践方面的问题。例如，有人不礼貌地按照不同种族和民族特有的智能优势与缺陷来描述这些种族和民族。于是我开始区分自己对多元智能理论的"看法"和其他人对它的理解，而那些人是学习了多元智能理论后试图应用它的人。此后，我认识到，那些提出广为人知理念的人需要承担相应责任。我非常关注这种责任。这种高度关注最终让我和其他同事就职业责任问题展开了雄心勃勃的研究，即所谓"好工作项目"（GoodWork Project）。

20世纪90年代第二个阶段的最后一项重点工作，是我更积极地介入了教育改革。这种介入包括理论和实践两个方面。在实践方面，我和哈佛大学"零点项目"的同事开始与学校合作。这些学校尝试将多元智能理论和我们开发的其他教育计划付诸实施，例如一个专注于"为理解而教"（teaching for understandinng）的计划，以及最近"好工作项目"中出现的应用成果。1995年至今，我们还开办了暑期研修班，吸引了来自世界各地的实践者和学者。在理论方面，我开始综述自己的教育哲学思想，特别关注大学预科阶段对理解科学、数学、历史和艺术等主要学科的重要性。由于种种原因，实现这种理解是相当具有挑战性的。如果我们占有的资料太多，记忆会流于表面，注定难以实现真正地理解。但如果像教育系统完善的国家那样，只深入地探讨少数主题，我们则极有可能强化理解。一旦决定"发掘"不是"占有"资料，我们就可能从多元智能中获益。具体地说，我们能够采用若干种方式探讨这些主题（不同方式通常称为同一主题的不同"切入点"）；我们可以通过不同领域的类比和比较的方法，也可以采用不同的符号形式来表达重要的概念和观点。

以上分析导致了令人惊讶的结论。"多元智能"不应该是也绝不是教育的目标。教育目标必须反映人类自身的价值观，而这个价值观绝不可能简单地来自科学理论。一旦人们思考自身的教育价值观念，并且表明了自身的教育目标，则我们假定的多元智能的存在就能提供极大的帮助。如果你的教育目标包含对学科的理解，这种帮助尤其明显。在这样的情况下，调动我们确定的数种智能，帮助你实现那个崇高的目标，是完全有可能的。

以上就是在多元智能理论出现后第一个 20 年间，我所做的事。我感谢"零点项目"，感谢美国和全世界的许多人对多元智能理论表现出极大的兴趣。在此期间，我尽量努力回答他们的询问，同时我也从他们那里得到了许多启示和帮助。我后来慢慢体会到，人一旦将自己的思想向世界公开，就再也不能完全地控制这个思想了，就像人不能控制自己基因的"产品"——自己的孩子一样。多元智能理论现在已经有、将来也会有其自己的生命，不会因我的愿望而改变。多元智能理论是我最出名的、最有智能的孩子。

多元智能理论诞生 20 周年之时，恰逢我 60 周岁。我不知道自己还有多少时间能够继续为这一理论工作，也不认为今后我的主要精力仍将用于这一理论的研究。但对于我来说，此刻来回顾多元智能理论的过去，展望、分析它的未来前景的确是一个最合适的时间。

首先要说的是提出新智能的尝试。近年来，除去探索情绪智能（emotional intelligence）的兴趣之外，同时存在着描述精神信仰智能（spiritual intelligence）和性智能（sexual intelligence）的尝试。我的同事安东尼奥·巴特罗（Antonio Battro）认为存在数字智能（digital intelligence），并且指出这种智能很好地满足了我提出的智能判据。在这次大会上，迈克尔·波斯纳（Michael Posner）向我提出挑战，建议考虑将"注意力"（attention）

作为一种智能。最后，总是我做出让步。承认将何种能力看作智能，需要经过判断后做出，而不能事先通过规划和计算得出结论。到目前为止，我仍然坚持自己提出的八又二分之一种智能。但是我敢断言，有那么一天智能的数目将会增加，或者智能之间的界限将被重新确定。

还有许多工作需要做。如何将智能最大限度地组织和调动起来，以实现特定的教学目的，就是其中任务之一。我不相信，在多元智能理论支持下创建的教育计划能够为随机控制的教育研究服务，而这类教育研究，正是美国联邦政府所提倡的；但是我坚信，精心安排的"设计实验"（design experiments）能表明多元智能理论在什么地方适用，在什么地方不适用。举例来说，我认为，多元智能的方法对于试图掌握具有挑战性的新概念的学生，特别有用，如物理学中的重力、历史学中的时代精神。长期以来，我一直怀疑多元智能的理念有助于外语学习，但许多外语教师声称，成功将多元智能的方法用于形成学习的动力和概念，他们让我印象深刻。

假如我有更多的时间和精力探索多元智能理论的细节和分支，我会将这些宝贵的时间和精力用于两个方面的研究。首先，如上所述，我越来越被以下现象所吸引，那就是社会活动、知识领域的出现方式与重新组合，具有周期性的特点。任何复杂的社会，至少存在 100 ～ 200 种完全不同的职业。任何规模的大学，都至少要提供 50 个不同的学习或研究领域。可以肯定地说，这些领域和学科既不是意外的产物，也不是由于偶然事件的组合形成的。一定领域内文化知识的产生，必然适应一定时期人类的大脑和心理，适应那个时期人类大脑和心理在不同文化背景中发育和进化的方式。具体地说，人类的逻辑－数学智能是怎样与不同的自然科学、数学、计算机软件、计算机硬件相关联的呢？而这些学科有的几千年前就出现了，有的可能一年后或 100 年后才出现。究竟是它们之中的谁产生了谁？或者说可能性更大的是谁形成了谁？计算机会否强化甚至替代特定的智能或智能组合？人类的思维怎样处理跨学科的研究？这些跨学科的研究是自然的还是非自然的认知活动？或者疯狂一点，关于狗、鸟或其他灵长类动物，多元智能的观点会揭示出什么？或者，就此而言，机器人或智能机器能做什么？我很愿意系统地思考这些问题。

其次，我想从头开始为多元智能理论寻找生物学的依据。20世纪80年代初期，来自遗传心理学和进化心理学的可靠证据很少，有关推理的人为痕迹明显。20年以来，大量来自神经心理学研究的有力证据表明，的确存在着不同的智能。这些证据对于证明多元智能理论的正确性，是非常有力的。

20年过去了。脑科学和遗传学方面的知识以爆炸般的速度增长着。冒着被认为过分夸张的危险，我准备为自己的下述主张辩护。这主张就是：1983—2003年，我们学到的东西和过去500年人类所学到的一样多。作为一个业余的遗传学家和神经科学家，我尽了最大的可能，追踪以上领域接连不断的新发现。我可以相当自信地说，所有这些新的发现都没有对多元智能理论的主要观点提出怀疑。但是我可以怀着同样的自信心说，根据过去20年科学的新发现，多元智能理论也迫切需要反映生物学的新成果。我不能肯定这些工作今后是否由我自己来做，但我还是要提出这个问题供大家思考。

过去人们在介绍多元智能理论的时候，着重强调的一点就是人类的大脑和人类的心理是具有高度差异的实体。这使人产生错误的认识，以为只有单一的心理、单一的智能和单一的解决问题的能力。因此，我和许多其他人一道试图提出新的观点，即人类的心理和大脑由很多模块、器官和智能组成，它们中的每一个，都按照自己的规则相对独立地运作。

我非常高兴，因为这个不同的观点现在被越来越多的人所接受。甚至那些坚决相信一般智能和会面技能（across-the-boord skill）的人，也感到必须开始为自己的观点辩护。这在几十年以前是完全不需要的。但我认为正因为如此，我们现在应该重新审视一般智能和特殊智能的关系。这种审视可以并一定能按照多种吸引人的方式进行。心理学家罗比·凯斯（Robbie Case）提出中心概念化结构（central conceptual structure）智能的观点，范围比特定的智能要广，但不像皮亚杰的一般智能那样包含一切。哲学家杰瑞·福多尔采用一个可互相渗透的中心系统，对比了不可测的专一智能的模式。以马克·哈斯（Marc Hauser）、诺姆·乔姆斯基（Noam Chomsky）和坦科姆什·菲奇（Tecumseh Fitch）为首的小组认为，人类认知独特的性质就是它的递归式思维（recursive thinking）能力。递归式思维可能正是语言、数字、音乐、社会关系和其他高级思维的特征。电生理学和放射学的研究表明：人一出生，大脑的各种模块可能就已经被激活。人在解答智力测验中的有关问题时，都采用一定的方式。对此进行的神经图像研究表明，大脑中的某些特定区域，最有可能被用来解决智商类的问题。可能存在着基因方面的证据，能解释通常的高智商，就像很明显存在着引起智力迟钝的基因一样。我们对于杰出表现者的研究表明，以下两种人之间存在着差异：一种人是在某一方面（如音乐或数学）表现杰出者，而与之相区别的另一种人是通才，如政治家、商界领袖等。相比之下，后者的认知强项不那么突出。

如果我还能再有一次或两次生命，我将根据新的生物学知识重新思考智能的本质。一方面需要我们对知识和社会实践的领域拥有更加深入的理解，另一方面可能还需要一个伯纳德·范·利尔基金会支持的关于人类潜能的研究项目。我并不认为自己的以上愿望能够实现，但我很高兴有机会在 20 年前为此项研究开了头，并且能够定期重游这一领域，提出问题，以便对此有兴趣的后来者能够利用他们自己的机会，继续从事这一理论的研究。

附录 2

10 周年纪念版导言

虽然每一本书的作者都梦想着自己的著作能有一个美妙的未来，但在写作《智能的结构》一书时，我绝没有预料到，这本书会跨越如此众多的地域，在如此众多的领域中，遇到接受它的读者。当然，我那时也没有预料到，将来有机会写下这本书 10 周年纪念版的导言。

写作《智能的结构》这本书时，我将它主要看成是对自己的专业——发展心理学的贡献。从更广泛的意义上说，是对行为科学和认知科学的贡献。我想扩展智能的概念，使它不仅包括纸笔测试的结果，也包括与人类大脑有关的知识和对人类文化多样性的敏感度。虽然我在这本书的最后一章讨论了这个理论的教育学意义，但是我并未将注意力放在教室里和课堂上。尽管如此，这本书事实上在教育界产生了很大的影响：我和我在哈佛大学"零点项目"的同事们承担了几个灵感来自多元智能理论的教育实验，同时还有无数其他人尝试将这个理论应用到特定的教育环境中。在《多元智能：实践中的理论》（*Multiple Intelligences: The Theory in Practice, 1993*）一书中，我回顾了这个理论进入当代教育实践的几个主要途径。

在这一版《智能的结构》的新导言中，我有五个目标：第一，综述《智能的结构》的主题；第二，将多元智能理论置于智能研究的历史之中；第三，将《智能的结构》与我最近的工作联系起来；第四，回答对多元智能理论的一些主要批评；第五，预测将来可能开展的工作。

《智能的结构》的主题

我在写作《智能的结构》一书时，还没有完全预料到，大多数人对于智能的两个假设，会坚持到如此程度。第一个假设是，智能是每个人或多或少拥有的单一的通用能力，因此按照定义，智能可以通过标准化的语言手段，如简短问答、纸笔测试等方法进行量度。为了帮助新读者了解我的工作，也为了先行隔离这些被广泛接受但最终站不住脚的概念，我请你们做两个思想实验。

首先，尽量忘记你听说过的、作为人类心理独有财富的智能概念，或者忘记你听说过的、名为"智力测验"的工具，这种工具的用途是一劳永逸地测定人的智能。其次，放眼世界，想想那些被不同时代文化所推崇的、无论是职业的还是业余的角色或者"最终状态"，如猎人、渔民、农民、巫师、宗教领袖、精神病学家、军事指挥官、公民领袖、运动员、艺术家、音乐家、诗人、父母和科学家。进一步讲，请思考一下我在《智能的结构》一书开头提到的三种"最终状态"：普卢瓦特水手、学习《古兰经》的学生和在计算机前工作的巴黎作曲女孩。

按照我的观点，如果我们要充分涵盖人类认知的领域，那么有必要将一整套能力列入研究范围，这一整套能力比我们此前已经认可的能力更广泛、更普遍。同样必要的是，对于许多（如果不是绝大多数的话）无法通过标准语言测试检验的能力，应该持开放的态度，因为标准语言测试很大程度上有赖逻辑和语言能力的融合。

有鉴于此，我明确地给出了所谓"智能"的定义。智能就是解决问题或者创造产品的能力，这种能力在一种或多种文化背景下受到珍视。这个定义既没有说明这些能力源自何处，又没有说明怎样恰当地"测试"这些能力。

在这个定义基础上，特别是依据生物学和人类学研究成果，我接着提出了确认智能的 8 个不同判据。正如本书第 4 章提到的，这些判据涵盖从作为脑损伤后果的智能分离现象到对破解一种符号系统能力的敏感性。然后，在本书的第二部分，我逐一详述了 7 种候选智能：在当今学校里具有极高价值的语言智能和逻辑－数学智能，音乐智能、空间智能，身体－动觉智能，外加两种形式的人的认知智能，其中一种指向他人，另一种指向自己。

在介绍完 7 种智能以及它们各自不同的运作模式之后，我依据写作过程中感受到的该理论最显见的缺陷，对它提出了批评。对于智能怎样在一种文化内部发展，以及如何在多种多样的教育背景下被调动起来，我总结了若干思考。

当一种新的理论被提出之后，对这一理论最根本反对的观点加以说明，有时是有帮助的。对于那些不能或不愿放弃传统观念的批评家，这种策略显得尤为重要。在这方面，我介绍两个例子。第一个是一则关于智力测验的广告，它是这样开头的：

> 您想单独接受一次 4～5 分钟的智力测验吗？有三种形式可供选择，都能够快速准确地测出您的智力。该测验不依赖任何语言表达和主观评分。它可以用于任何有严重身体残疾的人（甚至是瘫痪病人），只要他们能够表达最简单的"是"或"否"就可以进行。它既适用于幼儿，又适用于成人，而且耗时同样短暂，程序如出一辙。

广告就以这样的风格继续下去。无论这种测验是否可能具有价值，我都能毫不含糊地声明，这则广告所描绘的，是一个虚幻的测验神话。无论它测出的可能是什么智能，我都同样怀疑此类宣称可以通过测量反应时间和脑电波的方法测量智能的说法。这些测量的结果可能与智商有很好的相关性，而在我看来，这就让智商更有理由受到质疑。

我介绍的第二个例子，来源更令人尊敬一些，它出自塞缪尔·约翰逊（Samuel Johson）的著名语录。这位令人敬畏的博士，曾经将"真正的天才"定义为"拥有广泛的全面才能的头脑，偶然被固定在某个特定方向上发挥作用"。虽然我并不怀疑，某些人可能在一个以上领域拥有潜在的能力，但是无论如何不能同意"广泛的全面才能"这个说法。我认为，人的大脑虽然具有处理数种不同类别内容的潜能，但一个人处理某种内容的能力，绝不意味着他处理其他内容时同样胜任。换句话说，天才很可能只针对特定的内容而存在，普通人的表现更是如此。这是因为人类已经进化到表现出数种智能的阶段，而不是只能灵活地应用一种智能。

智能的研究

当我试图在智能概念研究的历史长河中，为自己的工作找到位置的时候，我发现将这个历史的统一体大致分成几个连续的阶段，是很有帮助的。这几个阶段是：提出理论阶段、标准心理测量方法阶段、多元化和等级化阶段。

提出理论阶段。 在人类历史的大多数时期，没有关于智能的科学定义。毫无疑问，人们经常谈到智能的概念，并且或多或少地给他人贴上"伶俐的""迟钝的""聪明的"或者"有才智的"等标签。完全不同类型的杰出人物，如托马斯·杰斐逊①、简·奥斯丁②、弗雷德里克·道格拉斯③或者圣雄甘地，都被冠以相同的形容词"精明的"。这些非正式的讨论，作为普通的用

---

① 托马斯·杰斐逊（Thomas Jefferson，1743—1826）：美国第三任总统（1800—1809），曾为《独立宣言》起草人。——译者注
② 简·奥斯汀（Jane Austen，1775—1817）：英国女作家，著名长篇小说有《傲慢与偏见》《爱玛》《理智与情感》等。——译者注
③ 弗雷德里克·道格拉斯（Frederic Douglas，1817—1895）：美国社会活动家，黑人奴隶出身。——译者注

语也许能够令人满意，但这主要是因为很少有人互相争论究竟什么是"有才智的"。

标准心理测量方法阶段。在大约 100 年之前，心理学家们才开始了最初的尝试，力图从技术上定义智能，并且设计测量它的方法（参见本书第 2 章开头的部分）。在多数情况下，这类尝试代表科学心理学的进步和非凡成功。但是，"智力测验"被滥用了，而心理测量团体内部取得的理论进展却微乎其微。这并不能怪那些开展心理测量的先行者们。

多元化和等级化阶段。研究智能的第一代心理学家，如查尔斯·斯皮尔曼（1927）①、刘易斯·推孟（1975）②，倾向于认为最好将智能定义为一种用以进行概念化和解决问题单一的通用能力。他们努力向人们证明，一组智力测验的分数反映了"一般智能"的单一潜在因素。这不可避免地会引起人们的争论。多年以来，心理学家瑟斯通（1960）和吉尔福德（1967）一直认为，智能由若干因素或日组分构成。从最广泛的意义上看，《智能的结构》对传统的多元理论是有所贡献的，主要不同在证据来源上。大多数多元论者强调各组智力测验之间的低相关性，而我将多元智能理论建立在神经学证据、进化论证据和跨文化证据基础之上。

如果智能可以分成几种组分，人们一定会提出它们之间是否相关、怎样相关的问题。雷蒙德·卡特尔（Raymond Cattell，1971）和菲利普·弗农（Philip Vernon，1971）等学者主张，在智能的各因素之间存在等级关系，认为一般智能、语言智能或数字智能（numerical intellegence）的地位在更具体的智能组分之上。瑟斯通等学者则不赞成这种观点，认为智能的每个

---

① 查尔斯·斯皮尔曼（Charles Spearman，1863—1945）：英国心理学家，1904 年提出智力二因素（two-factor of intelligence）理论，认为人的智力主要是由两个因素构成：一是一般因子（general factor），渗入到所有的智力活动中；二是特殊因素（special factor），种类很多，与特定的任务工作相关。——译者注

② 刘易斯·推孟（Lewis Terman）：美国心理学家。曾修订比内－西蒙智力测验量表，使之符合美国的国情。修订后的量表被称为斯坦福－比内智力量表。——译者注

因素在智能的层次结构中都应该是地位同等的成员。在以上三个阶段之后，《智能的结构》于 1983 年出版了。在接下来的 10 年里，我至少觉察出两种趋势：智能的情境化（contextualization）和智能的分布（distribution）。

智能的情境化。 由于行为科学研究的普遍趋势，研究人员对于心理学理论逐渐提出批评，认为心理学忽视了人类生存和发展背景的重要差别。就所处状态而言，生活在后工业时代的人与生活在新石器时代或古希腊时代的人是完全不同的，与生活在文字出现以前的社会中或当今第三世界背景下的人也是完全不同的。现在，许多科学家已经不再认为人拥有某种独立于自身文化背景的智能，而将智能看成是两个方面的互动：一方面是人的某种癖性和潜能，另一方面则是特定文化环境特有的机会和限制。按照颇有影响的罗伯特·斯滕伯格的理论，智能的一部分是人对自己周围不同内容的敏感度。在受苏联心理学家列夫·维果茨基启发而做出的更激进的阐述中，一些研究人员考察的是文化及其实践的不同，而不是个体之间的差异。

智能的分布。 虽然分布的理念呼应着情境化的理念，但"分布式观点（distributed view）"更关注的是人在其所处环境中与事或物的关系，而不是在范围更广大的文化或背景中受到的限制和评价。在三个传统的"以个人为中心的"智能理论研究阶段，智能被认为是人的头脑中固有的，并且被认为原则上是可以独立测量的。然而按照智能的分布式观点，一个人的智能存在于自己头脑中的部分和体现在人工制品上及周围其他人身上的部分一样多。我的智能并不仅仅存在于我的身体之中，它还包括我的工具，如纸、笔、计算机；包括我的记号系统记忆，包含在如我的文件、笔记本和杂志之中；包括我的人际网络，如办公室中的同伴、职业上的同行，以及我能够通过打电话、留电子信息取得联系的那些人。一本名为《分布式认知》（*Distributed Cognition*）的书即将问世，它提出了智能的分布式观点的主要原理（萨洛蒙），还可以阅读劳伦·雷斯尼克（Lauren Resnick）和她的同事出版的一本有用的书，名为《社会参与的认知观》（*Perspective on Socially Shared Cognition, 1991*）。

得益于事后的认识，我现在能够指出《智能的结构》第一版中有关智能的情境化和分布的线索。例如，在提出空间智能的时候，我着重强调，那种智能的表现程度取决于不同文化（从水手到建筑师，从几何学到国际象棋）所提供的机会，也取决于不同工具和记号系统在强化成长中孩子智能方面的价值。不过，如果认为与10年后的现在相比，1983年的我将多元智能过分地集中在个人的头脑里，这个看法是公正的。

智能是否将继续外延，超越人脑，进入人工制品的王国以及更广阔的文化背景之中？大多数研究团体，特别是受到欧洲大陆和亚洲思路影响的研究团体，给予的回答都是肯定的。按照他们的观点，将每个人的技能与灵活性看成是研究智能的唯一焦点，反映了我这个盎格鲁血统美国人的偏见。尽管如此，那些偏爱以标准化心理测量方法看待认知或者智能的人，绝不会在争论中放弃他们手中的武器。

的确，在过去的10年中，有人试图东山再起，重新支持传统的智能观念以及智力测验的操作。阿瑟·詹森、汉斯·艾森克等学者不仅坚持智能一元化（singularity of intelligence）的观点，而且在关于智能仅仅取决于大脑的理论中，为他们长期以来忠实效力的心理测量工具注入了能够激发起人们热情的新鲜元素。他们现在主张智能反映了神经系统的基本特性，认为即使在没有纸笔工具的条件下，也可以通过电生理学的办法进行测量。一位年轻一些的同行迈克尔·安德森（Michael Anderson）收集了一些证据，然后提出即使在婴儿身上也能够探知这种智能指标。可能最引人注目的是明尼苏达大学的托马斯·布沙尔（Thomas Bouchard）及其同事，他们根据被分开抚养的同卵双胞胎这一独特群体提供的证据，论证出心理测量的智能具有惊人的高度遗传性。如果布沙尔、詹森、艾森克的观点正确，那么真的没有必要研究文化、背景，或者智能的分布。

在从事智能研究的群体中，一部分人正在越来越深入地关注智能的社会性和文化性，另一部分人则在收集智能在神经学基础和遗传基础方面的证据。如何看待这种情况呢？他们都正确的可能性存在吗？我不认为这两个研究传统一定会发生冲突。"神经系统的特定性质，如神经传导的速度和灵活性主要是天生的，只是在最后取得成功的某种纸笔测试中得到了证明"，这很可能是对的。只要这是对的，智能研究的"硬方法"（tough-minded）就将继续成立。同时，智能在测试情形以外的表现形式以及人类在自身文化内担任角色的方式，很可能将保持下去，并且是多种多样的；因此，智能研究的"软方法"（tender-minded）也将保持其重要地位。智能研究领域的一个解释性分支也是可以想象的：安德森的新著强调了传统观点对启发婴儿认知的重要性，同时在婴儿后续发展方面应用了多元智能的视角。

尽管如此，我预料"硬方法"和"软方法"还会继续争论下去，而不仅仅是在智能研究领域分而治之。例如，在测量心理学家的会议上，斯蒂芬·切奇（Stephen Ceci）展示了许多测量方法，证明即使是在最简单的反应时间测试中的表现，也要受到训练和文化的影响。在"新环境主义"（new environmentalism）的旗号下，我的同事罗伯特·莱文向同环境下被分开抚养的同卵双胞胎研究所做推论发起了质疑。按照他的观点，人类生活环境的种类，数量极大，其表现性差异远远大于从双胞胎研究中观察到的，而双胞胎研究中的环境变化都在当代西方中产阶级家庭范围之内。

《智能的结构》和我近来的工作

正像我指出的，在过去的 10 年里，我和我的同事从事的大部分工作，是探索多元智能理论的教育学意义。尤为突出的是，我们一直致力于关注教育场景下个体在智能轮廓方面的多种差异。在描述"以个人为中心的学校"时，我们进行了如下讨论：评估每个孩子智能轮廓的方法；找到适合每个孩子的课程方法，特别是将这些课程及其参考资料呈现在孩子面前的方法；还有，对于智能表现特殊的孩子，如何在校园以外的地方为他们提供适合的教育机会。

我们近来的大量工作，花费在开发我们称为"智能的展示"（intelligence-fair）的评估方法上。这种评估方法与纸笔测试评估方法的不同之处在于，测量孩子智力强项的时候，不需要通过语言和逻辑的"棱镜"。我们最初认为，从"纯形式"上测量个体的智能，得出智能轮廓有7个分支的结论，是可能的，也是可取的。然而，当我们逐渐接受了情境化和分布的观念之后，发现以上想法似乎有问题。评估"原始"智能的愿望，似乎是不可能实现的。

正如我们现在所看到的那样，智能总是在具体的任务、领域和学科的背景下表现出来。没有抽象的空间智能，却有在一个孩子拼接拼图、寻找道路、搭建积木、传接篮球时表现出来的空间智能。同样，成年人并不直接展示自己的空间智能，而是通过他们的身份，如象棋高手、艺术家或几何学家，或多或少地表现出自身拥有的空间智能。因此，我们最好通过以下方式来评估智能：观察对上述活动已经熟悉或在上述活动方面拥有一定技能的人；引领个体参与上述活动，并观察其在有或没有特定帮助或"脚手架"的情况下，能从初学者层次上走多远。

评估哲学的这种转变，反映出多元智能理论最重要的概念上的进步：智能、领域、行业三者之间的区别。在最初的表述中，没有具体说明这些区别，结果在读者和我的思维中经常造成混淆。但是通过与戴维·费尔德曼、米哈伊·奇克森特米哈伊的合作，我很好地弄清了它们之间的区别。

在个人的层面上，可以说一种或多种人类智能，或者说智能的倾向，都是我们与生俱来的属性。这里所说的智能可被看作神经生物学范畴之内的术语。人出生于其中的文化包含着大量的领域——学科的、手艺的、其他职业或爱好的。通过这些领域，人可以适应自身所处的文化，然后根据其所获能力的水平得到评估。而领域，当然包括人类自己在内，可以看作是不受感情因素影响的。这是因为，一个领域内的专业知识，原则上可以通过书籍、计算机程序或其他种类的人工制品来获得。

虽然智能和领域之间的关系密不可分，但关键是不要混淆这两个概念。一个拥有音乐智能的人，很可能被音乐吸引并最终在音乐领域里获得成功。

但是，正如音乐智能能够被调动起来应用于严格意义上的音乐以外的领域，如舞蹈、广告等，音乐表演领域也需要音乐以外的智能，如身体－动觉智能、人际智能和自我认知智能等。推而广之，几乎在所有的领域内，都需要熟练地运用一系列智能；任何一种智能，也都可能被调动起来应用于各种各样与文化相关的领域。

在社会化的过程中，对话主要发生在人类个体和文化的领域之间。但是，一旦人获得了某个领域的技能，行业就变得非常重要。行业，作为一种社会学建构，包括能够对人类个体表现的质量进行标准评价的人群、机构、奖励机制等。在一定程度上，如果一个人在行业内被认为是可以胜任工作的，这个人就很可能成为一个成功的执业者；另外，如果这个行业被证明不能对工作做出评价，或者缺乏对评价工作的有力支持，行业中个人取得成就的机会将会彻底丧失。

经证实，智能、领域、行业三个概念，不仅能够有效地解决多元智能理论提出的问题，而且对于创造力的研究具有特别重要的意义。正如奇克森特米哈伊最早明确指出的那样，最巧妙的问题是：创造力在哪里？答案就是：创造力不应被看作与生俱来存在于一个人的大脑、心理和人格之中。更确切地说，创造力应该被认为是在三个节点的相互作用下产生的。这三个节点分别是：具有一定能力和价值观的个人，在一种文化内可供研究和掌握的领域，在一种文化内有评价能力的行业做出的评价。如果行业认可创新，个人及其工作就有可能被看作是有创造力的；但是如果行业拒绝创新，不理解创新，或者认为没有创新，那么主张某种工作的结果是具备创造力的，就丧失了意义。当然，这个行业将来可能会选择改变早期做出的评价。

每个研究过创造力的学者，都以不同的方式将这个概念应用于自己的工作中。说到我自己，则将具有创造力的个体与我提出的智能定义联系在一起。具体而言，具有创造力的个体是在某一个领域内有规律地解决问题或者创造产品的人，其工作既新颖，又能得到某一个行业内渊博之士的认可。在这个定义的基础上，我研究了 6 位男性和 1 位女性，他们在 20 世纪初对于阐述西方的现代意识有很大贡献。他们分别是西格蒙得·弗洛伊德、阿尔伯特·爱因斯坦、伊戈尔·斯特拉文斯基、巴勃罗·毕加索、T. S. 艾略特、玛莎·格雷姆、圣雄甘地。我用这 7 位人士中的每一位，分别代表 7 种智能中的每一种。

自从多元智能理论 1983 年问世以来，对这个理论的进展感兴趣的人士，经常提出能否增加新的智能种类，或者能否删去最初提出的 7 个候选智能的问题。我的回答是，虽然我现在一直认为，某种形式的"精神信仰智能"可能真的存在，却从来没有想过修改最初提出的智能名单。确切地说，在过去 10 年中，我对"自我认知智能"的看法有一定改变。在《智能的结构》这本书中，我强调，自我认知智能形成的原因是无处不在的个体"生活感受"。如果今天重写本书第十章中的有关部分，我会强调一个人拥有一种切实可行自我模式的重要性，强调能够利用此模式就自身人生做出决定的重要性。

除了研究多元智能理论的教育学意义及其在创造力领域的扩展，我介入了源自多元智能理论的另一个研究方向。对不同智能的设想，意味着产生了另外两个引起人们深思的问题：为什么人类拥有特定的智能？是什么因素使这些智能按照它们自己的方式发展呢？

这两个问题基本上都是我曾受训学科发展心理学的核心问题。而且恰好，我自己在智能方面所做的工作，可以归入发展心理学的一种总体研究趋势，该趋势倾向于对不同领域或曰"心智模块"（modules of the mind）进行深入思考。这项正在进行之中的研究，其结果之一是努力描绘出心智运作时受到的各种限制。例如，婴儿就数量和因果关系做出的假设的种类，幼儿在自然而然学习语言时采取的策略，儿童易于形成的概念（相对于那些几乎不可能形成的概念而言）的种类。

对"限制"的研究表明，在童年早期结束的时候，儿童对于自己周围的世界，已经发展出强劲而牢固的认知。以上所说的世界，是物与力组成的世界，是生命实体的世界，也是人类及其心智的世界。令人感到惊奇的是，与伟大的发展心理学家让·皮亚杰的观点不一致，儿童尽管后来又经过多年的学校教育，这些天真的"概念"和"认知"被证明是很难转变的。因此，经常发生的情况是，这种"5岁时期的心智"最终并不受学校生活体验的影响。在《未经学校教育的心智》（*The Unschooled Mind*）一书中，我通过展示学校课程的每项内容，说明了这些限制的威力。这种威力表现在，5岁时期的心智始终处于主导地位。

综合起来看，对多元智能的研究和对幼儿心理限制的研究产生的对人类自身的看法，与前一代人关于人类的观点，具有极大的差异。在心理测量学和行为主义大行其道的鼎盛期，人们普遍认为智能是遗传产生的单一实体。人类就像一块空白的石板，只要用正确的方法加以训练，就能学会一切。今天，越来越多的研究人员持有完全相反的观点，认为人类拥有相互之间各自独立的多种智能，每一种智能既有自己的优势，又都受到一定限制。自人出生之日起，智能的发展就不是没有障碍的。与幼儿早期"朴素理论"唱反调的教育，或者挑战一种智能的自然发展路线以及和这种智能对应的领域的教育，都会遇到意想不到的困难。

乍一看，这个诊断似乎判了正规教育的死刑。教育发展一种智能尚且如此困难，何论7种智能？教会任何被普遍认为可以传授的知识，都有相当的难度，何况对于存在着明显的、强有力的限制人类认知和学习的领域呢？

然而事实上，心理学并不主宰教育学。心理学只不过是帮助人们理解实施教育的条件。对于一个人来说的局限性，说不定是另一个人的机会。7种智能应该采用7种教学方法，而不是1种方法。只要采用孩子们最喜爱的方式，以及最不可能厌恶的方式教学，任何存在于心智之中的威力巨大的限制，都可以被调动起来，产生新的观念或者一套全新的思维体系。矛盾的是，限制可能发人深省，但最终却会消失。

对多元智能理论提出的问题

在持续 10 年的讨论中，出现了数不清的有关多元智能理论的问题，也给了我数不清的机会，对这些问题做出回答。因为这些问题的一部分是事先预料得到的，所以在《智能的结构》一书的第 11 章中，我已经做出了回答。此外，在 1993 年出版的《多元智能：实践中的理论》一书中，我也对此进行了讨论。所以在这里，我将焦点放在我认为最重要的问题上：术语、各智能之间的相关性、智能和风格、智能的过程、重复智力测验的错误的危险性。

术语。很多人虽然很愿意承认多种能力（ability）和才能（faculty）的存在，但是却不愿意使用智能这个词。"最好用天才（talent）这个词，"他们说，"智能应该留给那些更加普通的能力。"当然，人们可以按照自己愿意的方式定义任何术语。但是，在描述智能的严格定义时，人们往往忽视不在定义范围之内的能力。这样一来，舞蹈家和棋手，可能被认为是天才的（talented），却不会被认为是精明的（smart）。

各智能之间的相关性。几位评论家提醒我，在对于不同能力的测验中，如空间和语言能力的测验中，普遍存在正相关性，也就是所谓的正多样性（positive manifold）。更加普遍存在的，是在心理学内，几乎每一种能力的测验都与其他能力的测验至少有一定程度的相关性。这些事实增加了那些坚持认为存在"一般智能"的人的自信心。

我不能认可这种表面上的相关性。近来几乎所有的测验，设计时考虑的都仅仅是语言和逻辑的能力。通常情况下，试题的措辞就能说明测验编制者的意图。因此，人只要具备了对于这类测验取得成功非常重要的语言和逻辑技能，就很可能在音乐能力和空间能力的测验中，也能取得好的成绩。而那些被认为在语言和逻辑方面表现不佳的人，即使自认为在音乐和空间的领域中的能力经得起检验，也很可能在这两个方面的标准化测验中处于劣势。

产生这个现象的原因，是因为我们至今仍然不知道，多种智能（就像我现在说的各种智能的实例）之间真正的相关性程度如何。我们不知道，一个成为优秀国际象棋手或建筑师的人，是否拥有能够在音乐、数学、修辞学领域取得成功的智能。直到我们设计出"智能的展示"的评估方法之前，还不知道是否存在以上的相关性。当我们发现了这些智能之间相关性的时候，就会自然而然地重新勾画人类认知的蓝图。然而，如果我在本书中定义的那些智能，在新的人类认知蓝图中消失了，我将会非常惊讶。但是如果在我定义的智能以外，有新的智能种类或亚智能出现，我却不会感到奇怪。

智能和风格。很多人指出，我在本书中列出的智能清单，与那些对学习风格、工作风格、个性风格、人类原型等感兴趣的人列出的清单类似。他们怀疑我的表述中没有什么新东西。毫无疑问，这个智能清单中的某些智能可能有重叠之处，我正在努力了解"风格"领域中与智能相同的因素。但我的理论仍然在三个方面与"风格"领域的概念不同。

首先，我发现 7 种智能所采用的方法是独一无二的。这个方法就是心理发展、心理障碍、大脑组织、进化论以及其他类似概念重要部分的综合（参见第 4 章）。而绝大多数其他的智能清单，要么来自各种测验分数之间的相关性，要么来自经验性的观察结果，如对在学校中学生的观察。

其次，我提出的多种智能，与学习的内容有特别的关联。我认为，人类拥有特定的智能，是因为世界上存在着各种信息内容，如数字信息的、空间信息的、有关其他人信息的。而绝大多数关于风格的观点，都认为它是横跨学习内容的，也就是说，容易冲动的、冷静分析的、易动感情的三种风格可以横跨所有的学习内容。

最后，与其说智能与风格类似，甚至说因此没有必要独立存在，不如说智能与其他的分析方法有交叉。也许风格与特定的智能有关，智能也与特定的风格有关。事实上，在此问题上是存在经观察所得的证据的。在针对幼儿的"光谱项目"教育实践中，我们发现，某些可见的风格被证明非常具有内容特定性。同一个孩子，对于某一方面的学习内容，可能表现得善于思考或者乐意参与；而对于学习其他内容，可能就会变得容易冲动或者漫不经心。虽然我们还不知道其中的原因，但是对于"风格独立于学习内容之外"的假设，或者"智能会在风格面前失去价值"的假设，我们还是谨慎一些为好。

智能的过程。几位赞同多元智能理论的批评家，并不怀疑 7 种智能的存在，但是却批评我仅仅描述了这些智能。根据他们占据主流的观点，心理学家的任务是展示心理活动完成的过程和原因。

我承认，《智能的结构》主要是描述性的。我认为这样的描述，对于说明智能多重性的开拓性工作是合适的。的确，在探索智能如何运作的研究道路上，没有任何障碍。实际上，在这本书中，我提出了对于空间智能、音乐智能和其他智能可能存在的过程和运作的看法。

可能值得提到的还有，在《智能的结构》出版时，绝大多数心理学家认为，人类处理信息的过程最好由计算机来解释。在几年之内，这种看法就完全改变了。所谓"平行分布处理法"，被认为是说明人类认知（以及人工智能）的最先进的方法。从 1983 年起，我可能是无意之中没有提出每一种智能处理信息特征的细节。因此到 1990 年的时候，这样的说明就被认为是有严重缺陷的。尽管如此，因为科学的预见性仅仅在于详尽地指出可以被检验、被提炼、被反驳的理论模式，所以我欢迎"模拟"不同智能运作的过程，以便人们领会这些智能是如何一起工作的。

重复智力测验的错误。许多智能和智力测验的批评者认为，我不但没有杀死这头怪物，反而替它鼓吹，并且给它安装了尖锐的牙齿。按照这类悲观主义的看法，7 种智能的提法，甚至比单一智能的概念还要糟糕。因为现在人们感觉到，多元智能理论不适当地横跨了所有的领域，并且这种智能分类的应用，可能会导致以此描述个人和群体，如"约翰尼是身体 - 动觉型的""萨丽是单一语言型的""所有的女孩在 X 方面都比 Y 方面好""这个种族在 M 智能上是优秀的，在 N 智能上则更好"。

对于这种批评，我可以立刻给予回答，多元智能理论是作为一种科学理论提出的，不是社会政策的工具。与任何其他理论一样，它也可能被不同的人用于不同的目的。对于这个理论的创始人来说，想控制自己提出的理论被应用的方式，是不可能的。尽管如此，对这些批评意见间接反映出的错误地应用多元智能理论的做法，我个人是表示反对的。无论从什么意义上说，我都不认为滥用智力测验的现象应该出现在多元智能理论身上。说真的，我不相信按照抽象的形式评估智能是可能的。我所赞成的评估，同与智商测试相伴的评估完全不同。我不赞成在个人或群体展示某种智能轮廓的时候，将这个人或者这个群体特征化。虽然一个人或者一个群体在某一时刻表现出特定的智能，但这幅图景是流动的，是在变化之中的。

如果非常缺乏一种应该发展的智能，这的确能够成为激发那种智能的动机。在本书的第 14 章，我专门介绍音乐教育的铃木教学法是想表明，一个社会决定投入巨大资源发展某种特定智能，可以使全社会在那个方面都变得有才智。我根本不相信智能是固定不变的；而是相信，在可用资源以及人们对自身能力和潜力的认知发生变化的情况下，人的智能可以有相当程度的改变。人越相信智能情境化和智能分布的观念，就越不认为智能的发展受到遗传的限制。

有时人们问我，如果有人应用我的理论和概念却违背我的初衷和意愿，我是否感到沮丧或产生被背叛的感觉。当然，对多元智能理论的这种实践，使我感到不舒服，但是我不能对这些错误应用负责。因为那些错误应用的人知晓我的理论的。尽管如此，如果有人要求与我合作，却采用我不认可的方式应用这个理论，我就会建议他采用完全不同的术语，并且停止与我的研究工作联系起来。

未来的研究工作

我设想对于多元智能理论的争议将会继续下去，我也期待着这个理论的持续发展。我一直关注着我的学生，他们已经采用了我赞赏的方式，向前推进着多元智能理论的研究工作。

毫无疑问，教育工作将会继续沿着多元智能的传统进行。事实说明，出现这类事例的地域范围，每个月都在扩展之中。我不可能跟踪到底发生了些什么，也不想评价它们的质量。在《多元智能：实践中的理论》一书中，我尝试评估了当今艺术教育的现状。我希望在那本书中增加面向教育的内容，我还将继续尽到"信息交换所"的责任，提供关于沿着多元智能脉络进行的实验和项目的信息。

我未来会从事的研究工作，建立在这篇导言描述的工作基础之上，很可能是在以下四个方面进行：

一是智能发展的不同情境以及智能在那些情境中发展方式的研究。我已经对另外一种文化，也就是智能在中国的发展，进行了深入细致的研究；我还和几位同事一起，正在学校这一特殊背景下开展对智能的研究。

二是人类的创造能力以及如何最好地强化创造能力。在最近关于现代创作者的研究项目中，我发展了一种方法，能够用以研究横跨不同领域的创造性工作。我调查了在人类最高水平的创造性成就中，不同智能和不同智能组合所发挥的作用。虽然这项研究建立在多元智能理论基础之上，但是以创造性为焦点，从几个方面扩充了这一理论。创造性不仅仅取决于智能，它还包括人的个性因素，关涉在更大范围社会内起作用的个人、领域、行业因素。

三是考察人类智能的伦理问题。智能本身不存在亲社会的还是反社会的问题。歌德将他的语言智能应用于正面的目的，而戈培尔①的语言智能则服务于毁灭人类。我对于人类智能的两个伦理问题很感兴趣：第一，我们如何能够保证最大限度地发展每个人的智力潜能？第

---

① 戈培尔（Paul Josef Goebbels, 1897—1945）：法西斯德国战犯。纳粹党执政时期任国民教育和宣传部部长，鼓吹战争，宣传种族主义和法西斯侵略思想。——译者注

二，我们怎样保证人的那些智能都服务于正面的而不是毁灭社会的目的？这两个问题，都包含着政策和"社会工程"的问题。它们对于我来说是全新的领域，就像它们本身一样变幻莫测。因为我已经进入中年，至少感到有责任思考这些问题。

四是思考我们这个时代的领导力。我们这个时代缺少英雄和领袖人物，已经是不争的事实。我自己的观点是，虽然在众多的领域内，我们都不乏领军人物，也就是有很多男人和女人能够通过他们取得的成就，引领学术界、艺术界、商业界和科学技术界。但让我们感到失望的是，更广阔的社会缺乏领袖人物。这样的领袖人物，应该是能够面向各行各业的利益群体和技术专业发表演说的人，是能够向更广泛的社会甚至是全人类发表演说的人。

对于这种与过去相比明显缺乏领袖人物的现象，我分析出一个原因。在一个特别需要某种智能的领域内，对于领袖人物的要求，就是拥有突出的那种智能。这个领域的其他人，会很乐意地追随这位领袖人物，并且聆听其所说的，或者观察其所做的。这样一来，我们就可以说，在某个领域内的工作者已经分享了共同的观念。然而，在更加广阔的社会中，人并没有顺理成章、固定不变吸引他人的方式。相反地，想成为领袖的人物，必须能够为其所生活的社会创作一个吸引人的故事，这是一个具有说服力的故事，说明他在社会中的位置。这个故事能够将拥有不同智能、工作于不同领域的人团结起来，使公众效忠于需要齐心协力投入的事业或计划。

成功的领导人何处寻？这虽然是一个明天的研究主题，但我希望会是在并不遥远的将来。领导力问题的研究，超出了多元智能的范围，这一点对于我来说是很明确的。领导力所包含的，不仅仅是这本书介绍的能力，而且是跨越所有智能的能力，并且像影响其他人的认知一样，影响其他人的情感取向和对社会的态度。根据现在主导我的观点，开始理解人类智能最好的方式，就是检验人类智能的不同结构，检验智能的结构中所包含着的不同智能。最后，我们应该学会如何将这些智能结合起来，将它们调动起来，去实现建设性的目标。

附录 3

"人类潜能项目"的说明

荷兰海牙的伯纳德·范·利尔基金会是一个国际性的非营利机构，致力于关注处在弱势状态下的儿童和少年。它支持社区对童年早期教育和关怀的创新项目，目的是帮助儿童中的弱势群体意识到自己的潜能。

1979 年，这个基金会邀请哈佛大学教育研究生院，评估与人类潜能及其认识有关的科学知识。沿着这个主要方向，哈佛大学的一组学者投入了持续数年的研究工作，探索人类潜能的本质及其认识。由"人类潜能项目"赞助的活动，包括研究历史的、哲学的、自然和社会科学的相关文献，举办一系列讨论不同文化传统中人类发展概念的国际研讨会，并委托撰写论文和书籍。

这个项目的主要研究人员表现出各自对不同领域的兴趣。项目的负责人杰拉尔德·莱塞是一位教育家和发展心理学家，还是一位具有创造性的儿童电视节目策划人；霍华德·加德纳是一位心理学家，研究正常儿童和天资优异儿童符号技能的发展，同时研究大脑受损后的成年人在这方面能力上表现出的障碍；伊斯雷尔·舍夫勒是一位哲学家，研究教育哲学、科学哲学和语言哲学；罗伯特·莱文是一位社会人类学家，曾在非洲和墨西哥工作，研究那里的家庭生活、儿童关怀和心理发展；梅里·怀特是一位社会学家和日本研究专家，研究第三世界和日本的教育、正规组织和妇女问题。如此广阔的兴趣和学科背景，使该项目能够从多种角度，在各种层面上研究人类潜能的问题。

在项目支持下出版的第一部著作，是霍华德·加德纳的《智能的结构》。这是一部研究人类智力潜能的著作，不仅涉及心理学的研究，也包括生物科学的研究，以及在不同文化背景下有关人类发展和知识应用的研究成果。

项目出版的第二本书是伊斯雷尔·舍夫勒的《人类潜能》（*Of Human Potential*），从哲学角度探讨潜能的概念。该书的探讨勾勒出这一概念的背景，并将它置于有关人类本性的一般理论的语境之中，继而对于潜能概念的重建做了三方面的分析，为教育政策和教育政策的制定者提供了系统的思考方案。

项目出版的第三本书为《人类环境：教育发展的文化基础》（*Human Conditions: The Cultural Basis of Educational Development*），作者是罗伯特·莱文和梅里·怀特。这本书在强调文化因素在人类发展过程中扮演着重要角色的同时，以社会人类学的生命周期及家庭和学校的社会历史为基础，提出了发展的新模式。

为了给发展中的多样性研究提供背景资料，该项目在埃及、印度、日本、墨西哥、中国和西非地区组建了咨询团队。这个咨询团队在项目研讨会上提交的论文经选编后，以《文化的转变：第三世界和日本的人类经验与社会变革》（*The Cultural Transition: Human Experience and Social Transformations in the Third World and Japan*）为名出版，编辑是梅里·怀特和苏珊·波拉克（Susan Pollak）。这是项目组出版的第四本书。

在过去 5 年项目实施期间，国际发展机构的代表作为咨询顾问和联系人，也介入了项目的研究工作。通过以上国际间的对话和研究，该项目力图创建一个新的多学科环境，目的是加深对人类潜能的理解。

译者后记

　　在译毕哈佛大学霍华德·加德纳教授创建多元智能理论的奠基之作，也就是本书《智能的结构》20周年纪念版的时候，我禁不住回忆起完成这项工作走过的漫长道路。从与出版社签订合同的2006年11月算起，翻译工作持续了13个月，但是从我为翻译这本书做准备工作的时间算起，却已过去了13年。为准备翻译这本书，作为职业化学教师和业余音乐教师的我，不但从头开始学习发展心理学，阅读了加德纳迄今为止出版过的20多部著作中的大多数版本，翻译、编译过他的其他著作和论文，自己也有一部31万字的专著《加德纳·艺术·多元智能》得以出版。这一切，都是为翻译本书所做的准备工作。没有这13年在各方面的积累，我不会有胆量接受中国纺织出版社的邀请，承担本书翻译工作。从这个意义上说，本书的翻译时间是13年。

　　我对多元智能理论的认识有个过程。1995年初，大部分精力都投身于物理化学专业教学科研工作的我，认识了哈佛大学的加德纳教授。从此，我就从他不断寄来的材料中知道了哈佛"零点项目"及其重要成果——多元智能理论。为了能够有机会前往这所世界一流大学访问，我接受李妲娜这位音乐教育家的委托，开始了学习多元智能理论的历程。当时的工作，只是为了打造一块敲门砖，目的是敲开哈佛大学的门。谁知 1997 年 2 月到达哈佛之后，由于加德纳的精心安排，我有机会看到了美国和世界各地教育工作者对多元智能理论的巨大热情，意识到它对中国贯彻素质教育的方针也是一个有力的理论支持。所以回国之前，当加德纳委托我翻译他的多元智能理论著作时，我就答应下来。

我知道《智能的结构》是加德纳教授创建多元智能理论的奠基之作和开山之作，当然应该是翻译的首选。但阅读之后，我发现它不单纯是发展心理学的著作。书中涉及的学科数量之多、范围之广，对于我来说，有很大难度，于是只好选择首先翻译他 1993 年出版的《多元智能：实践中的理论》。现在看起来，那本书的翻译工作，就是今天我翻译《智能的结构》工作的铺垫和准备。

《多元智能》出版后受到了广大读者的欢迎，其热烈程度却是我没有想到的。根据全国教师用书协作会秘书长张威发表在 2004 年 1 月 1 日《中国教育报》上的文章统计，在 2003 年中国大陆地区教育学术类著作百部畅销书排行榜上，该书名列第一。在这个消息的鼓舞下，从此我不但阅读和学习加德纳陆续出版的多部著作，而且陆续动笔试着翻译他本人的其他著作。我于 2006 年 2 月重访哈佛大学教育研究生院的目的之一，就是为了有机会再一次向他当面求教，加深对多元智能理论及其应用的认识。

机会总是给有准备的人。2006 年 10 月，当出版社买到加德纳一系列著作的版权并找到我时，我就大胆接受了翻译《多元智能新视野》和《智能的结构》两本书的委托，还同意担任他的另外几本著作翻译的审校和主编工作。2007 年上半年，我先翻译了加德纳 2006 年出版的《多元智能新视野》，审校了 1999 年出版的《重构多元智能》的中译本初稿。以上一切工作，都是为翻译《智能的结构》做的准备。

虽然我为翻译本书准备了 13 年，但一动手，遇到的困难还是很多。主要是这部著作涉及的学科面太广，包括自然科学、社会科学、人文科学，还有多个门类的艺术。自然科学有数学、物理学、化学、生物学、地理学、心理学、医学等方面的术语或人物；社会科学有政治学、经济学、法学等方面的知识和人物；人文科学有哲学、社会学、历史学、人类学等方面的知识和人物；艺术有小说、诗歌、戏剧、音乐、绘画、电影、雕塑、舞蹈等方面的知识和人物。有些学科虽然是点到为止，并未深入，但使用的术语却非常专业。而有些学科则非常深入，像我这样的外行很难理解。发展心理学、神经心理学、脑科学、历史学、人类学、社会学等方面的术语和理论，在本书中不但连篇累牍，而且详尽深入，学术性很强，这当然是正常的，因为以上领域都是他的本行和专业。但书中其他学科或领域的专业知识和术语不断出现，频率之高，范围之广，则出乎我的意料。

如分析逻辑－数学智能时，他介绍了在促成狭义相对论出现的过程中，迈克耳孙－莫雷实验、黎曼的微分几何和微积分所起的作用；在介绍量子论产生的过程中，他谈到了德国数学家希尔伯特的积分方程理论之必要性。至于人类历史上那些伟大的数学家和物理学家，如莱布尼茨、弗里德里希·高斯、莱昂哈德·欧拉、伯兰特·罗素、亨利·庞加莱、阿尔弗雷德·怀特海、牛顿、爱因斯坦、伽利略、帕斯卡、开普勒、维尔纳·海森伯、尼尔斯·玻尔、沃尔夫冈·泡利等人的事迹和研究成果，他在书中都如数家珍，逐一娓娓道来，用以引出自己的智能理论。在介绍智能的生物学或遗传学基础时，他谈到脱氧核糖核酸与核糖核酸的分子结构，谈到镰刀形细胞贫血症和血友病的病理学机理；他还谈到酶在促进大脑组织进一步扩展，使之内部形成更多的联结或增加更多的抑制，促成人类获得巨大潜能的可能性。至于遗传漂变、基因库、基因型、络合物、元素等生物学和化学术语，他更是信手拈来，随心所欲却又令人信服、恰到好处地应用到自己的论据之中。

在阐述音乐智能的章节中，他不但列举了许多我十分熟悉的作曲家和演奏家如巴赫、海顿、舒曼、莫扎特、门德尔松、圣－桑、斯特拉文斯基、拉威尔、伦纳德·伯恩斯坦、阿瑟·鲁宾斯坦、阿诺德·勋伯格、约阿希姆、耶胡迪·梅纽因等人及其事迹、作品和演奏风格的例子，而且详细介绍了我不熟悉的现代作曲家和钢琴家。至于音乐的常用术语，如音程、音高、旋律、节奏、和声、音色、主题、乐章、调式、织体、变奏、对位、和弦、主音、属音、下属音、导音、音质、十二音体系、交响曲、小步舞曲等，不但频繁出现，而且难得的是他运用自如，在上下文中显得没有丝毫牵强附会之处，都成为他提出多元智能理论的有力证据。

至于因为篇幅的缘故，我在此不准备细说的非加德纳本行的其他学科，如人体解剖学、生理学、数论、拓扑学、进化论、相对论、量子论、生物工程、大地构造、哲学、逻辑学、语言学、小说和诗歌的创作、科学发展史、绘画、雕塑、电影、现代舞、哑剧、体育运动、航海等有关领域，作者在书中介绍的术语、研究成果、著名人物及其重要作品，更是成百上千，范围极广！因此我在翻译《智能的结构》过程中，曾经对作者表达过自己的感受——简直像是在翻译小百科全书！

在《智能的结构》译本即将出版的时候，我首先要感谢的，就是作者霍华德·加德纳的极大帮助。要是没有他和他的理论，我这个理工科大学的物理化学教授，无论如何也不会翻译发展心理学的著作。2006 年的冬、春季节，由于他的邀请和帮助，我获得机会再次前往哈佛大学教育研究生院访问、讲学。这使我不但能了解多元智能理论在美国和世界各地的新进展，还有机会经常见到他并和他当面讨论多元智能理论的有关问题。当我 4 月将在哈佛教育研究生院讲学的消息传出时，他不但提出亲自主持，而且要求在我演讲后即席发表评论，共同回答听众的提问。所以他不但参与了讲学具体时间的安排，连我演讲的题目《多元智能理论在当代中国的传播过程和受到的欢迎》（*The Transmission and Reception of Multiple Intelligences Theory in Contemporary China*），都是经他修改后确定下来的。他在现场对我的介绍、评论及其答听众问给我很大鼓舞，对我进一步深入理解多元智能理论也有很大帮助。

在我回国后正式投入翻译的过程中，加德纳更是给了我许多具体的鼓励和帮助。2007 年 5 月，他为包括《智能的结构》在内的由我担任主编的他的多部著作中译本撰写了统一的序言，并在序言中对我称赞鼓励有加。他还不厌其烦地多次回信，解答我在翻译中对一些心理学、进化论、人类学等方面问题以及书中一些典故和俚语的疑问。这大大提高了译本质量，译者和读者都因此受益不浅。最让我感动的是，他的多通答疑邮件都是在我发问的当天或最晚第二天即到，有时发信还不到一个小时，回信就到了，可以说是随问随答。他的邮件地址成了我翻译工作的活词典。

我同时还要感谢加德纳教授近两年的助手琳赛·佩廷吉尔（Lindsay Pettingill）、克里斯蒂安·哈索尔德（Christian Hassold）、凯西·梅特卡夫（Casey Metcalf）和他的学生茜娜·莫兰（Seana Moran）。他（她）们在我的学习和工作上提供了许多有益的帮助。

虽然我 1995 年初就认识了加德纳并开始阅读、翻译他的文章和著作，但在翻译这本书的时候还是有许多新的体会和感受。加德纳是横跨自然科学、社会科学、人文科学与艺术领域的专家，知识面极广，因此翻译他的著作除中英文的功底过硬之外，更需要有与他一样广泛的知识结构。按照这个条件，我并不够格。但翻译这本书不但是中国读者的需要，也是加德纳的愿望。再加上中国纺织出版社的信任，我不能推脱。

我在勉为其难决心硬着头皮上马的同时，不但翻遍了有关工具书、教科书和真正的百科全书，而且除加德纳外还曾多次向国内外心理学、教育学、生物学、语言学、音乐学、舞蹈学等多个领域的专家学者请教。我深深地体会到，单纯依靠翻阅词典、上网搜索、独自苦思冥想，无法准确翻译这位百科全书式学者的著作。只有恶补所缺的各学科知识，并向有关专家请教，集思广益，才是提高翻译质量的好方法。因为对于很多相关专业的名词和典故来说，即使权威工具书上能够查到，也只有深入了解其含义在使用时的背景知识，才能较为准确地选择恰当的中文词汇，从而避免由于知识面不足，出现多元智能理论中文译本中常见的明显错误。

因此我要感谢北京师范大学博士生导师、原国际心理科学联盟副主席张厚粲教授，她不但百忙中解答了我提出的一些问题，还修订了我译文中的部分词语。我要感谢的专家和学者还有：北京工商大学日语教研室的韩圣福教授，北京工商大学生物工程教研室的何聪芬教授，上海华东师范大学教育管理系的心理学博士张玲和教育学博士郅庭瑾、刘竑波，中国艺术研究院舞蹈研究所的欧建平研究员，感谢她（他）们为我提供的咨询以及对我翻译本书给予的鼓励和帮助。

我能有胆量完成本书的翻译工作，很大程度上受益于 2006 年重返哈佛的经历。但当年 3 月下旬，正值我准备 4 月 14 日在哈佛大学和 4 月 17 日在伊利诺伊大学的讲学时，我身在国内的 87 岁的老母亲因病住进医院。要是没有我中学同班同学、原太原市供电局党委副书记王晋恩在医院替我尽孝，精心照顾安慰病中的母亲 1 个多月，我绝不可能拖到圆满完成这两所世界一流大学的讲学之后，才回到病危的母亲床前。我愿借此机会，向我的好同学、好兄弟王晋恩表示真诚的感谢，也对我母亲的在天之灵表达深深的愧疚。希望这个译本能够起到应有的作用，以报答母亲抚养我并教育我报效国家之恩，报答同学王晋恩的关怀鼓励之情。

此外，在我研究并翻译多元智能理论以及 2006 年在哈佛访问讲学的过程中，我的众多学生也给过我各种各样的帮助，我愿在此一并表示感谢。他（她）们是美国道富环球投资管理公司高等研究中心（Advanced Research Center, State Street Global Advisors）副主任、布兰代斯大学（Brandeis University）经济学院客座教授贝克尔博士（Dr. Ying. L. Becker），哈佛大学教育研究生院博士研究生陈涤宇，哈佛大学医学院邹力化博士，中国科学院过程工程研究所硕士研究生贾连伟，北京舞蹈学院舞蹈学系硕士研究生武艳，北京市朝阳区东方德才学校英语教研组教师马雷，北京工商大学化学与环境工程学院硕士研究生李艳，中央音乐学院音乐学系硕士研究生贾东。

最后，译者感谢本书的策划和责任编辑给我的不少帮助。特别值得称道的是，在图书市场竞争十分激烈的今天，她们给了我充裕的翻译时间。这种打造精品的志向以及表现出的对我的信任，令人敬佩和感动。回想 2003 年，曾经有一家出版社请我翻译加德纳教授的一部 200 多页的著作，却要求我在一个月内交稿。虽然那时我已经阅读过不止一遍并翻译出全书的1/5，但还是希望最少给我四个月的时间，以保证质量。没想到一听此话，这家出版社立刻掉头而去。更没有想到的是，还真有人接受并且按照出版社的要求以极快的速度交出译稿。对比之下，我不但要替自己，也要替《智能的结构》作者加德纳，替教育界的广大读者，感谢中国纺织出版社商业与文化事业部。

尽管我自己几十年一直横跨物理化学和音乐两个专业，也曾广泛涉猎欧美文学、绘画、雕塑等艺术门类，为翻译本书还曾查阅、学习过多个专业的教材、专著和工具书，先后咨询过包括原作者在内许多学科的若干专家学者，学到很多东西，增长不少见识；但对比起加德纳及其著作，还是深感自己才疏学浅，知识面有限，难以准确全面地领会他的深刻思想。因此交出译稿时，我仍然感到十分惭愧，自知译文中肯定存在不少问题，敬请各行各业的读者和专家批评指正，非常感谢。

沈致隆

考虑到环保的因素，也为了节省纸张、降低图书定价，本书编辑制作了电子版的参考文献。扫码查看本书全部参考文献内容。

未来，属于终身学习者

我这辈子遇到的聪明人（来自各行各业的聪明人）没有不每天阅读的——没有，一个都没有。巴菲特读书之多，我读书之多，可能会让你感到吃惊。孩子们都笑话我。他们觉得我是一本长了两条腿的书。

——查理·芒格

互联网改变了信息连接的方式；指数型技术在迅速颠覆着现有的商业世界；人工智能已经开始抢占人类的工作岗位……

未来，到底需要什么样的人才？

改变命运唯一的策略是你要变成终身学习者。未来世界将不再需要单一的技能型人才，而是需要具备完善的知识结构、极强逻辑思考力和高感知力的复合型人才。优秀的人往往通过阅读建立足够强大的抽象思维能力，获得异于众人的思考和整合能力。未来，将属于终身学习者！而阅读必定和终身学习形影不离。

很多人读书，追求的是干货，寻求的是立刻行之有效的解决方案。其实这是一种留在舒适区的阅读方法。在这个充满不确定性的年代，答案不会简单地出现在书里，因为生活根本就没有标准确切的答案，你也不能期望过去的经验能解决未来的问题。

而真正的阅读，应该在书中与智者同行思考，借他们的视角看到世界的多元性，提出比答案更重要的好问题，在不确定的时代中领先起跑。

湛庐阅读App：与最聪明的人共同进化

有人常常把成本支出的焦点放在书价上，把读完一本书当作阅读的终结。其实不然。

时间是读者付出的最大阅读成本

怎么读是读者面临的最大阅读障碍

"读书破万卷"不仅仅在"万"，更重要的是在"破"！

现在，我们构建了全新的"湛庐阅读"App。它将成为你"破万卷"的新居所。在这里：

● 不用考虑读什么，你可以便捷找到纸书、电子书、有声书和各种声音产品；

● 你可以学会怎么读，你将发现集泛读、通读、精读于一体的阅读解决方案；

● 你会与作者、译者、专家、推荐人和阅读教练相遇，他们是优质思想的发源地；

● 你会与优秀的读者和终身学习者为伍，他们对阅读和学习有着持久的热情和源源不绝的内驱力。

下载湛庐阅读 App，
坚持亲自阅读，
有声书、电子书、阅读服务，
一站获得。

CHEERS

本书阅读资料包
给你便捷、高效、全面的阅读体验

本书中文简体字版由 Basic Books 授权在中华人民共和国境内独家出版发行。未经出版者书面许可，不得以任何方式抄袭、复制或节录本书中的任何部分。

著作权合同登记号：图字：01-2022-2256 号

图书在版编目（CIP）数据

智能的结构 /（美）霍华德·加德纳
(Howard Gardner) 著 ；沈致隆译. --北京：中国纺织
出版社有限公司，2022.5
书名原文: Frames of Mind
ISBN 978-7-5180-9517-9

Ⅰ. ①智…　Ⅱ. ①霍…②沈…　Ⅲ. ①教育心理学—研究　Ⅳ. ①G44

中国版本图书馆CIP数据核字（2022）第074806号

责任编辑：刘桐妍　　责任校对：韩雪丽　　责任印制：储志伟

中国纺织出版社有限公司出版发行
地址：北京市朝阳区百子湾东里 A407 号楼　邮政编码：100124
销售电话：010—67004422　传真：010—87155801
http://www.c-textilep.com
中国纺织出版社天猫旗舰店
官方微博 http://weibo.com/2119887771
唐山富达印务有限公司　各地新华书店经销
2022年5月第1版第1次印刷
开本：710×965　1/16　印张：31.25　插页：1
字数：490千字　定价：129.90元

凡购本书，如有缺页、倒页、脱页，由本社图书营销中心调换